# गन्धमादन

कुबेरनाथ राय

वाणी प्रकाशन ग्रुप
भारतीय ज्ञानपीठ
वाणी प्रकाशन : भारतीय ज्ञानपीठ की पुस्तकों के एकमात्र प्रकाशक एवं वितरक

लोकोदय ग्रन्थमाला : ग्रन्थांक 325

सजिल्द दूसरा संस्करण : 2021
सजिल्द तीसरा संस्करण : 2026

वाणी प्रकाशन : भारतीय ज्ञानपीठ की पुस्तकों के एकमात्र प्रकाशक एवं वितरक

**वाणी प्रकाशन**

4695, 21-ए, दरियागंज, नयी दिल्ली-110 002
दूरभाष : 011-23273167, 23275710
ईमेल : sales@vaniprakashan.in
www.vaniprakashan.com

**ISBN : 978-93-6944-205-8**

**मूल्य : ₹ 495**

**गन्धमादन**
*(ललित साहित्य)*
**कुबेरनाथ राय**



Gandhamadan
*(Belles-letters)*
by Kubernath Ray

आवरण-शिल्पी : भास्कर सेन
मुद्रक : आर. टेक ऑफ़सेट प्रिंटर्स, दिल्ली-110 032

# अनुक्रम

**अनुचिन्तन**

# गन्धमादन

(ललित-निबन्ध : रिपोर्ताज : अनुचिन्तन)

# गन्धमादन

# शब्द-श्री

कभी पढ़ा था कि व्याकरण भाषा का पुलिसमैन है। जब कोई शब्द वाक्य के भीतर कुमार्गगामी होता है तो उसकी आवारागर्दी को ठीक करने के लिए व्याकरण उस पर लाठीचार्ज करता है, अश्रु-गैस छोड़ता है और गिरफ्तार करता है, जिससे वाक्य-संहिता का ठीक-ठीक पालन होता रहे। तब भी कुछ कालिदासों और शेक्सपियरों की शह पाकर कुछ शब्द नक्सलपन्थी रास्ता अख्तियार कर ही लेते हैं और बाद में अपनी क्रान्ति की संवैधानिक स्वीकृति भी पा जाते हैं। तब बेचारा व्याकरण अपना-सा मुँह लेकर रह जाता है। तथ्य तो यह है कि कौतुकमयी शब्दरूपा वाक्श्री व्याकरण की चौकीदारी में रहते हुए भी उसके पाश-अंकुश के या उसके लाठी-बिल्ले के अधीन नहीं। यह तेजोमयी 'चटुल चक्षुः' शब्द-श्री अपनी गरिमा को छन्दबद्ध और छन्दमुक्त दोनों रूपों में प्रकाशित करती है। छन्द या नियम मानना इसके लिए आवश्यक नहीं। चिट्ठी-पत्री और बोलचाल के स्तर पर और कथा-वार्ता के स्तर पर यह नियम मानकर चलती है, पर अपने चरम प्रस्फुटन के अवसर पर यह शब्द-श्री नियमाधीन नहीं रहती। उस समय यह कभी तेजोमय भास्वर मन्त्र बनकर वृषभ-सी हँकड़ती है और एक-एक अक्षर बीजमन्त्र बनकर शक्ति-टंकार करने लगता है, तो कभी यह हेमवती उमा बनकर आदिम शक्तियों को विद्या का उपदेश दे जाती है और कठोपनिषद् बोल जाती है, तो कभी पूर्णिमा जैसा चेहरा धारण कर पंचबाण मारती है और हृदय-हृदय में कविता का स्वाद जन्म लेता है, तो कभी यह क्रोध-उन्मत्त होकर धूमावती रूप धारण करके गाली-गलौज और बीभत्स रस की नदी भी बहा देती है। इस चरम रूप में प्रस्फुटित शब्द-श्री की 'खटकामुखी' नृत्य-मुद्रा की चटुल नेत्र-भंगिमा ही कविता है, अनिमेष शान्त स्निग्ध दृष्टि ही दर्शन है और चतुर-चैतन्य-सावधान दृष्टि ही चिन्तन है। इसी कामरूपा इच्छावपु-धारिणी शब्द-श्री के कविता-रूप का वर्णन करते हुए कविवर जयदेव ने एक सुन्दर श्लोक में लिखा है कि कविवर चोर ही इसके चिकुर-निकर अर्थात् केशपाश हैं, मयूर भट्ट कर्णपूर हैं, भास इसके हास हैं, कविगुरु कालिदास इसकी विलास-छटा हैं, कवि हर्ष इसके हर्ष अर्थात् आनन्द हैं और बाणभट्ट ही हृदय में बस जानेवाले इसके चितवन के पंचबाण हैं :

"यस्याश्चोरश्चिकुरनिकरः कर्णपूरो मयूरः,
भासो हासः कविकुलगुरुः कालिदासो विलासः।
हर्षो हर्षो हृदयवसतिः पंचबाणस्तु बाणः,
केषां नैषा कथय कविताकामिनी कौतुकाय।"

परन्तु भारतीय जाति कर्मकाण्ड और कल्पों (रिचुअल्स) की इतनी प्रेमी है कि न केवल मन और अहंकार को, बल्कि मति-बुद्धि को भी वह कल्पबद्ध और कर्मकाण्ड-बद्ध करके चलती है। यह जाति भोजन से अधिक महत्त्व थाली-तसले और आसन को देती है, उपासना से अधिक महत्त्व षोडशोपचार को देती है, मनुष्यत्व से अधिक महत्त्व वर्णव्यवस्था को देती है, और भावों-विचारों से अधिक महत्त्व व्याकरण को देती है। यह अपनी शिथिल कर्म-निष्ठा को छिपाने के लिए तरह-तरह के कर्मकाण्ड-कलाप रचती है। फलतः 'यस्य ज्ञानदयासिन्धो...' बारह बरस रटने के बाद बुद्धि यह सोचने में असमर्थ हो जाती है कि व्यास या मनु का अमुक कथन किस 'उद्देश्य' और 'सन्दर्भ' में व्यक्त हुआ है और उक्त उद्देश्य और सन्दर्भ की अनुपस्थिति में यह कथन कहाँ तक उचित है, किस सीमा तक वरेण्य है। इसने न केवल भाषा का व्याकरण रच रखा है बल्कि धर्म, समाज-व्यवस्था, व्यक्तिगत आचार-विचार, यहाँ तक कि भोजन और मल-त्याग का भी एक-एक स्थायी अपरिवर्तनीय व्याकरण रचकर रख छोड़ा है कि कम्युनिस्टों की मस्तिष्क-प्रक्षालन विधियाँ इनके सामने मात हैं। एक प्रतिभाशाली यायावरीय कवि ने सुन्दर श्लोक में लिखा कि माधव की सारी प्रियाओं में श्वेत, चन्द्रवर्ण, दुग्ध-गौर रुक्मिणी वैसे ही श्रेष्ठ है जैसे सारी विद्याओं में 'शब्द-विद्या' श्रेष्ठ है।

"तासां माधवपत्नीनां सर्वासां चन्द्रवर्चसाम्।
शब्दविद्येव विद्यानां मध्ये जज्वाल रुक्मिणी ॥"

—काव्यमीमांसा (राजशेखर)

राजशेखर के मन में 'शब्द-विद्या' के माने जो हो, पर टीकाकारों ने व्याकरण-आविष्ट बुद्धि से 'शब्द-विद्या' का अर्थ लगाया है 'व्याकरण-विद्या', और फलतः एक सुन्दर श्लोक बिलकुल श्री-हीन और अस्पताल जैसा अशोभन हो गया है। भला कहाँ चन्द्रोपम नारी रुक्मिणी और कहाँ बारह वर्ष तक गोखुर-शिखा धारण कर 'इको यणचि' रटकर प्राप्त होनेवाला नीरस ज्ञान। एक अंगे-अंगे शोभन, अंगे-अंगे दूध की तरह बूँद-बूँद स्निग्ध और मधुर, तो दूसरा आदि से अन्त तक शुद्ध ब्राह्मण खाद्य—सत्तू और नमक। टीकाकारों की बुद्धि पर तरस आता है जिन्होंने कान्ता, कामिनी और प्रेमिका की तुलना व्याकरण, बीजगणित और ज्यामिति से करने में कोई अनौचित्य नहीं देखा। मुझे यह तुलना स्वीकार नहीं। मेरी समझ से 'शब्द-विद्या' का अर्थ होना चाहिए 'कोष-विद्या', 'कोष-श्री', 'लेक्सिकन' (Lexicon) या 'शब्द-श्री' जो सारी अभिव्यक्तियों

का स्रोत है, जो अपने में श्लील-अश्लील द्वन्द्व से परे निस्संग एवं वाक्य-मुक्त शब्दों का संचयन है, जिसमें तान्त्रिक बीजाक्षरों, मन्त्राभिषिक्त शब्दों से लेकर कहारों, पालकी-वाहकों, मल्लाहों, दरवेशों और बाजीगरों तक के शब्द आ जाते हैं, जिससे प्रेमिका के रोदन-मधु और मनुहार-मधु से लेकर दुर्धर्ष गाली-गलौज का चण्डी-पाठ तक—सभी कुछ अभिव्यक्त होता है। परन्तु इस कोष-श्री के अन्दर ये शब्द सन्दर्भ-मुक्त या वाक्य-मुक्त अकेले-अकेले अपने विशुद्ध रूप में विकारहीन रूप में स्थित होते हैं। इसी से इस कोष-श्री की तुलना परमाप्रकृति त्रिपुरसुन्दरी माधव-प्रिया के साथ करना ठीक जँचता है। नयी पीढ़ी ठीक ही कहती है कि कोई शब्द अश्लील नहीं होता। परन्तु तभी तक, जब तक वह कोष-श्री की परमाप्रकृति का अंग है। कोष से बाहर आकर वाक्यों के बीच बैठकर, अर्थ का सगुण संसार रचते हुए वही शब्द अपनी निर्गुण निर्विकार गरिमा खो देता है और तब सन्दर्भ-आश्रित होकर वह श्लील-अश्लील की शीलाचारिकी का दास बन जाता है। अतः 'कोष-श्री' या 'कोष-विद्या' ही उक्त श्लोक की 'शब्द-विद्या' का सार्थक अर्थ हो सकता है। टीकाकारों ने इसका निरर्थक अर्थ प्रस्तुत किया है। कहाँ सारे रसों के रस माधव की प्रिया और कहाँ व्याकरण का नमक-सत्तू। कहाँ शब्दों का नवरसों के मार्ग पर अभिसार और कहाँ प्रत्यय-विभक्तियों की तड़ातड़ बजती लाठियाँ और सन्धि-समास का अश्रु-गैस। पण्डित महावीरप्रसाद द्विवेदी को भले ही व्याकरण के लाठी-सोटे की पैंतरेबाजी मनमोहक लगे, पर मैं तो साठोत्तरी का कामुक यक्ष-मेघ हूँ और भाषा के 'दिङ्नागानाम्' के स्थूल हस्तचपेटों से बच-बचाकर शब्दरूपा श्री का 'चाक्षुष-यज्ञ' भोग कर रहा हूँ। मेरे जीवन का क्षण-प्रतिक्षण इसी के यश का मन्त्रगान बनना चाहता है, मेरे 'अ' से 'ह' तक सारे वर्णोच्चार, मेरे सारे उच्चारण, मेरा सारा 'अहं', इसी की भाषामयी आरती है। यही सारी विद्याओं की अभिव्यक्ति का आधार है। इसी से इसे परमाप्रकृति माधवप्रिया के समकक्ष रखा जा सकता है। यही सभी अनुभवों को अभिव्यक्त और प्रकाशित करती है, 'संचारिणी दीपशिखा' की तरह जिस अनुभव के चेहरे पर यह दृष्टिपात करती है, वही अभिव्यक्त और अर्थवान् हो उठता है, अन्यथा अर्थातीत के अन्धकार में अपने अस्तित्व की छटपटाहट भोगता रहता है।

यह शब्द-श्री या कोष-श्री एक दियासलाई की डिबिया है। प्रत्येक शब्द एक-एक तीली है। डिबिया में पड़ी है, कोई कीमत नहीं। पर अचानक प्रयोग की रगड़ खाकर भक से जल उठती है और उस क्षण दीप्ति-रूपिणी स्वाहा-रूपिणी कमललोचना शब्द-श्री तेजस्वी रूप-शिखा के मध्य अवतरित हो जाती है, तब चाहे उससे तुलसी-चौरे का दीप जला लो, चाहे अध्ययन-मनन के लिए टेबल लैम्प जलाओ, चाहे रतियज्ञ के लिए विलासकक्ष आलोकित करो, या ग्राम, नगर, रेलवे-स्टेशन, विद्यालय जलाकर भस्मीभूत—क्षार कर डालो, तुम्हारी मरजी। तुम बली हो क्योंकि तुम्हारे पास दीप्ति-रूपिणी, स्वाहा-रूपिणी शब्दों की कोष-श्री है और तुम उसका प्रयोग करने में समर्थ हो। तुम

सुप्त शब्द-शक्ति को प्रयोग द्वारा जाग्रत् करने की कला जानते हो, तो तुम सब कुछ कर सकने में समर्थ हो। क्योंकि प्रयोग द्वारा ही जो अनुभव जन-जन के हृदय अन्धकार में छटपटा रहा है, उसके चेहरे पर इस शब्द-श्री की संचारिणी दीप का आलोक फेंका जा सकता है, और उस अनुभव को प्रकाशित कर जन-जन को उसके अस्तित्व के प्रति सचेत किया जा सकता है तथा उन्हें अनुभव-चेतना के माध्यम से कर्मपथ पर प्रेरित किया जा सकता है।

यों शब्द शव की तरह निष्क्रिय रहता है, पर प्रयोग द्वारा उसमें 'चिति' का संचार हो जाता है। पतंजलि ने अपने महाभाष्य में शब्द के शक्ति-संचार के रहस्य को 'प्रयोगेण अभिज्वलति' कहकर निर्देशित किया है। आकाश शब्द का आश्रय है, कान से उपलब्ध होता है, बुद्धि से उसका विग्रह (रूप का ज्ञान) होता है, पर प्रयोग से वह रगड़ खाकर भक से जल उठता है और तब अपने तथा दूसरे के अनुभवों का चेहरा अनभिव्यक्ति के अन्धकार को काटकर स्पष्ट हो उठता है। प्रत्येक अनुभव सार्थक होने के लिए शब्द पाना चाहता है। शब्द न पाना, नाम न पाना, अनामा रह जाना एक बहुत बड़ी व्यथा है। नाम न रहे तो गोबर और गौरी-गणेश में फर्क ही क्या है। फर्क आया नाम के कारण। व्यक्तित्व मिला नाम के कारण। अस्तित्व तो पहले से ही था, पर इसे 'अस्ति' की चेतना मिली नाम के कारण। अतः शब्द पाने की, नाम पाने की, संज्ञा पाने की साधना का ही नाम है ज्ञान-विज्ञान और सभ्यता-संस्कृति। बिना नाम पाये, बिना संज्ञा प्राप्त किये, यह सब असम्भव था। एक अविकसित-अधूरी भाषा को लेकर कोई भी व्यक्ति या जाति विकसित उन्नत और ऊर्ध्वगामी नहीं हो सकती। सभ्यता की प्रगति का इतिहास इस हवा-पानी, पशु-पक्षी, पेड़-पल्लव को निर्वैयक्तिक सृष्टि से अलग होने की, एक व्यक्तित्व और एक नाम पाने की साधना का इतिहास है। जैसे-जैसे मनुष्य आगे बढ़ता गया, उसका अनामापन मिटता गया, उसके नाम के सारे बौद्धिक, मानसिक और आत्मिक कटाव, सारे नोक, सारी नक्काशी स्पष्ट से स्पष्टतर होने लगी। इसी से आज मनुष्य माने 'व्यक्ति' पर गाय माने गाय, इमली माने इमली और आम माने आम। मनुष्य व्यक्तिवाचक संज्ञा तक विकसित हो गया, जबकि शेष सृष्टि बौद्धिक-आत्मिक-मानसिक दृष्टि से जातिवाचक तक ही सीमित रह गयी। नाम व्यक्तित्व के मणि-सर्प की त्रिगुणात्मक मणि है, और आहार-निद्रा, भय-मैथुन के समय भी यह मणि उसके मस्तक के मध्य, बाहर-भीतर प्रकाशित होती रहती है। यह नाम की मणि ही है जिसके संस्पर्श से वह आहार-निन्द्रा-भय-मैथुन को पाशविक क्रियाओं का षट्रस-नवरस-रूपान्तर कर चुका है। अन्य पशुओं के पास भूख है, पर इस व्यक्तित्वधारी, नामधारी मनुष्य के पास केवल भूख नहीं, 'ऊख, महूख, पियूख' की विशेष भूख है और उससे भी बढ़कर उसकी चरम क्षुधा या चरम पिपासा है—रूप-तृषा, बतरस-तृषा और संग-तृषा। वह 'संग-परस-सुधा' के लिए व्याकुल रहता है। अन्य पशुओं के भोग का या भोजन का उद्देश्य है भोग या भक्षण। पर मनुष्य के भोग और भोजन—दोनों

लीला हैं, दोनों को वह लीला के रूप में, क्रीड़ा के रूप में, आनन्द के माध्यम के रूप में ग्रहण करता है। यह मनुष्य ही है जो चटनी-अचार खाता है; क्योंकि उसकी भोजन-क्रिया, पशुओं की तरह शरीर या स्वास्थ्य की माँग के अनुसार नहीं, उसके व्यक्तित्वधारी-नामधारी मन की क्रीड़ा के अनुसार होती है। पर अजीब बात है कि व्यक्तित्व और नाम के माध्यम से इतनी बौद्धिक, मानसिक और आत्मिक समृद्धि पाकर भी कुछ ऐसे निकलते हैं जो व्यक्तित्व और नाम के ऊर्णनाभ पाश को काटकर अखण्ड-मण्डलाकारम् आकाशोपम सत्ता के साथ एकाकार हो जाना चाहते हैं, पुनः निर्वैयक्तिकता की ओर, ब्रह्मत्व की ओर लौट जाना चाहते हैं, जिसमें आकाश पिता है, धरती माता है, घासपात भाई-बहन हैं। शायद यह भी एक लीला है। लीला के पाश को तोड़कर साँड़ की तरह हँकड़ने की लीला। लोग कहते हैं कि उनके अन्दर विश्व-प्रेम रहता है। पर व्यक्तिगत व्यवहार में ये संन्यासी बड़े ही निर्मम और अक्खड़ होते हैं, 'तदेकोऽवशिष्टः शिवः केवलोऽहम्' कहकर हँकड़नेवाले छुट्टा मुक्त साँड़ की तरह। क्योंकि निर्वैयक्तिक प्रेम केवल एक आइडिया है, एक बौद्धिक तथ्य है 'समाजवाद' की तरह। इनके पास भाववाचक ऐब्स्ट्रैक्ट 'प्रेम' है, पर सगुण व्यक्तिवाचक प्रेमपात्र या प्रेमिका नहीं। यह सगुणबोध नहीं है। व्यक्तिवाचक का माया-जगत् हमारे लिए मन्दाक्रान्ता छन्द है तो इन कौपीनधारी अक्खड़ों के लिए मोह-पाश। हमें छन्द वरण करने में मौज मिलती है तो इन्हें पाश तोड़ने में।

लोग कहते हैं नाम में क्या धरा है। आँख के अन्धे का भी नाम पद्मलोचन हो सकता है, 'क'-अक्षर-गोमांस-समान तक की शिक्षा पाये व्यक्ति का नाम भी वाचस्पति दुबे हो सकता है, तो दूसरी ओर हजारीप्रसाद लक्ष्मीवाहन न बनकर सरस्वती-वाहन होना ही वरण कर सकते हैं। पर ऐसे उदाहरणों में ये नाम आरोपित नाम हैं और इन नामों में न तो पुकारनेवाले का विश्वास रहता है और न इन्हें धारण करनेवाले का। आरोपित होने के बावजूद ये नाम आत्मविश्वास के अंग नहीं बन पाते, क्योंकि व्यक्तित्व के समानान्तर न होकर ये विपरीत पड़ गये हैं। जो नामधारी के व्यक्तित्व का वाचक नहीं बन पाता, वैसा नाम दम्भ या कपट से अथवा भूल से आरोपित नाम है। उसकी तुलना सर्प-मणि या नाग-मणि से नहीं हो सकती, क्योंकि मणि माथे पर आरोपित नहीं रहती, माथे के भीतर रहती है। व्यक्तित्व और नाम परस्पर-पूरक हैं। कभी-कभी नाम भी व्यक्तित्व पर अद्भुत प्रभाव डालता है। और तो और, मैं अपने गाँव की बात बताता हूँ। मेरे पुराने साथी मुंशी जीउतलाल हैं। मरछहा होने के कारण उनके पिता दरबारीलाल ने जीउत नाम रखा। पढ़-लिखकर वे बेचारे इस नाम से शर्म खाने लगे तो हम साथियों ने सर्वसम्मति से एक निर्विरोध प्रस्ताव द्वारा उनका नाम शुद्ध संस्कृत भाषा में 'जीमूतवाहन' रख दिया और जीमूतवाहन वर्मा की नयी संज्ञा से मैट्रिक

के दरवाजे पर धक्कमधुक्की करके तीन उमाँच में उक्त नाम के साथ एक योग्यता का प्रमाणपत्र भी हासिल कर लिया। पर जब से उनका नाम 'ज़ीमूत' पड़ा, वे ग्राम की राजनीति में दखल देने लगे, धीरे-धीरे पुराने नाम की दीनता कट गयी, और आजकल तो ग्राम की सारी राजनीति वही सँभाल रहे हैं। धूल में रस्सी बटना कोई उनसे सीखे। सारे गाँव को वे तुर्कनाच नचा रहे हैं। जिस दिन हम लोगों ने उनका यह नाम प्रस्तावित किया उसी दिन से उनमें बौद्धिक और मानसिक परिवर्तन शुरू हुआ और आज तो वे सचमुच घनघोर गर्जन करनेवाले जीमूत हैं, 'वर्षा घोर निशाचररारी' वाले जीमूत हैं, और उनकी कृपा से अभागे ग्राम के शीश पर मामले-मुकदमे के मेघ, दफा एक सौ सात के इन्द्रधनुष और फौजदारी के विद्युत्‌गर्जन से सदा पावस ऋतु छायी रहती है। 'जीमूत' शब्द के दो अर्थ होते हैं। प्रथम तो यह कि जो 'जी' अर्थात् 'जीवन' यानी 'जल' को अपने अन्दर 'मूत' अर्थात् 'बद्ध' रखे, धारण किये रहे। दूसरा यह कि जो 'जी' अर्थात् 'जीव' यानी प्राणियों को 'मूत' अर्थात् 'बद्ध' यानी अवरुद्ध या कैदी बनाकर रखे, सारा कामधाम बन्द कर दे और लोग घर में या पेड़ के नीचे अवरुद्ध चुपचाप पड़े रहने के लिए बाध्य हों। मेघ में दोनों गुण हैं, पर हमारे मुंशीजी को दूसरा गुण ही रुचिकर लगा। अतः ऐसे उदाहरण के रहते हुए भी मैं कैसे मान लूँ कि नाम में क्या रखा है ? अरे, मुझे तो अफसोस है कि माता-पिता ने मुझे 'कुबेर' के 'नाथ' की नकेल क्यों पहनायी, और 'कुबेरनाथ' करके एक महा अड़बंगी, दरिद्र और सनातन हिप्पी देवता का नाम दे डाला, जो अपने चढ़ने के लिए एक घोड़ा तक नहीं जुटा पाया, हाथी और विमान की तो बात ही क्या। हो सकता है कि यदि मेरा नाम मात्र 'कुबेर' रहता तो यक्षराज धनद के रथ का पहिया मेरे आँगन में ही टूटता और उस पर लदे हीरे-मोती, रुपये-पैसे के बोरे मेरे आँगन में ही सड़ते। पर अब तो गलती हो ही गयी। अब क्या किया जाय ? अब तो इस जन्म को, इस जीवन को, नाम के अनुरूप रूप में ही उपलब्ध करना है, अन्यथा यह बेचारा नाम निरर्थक हो जाएगा और जन्म भर रोता रह जाएगा। इतने दिन से जो नाम जन्म-सहचर की तरह साथ-साथ छाया की तरह मेरी काया का सहवासी रहा, उसके प्रति मेरा मोहबद्ध हो जाना स्वाभाविक ही है। इसी से ठोस, झकाझक ठनठनाते 'अर्थ' की चिन्ता न कर शब्दों के अर्थ की चिन्ता किया करता हूँ। शब्दों के अर्थ तो भाव और विचार बनकर सदैव सामने प्रस्तुत रहते हैं। यही क्या कम है ? माना कि भावों और विचारों से पेट नहीं भरता, पेट भरने के लिए ठनठनिया चाँदी का 'अर्थ' ही चाहिए। परन्तु इन भावों और विचारों के बीच मन अपूर्व अवगाहन, अपूर्व स्नान पा जाता है। यह अपूर्व सुख है। जब तक सम्भव है, यह अपूर्व स्नान करता ही चलूँगा, भले ही खाने को बस, बम-बम महादेव ही रहे।

बम-बम महादेव ! यानी शून्य, हाथ की पकड़ में या मुट्ठी में आनेवाली चीज नहीं। यह मेरे अपने नाम का ही एक अत्यन्त मस्तमौला संस्करण है, एक अद्‌भुत

फक्कड़ रूपान्तर है। बम-बम-महादेव, खाली, शून्य, पर अपूर्व शक्तिमय महोच्चार। लगता है दुनिया की दिगन्त-अवरोधी दीवारें थर्रा गयीं, आसमान की छत गिर पड़ेगी। और इसकी सारी अपूर्वता 'बम-बम' शब्द में है। इस शब्द का आधुनिक 'बम्ब' के आविष्कार के पूर्व ही हिन्दुस्तानी मन में आविर्भाव हो चुका था। यह दरअसल, 'व्योम, व्योम, महादेव' का विकृत रूप है। महादेव की अष्टमूर्तियाँ हैं : यजमान, चन्द्र, सूर्य, क्षितिज, जल, पावक, पवन और व्योम। व्योम मूर्ति उनकी चरम विराट् निराकार शून्य सत्ता का प्रतिनिधित्व करती है। दक्षिण भारत के चिदम्बरम् के मन्दिर में उनके आकाश विग्रह या शून्य विग्रह की पूजा होती है। गर्भगृह में कोई मूर्ति नहीं, पर दीवारों पर भरतनाट्य-शास्त्र की एक सौ आठ नृत्त-मुद्राएँ अंकित हैं। अतः 'बम-बम-महादेव' का मुहावरात्मक अर्थ 'कुछ नहीं', 'खाली' या 'शून्य' बावन तोले सवा पाव रत्ती ठीक है। 'व्योम' या 'बम' शून्य है, इसी से 'ब्रह्म' तुल्य है। यह महाशब्द ॐकार तुल्य है, यह सारी कोष-श्री का सुमेरु-शब्द है। जिस तरह सारे अनुभव ब्रह्म की परमाप्रकृति के विस्तार है, वैसे ही सारे अन्य शब्द और उन शब्दों पर आधारित कोमल-कठोर काव्य-दर्शन-चिन्तन या गाली-गलौज-प्रेमालाप, इसी 'बम-बम-महादेव' के या संक्षेप में इसी 'बम' के विस्तार हैं, ऐसा दावा मैं कर सकता हूँ। जब मैं यह सोचता हूँ तो अपने नाम की काव्यहीनता की शर्म और ग्लानि कटती हुई ज्ञात होती है और मैं पश्चात्ताप-मुक्त हो जाता हूँ।

# नदी, तुम बीजाक्षरा !

महाकवि के 'मेघदूत' में यक्ष कहता है : 'मित्र मेघ, तृतीय पाण्डव अर्जुन की महिमा से मण्डित कुरुक्षेत्र से आगे, जहाँ उस गाण्डीवधन्वा ने शत्रुओं पर धारासार बाण-वर्षा की थी, तुम उत्तराखण्ड की ओर बढ़ चलना जहाँ हिमालय के प्लक्षवनों से होकर सरस्वती नदी प्रवाहित होती है, जिसके जल का सेवन बन्धु-स्नेह के कारण समर-विमुख होकर अन्तेवासी बलराम ने अपनी प्रिया रेवती के नयन-बिम्बों से अंकित परम प्रिय हाला का भी परित्याग करके, किया था। प्रिय मित्र, तुम भी उस सारस्वत जल का पान करना। इससे तुम्हारा अभ्यन्तर धौत-शुभ्र हो जाएगा। भले ही बाहरी रूप श्यामवर्ण ही रह जाय।

''हित्वा हालामभिमतरसां रेवतीलोचनाङ्कां,
बन्धुस्नेहात् समरविमुखो लाङ्गली या सिषेवे।
कृत्वा तासामधिगममपां सौम्यसारस्वतीना-
मन्तःशुद्धस्त्वमसि भविता वर्णमात्रेण कृष्णः।।'' —पूर्वमेघ, 51

बलराम को कृष्ण द्वारा आहूत महाभारत का बन्धु-मेध यज्ञ रुचा नहीं और इस क्रूर कृत्य से अपने को दृष्टि अन्यत्र रखने के लिए वे सरस्वती के वैराग्यमय तट पर जाकर तीर्थवासी बन गये। सरस्वती का वैराग्यमय जल उस हाला से भी नशीला रहा होगा, जिसमें रेवती के लोचनों का प्रतिबिम्ब झलक उठता था। फक्कड़ स्वभाववाले बलराम हर जगह पत्नी को साथ लेकर थोड़े घूमते थे ! नाम से ही नहीं स्वभाव से भी वे शुद्ध लांगली या हलायुध थे। सुरा उन्हें अत्यन्त प्रिय थी। सुरा का एक नाम ही है 'हलिप्रिया'। 'सुरा हलिप्रिया, हाला' (अमरकोश)।

प्रिया रेवती पास हो या न हो, पर नशे में उनकी धुत्त लाल रतनार आँखों को लगता था कि सुरापात्र में प्रिया का सुन्दर मुख झलक रहा है, उसमें उसके दीर्घ आयत लोचनों का प्रतिबिम्ब झाँक रहा है। ऐसे फक्कड़ बेपरवाह बलराम के मन में भी सगे-सम्बन्धियों के आगत संहार की कल्पना से ही दारुण व्यथा उठी, और कंचन की

पुरी द्वारका, प्रियतमा रेवती और सुरापान-उन्माद सब कुछ को छोड़कर, वे हताश मन, इस ज्ञान और वैराग्य की प्रतीक पवित्र नदी के तट पर चले आये और मन की दारुण वेदना को इस नदी के शान्त, ज्ञान-दीप्त, आलोक-भास्वर प्रवाह में समर्पित कर दिये। 'मेघदूत' का उपर्युक्त श्लोक मेरे मन में एक प्रकाशमान चित्र उपस्थित करता है। महाभारत में लिखा हुआ है : 'प्लक्षजाता सरस्वती' अर्थात् सरस्वती नदी हिमालय की तलहटी के प्लक्षवनों से निःसृत होकर मैदान में उतरती थीं। मुझे लगता है कि एक झरित पत्र पाकड़-तरुओं का वन है। एक पाकड़ की नग्न शाखा के नीचे बलराम सिंह-मुद्रा में लेटे हैं। सिंह और संन्यासी दायीं करवट लेटते हैं और गृहस्थ बायीं करवट, क्योंकि गृहस्थ के वाम भाग में किसी और के लेटने की अपेक्षा की जाती है। इस समय बलराम भी संन्यासी 'मूड' में ही हैं, 'कौपीनवन्तं खलु भाग्यवन्तम्' की मौज में अपनी दारुण व्यथा को भूलने के फेर में हैं। अतः वे भी दायीं करवट ही लेटे हैं। आदिगन्त नीचे झरित पत्र पाकड़-वन और नग्न शिलाखण्डों का धूसर विस्तार और ऊपर प्रभामय आकाश की ठण्डी शान्त निर्बन्ध नीलिमा। इस सादे नील-धूसर वातावरण में सरस्वती का निर्मल, शान्त प्रवाह वैदिकोत्तर अनुष्टुप् छन्द की तरह सधी हुई, मध्यगति से चल रहा है। ऐसे परिवेश में एक मात्र यही अनुभव हो सकता है कि यह उदास धूसर शैल-तटी अपनी ही देह है; झरते पत्तों की तरह इसका भी करुण पात एक दिन होना ही है; पर इस देह के मध्य प्रवाहित भास्वर जल-सी कोई सत्ता है, एवं इस देह को ऊपर से आवृत किये कोई भास्वर आकाश-सी सत्ता है; ये दोनों चरम रूप में अवशिष्ट रह जाती हैं; और जो अवशिष्ट रह जाता है, जो चरम उच्छिष्ट है, जो सनातन शेष है वही तो मैं हूँ...इसी से तो मुझे लोग शेष और अनन्त कहते हैं। वह मैं ही तो हूँ जो जन-जन में शेष रह जाता है, जो कभी मरता नहीं...। यह रोधवती नदी ही हमारे अस्तित्व-प्रवाह का प्रतीक है। इसके किनारे को सगुण और सीमित प्लक्षवन अवरोध दे रहा है, पर इसका आदि है परमपद नील से झरता तुषार और अन्त है मुक्त विरक्त महासमुद्र। नदी का आदि और अवसान, इसके दोनों छोर विरक्त, मुक्त, अपार, निराकार और निर्गुण हैं, पर उसके तट या किनारे हैं सीमाबद्ध। देशकालबद्ध और सगुण। क्या ही अद्भुत विशिष्टाद्वैत है ! हमारी आत्मसत्ता की प्रतीक यह नदी सगुण और निर्गुण दोनों है। बलराम के 'आवृत चक्षु', अर्धनिमीलित नयन इसी विराट् बोध या महा अनुभव के नशे में मूँदे जा रहे हैं। उन्हें अपार मौज आ रही है, अद्भुत आनन्द मिल रहा है; यही कारण है कि बलराम इस सरस्वती के तट पर वैराग्य जल के नशे का पान करते हुए उस बन्धु-मेघ के महासंहार की दारुण वेदना को भूलने के लिए चले आये हैं।

कालिदास का यह श्लोक मन में एक प्रश्न जगाता है : यह सरस्वती, यह अपूर्व नदी है कहाँ, या कम-से-कम, थी कहाँ ? अपने पापों को समर्पित करने के लिए तो घर से दो मील, डेढ़ मील दूरी पर प्रवाहित 'शिवजलां भागीरथी' को पा जाता

हूँ, पर अपनी वेदना समर्पित करने के लिए शोकहरा-तापहरा सरस्वती को कहाँ पाऊँ ? यों सरस्वती वैदिक युग की नदी है और मेरी तो धारणा है कि यह वैदिक युग के पूर्व के स्मृति-प्रवाह को भी अपनी संज्ञा द्वारा वहन कर रही है। वर्तमान भारत ही नहीं, अखण्ड भारत क्या, उससे बढ़कर बृहत्तर भारत की ऐतिहासिक स्मृतियाँ इसके नाम के साथ जुड़ी हैं। प्रोफेसर बर्नाफ़ ने ईरान की हरक्वती नदी से इस सरस्वती के नाम-सम्बन्ध की कल्पना की है। मुझे लगता है कि ईरानी 'हरक्वती' और भारतीय 'सरस्वती' दोनों किसी प्राचीनतर नदी की स्मृतिवाहक संज्ञाएँ हैं, जिससे भारतीय ईरानी दोनों आर्य कबीले परिचित थे। भारतीय 'स' का ईरानी 'ह' में रूपान्तर तो कई शब्दों के सन्दर्भ में देखा जाता है :

सिन्धु > हिन्धु > हिन्दु; मास > माह; अस्मद् > अस्म > अहम् > हम; सप्ताह > हप्ताह > हफ्ताह > हफ्ता। ये शब्द सम्भवतः रूपान्तर नहीं, समानान्तर रूप हैं। इसी प्रकार 'सरस्वती' का प्रतिरूप 'हरस्वती' और बाद में 'हरक्वती' हो जाना असम्भव नहीं। 'स' का 'ह' में रूपान्तर तो अपने देश में भी कई प्रदेशों के उच्चारण में हो जाता है। अपने देश में पण्डितों में एक प्रचलित उक्ति है, जो मूलतः भाषा-शास्त्र का एक सूक्त है, ''सरितो हरितो भवति सरस्वत्यः हरस्वत्यः'' और अपने देश में एक प्रचलित मजाक है : 'अरे भाई कामरूपी पण्डित को नमस्कार कैसे करूँ ! उसके मुख में तो 'शतायु' 'हतायु' बनकर उच्चारित होगा'। सम्भवतः इस उच्चारण के फेर से ही तान्त्रिकों ने 'श्रीं' और 'ह्रीं' दोनों को एक ही बीज मन्त्र का रूपान्तर माना है। और तो और ऋग्वेद में ही दोनों रूप प्राप्त होते हैं। 'सरस्वती' तो कई बार आया है पर 'तंममर्तुदुच्छना हरस्वती' (ऋ. 2236) में दूसरा रूप भी मौजूद है। अतः हम निष्कर्ष निकाल सकते हैं कि भारतीय 'सरस्वती' और ईरानी 'हरक्वती'—दोनों एक ही प्राचीन आर्य सरिता की स्मृति का संरक्षण-संवाहन करती हैं। उक्त सरिता का लोप हो गया, पर उसकी महाभास्वर स्मृति इन दोनों नामों में प्रवाहित है।

'सरस्वती' और 'सरयू' दोनों शुद्ध आर्य शब्द हैं। पारसी ग्रन्थ 'वेंदीदाद' में 'हरयो' नाम की नदी का जिक्र है। यही 'हरयो' भारत में 'सरयो' 'सरयू' बनकर सुरक्षित है। यह नदी भी 'सरस्वती' की ही तरह किसी नदी की अत्यन्त प्राचीन स्मृति का संकेत करती है। इक्ष्वाकुओं की 'सरयू' भारतीय सरयू ही हो सकती है, पर आर्य जाति का इतिहास तो इक्ष्वाकुवंशीय भारत से अधिक प्राचीन है। नदी का पुराना नाम रहा होगा 'घर्घरा' ('घाघरा' आज भी चलता है)। आर्य कबीलों ने जब ब्रह्मावर्त से आगे बढ़ने पर इस प्रदेश को दखल कर लिया तो नदी का नाम पुरानी नदी की स्मृति में 'सरयू' रख दिया होगा। ये नाम-प्रवाह हमारे ऐतिहासिक विस्तार के साथ-साथ अपना विस्तार करते गये। इसी से मैं तो मानता हूँ कि 'सरस्वती' मात्र नदी नहीं, हमारे इतिहास की सुषुम्ना नाँड़ी है। यह कार्ल युंग की भाषा में हमारे 'सामूहिक मन' या 'जातीय मानस' की सदानीरा नदी है। तभी तो ऋग्वेद में इसे जल-देवता के साथ-साथ वाक्-देवता

का भी प्रतीक माना गया है और कालान्तर में भारतीय वाग्-देवता की संज्ञा ही हो गयी 'सरस्वती'। नदी क्या है, मानो साक्षात् ऋतम्भरा है, साक्षात् प्रज्ञा-प्रवाह है, सनातन संस्कार-प्रवाह है। न केवल फक्कड़-प्रमत्त बलराम ही इसके प्रज्ञाजल को पीकर अपनी वेदना भूल गये, बल्कि नामी-गिरामी भृगु-वत्स-च्यवन-आप्नवान-यमदग्नि आदि से लेकर मेरे जैसे अनाम धीवर तक इस भावसत्तामयी अरूप नदी से प्रार्थना करते आ रहे हैं : "ओ माँ, बड़ी तृषा है ! चुल्लू भर करुणा दे। ओ माँ, बड़ा अन्धकार है, पाप गरज रहा है, चुल्लू भर विद्या दे।"

परन्तु भाव-सत्ता के रूप में नदी का भले ही वरण किया जाय, इसकी भौगोलिक सत्ता का भारत के नक्शे पर निर्देश करना आज एक टेढ़ी खीर है। आज तो नदी का 'विनशन' हो चुका है, वह अन्तःसलिला है। वह अन्तर्धान है। आज हम इसकी स्मृति-रक्षा के लिए गंगा-यमुना के संगम पर एक 'सरस्वती कूप' की कल्पना करके इसके पातालवासी होने की बात करते हैं। पर वास्तविकता तो यह है कि यह उत्तर प्रदेश में कभी बही ही नहीं। ब्रह्म के साक्षात् चतुष्पाद-रूपान्तर पण्डे-पुरोहित इसे मानें या न मानें, पर जिनकी बुद्धि के बल पर कर्मकाण्ड का सारा आडम्बर सारा झूठ-सच खड़ा है, वे मनु महाराज सरस्वती नदी का स्थान-निर्देश इस प्रकार करते हैं : 'सरस्वती-दृषद्वती नामा देव-नदियों के मध्य जो देवनिर्मित देश है, वह ब्रह्मावर्त है। 'ब्रह्मावर्त के अनन्तर कुरुक्षेत्र, मत्स्य, पांचाल, और शूरसेन (अर्थात् वर्तमान पश्चिमी यू. पी.) से मिलकर 'ब्रह्मर्षि देश' बनते हैं। हिमालय और विन्ध्याचल के मध्य (सरस्वती के) 'विनशन' बिन्दु से पूर्व और प्रयाग से पश्चिम का देश 'मध्य देश' कहलाता है।'

अब सर्वश्री टीमल चौबे, जोखू चौबे, मँगरू चौबे वगैरह-वगैरह साकिन भारतवर्ष, परगना एशिया, विश्व ब्रह्माण्ड, इसे मानें या न मानें, पर मनु महाराज के श्लोक और इन पर कुल्लूक भट्ट की टीका स्पष्ट निर्देश देते हैं कि सरस्वती नदी का प्रयाग या वर्तमान उत्तर प्रदेश से (जो अंशतः ब्रह्मर्षिदेश और मध्य देश और आर्यावर्त का समवाय है) कभी भी कोई सम्बन्ध नहीं था और दूसरी बात यह कि सरस्वती नदी का स्पष्ट रेखा-निर्देश सम्भव न होने पर भी इतना तो ध्रुव लगता है कि यह हिमालय की दक्षिण पश्चिम नदी-परम्परा में थी, सप्तसिन्धु-परम्परा में। यह उसकी दक्षिण-पूर्व परम्परा में, गंगा, यमुना, गोमती, सरयू की परम्परा के अन्तर्गत नहीं आती है। इसकी अन्तर्धान-भूमि मध्य देश का पश्चिमी छोर है तो प्रयाग उसका पूर्वी छोर। "हाय रे, मयूर व्याल पूँछ से जुड़े !" प्रयाग को सरस्वती-संगम कल्पित करना बहुत कुछ ऐसा ही लगता है। महाभारत के वनपर्व में तीर्थ-यात्रा प्रकरण में भी सरस्वती का वर्णन पश्चिम प्रदेशों में ही किया गया है। अन्य पुराणों में भी गुजरात के सोमनाथ का दैनिक अभिषेक सरस्वती के जल से होना बताया जाता है। अतः नदी अवश्य ही यमुना-पार, पश्चिम में थी। प्रयाग का सरस्वती कूप उस यशस्वी नदी की पुण्य स्मृति का संरक्षण मात्र है। इसका पौराणिक, ऐतिहासिक, भौगोलिक वास्तविकता से कोई सम्बन्ध नहीं। यह

एक कर्मकाण्ड-कल्पित तथ्य मात्र है। यह नदी वास्तव में सिन्धु की उपनदी थी। हो सकता है कि थानेसर (कुरुक्षेत्र) की वर्तमान 'सुरसुती' नदी ही पुरानी 'सरस्वती' हो। श्री एच. एच. विल्सन ने अपनी 'विष्णुपुराण' की अँगरेजी टीका में लिखा है कि सरस्वती और दृषद्वती दोनों वर्तमान 'कग्गर' या 'घग्घर' नदी की उत्तरी दक्षिणी शाखाएँ हैं जिनमें आज भी एक शाखा को 'सुरसुती' कहते हैं (?) और ये दोनों मिलकर कग्गर या घग्घर बनकर राजस्थान के मरु प्रान्त में आज समाप्त हो जाती हैं। ए. एल. बाशम लिखते हैं : "आज यह (सरस्वती) नदी राजस्थान के मरु प्रान्त जाकर लुप्त हो जानेवाली एक मामूली पतली धारा है। पर कभी यह विस्तृत चौड़ी और शक्ति-सम्पन्न प्रवाह से युक्त थी तथा सिन्धु नदी से सतलज-संगम से कुछ नीचे दक्षिण में जाकर मिलती थी।"

प्रयाग तीर्थराज है और प्रतीक के रूप में सरस्वती ही क्यों, कृष्णा, कावेरी, गोदावरी, फल्गु, शोणभद्र और ब्रह्मपुत्र भी इसके हृदय में निवास करती हैं और जिस दिन भारतवर्ष ज्ञान-विज्ञान-कला और शक्ति के चतुरंग विकास के शिखर पर पहुँचेगा उस दिन इस प्रयाग के हृदय में वोल्गा, नील, दजला-फरात, यांगटीसीक्यांग, ह्वांगहो आदि तीर्थजल भी समाधिस्थ होकर अपने को निरुज और विषमुक्त करेंगे। यह हमारे जीवन-काल में भले ही न घटित हो, पर एक दिन यह होगा अवश्य। ऐसा मेरा विश्वास है और ऐसी मेरी प्रार्थना है। पर यह तो आध्यात्मिक, बौद्धिक और काव्यात्मक अनुभव की बात हुई। जलधारा के रूप में तो यहाँ गंगा-यमुना ही बहती थीं, बहती हैं और बहती रहेंगी। जहाँ तक प्रतीक रूप में सरस्वती-तीर्थ-स्थापन की बात है, प्रयाग के अतिरिक्त अन्य सात स्थलों पर भी सरस्वती को मन्त्राहूत करके सारस्वत तीर्थों की रचना की गयी है। प्रयाग के सरस्वती-जलतीर्थ की महिमा गंगा और तीर्थराज के सान्निध्य से बढ़ गयी। अन्यथा देश-भेद से इस पुण्यतोया के सात अन्य मन्त्राहूत रूप भी हैं। प्रथम, पुष्कर यज्ञ में पितामह ब्रह्मा द्वारा आहूत 'सुप्रभा' नाम से; द्वितीय, नैमिषारण्य में ऋषियों द्वारा आहूत 'कांचनाक्षी' नाम से; तृतीय, गय देश में गयराज-यज्ञ में आहूत 'विशाला' नाम से; चतुर्थ, उत्तरकोशल में उद्दालक द्वारा यज्ञ में आहूत 'मनोरमा' नाम से; पंचम, कुरुक्षेत्र (ऋषभद्वीप) में कुरुराज द्वारा आहूत 'ओघवती' नाम से; षष्ठ, गंगा-द्वार में दक्ष प्रजापति द्वारा आहूत 'नृरेणु' नाम से; सप्तम, हिमालय में पुनः पितामह द्वारा आहूत 'विमलोदा' नाम से—इस प्रकार सरस्वती सात बार मन्त्राहूत होकर तीर्थजल में रूपान्तरित होकर सात नामों से स्थित है। फर्क यही है कि अन्य स्थलों पर यह आहूत हुई और प्रयागराज में स्वयं प्रकट हो गयी है, अन्तःसलिला रूप छोड़कर उद्घाटित हो गयी है। प्रतीक के रूप में, भावसत्ता के रूप में तो बात ठीक ही है। स्थूल नदी राजस्थान या सिन्धु के मरु प्रान्त में सूख गयी तो सूख जाय। अपनी सूक्ष्म सत्ता, भाव सत्ता, प्रतीक सत्ता के रूप में अब भी यह स्थित है, मन के भीतर और मन के बाहर—दोनों जगह। सोमनाथ के स्थूल लिंग को एक कुशिक्षित अर्धसभ्य तुर्क ने

तोड़ डाला तो क्या सोमनाथ भी टूट गये ? यदि मैं चिढ़कर अपने घर की कुरान शरीफ की प्रति जला डालूँ तो क्या इसका मतलब कि पैगम्बर की विश्वव्यापी वाणी ही जल गयी, अस्तित्वहीन हो गयी ? जो सूक्ष्म सत्ता है, जो भाव सत्ता है, उसके एक स्थूल रूप के नाश होने पर भी उसका अभाव या अनस्तित्व घटित नहीं होता। वैसे ही सरस्वती नदी भी अस्तित्वमान् है। प्रतीक रूप में प्रयाग-तीर्थ में और भाव के रूप में हमारे मन में, अनुभव के रूप में हमारी सुषुम्ना नाड़ी में, हमारे स्नायुमण्डल में। अतः सरस्वती कूप भी कम महत्त्वपूर्ण नहीं। पर एक ही बात बहुत खटकती है। जो कभी जीवन्त प्रवाहमयी थी, जिसकी लहरों पर मन्त्रगान जैसे स्वर तिरते चलते थे, जिसकी सतह पर आलोक की धारा बरसती थी, वाग्देवता के हंस विचरण करते थे, उषा और सन्ध्या के समय जीवन और मृत्यु के बीजमन्त्र रूप और दृश्य बनकर उतरते थे, वह मंगलमयी प्रवाहमयी गतिमयी विस्तारमयी सरिता आज क्यों बद्ध, क्षुद्र, आवृत कूप के रूप में ग्रहण की जाती है ? यह तो नदी का उपहास है, जल-देवता का अपमान है और इस अपमान को पूजा की संज्ञा दी जाती है और इस विराट् प्रतीक को बेचकर रोजगार चलाया जाता है, धर्म-कर्म का, दान-दक्षिणा का। अरे, सुदूर अरुणाचल प्रदेश (नेफा) या तमिलनाडु की ही किसी नदी को सरस्वती का प्रतीकात्मक रूपान्तर मान लेते। कम-से-कम 'कूप' बनाकर उपहास करने से तो यह अच्छा ही होता और देश के सांस्कृतिक ऐक्य की गाँठ और सुदृढ़ हो जाती। परन्तु व्यापकता-विरोधी, विस्तार-विरोधी, भूमा-घातिनी, समुद्र-यात्रा-निषेधक कूपमण्डूक बुद्धिवाले मन को कर्मकाण्डी 'कूप' ही अधिक रुचिकर हुआ। इस तरह मारे गये हम, मारी गयी नदी बेचारी और यह बूढ़ा कर्मकाण्ड मौज से हुक्का पीता रहा। मैं जानता हूँ, और तो और, पूज्य पिताजी ही यह सब पढ़कर महा क्रुद्ध होंगे। उनकी दीमक लगी पुरानी पोथी में लिखा है कि सरस्वती का रंग लाल है और वह प्रयागराज में (पिताजी सदैव प्रयाग को 'प्रयागराज' और काशी को 'काशीजी' कहते हैं, यद्यपि कलकत्ता को 'मिस्टर कलकत्ता' और बम्बई को 'मिस बम्बई' कभी नहीं कहते) गंगा से मिलती है। वे निश्चय ही यह सब पढ़कर क्रुद्ध होंगे 'बेनुबंस सुत भयउ घमोई'। पर मैंने भी निश्चय किया है कि एक दिन जब पूज्य पिताजी सोये रहेंगे, उनके सिरहाने से अपने छोटे भाई की मदद से वह फटी दीमक लगी किताब निकाल लाऊँगा और आग लगाकर फूँक दूँगा। बस, हिन्दू धर्म शुद्ध हो जाएगा। तब हिन्दू धर्म के लिए एक नयी पोथी लिखनी पड़ेगी और उसे अब बूढ़े पिताजी क्या लिखेंगे, उस नयी किताब को मैं लिखूँगा, और जो-जो मन में आएगा, सो लिखूँगा। आखिर मेरी बात भी तो कभी आनी चाहिए, कि आजीवन मैं 'हाँ, कहारी हाँ' का ठेका ही पीछे से भरता रहूँगा ? बिना यह सब किये विधिनिषेध के रेगिस्तान में खोयी सरस्वती का देश की प्रवाहशक्ति और वाक्शक्ति का, उद्धार असम्भव लगता है। अतः परशुराम, हनुमान्, कृष्ण आदि उत्पाती देवगण मुझे और मेरी पीढ़ी को आशीर्वाद दें।

हमें सूक्ष्म सरस्वती का उद्धार करना ही है। उस प्लक्षजाता स्थूल नदी की पाँच सूक्ष्म संज्ञाएँ हैं : वाक्प्रदा, ब्रह्मसुता, भारती, वेदाग्रणी और वाणी। यह नदी कहीं गयी थोड़े है। बस अपने भीतर है। इसे ठीक से पहचान लेना है। यही प्रत्यभिज्ञान ही इसका उद्धार है। इस सरस्वती को कर्मकाण्ड और विधि-निषेध की प्रतीक नहीं, बल्कि ज्ञान-विज्ञान की प्रतीक मानकर पहचानना है। तान्त्रिकों ने तो कहा ही है कि हमारे शरीर में ही सरस्वती प्रवहमान है सुषुम्ना नाड़ी के रूप में। इंगला-पिंगला गंगा-यमुना है और सूक्ष्मतर अनुभव-प्रवाह, आध्यात्मिक ज्ञान की वाहिका है बीच की सुषुम्नारूपा सरस्वती। मुझे लगता है कि यह तथ्य 'व्यक्तिमन' और 'समूहमन'—दोनों स्तरों पर सही है। स्थूल रूप में यह दक्षिणी पश्चिम दिशा में बहती थी। पर यह सूक्ष्म रूप में, भावरूप में, 'बोध' के रूप में, दक्षिण-पूर्व की ओर मुड़ी और लोकमानस की गंगा से संयुक्त हो गयी। सिद्धान्त में तो यह सदैव ब्रह्मवादिनी मानी गयी, हमारे बोध-प्रवाह का ही प्रतीक रही। पर व्यवहार में हमने इसे कर्मकाण्ड के कूप में डाल दिया था। अब तो लोकमान्य तिलक ने 'कर्म' शब्द का भी अर्थ-रूपान्तर कर दिया है। अब तो 'कर्म' भी कर्मकाण्ड-मुक्त है, तो ज्ञानरूपा सरस्वती क्यों न कूप-मुक्त हो ? अतः अब यह सूक्ष्म सरस्वती देश के चतुर्दिक् शरीर में शिरा-शिरा, धमनी-धमनी, प्रत्येक जाति, प्रत्येक वर्ण, प्रत्येक नर, प्रत्येक नारी में प्रवेश करके प्रवाहित हो, यह व्यक्ति-व्यक्ति की सुषुम्ना में प्राण प्रवाहित कर दे, उज्ज्वल चैतन्य के विद्युन्मय अनुभव का व्यक्ति-व्यक्ति के स्नायु-मण्डल में संचार हो जिससे हम विकल हो उठें, हम बैठे न रह सकें, हम उठ खड़े होने के लिए बेचैन हो जायँ, हम चल पड़ें, हम भुजाएँ झटकार कर, शीश ऊँचा करके एक पाँत में, एक छन्द में चल पड़ें। इस प्रकार राष्ट्र की और व्यक्ति की सुषुम्ना साथ-साथ जाग उठे, अधोमुखी कुण्डलिनी जाग्रत् हो जाय और ऊर्ध्वमुखी हो जाय, और तब यह अन्तर्वासिनी सूक्ष्म नदी दशभुजा बनकर खड़ी हो जाय और दसों दिशाओं में इसके बीजमन्त्रों का हुंकार ध्वनित हो। व्यक्ति-व्यक्ति के मन में सुप्त इस बीजाक्षरा नदी से हम यही प्रार्थना करते हैं।

# अन्नपूर्णा बाणभूमि

मैं अपने गाँव के गंगा-तट पर बैठा-बैठा बुद्ध-जैसी अनिमेष लोचन-दृष्टि से इस पापहरा नदी के प्रवाह को देख रहा हूँ। विराम, क्षमा, शान्ति की वारिधारा मेरी दृष्टि और श्रवण के मध्य होकर मस्तिष्क-शिला तक बह रही है, संज्ञातल प्रक्षालित कर रही है। सारा धिक्कार, सारे ताप, सारी ग्लानि घुल रहे हैं। सचमुच यह नदी पापहरा है। मैंने किसी को कुछ देने की इच्छा की थी; मैंने किसी से कुछ पाने की इच्छा की थी; मैंने आकाश के तारों को बटोरकर घर-घर बच्चों में बाँट देना चाहा था; मैंने चतुर्दिक् हँसती राका निशि में किसी का हाथ पकड़कर कोई प्रतिज्ञा की थी। पर क्षमाहीन अर्थ-व्यवस्था, समाज-व्यवस्था और शासन-तन्त्र के मध्य कुछ कर नहीं पाया और दमित कामना का पाप ढोता हुआ इच्छाओं के फूल-जैसे शिशुओं की निरन्तर हत्या करता हुआ जी रहा हूँ। आत्मा को निगडबद्ध करके धर्म-परिवार और मर्यादा के राक्षसों का रात-दिन हुक्म बजा रहा हूँ। उनका पानी भरते-भरते मेरी कमर झुक गयी है, तो भी न विराम है और न क्षमा। इसी से इस पापहरा नदी के तट पर आकर घड़ी, दो घड़ी बैठकर शान्ति, मुक्ति, विराम और क्षमा का आहरण करता हूँ और वे मेरे दमित इच्छा-शिशु अवचेतन की कब्र से उठकर फूल, तितली, इन्द्रधनुष या कुछ और रूप धारण कर मुक्त हो जाते हैं। सारी ग्लानि धुल-सी जाती है, वे मेरी संज्ञा-शिला पर बहती वारिधारा के दृश्य-पट पर बोलने से ज्ञात होते हैं : "पिता, तुम्हारे संस्कारों के वन में हम सब भाई-बहन गुलाब-चमेली बनकर फल रहे हैं। पिता, अब हम सब प्रेत नहीं, मुक्त हैं; चिन्ता मत करो। हम सब तुम्हारे ही मन के अशोक वन की क्यारियों में खेला करेंगे।" और तब मैं हलका-हलका अनुभव करता हूँ : "माता, सुरेश्वरि गंगे, पापहारिणी तापतारिणी..." अपने आप मुँह से निकलता है और मैं इस प्रवाह की ओर उसी अनिमेष लोचन-दृष्टि से देख रहा हूँ, जिस दृष्टि से तृषाविद्ध बुद्ध ने प्रथम-प्रथम बोधि-वृक्ष की ओर देखा होगा।

सवेरा हो चला है। क्षितिज-भाल से 'अमित्रहा तमिस्रहा', दुश्मनों के और अन्धकार के नाशक परम पवित्र देवता का तेज इस पवित्र जल पर बरस रहा है। नदी के प्रवाह में वृत्त-पर-वृत्त जन्म ले रहे हैं, विस्तृत, और विस्तृत होते जा रहे हैं और अन्त में

विलीन हो जाते हैं। एक ऊर्मिवृत्त मिटता है, तो उसकी पीठ पर तुरत दूसरा जन्म लेता है। और इस तरह शृंखला लगातार चलती रहती है। गंगा का प्रवाह संयमपूर्ण है। उसकी ऊर्मियाँ चाप या चक्राकृति बनाती चलती हैं, धीरे-धीरे प्रसार करती हैं और शान्त भाव से समाप्त हो जाती हैं। मैंने ब्रह्मपुत्र को भी देखा है। उसका प्रवाह तीव्र, ज्वारमय और अत्यन्त क्रुद्ध है। उसकी लहरें तिरछी या ऊर्ध्वमुखी हैं और त्रिशूलाकृति बनाती चलती हैं। ब्रह्मपुत्र के स्वर में बाघ की गुर्राहट होती है, जबकि गंगा के ऊर्मिचक्रों पर स्वर की वीणा बजती है। नदी क्या है, साक्षात् सरस्वती है। वन्या में जब इसका स्वर तीव्र होता है, तब भी यह वृषभ जैसा हँकड़ती नहीं, गाय जैसी रँभाती है। यों इस तरह से भी शान्त गंगा का प्रवाह मन में जो बिम्ब उभारता है, वह है हजार-हजार श्वेत धवली गायों का रँभाता, उतरता हुआ झुण्ड, जिसके अगल-बगल पूँछ उठाकर माँकते, खेलते-कूदते बछड़े चल रहे हैं। वत्स-क्रीड़ा की उछल-कूद के बावजूद एक कोमल, शान्त, गतिमान और छन्दमय चित्र-कल्प !

यह मतसा गाँव की बाणभूमि है। 'बाँड़' या 'बाण' मूलतः 'वाड्' धातु से बना है। 'वाड्' अर्थात् 'डूबना', स्नान करना अथवा डूबकर पुनः बाहर निकलना। गंगातट की यह भूमि प्रतिवर्ष या प्रति दूसरे वर्ष बाढ़ में डूबती है और बाहर निकल आती है। इसी से यह 'वाड्' भूमि है और इसी का अशुद्ध रूप है 'बाँड़' और उच्चारण साम्य होने से 'बाण'। मैं 'बाण' का ही प्रयोग करता हूँ। क्योंकि 'बाण' शब्द का एक अर्थ होता है—गाय का थन। यह गौमातारूपिणी धरती पुत्रवत् हमारा पोषण इस तटीय भूमि की फसल द्वारा पुश्त-दर-पुश्त से कर रही है, अतः हमारे लिए यह 'वाड्' या 'बाँड़' भूमि निश्चय बाणभूमि है। गंगा का बाण संसार की सबसे उपजाऊ भूमियों में से एक है। इस तट पर मनुष्य का आवास तथा इस तटभूमि द्वारा मनुष्य का पोषण कम-से-कम चार हजार वर्ष से हो रहा है। कितनी बार मतसा गाँव की यह बाणभूमि कटकर नदी के पेट में गयी, कितनी बार पुनः बाहर आयी। और इसके ऊपर काश और बेर के जंगल कितनी बार उगे, और कितनी बार कुदालों की चोट और श्रम-जल से मनुष्य ने इसे सुरम्य और सशस्य बनाया, यह सब कौन कह सकता है ! पर यह भूमि हमारी मातृका रही है और इसका स्तनपान कर हम पोषित होते रहे हैं, इस स्पष्ट तथ्य को कौन अस्वीकार करेगा ?

यह मेरे गाँव का सौभाग्य है कि गंगा यहाँ उत्तरवाहिनी बहती है। जमानिया से ही यह उत्तरोन्मुख होती है और मत्स्या (मतसा) तक आते-आते यह बिलकुल उत्तरवाहिनी हो जाती है। गंगा का स्वाभाविक प्रवाह दक्षिण या पूर्व की ओर चलता है। पर कभी-कभी उत्तर की ओर घूमकर यह देवतात्मा हिमालय को प्रणाम कर लेती है और शिव का स्मरण कर लेती है, जिसके सिर को प्रेमिका की तरह चरण-ताड़ित किया था। जहाँ-जहाँ यह उत्तरमुखी हुई है, वहाँ-वहाँ तीर्थों की रचना होती गयी है। उदाहरण के लिए वाराणसी में भी यह उत्तरवाहिनी है। वाराणसी को केन्द्र करके बीस

कोस अर्धव्यास का क्षेत्र काशी-क्षेत्र है। हमारे गाँव के अन्दर भी हवन में 'आनन्दवने, महाश्मशाने, गौरीमुखे काशीक्षेत्रे...' आदि के द्वारा संकल्प में स्थल-निर्देश करने की परम्परा है। काशी नाम सम्भवतः गंगा-तट पर स्वभावतः उगनेवाले काशवनों के कारण पड़ा है। हमारे गाँव का गंगा-तट यत्र-तत्र घनघोर काशवनों से ढका है और शरद् ऋतु में ये अट्टहास बाँधकर फूटंते हैं। सफेद-सफेद 'घुवों' अर्थात् काशपुष्पों से यह धरती भर जाती है। तब इस काशवन के भीतर घुसने की हिम्मत नहीं पड़ती। लोमड़ी, शृगाल, मृग, वनशूकर और विषधर व्याल इसी के अन्दर विहार करते हैं। अपने गाँव का काशवन अब यत्र-तत्र ही बचा है, शेष कटकर नदी के पेट में चला गया, या इसे काटकर जमीन 'कुदाल' दी गयी। जंगल या खर-पात साफ करके भूमि को खेती-योग्य बनाने को 'कुदालना' कहते हैं। जोतने के पहले खेत कुदाला जाता है। प्रकृति और मनुष्य दोनों ने मिलकर इस काशवन को अब खत्म ही कर डाला है। पर तट पर अब भी यहाँ-वहाँ मदार और धतूरे के जंगल लगे हैं। वन-तुलसी के झोंप-पर-झोंप उगे हैं। कगार से तट की ओर नीचे झुकी बनबेरी या झड़बेरी की झाड़ियाँ हैं। कहीं-कहीं अपने आप उग गये वट, पीपल तथा पाकड़ और लिसोड़े के वृक्ष हैं। दो पीपल तो इतने पुराने और इतने विशाल हैं कि उन्हें वृक्ष न कहकर 'महीरुह' या 'दरख्त' कहना उचित है। बड़े-बूढ़े भी जिन्दगी भर से उन्हें वैसे ही देख रहे हैं, और वै अब भी 'स्थाणु' नहीं हुए हैं, विश्वेश्वर और कालभैरव की तरह तट पर अचल खड़े हैं।

लोग बताते हैं कि जिस जमीन को आज हम शस्यश्यामल देख रहे हैं, कभी वहाँ बेर की झाड़ियाँ थीं। पर हमारे पूर्वजों ने इस बदरीवन को दो-ढाई सौ वर्षों पूर्व साफ करना शुरू किया और हर साल दस बीघे, पाँच बीघे साफ करते-करते कुछ ही वर्षों में सारी जमीन खेती के योग्य बना डाली। कागज में इसका बन्दोबस्त कभी मुगल करते रहे, तो कभी अँगरेज, तो कभी आज के शासक। पर वास्तविकता में यह धरती श्रम-शुल्का रही है, जिनके पूर्वजों के ललाट का पसीना इसमें गिरा, उन्हीं के दखल में आज तक रही है, उन्हीं के बैलों की जोड़ी इस पर हँकड़ती रही है। हमारे गंगातट पर यह बदरीवन थोड़ा-सा नमूने के तौर पर बगल के गाँव ताजपुर में बचा है, जयमल भाई का बदरीवन। यह पंख-पखेरुओं और जानवरों से भरा है, और इसमें किस्म-किस्म के रूख और रूखड़ी लगे हैं।

यों, बनबेरी हमारे क्षेत्र में रास्ते-घाट यहाँ-वहाँ अपने आप उग आती है। यह बड़ी कटीली, बड़ी खटमिट्ठी पर बड़ी थेथर या बेहया होती है। यहाँ से भगाओ, तो वहाँ उग आती है। इसका फल मृगयूथों, शृगालों और ग्वाल-बालों के बच्चों का भक्षण है। ग्वाल-बालों के ये बच्चे खटमिट्ठे बेर, और चने का कच्चा साग चबाते रहते हैं, मोटी रोटियाँ खाते हैं और गंगा का पानी पीकर स्वस्थ तगड़े रहते हैं। हमारे गाँव के अहीर पहले घी बेचते थे, पर मट्ठा-दूध खाते भी थे। परन्तु जब से गाँव में खोये की भट्ठी जलने लगी है, तब से सारा दूध खोये की भट्ठी पर और पैसा लोभिनी बहू

की मुट्ठी में। फलतः दूध हमारा गाँव पैदा करता है, और खोया या छेना बनाकर इसे बनारस और कलकत्ता के बाबुओं की प्लेट में परोस दिया जाता है। पर इस अन्याय के लिए जिम्मेवार पूँजीवाद नहीं, संचयवाद और लोभ हैं। परिग्रह और लोभ धनी, गरीब दोनों में ही रहते हैं, ऐसा लिखकर पूँजीवादी व्यवस्था के पापों को मैं क्षमा नहीं कर रहा हूँ। पर बीमारी के कीटाणु मनुष्य जाति के अन्दर कहीं अधिक गहरे में हैं, जहाँ आधुनिक अर्थशास्त्र पहुँच नहीं सकता।

कगार से कुछ दूर हटकर आदिगन्त शस्य सम्पत्ति है। 'उपकारी की सम्पति जैसी !' पहले फूटती-फूलती कच्ची उमर की हरीतिमा ही देखकर आँखें नहीं तृप्त होती थीं। आज दूर-दूर तक इसे शस्य-सम्पन्न देखकर मन और पुलकित हो जाता है। हमारे यहाँ दो फ़सलें मुख्य हैं—'धान्य' अर्थात् खरीफ और 'शस्य' अर्थात् रबी। 'धान्य' की फसल भी दो किस्म की होती है—भँदई और अगहनी, जिनके वैदिक नाम हैं क्रमशः 'ब्रीहि' और 'शालि', इस तरह बाढ़ न आए तो हमारा गाँव तीन फसल उगाए। पर शायद ही कोई वर्ष बाढ़ वाम जाती है। आती ही है हर साल। यों एक वर्ष बाढ़ नहीं आयी तो नहर विभाग ने उसकी भूमिका को अभिनीत कर दिया। विभाग वालों की असावधानी से नहर टूटी, हमारी लगी फसल सड़ गयी और नहर विभाग उलटे टैक्स लगाने पर आमादा, क्योंकि हमने जल का उपयोग किया है ! पर मुगलों के समय से अर्थात् टोडरमल के युग से आ रहे उत्तर प्रदेश का अमलातन्त्र कब किसको न्याय देता है, कहाँ कौन सुनता है ? यह धरती का शेषनाग किसान, भूमि जिसकी माता है, बैल जिसका भाई है, खेत जिसका बेटा है, उसने कब नहीं सहा और कब उसे नहीं सहना होगा ?... मैं दुःख की इस टमकती रग की ओर से ध्यान हटाने के लिए पुनः शस्य-श्यामला भूमि की ओर ताकता हूँ। इसके तन पर पीली गहागह फूटी सरसों का शृंगार है। मुझे अपने किशोरवय में सुने एक गान का स्मरण हो उठता है, अत्यन्त रोमैण्टिक ढर्रे का गान ! पर पीली सरसों के इस रूप-आतप के सम्मुख, शस्य-लक्ष्मी के इस दिशामुक्त हास के सम्मुख मैं यथार्थवादी मिजाज कहाँ से लाऊँ ? गान की पहली पंक्ति का अर्थ है : "अरी ओ मैना, अरी ओ निर्मम, तू मेरे मन-मुकुल को रूप की ज्वाला में मत भून।" जानता हूँ कि मेरे लिए यह गान अब सार्थकता खो चुका है। पर अगल-बगल की सार्थकता के बीच आज यह निरर्थक, यह व्यर्थ, यह अपदार्थ भी सार्थक हो उठा है। चारों ओर चने और गेहूँ के कचनार पौधे हैं। नीचे फलियों के घुँघरू से लदी छबीली गर्वभरी मटर की शैया है। चारों ओर सार्थकता है। चारों ओर उत्साह है। चारों ओर ईश्वर शस्य-शिशुओं के मध्य खेल रहा है।

इतनी सार्थकता और इतने उत्साह का अनुभव खरीफ अर्थात् 'धान्य' की फसल के अवलोकन में नहीं होता। इसका कारण दृश्यगत है। गंगा की बाणभूमि में 'धान्य' की फसल प्रायः ज्वार-बाजरे की खेती के रूप में होती है, धान की खेती के रूप में नहीं। तट से दूर वन्या-मुक्त 'बाँगर' क्षेत्रों में धान पैदा होता है। वर्षा-शरद् में सारी

बाणभूमि ज्वार-बाजरे से ढक जाती है। ऊर्ध्वबाहु 'पुरुष'-प्रमाण अर्थात् 'पोरसा' भर उगी बाजरे की छरहरी फसल के नीचे जाँघ भर या छाती भर उगी अरहर-कपास और नीचे जमीन पर जड़ में उर्द, मूँग, गुवार आदि—ऐसे ही पाट के पाट सौ-सौ एकड़ या पचास-पचास एकड़ पटे हैं। और यदि मघा नक्षत्र में मेघ पानी दे दे, तो यह बाजरा फूट करके कचनार काला नाग हो उठता है। तब इसका दाना दूध-सा मीठा होगा, भात मक्खन-सा लस्सेदार, जिसे भैंस के औंटे गरम दूध में डाल देने पर चीनी डालने की जरूरत नहीं। पर इन सघन खेतों में पगडण्डियों पर चलते समय लगता है कि हम खो गये हैं, हम अरण्य में चल रहे हैं। हम अपने आप को भटकता हुआ अनुभव करते हैं। एक अवरुद्ध भाव-सा मन में आता है। एक कैद या बद्धता का अनुभव होता है। खुली जगह पाने की उत्कट इच्छा होती है और हम स्वयं को नाटा, बौना, लघु अनुभव करने लगते हैं। इसी से इन खेतों के मध्य गुजरते हुए वह आन्तरिक समृद्धि, वह आत्मविस्तार का अनुभव, जिसे साधारण भाषा में 'उत्साह' कहा जाता है, नहीं प्राप्त होता, जो घुटने भर या जाँघ भर उगे शस्य क्षेत्रों में खड़े होने पर मिलता है। अरहर जरूर छाती भर या 'टीकासन भर' अर्थात् 'ललाट भर' ऊँची जाती है। पर यह तो आठ मासी फसल है; ईख की तरह शुद्ध 'शस्य' में इसकी गणना नहीं, यद्यपि कटती है शस्य के ही साथ। इस तरह हम देखते हैं कि धान्यश्री के द्वारा हमें वह उत्फुल्लता नहीं मिलती, जो शस्यलक्ष्मी को देखकर प्राप्त होती है। क्योंकि, ज्वार-बाजरे के खेतों में हम भटकते हैं पर इसका अपूर्व रूप अपनी आक्षितिज चक्राकार दृष्टि में भर नहीं पाते और बिना देखे अँधेरे में रसास्वादन अधूरा होता है। यहाँ तक कि साधारण रसास्वादन भोजन भी अँधेरे में प्रेतयुक्त माना जाता है। सच तो यह कि अँधेरे के सारे भोग, सम्पूर्ण पंचास्वादन ही प्रेताविष्ट होते हैं। इसी से इस पवित्र वारिधारा के सान्निध्य में आकाश-मण्डल से झरते आलोक से रंजित इस शस्यलक्ष्मी की छवि का दृष्टि-भोग मेरी आत्मा को अपूर्व समृद्धि दे देता है। कहीं कोई श्वापद नहीं, कहीं कोई अपयश नहीं, जी भरकर, आँख भरकर भयमुक्त, अवरोधमुक्त मन से इस छवि को देख सकते हैं। पुरुष इसीलिए तो पुरुष है कि वह रूप के तीर से बिद्ध होता रहे। यही तो सांख्य है। पर यदि वह असली पुरुष है, तो इस तीर का जहर कण्ठ में ही रख लेता है। और तीर का सारा अमृत अपनी कण्ठ-निःसृत वाणी पर उतार देता है। इस भाँति हृदय मलिन नहीं हो पाता, वह 'विरजम् विशुद्धम्' रह जाता है। यही योग है। असली पुरुष सांख्य और योग के इन श्रुति-कुण्डलों को धारण करके बाजार-बाजार, घाट-घाट, नदी-नदी विचरता रहता है।

गंगातट की हवा ही ऐसी है कि मन युधिष्ठिर के रथ पर सवार हो जाता है और धरती से सवा हाथ ऊपर-ऊपर ही विचरण करता है, यद्यपि इसके पंचास्वादन को तलाक नहीं देता। मैं वारिधारा के अन्दर मन्त्रगान जैसी गूँजती वीणा को सुनने में लीन था कि मेरा ध्यान ढेंकी की उतरती पाँतों से भंग हो गया। यह ढेंकी भी

अजीब पखेरू है। ये दल के दल पाँत बाँधकर कल कूजन करती हुई, बातचीत करती हुई, छन्दोबद्ध ढंग से चलती हैं, तो लगता है लड़कियों के स्कूल की छोटी-छोटी बालिकाएँ चल रही हों। वलाका पर वलाका, तीन धनुषाकार पाँतें आकाश-मण्डल से उतरकर कगार पर बैठ जाती हैं। तब उनकी धूसर देह धरती के रंग में ऐसे छिप जाती है कि जब तक 'भर्र' से आवाज के साथ एक साथ ही उड़ न पड़ें, देखनेवालों को खयाल भी नहीं आएगा कि दस गज की दूरी पर कगार के माथे सौ-दो सौ पक्षीगण बैठे हैं। गंगा-तट पर ढेंकियों, पेंपों, रामचिरैयों, जाँघिलों, सारसों के अतिरिक्त बनैले सुग्गे, हारिल और मयूर भी पाये जाते हैं। अपने जिले की बाणभूमि में मयूर नहीं हैं। इसी से अपने सीवान-मथार में आजकल प्रचण्ड विषधर तक्षक मिलते हैं। तीन वर्ष पहले जो बाढ़ आयी थी, उसमें लगता है कि कहीं कोई सर्पवन कटा और वे इधर बहकर आ गये हैं। एक से एक पुराने स्वस्तिक-लक्षण युक्त चौड़े फणवाले विषधर व्याल बाग-बगीचे, खेतों में यदा-कदा दिखाई पड़ जाते हैं। पता नहीं क्यों, तमिल कवियों ने नारी की जाँघों को 'व्यालफणोपम विस्तृत' कहकर वर्णित किया है, भयंकरता के सन्दर्भ में नहीं, मोहकता के सन्दर्भ में। इनसे भयंकर तो सृष्टि में और कुछ है ही नहीं। ये अपना पापमुख विवर में छिपाये रहते हैं, ईमान जैसी साफ धूप में निकलने का साहस इनमें नहीं। ये जिधर से निकलते हैं, पंख-पखेरू, मैना और सुग्गे शोर मचाने लगते हैं। "देखो, देखो, वह महापापी जा रहा है !" और ये फिर खर-पात में अपना मुँह छिपा लेते हैं। यदि कहीं से दो-चार मयूर-मिथुन आ जाते, तो हमारे शीश का यह पाप कटता और गंगा तट भी श्रीकृष्ण-रूप हो उठता, मनोहर मनोरम—'बर्हेणेव स्फुरितरुचिना गोपवेषस्य विष्णोः' की तरह।

सुनता हूँ, उत्तरी भागों में गंगा-तट मोरों से भरा है और उनके नृत्य-कलाप से तट रंग-बिरंग बना रहता है। अपने गंगा-तट के शृंगार तो मूलतः तीन पक्षी हैं : ढेंकी, सारस और सबसे बढ़कर चक्रवाकों के मिथुन। दो जोड़े, चार जोड़े यत्र-तत्र-सर्वत्र दिखाई पड़ते हैं। ये दिन में जोड़े-जोड़े तैरते हैं, रात में इस पार से उस पार करुण कण्ठ से परस्पर पुकारते हैं, एक जमाना था, जब मैं भी चक्रवाकों की मण्डली के मध्य द्वितीय सुपर्ण[1] की तरह सारे प्रणय-व्यापार के एक निर्लिप्त साक्षी का जीवन जी रहा था—ये चक्रवाक परस्पर लाइब्रेरी या क्लास-रूम में आँखें भर-भरकर देखते थे। शाम को यहाँ- वहाँ मिल भी लेते थे। पर विरह की भारी पहाड़-सी रात अकेले दूर-दूर काटने के लिए अभिशप्त थे। उनके दोनों कगारों के बीच अर्थव्यवस्था और मनुस्मृति की वैतरणी बहा करती थी। नदी पतली थी। महज एक पग चौड़ी धार ! पर वे चक्रवाक ही कायर थे। अपनी कायरता के मारे दुःख पिप्पल का भक्षण कर रहे थे और मुझे उनका साथी, उनका द्वितीय सुपर्ण होने के कारण साक्ष्य के द्वारा

---

1. द्वा सुपर्णा सयुजा सखाया समानं वृक्षं परिषस्वजाते। तयोरन्यः पिप्पलंस्वाद्वत्त्यनश्नन्नन्यो अभिचाकशीति"—श्वेताश्वतर उपनिषद्

उसे देखना-भोगना पड़ता था, तटस्थ रहकर भी भावानुप्रवेश में जाना पड़ता था और लगता है कि 'नायक' के रूप में नहीं, उसकी बहादुरी के साक्षी के रूप में जीने के लिए ही मैं पैदा हुआ हूँ। पहले मित्रों के काम, क्रोध, लोभ का साक्षी था। अब इतिहास-चक्र के काम, क्रोध, लोभ का साक्षी हूँ।

पानी की छपाछप के पास जहाँ ये पखेरू उड़-उड़कर जाते हैं, निषादों ने 'बोरो' धान छींट दिया है। बिना किसी मेहनत-मरम्मत के यह फसल तैयार हो गयी है। मुझे लगता है कि इतिहासकारों ने सृष्टि के जिस आदि धान को प्रथम-प्रथम गंगा की घाटी में अपने आप जन्म लेते हुए वर्णित किया है वह 'बोरो' जैसा ही जंगली धान रहा होगा। अँगरेज भारतीय विद्याविद् ए. एल. बाशम ने भारत द्वारा मनुष्य जाति को दिये गये दानों की सूची में बौद्ध धर्म, सुदूर एशियाई सभ्यता, अंक-विद्या, शतरंज (पासे का द्यूत), रुई, मसाला, चीनी और ईख के साथ-साथ 'सबसे बढ़कर चावल' की चर्चा की है। यह धान प्रथम-प्रथम ईश्वर के आशीर्वाद की तरह गंगा के तट पर जन्मा। वेदों में धान की दो फसलों की चर्चा है : दक्षिणायण सूर्य के काल में 'ब्रीहि' और उत्तरायण सूर्य के समय 'शालि'। ब्रीहि की फसल में ही आहू (असम), सेरासाँठी (उत्तर प्रदेश) आदि धान होते हैं। साँठी का चावल साँवा (श्यामाक) की ही तरह पवित्र अन्न माना गया है। यह रूप और स्वाद में वर्तमान बोरो से भिन्न है। साँठी या 'साठी' इसका नाम इसलिए है कि यह सावन-भादों के दो मासों में, साठ दिन में तैयार हो जाता है। "साँठी-साँवा साठ दिन जो दैव बरसे रात दिन।" पर इसकी पवित्रता इस बात का संकेत करती है कि यह आदिम प्रतिष्ठित धान 'बोरो' की ही एक परिष्कृत किस्म है। आजकल का 'बोरो', 'शस्य' अर्थात् रबी की फसल है, 'ब्रीहि' अर्थात् भँदई की नहीं। पर आदिम मेघाच्छादित बारहमासी सावन-भादों की जलवायु में जो जंगली धान उपजा था, वह बहुत सम्भव है कि 'बोरो' ही था। इसका उगने में थेथर-बेहया और सर्वहारा-स्वभाव तथा नाम में ध्वनि साम्य बताता है कि इसी का कोई भाई-बन्धु आदि 'बोरो' या आदि 'ब्रीहि' रहा होगा। कुछ इतिहासकारों की पहले भ्रान्त धारणा थी कि चीन देश चावल की आदिभूमि है। पर आज यह धारणा खण्डित हो चुकी है। चीन ज्वार की जन्मभूमि है। हड़प्पा-मोहनजोदड़ो की भोजनशाला में भात, मांस, केले और मछलियाँ खूब चलते थे। गंगा की तट-भूमि पर यह आदिधान या आदिब्रीहि पहले-पहले यहाँ के 'नीओलिथिक' निवासियों द्वारा पाया गया और उन्हीं के द्वारा फसल के रूप में उगाया गया। इन आदिम जातियों ने जो भारत के वर्तमान तीन उत्तराधिकारी नस्लों—द्रविड़, आग्नेय (निषाद) और आर्य—के पूर्व इस देश में वर्तमान थीं, धान के अलावा श्यामाक (साँवा) भी उगाया तथा विश्व में सबसे पहले जंगली भैंसों को पकड़कर पालतू और दुधारू जानवर बनाया। गाय सारी दुनिया दुहती थी, पर भैंस दुहना पहलेपहल भारतीयों ने शुरू किया है। धान्य की अन्य फसलों में ज्वार-बाजरे की जन्मभूमि है चीन देश। भुट्टे की जन्मभूमि है 'भोट' देश, जिसे भूटान कहते हैं। 'भोट' शब्द से

ही 'भुट्टा' निकला है, पर ये आज बड़ी शान से हिन्दुस्तानी बनकर हमारे गाँव की बाणभूमि को वरण कर चुके हैं।

यह तो 'धान्य' की बात हुई। हमारी बाणभूमि के 'शस्य' की फसल में मुख्य है गेहूँ। गेहूँ या गोधूम आर्यों द्वारा इस भूमि में प्रचलित हुआ है। यद्यपि आर्य मूलतः गेहूँ नहीं जौ खानेवाली जाति है। होमर युग के ग्रीक आर्य जौ ही ज्यादा खाते थे। भारतीय आर्य-परम्परा में साठी, श्यामाक के समकक्ष जौ को पवित्र माना जाता है। संसार में गोधूम की तीन मूल जातियाँ हैं, उन्हीं से आगे चलकर भेद-उपभेद पैदा हुए। प्रथम है, 'एमनर'—जो नील-घाटी और ईरान में प्रथम-प्रथम जन्मा था। दूसरा है, 'ईनकार्न'—जो भूमध्य सागरीय तटों पर प्रथम-प्रथम जन्मा था। ग्रीक और रोमन यही गेहूँ खाते थे, जरमन-रूसी उन दिनों जई खाते थे। आज सारे यूरोप और रूस में 'ईनकार्न' की ही वंश-परम्परा उगती है। तीसरी जाति है, 'स्पेल्ट'—जो तत्कालीन भारत के अंग कुम्भा की घाटी (काबुल का इलाका) और गान्धार देश में पहलेपहल उगा। इसी की बौनी किस्म पंचनद प्रदेश में आर्यों द्वारा उगायी गयी। वैज्ञानिक लोगों ने भारतीय गेहूँ की आदिम पौध को 'वामन गेहूँ' की संज्ञा दी है, जो उपर्युक्त तीसरी किस्म गान्धारी की प्रशाखा है। इस प्रकार गेहूँ की तीन आदिम किस्में हैं : 'एमनर' (मिस्र-ईरानी), 'ईनकार्न' (भूमध्य सागरीय) और 'स्पेल्ट' (गान्धारी)। उन दिनों जबकि आर्य यहाँ आये, भारत की सीमा में ही गान्धार क्या, उससे आगे कुम्भा-पार का 'उद्यान देश' भी सम्मिलित था और भारतवर्ष का नाम था 'अजनाभ वर्ष'। भारतवर्ष नाम तो चन्द्रवंशी राजाओं के उत्थान के बाद आया।

हमारे यहाँ इधर कुछ दिनों से गेहूँ की खेती में क्रान्ति हुई है, जिसे सरकार ने वाहवाही का मुकुट अपने सिर पर बाँधने के लिए 'हरित क्रान्ति' का नाम दिया है। पर इस क्रान्ति के लिए महँगी, अकाल और पैसे की माया का अधिक हाथ है, सरकारी अमला-तन्त्र को इसका रत्ती भर भी श्रेय नहीं। फिर भी 'क्रान्ति' चल रही है, यद्यपि इसका उद्देश्य लोक-संग्रह नहीं, लोक-शोषण है। पर पहले चक्र चालू तो हो, फिर रास्ता ठीक कर लिया जाएगा। अतः आँखों के सामने नाटे-नाटे, पर बालों से लदे 'लर्मा रोहो' और 'कानपुर अड़सठ' के 'संकर' बीजों की फसल लहलहा रही है। देशी गेहूँ से ज्यादा उत्पादन-दर वाले ये नये गेहूँ वर्णसंकर गेहूँ हैं। यों दोगली चीज गुणवान, मीठी और खूबसूरत होती ही है। उदाहरण के लिए कलमी आम है। यद्यपि सांस्कृतिक और ऐतिहासिक विकास में न तो कोई कुलीन है और न कोई दोगला। ये सब मिथ्या मानदण्ड हैं।

गंगा की नयी मिट्टी कि दियारे में एक चास जोतकर जौ छींट देने पर भी छाती भर ऊँचा जौ बढ़ता है और दाने बड़े पुष्ट और मोटे-मोटे होते हैं। हरित क्रान्ति गेहूँ के क्षेत्र में ही हुई है। पर इसका एक बुरा फल यह हुआ है कि जौ बोने का शौक बाँगर और बाण—दोनों में कम होता जा रहा है। आर्यों के भोजन का अस्तित्व खतरे

में है। लगता है कि थोड़े दिनों में श्यामाक-साठी आदि यज्ञान्नों की तरह यह भी दुर्लभ ही हो जाएगा। हमारे पूर्वी उत्तर प्रदेश के क्षेत्र को पहले 'बेझड़' का क्षेत्र कहते थे—जौ और चने का क्षेत्र। यहाँ जौ और चने की मिश्रित रोटी खाने का रिवाज था। यदि राम की कृपा से घर पर लगहर यानी दुधारू गाय-भैंस हों, तो यह अद्वितीय भोजन है। बेझड़ की रोटी घी खूब सोखती है और पेट साफ रखती है एवं गेहूँ से अधिक सुखाद्य, अधिक पुष्टिकर है। अफसोस, हमारे गाँव में भी अब लोग इस अद्वितीय, श्रेष्ठ भोजन को छोड़कर गेहूँ-चावल आदि 'नरम चारा' के शौकीन हो गये हैं। जौ या बेझड़ की रोटी और दूध न खाकर बार्ली की बोतल शहर से खरीदकर लाते हैं, या मक्के से बना 'हार्लिक्स' लाते हैं और अँगरेजी शब्दकोश दिखा देने पर भी विश्वास नहीं करते कि 'बार्ली' माने 'जौ'। यह जौ और बेझड़ की पराजय आरोग्य और संस्कृति की पराजय है। इससे भी अधिक चिन्ता की बात है, चने बोने का शौक कम होता जा रहा है। विलायती या नये गेहूँ, चने के साथ नहीं, एकहन यानी अमिश्र बोये जाते हैं। अलग से चना बोने पर प्रति एकड़ जितना पैदा होगा, उससे किसान को घाटा लगेगा। यह तो अपना मध्य प्रदेश है जो चने का भार सँभाल रहा है, अन्यथा सतलज और गंगा के क्षेत्रों में चना दिन-पर-दिन कम होता जा रहा है। चना अन्नों का शाहंशाह है। यह बादशाही अन्न है। भारत की सारी रंधन-संस्कृति तो बेसन और घी-चीनी तथा मसालों पर निर्भर है। इन्हीं चार के द्वारा भारत का अपना रंधन-व्यक्तित्व बनता है। आज भी अँगरेजी में इसका नाम 'बंगाल ग्राम' है, पर इसका लैटिन नाम बड़ा अद्‌भुत है 'सिसर अरीटियम' अर्थात् 'मेष-शीश', देखने में इसकी आकृति मेष या मेढ़े के सिर जैसी होती ही है। चने की पराजय का अर्थ है हमारी रसवती की पराजय, और हमारी रसवती की पराजय सीधे-सीधे हमारे संस्कारों पर असर डालेगी एवं हमारा मानसिक और शारीरिक आरोग्य प्रभावित होगा। मानसिक और शारीरिक आरोग्य ही तो संस्कृति का लक्ष्य है। अन्यथा संस्कृति की जरूरत ही क्या थी ?

भारतीय रसवती या रंधन-व्यक्तित्व का सर्वाधिक महत्त्वपूर्ण तथ्य है दाल। दाल-भात या रोटी-दाल यही हमारा असली भोजन है। सच पूछिए तो हमारे भोजन में जो चीज हमें दुनिया की अन्य जातियों से अलग करती है वह है दाल। और लोग अन्न और मछली, या अन्न और मांस खाते हैं। केवल हमीं अन्न से अन्न 'सीरियल' से 'सीरियल' मिश्रित करके खाने के आदी हैं। प्रवाद है रावण की भोजनशाला में भी कोई दाल नहीं खाता था, विभीषण को छोड़कर भला लंका में कौन दाल खाता ! पर सुनता हूँ कि तिस पर भी कुछ राक्षसों की नजर पड़ने लगी कि भाई, राजा के छोटे भाई और प्रधान मन्त्री विभीषण के लिए यह कौन-सी बढ़िया, सुगन्धित, सुन्दर वस्तु बनती है। फलतः विभीषण को यह दृष्टि-लांछित भोजन पचता ही नहीं था, तो सुषेण वैद्य की सलाह से दाल में हींग भी पड़ने लगी। 'सूप' शब्द संस्कृत शब्द है, अर्थ होता है 'दाल'। यह शब्द 'अलकोहल' की ही तरह अरबों के माध्यम से यूरोप पहुँचा। पर

यूरोप के चने के 'सूप' और हमारे गरम मसाले, किशमिश, गरी, और तेजपात तथा प्रचुर घी एवं लौंग से सुवासित चने की दाल में कोई तुलना नहीं। दाल का इतना महत्त्व है कि संस्कृत में रसोइयादार को 'ओदनकार' या 'पायसकार' न कहकर 'सूपकार' कहा जाता है। मेरी तो दृढ़ धारणा है कि भारत में कहीं भी कोई परिवार, चाहे धनी हो या गरीब, पर कितना संस्कारशील है, इसकी जाँच उसकी रसोई में बनी दाल के द्वारा ही होती है। दाल या इसी का प्रतिरूप साँभर और कढ़ी, पारिवारिक संस्कृति का थर्मामीटर है। आज भारत विभेद पर जोर दे रहा है, क्षेत्रीयता पर जोर दे रहा है, परन्तु चार चीजें सर्वत्र मिलती हैं और चारों भारत के व्यक्ति की विशेषता के मूलाधार हैं। वे हैं : वेदान्त दर्शन, हिन्दी भाषा, दही और दाल। ये हर जगह हैं। 'दूध-भात' हमारी महत्त्वाकांक्षा है, पर 'दाल-भात' या 'रोटी-दाल' रोज-रोज का सहज यथार्थ जीवन। जहाँ 'दाल' नहीं, वहाँ दाल की बेटी 'कढ़ी' है, अथवा उसकी छोटी तेज-तर्रार बहन 'साँभर' है।

गंगा-तट के पीपल के नीचे भीषम अहीर के शिवालय में घण्टा-ध्वनि टनटना उठती है। लगता है कि कोई देवता ध्वति-संकेत द्वारा मेरी बात का अनुमोदन कर रहा है। इस पवित्र क्षण में घहराती घण्टा-ध्वनि, धूप में झलमलाता रजत-प्रवाह, काशवन का जटाजूट फैलाये शिव-जैसा शस्यक्षेत्र, हरित-पीतवस्त्रा सौभाग्य-पार्वती-सी धरती, ये सभी मुझे उस साईं के सान्निध्य में ले जाते हैं, जिसने ज़ानबूझकर अपनी अर्थव्यवस्था में पानी और हवा को एकदम सस्ता करके रखा है, इतना सस्ता कि न तो इसकी कोई चोरबाजारी ही कर सकता है और न इसके राष्ट्रीयकरण का कोई आन्दोलन ही चल सकता है और हमारे भारतीय व्यवसायियों और भारतीय राजनीतिज्ञों को ईश्वर की इस महान् भूल पर बड़ा क्षोभ है। बेचारे हाथ मल-मलकर रह जाते हैं कि यह ईश्वर इतना नालायक निकला !

# गौरी-मार्ग और कामुक मेघ

आषाढ़ लगते-लगते विन्ध्यारण्य के उस पार एक कुटुज-शोभित पर्वत-चूड़ा पर एक आवारा मेघ दिखाई पड़ा। लगता था कि वह पर्वत के सानुदेश पर जानु टेक, दाँत भिड़ाकर कामोन्मत्त मदस्रावी मत्तगयन्द की तरह उत्खात क्रीड़ा कर रहा हो। यक्ष देखते ही समझ गया कि यह किशोर मेघ है, नयी पीढ़ी का है, बड़ा खेलवाड़ी है और निश्चय ही स्वभाव से कामलोलुप है, क्योंकि हाथी, साँड़ और कामुक पुरुष, तीन को ही अखाढ़ने में मौज मिलती है। अतः यक्ष ने उसे फुसलाना शुरू किया, जिससे वह मेघ उसकी प्रिया के पास सन्देश ले जाने को तैयार हो जाए। इसी से यक्ष ने ऐसा मनोरम रास्ता बताना शुरू किया, जिसमें पग-पग पर नदी-कन्याएँ सम्मोहन और वशीकरण का जाल ताने खड़ी हों और मेघ से उनके रूप-रस के जाल में आबद्ध होने के लालच में आकर ज्योत्स्नामयी अलका तक जाए बिना न रहा जाय।

यक्ष ने जो कुछ कहा उसमें पुरानी पीढ़ी के लोगों को कुछ अश्लील अभिव्यक्ति की गन्ध मिल जाती है और वह कोमलवपु मेघ तत्कालीन दिङ्नागों की मोटी सूँड़ों की चपेट से तो किसी तरह बच निकला, पर 'सरस्वती' के एक क्रुद्ध दरबान के प्राचीन सोटे का प्रहार उसकी लम्पट निरंकुशता पर हो ही गया। परन्तु यह सीधी-सी बात तो डूब-डूबकर पानी पीनेवाली चुप्पा पुरानी पीढ़ी भी जानती है कि अश्लील वार्ता-रस दो अनजान व्यक्तियों को कितना जल्दी अन्तरंग बना देता है। होटल में, सराय में, ट्रेन में दो व्यक्ति जब षट्रस वार्ता में अश्लीलता की नौ-रतन या पंच-रतन चटनी का जायका लेने लगते हैं, तो इतनी जल्दी एक-दूसरे के निकट आ जाते हैं, जैसे वे परस्पर निरावरण, परस्पर शिशु-रूप हो गये हों। और शायद यह भी एक कारण है जिससे कि पुरुष की सर्वाधिक अन्तरंग बन्धु पत्नी या प्रेमिका हो जाती है। अतः यक्ष ने बड़ी बाँकी मनोवैज्ञानिक पद्धति अपनाकर उस किशोर मेघ का मन अपनी मुट्ठी में करना शुरू किया।

यक्ष यदि द्विवेदीयुगीन सुधारवादी बुद्धिवाला होता तो उसे क़र्तव्य का बार-बार स्मरण दिलाकर एक 'शार्टकट' रास्ता बता देता—और मेघ वहीं से ईशानोन्मुख होकर मध्य प्रदेश को फाँदता, मिर्जापुर, वाराणसी, ग़ाज़ीपुर, बलिया, छपरा होता हुआ, उसी

रास्ते से, जिससे सेठजी का नेपाल के साथ तस्कर व्यापार होता है, काठमाण्डू को लाँघता, मानसरोवर-अलका पहुँच जाता और शीघ्र ही यक्षप्रिया के हाथों में उसका प्रेम-पत्र थमा देता। पर यक्ष और मेघ—दोनों कवि ठहरे और कविता का मार्ग वह मार्ग कभी नहीं हो सकता, जो काले अवैध बाजार का मार्ग हो। कवि और कामुक का अवैध मार्ग भिन्न दिशा में चलता है। बड़ा ही आँका-बाँका पथ है। इधर-उधर ताक-झाँक करते, बिना किसी नियम के घाट-घाट का पानी पीते, प्रलोभन पर प्रलोभन चखते निरन्तर चलना पड़ता है। बीच-बीच में कहीं दिशापालकों के दिङ्नागों का भय, तो कहीं पर अकारण टकरानेवाले नन्दी जैसे मत्त वृषभों का भय—पर सबसे बच-बचाकर कावा काटते-काटते पहुँचनेवाला पहुँच ही जाता है।

यहाँ तो यक्ष और मेघ—दोनों ही कामुक और दोनों ही कवि। वे 'पूर्व मेघ' के अन्त में परस्पर एक-दूसरे के अभिन्न, एक-दूसरे के द्वितीय 'स्व' बन जाते हैं। दोनों को लगता है कि उनके अनुभव की डाल एक ही है और उस पर वे दोनों दो सुपर्ण पक्षियों-से बैठे हैं। ऊपर से मेघ भोक्ता और कामुक की भूमिका में आता है और यक्ष कवि तथा द्रष्टा की भूमिका में। पर भीतर-ही-भीतर बूँद-बूँद का परस्पर सम-भोग उन दोनों सुपर्णों द्वारा समान रूप से होता है। क्योंकि, अनुभव की वह डाल जिसे हम कक्षा में या बाजार में 'पूर्व मेघ' कहकर पुकारते हैं, एक ही डाल है जिस पर यक्ष और मेघ—दोनों आकर एक साथ स्थित हो गये हैं। जैसे-जैसे यक्ष एक-से-एक बढ़कर प्रलोभनमय रूप-रस के माया स्रोतों की बात करता जाता है, वैसे-वैसे मेघ उससे अभिन्न, उसका द्वितीय 'स्वयं' बनता जाता है। ऐसी अन्तरंगता के परिवेश में जो कविता पैदा होती है वह जीवन से रोमैण्टिक पलायन या दमित वासना का या 'लिबिडी' का भोग नहीं है, वह है जीवन की सरसता का सचेत अनुभव। यह अनुभव सुप्त था मन की गहरी घाटी में सोया था, पर इस काव्य के माध्यम से इसने सचेत-सजग रूप धारण कर लिया। यक्ष अपनी भोगासक्ति या आत्मक्षय को मेघ पर आरोपित नहीं करता है, जिससे मेघ कामविकल और क्षुद्र-दीन बन जाय; बल्कि यक्ष के मन में जीवन की सरसता के प्रति जो सचेतता है, जो अभिज्ञान है, उसको मेघ में भी आरोपित कर देना चाहता है, जिससे दोनों की मन-वीणा एक ही प्रकार की सप्तक-स्थिति पर आ जाय। तभी यक्ष मेघ को भी 'उत्तर मेघ' के चिरन्तन रस-भोगी लोक में अपने साथ-साथ प्रवेश करा सकेगा; अन्यथा नहीं।

पर जीवन की सरसता का अनुभव इकरंगा और शृंगार रसात्मक ही नहीं है। यह बहुवर्णी कामरूपी त्रिगुणात्मक सरसता है। 'मेघदूत' में एक ओर तो बहुत कुछ वह सब है, जिसके लिए मनमौजी मेघ और कवि यक्ष को बार-बार शीलाचारिकी की अदालत में विपन्न होना पड़ा है। श्लोक-श्लोक में मार-कन्याओं के कटाक्ष-पातों से श्वेत कुन्द झरते हैं और भ्रमरों की पाँत उड़ती है। घाट-घाट पर, कामरूपी मायामयी 'स्वयं तरंगाधरदानदक्ष' स्रोतस्विनी नायिकाएँ कहीं आवर्त-नाभि दिखाती हैं, कहीं मेखला प्रदर्शित

करती हैं, तो कहीं 'विवृत जघना' होकर प्रतीक्षारत हैं। पग-पग पर जीवन की सरसता अपने सारे रति-संकेतों के साथ उपस्थित होती है। पर 'मेघदूत' में इसके अतिरिक्त भी और कुछ है।

यक्ष कहता है : "हे मेघ, नदी-तट पर लगे जूही के झाड़ों पर नन्ही-नन्ही असंख्य कलियाँ छायी हैं। वे तुम्हारे फुहार-कण की आशा में प्रतीक्षारत हैं, जूही यों ही नन्ही-सी होती है और उसकी कलियाँ तो और मुनिया-सी होंगी। आह, वे असंख्य नन्ही-मुन्नी कलियाँ तृषा से आकुल हैं, उनके ओठ बन्द हैं, आँखें मुँदी हैं। ओ मेघ, तुम उन पर फुहार की हलकी कोमल वर्षा करना, जिससे उनकी आँखें खुल जायँ, उनमें प्राण संचार हो जायँ...उसी तट पर, ओ मेघ, पुष्प-वन उगा हुआ है, जिनमें परिश्रम-क्लान्त मालिनें फूल लोढ़ती हैं, और रह-रहकर मुख और ललाट पर आते पसीने को पोंछ लेती हैं, फिर तुरत कार्यरत हो जाती हैं। न विश्राम है, न क्षमा है, न शान्ति है। उनके मुख मुरझा-से गये हैं। ओ मेघ, तुम वहाँ रुककर जरा शीतल छाया देना, झिरझिर नील-निर्मल वायु के साथ, फिर उनके परिश्रम-क्लान्त चेहरे पर हलकी-सी फुहार देना। आह, शीतल छाया, शीतल फुर-फुर जलकण ! आह, सुख ! अयाचित सुख ! उनके कुम्हलाये मुख-कमल अचानक खिल जाएँगे, उनकी आँखों में चमक आ जाएगी, गोया अभी-अभी उन्होंने दर्पण में अपना मुख देखा हो ! एक क्षण का स्पर्श, एक मुस्कान; और फिर अपना रास्ता !"

फिर यक्ष एक स्थल पर कहता है : "ओ मेघ, कृष्ण नील वर्णवाले परस्पर सटे, देवदारुओं के घनघोर वन में उनकी दुकंछी डालों की परस्पर रगड़ से कभी-कभी भयंकर दावाग्नि प्रकट होती है, चारों ओर लपटें हा-हा करके उठने लगती हैं, प्राण लेकर भागते पशुओं एवं छोटे-छोटे जीवों पर क्रुद्ध चिनगारी की अग्नि-वर्षा होने लगती है; सारी बनानी स्वाहा-अग्नि की पेट में चली जाती है। उस समय चँवरी गाय की दशा अति दयनीय होती है। उसकी पूँछ के लम्बे-लम्बे बाल छनछनाकर जलने लगते हैं। वह विकल प्राण लेकर इधर-उधर भागती है। पर कहाँ जाय ? ऐसे दग्धारण्य में, हे मेघ, तुम अपनी सहस्र वारिधारा से धारासार वर्षा करना और उन जलते जीवों के दग्ध तन और विकल प्राणों की रक्षा उस कालमुखी ज्वाला को शान्त करके करना !"

और आगे चलकर यक्ष कहता है : "ओ मेघ, तुम शिव के चरण-चिह्नों से अंकित शिलाओं की परिक्रमा करते हुए पशुपति की नृत्य-भूमि में प्रवेश करना, जहाँ आकाश में सारा देवलोक उनकी आरती उतार रहा होगा और भूलोक में किन्नर कण्ठों से रुद्रस्तव का गान चल रहा होगा। उस समय वातास बाँसवन के कीचक-रन्ध्रों से वंशी की तान छेड़ेगा और तुम अपने गुरु गम्भीर गर्जन से कन्दर-दरी आदि को अन्तर्ध्वनित करते हुए मृदंग-घोष करोगे। गन्धर्वों के गान के साथ-साथ वातास-वंशी और मेघ-मृदंग का सहयोग पाकर रसोन्मत्त पशुपति स्वयं नृत्य कर उठेंगे और इस प्रकार गीत-वाद्य और नृत्य तीनों के एक साथ उपस्थित होने पर 'पूर्णांग संगीत' द्वारा सारस्वत रुद्र-अर्चना

एक विराट् विश्वव्यापी स्तर पर सम्पन्न हो जाएगी।''

सारा 'उत्तर मेघ' विप्रलम्भ का मुखोश धारण किये हुए संयोग-शृंगार का काव्य है। पर 'पूर्व मेघ' का भावपट बहुरंगी है और वात्सल्य, करुणा तथा भक्ति के सूत्रों को भी इसकी बनावट में समान निष्ठा प्राप्त है। और यक्ष की कविता का चरम आत्मिक और भावगत उत्कर्ष मिलता है और नीचे उद्धृत इस श्लोक में, जहाँ शृंगार और भक्ति अपना व्यक्तित्व खोकर प्रणय की वैष्णव प्रभा में अपना अवसान करते हुए ज्ञात होते हैं :

''तस्मिन्हत्वा भुजगवलयं शम्भुना दत्तहस्ता
क्रीडाशैले यदि च विहरेत्पादचारेण गौरी।
भङ्गीभक्त्या विरचितवपुः स्तम्भितान्तर्जलौघः
सोपानस्त्वं कुरु मणितटारोहणायाग्रचारी'' ॥62॥

(उस क्रीडा-शैल पर पार्वती अपने हाथों को शम्भु के सर्पवलयविहीन हाथों में देकर प्रिय के साथ विचरण कर रही हों तो झट उनके आगे ही पहुँचकर अपनी अन्तर की जल-राशि को स्तम्भित करके, सीधी-वक्र भंगिमा में अपने शरीर को विभक्त कर लेना और उस अर्धनारीश्वर-दम्पती के मणितट-मय लीला-शिखर के आरोहण के लिए तुम अपने आप को सोपानोपम बना देना। तुम्हारे उस सोपान-वपु पर पैर रखते हुए शिव-पार्वती सीढ़ी-दर-सीढ़ी कैलाश की कामभूमि के लीला-शिखर पर ऊर्ध्व उठते जाएँगे।)

इस श्लोक का अर्थ डॉ. वासुदेवशरण अग्रवाल ने योग-दर्शन और शिव-शक्ति-रहस्य की यौगिक व्याख्या के आधार पर प्रस्तुत किया है। 'पूर्व मेघ' में कामायित यक्ष और काम-लोलुप मेघ—दोनों कामवृत्ति के द्रष्टा और भोक्ता रूप हैं। अतः मेघ को कामवृत्ति का प्रतीक माना जा सकता है। और यह कामवृत्ति योगारूढ़ देह के भीतर शिव और शक्ति के प्रति आत्मसमर्पण कर देती है, शिव-शक्ति युग्म का बोध जो सहस्रार चक्र में पहुँचने पर साधक प्राप्त करता है, काम को अस्वीकृत या दमित करके नहीं, बल्कि काम की पीठ पर लीला भाव के ऊर्ध्व आरोहण का अनुभव करके उपलब्ध होता है। वास्तव में यह 'कामाध्यात्म' पुराने योग-दर्शन के 'ज्ञानाध्यात्म' के ऊपर बीसवीं शती की मानववादी चिन्ता का आरोहण है, जो अरविन्द के योग-दर्शन में मिलता है। पर इसका मूल स्रोत निगमागम शैव-दर्शन के आनन्दवाद में मिलता है। अग्रवालजी ने श्लोक के अन्दर 'मणितट' की ओर इंगित करके इसका सम्बन्ध श्रीविद्या, योग-दर्शन तथा आनन्दवादी शैव-दर्शन—तीनों के साथ होने का इशारा किया है। यह प्रणय के अनुभव का श्लोक नहीं, साधक के गहरे रहस्य-बोध की अभिव्यक्ति है।

अग्रवालजी के मतानुसार यह श्लोक अनुभूति का काव्य नहीं, बोध का काव्य है। कामवृत्ति ही अपने अन्तर की तरलता को स्तम्भित करके उक्त बोध के ऊर्ध्व शिखर पर आरोहण कराने के लिए सोपान की भूमिका ग्रहण करती है। गोया यह

योगाभ्यास की कविता हो।

अग्रवालजी से पहले भी बहुतों ने 'मेघदूत' का दार्शनिक अर्थ निकाला है। प्रायः ही 'मेघदूत' की वेदान्ती व्याख्या करने का प्रयास चलता रहता है। पर ऐसी व्याख्याएँ चाहे वे निगमागम शैव सिद्धान्त और श्रीविद्या पर आधारित हों, या शंकर के मायावाद पर, 'मेघदूत' का अवमूल्यन ही करती हैं। ये व्याख्याएँ इस काव्य का गोत्र-परिवर्तन करने के लिए इसको किसी दार्शनिक चिन्ता की शाखा पर रोपना चाहती हैं, जिससे इसका मात्र वादरायण-सम्बन्ध ही ठहर सकता है। आखिर यह खींचतान, यह द्रविड़ प्राणायाम किस लाभ के लिए किया जाता है ? एक सुन्दर चन्द्रोपम चेहरे को सूची-कर्म-ग्रथित ज्ञान गुदड़ी से ढकने के लिए ? आलोचक सौन्दर्य का अनावरण या उद्घाटन करता है, न कि उसे और नयी चिन्ता की रजाई ओढ़ाता है ! एक ओर तो ये नये-पुराने ऋषिगण हैं ओर दूसरी ओर हैं नयी दृष्टि-सम्पन्न बुद्धिजीवी, जिन्हें कविता के सौन्दर्य का उद्घाटन तब तक पूरा नहीं जँचता, जब तक उसका सम्पूर्ण चीरहरण न कर लिया जाय। फलतः यदि पहले वर्ग की व्याख्या ऊटपटाँग होती है, तो इस वर्ग की व्याख्या फूहड़ श्रेणी में चली जाती है। इनके मतानुसार उक्त श्लोक क्या समूचा 'मेघदूत' दमित वासना की अभिव्यक्ति है—यक्ष की काम-तृषा 'लिबिडो' का एक रूपान्तर मात्र है। उसकी अतृप्त रमण-तृषा उसकी उत्कट लालसा सर्वत्र अधर, स्तन, भ्रूभंग और रति-संकेत ही देखती है। 'मेघदूत' उसी का प्रत्यक्ष रूपान्तर है। यानी यह एक व्यभिचार-काव्य है।

इतना तो मैं स्वयं मानता हूँ कि मेघदूत विप्रलम्भ के मुखोश में संयोग शृंगार का काव्य है। यह विरह काव्य नहीं। पर इसे 'लिबिडो'-काव्य मानने को मैं तैयार नहीं। यह वस्तुतः एक श्रेष्ठ प्रणय-काव्य है। इसमें प्रणय का सरस और सहज रूप मिलता है, गलित 'ऐब्नार्मल' रूप 'लिबिडो' इसमें अनुपस्थित है। 'पूर्व मेघ' का कैनवास इतना खुला और विस्तृत है कि 'लिबिडो' का प्रवेश असम्भावित है। 'लिबिडो' के लिए ऐसी 'थीम' चाहिए, जिसमें कक्ष-बद्धता और अन्धकार का अनुभव हो (उदाहरण के लिए एक वेश्यालय का नैश वातावरण)। पर 'पूर्व मेघ' के खुले आदिगन्तव्यापी कैनवास और 'उत्तर मेघ' के नित्य ज्योत्स्ना-लोक में ऐसी आत्मक्षयिष्णु कामना के उदित होने का अवसर कहाँ ? कवि नदी-नदी, तट-तट, पर्वत-पर्वत पर विचरते मृगों-मयूरों और हाथियों तथा वृक्ष-वृक्ष से बजती वातासवीणा के माध्यम से जो चित्र खींचता है, उसमें विश्वव्यापी प्रणय का आस्वादन और सृष्टि की सरसता—ये ही दो भाव मुख्यतः उपलब्ध होते हैं। इस प्रणय और सरसता के वातावरण में मुझे तो वैष्णवों का लीला रस नजर आता है, क्योंकि मेरे पास न तो ज्ञान-गुदड़ी है और न दृष्टि-सम्भोग की अहरह तृषा है।

इधर एक बंगाली पण्डित श्री पार्वतीनन्दन भट्टाचार्य ने इस श्लोक पर गौड़ीय वैष्णव रस दृष्टि से कुछ प्रकाश डाला है। वैष्णवों का दर्शन है लीलावाद। यह दर्शन

होते हुए भी स्वभावतः एक कविता है। इसके अनुसार सारी सृष्टि ही प्रणय या रस-लीला का काव्य है। इसी से इसके परिवेश में आकर 'मेघदूत' का काव्य-सौन्दर्य विकृत नहीं होता, बल्कि भाव के नीर में स्नान करा करके उसके श्रीअंगों पर चन्दन-विलेपन हो जाता है और मुखमण्डल पर पत्र-रचना हो जाती है। वैष्णव रस दृष्टि से सम्पृक्त 'मूड' में जब मैं इस श्लोक को पढ़ता हूँ तो मुझे भी श्री भट्टाचार्य की तरह जयदेव और विद्यापति स्मरण हो आते हैं, परन्तु मात्र संयोग शृंगार के सन्दर्भ में ही। 'मेघदूत' पढ़ते समय वैष्णवों के महत्तर अश्रु-सिंचित विरह काव्य का, सूरदास और चण्डीदास का स्मरण नहीं हो पाता। जयदेव संयोग शृंगार के कवि थे। उनकी सिसृक्षा भी कालिदास-काव्य का ही सतीर्थ है। अतः स्वाभाविक ही है कि किसी को उक्त उद्धृत श्लोक का भावचित्र मन में आँकते समय "स्मरगरल खण्डनम् मम शिराति मण्डनम् देहि पद-पल्लवमुदारम्" की याद आ जाय। कृष्ण ने राधा से अपने ललाट पर प्रद-पल्लव की याचना की थी, तो यहाँ पार्वती का हाथ पकड़कर शिव उसे मणितट-सोपान का आरोहण करा रहे हैं। यह घनीभूत जल का मेघ सोपान है। प्रियतमा कहीं फिसल न जाय, वह कहीं गिर न पड़े, आस्वादन के अनुभव शिखर तक उसका हाथ पकड़कर धीरे-धीरे, स्तर प्रति स्तर, उसे ले जाना है, इसी से शिव कोमलतापूर्वक उसके पाणि-पल्लव को ग्रहण कर लेते हैं। फर्क यही है कि इस बार 'देहि पद-पल्लवमुदारम्' के स्थान पर 'देहि कर- पल्लवमुदारम्' है।

इस श्लोक को पढ़ते समय लगता है कि अलका के चैत्ररथ वन में अचानक वृन्दावन उग गया है और पत्र-पत्र से वंशीरव तथा 'देहि करपल्लवमुदारम्' व्यक्त हो रहा है। प्रिया का संग, उसकी उपस्थिति ही अपूर्व स्नान है। वह साथ है, निरन्तर अपूर्व अमृत की धारा में हमारा रूपान्तर कर रही है, परस्पर देखते, परस्पर एक-दूसरे के मन का समभोग करते हुए क्षण-प्रति-क्षण जीवन स्वादिष्ट बन रहा है। और फिर शिव-जैसे प्रेमी के लिए जिन्होंने मृत हो जाने पर भी प्रियतमा को हृदय से लगाये रखा और नदी, वन, पहाड़ उन्मत्त-से घूमते रहे, यह कितना सार्थक श्लोक है ! वधू के प्रति इतना अतुलनीय प्रेम, परस्पर अनुराग की अनिर्वचनीय स्थिति, जीवन को नख-शिख परस्पर सम्मिलित कर लेना इस अर्धनारीश्वर को छोड़कर अन्यत्र कहीं नहीं मिलता। और इतना परस्पर संयुक्त रहने पर भी इनका प्रणय दंशित या दूषित नहीं होता। यह अतीन्द्रिय स्तर की अनुभूति बनकर सनातन रूप में सारी लीला के मध्य वर्तमान है। एक संस्कृत कवि ने शिव के वधू के प्रति उत्कट प्रेम और साथ ही अतीन्द्रिय प्रणय का चित्र एक श्लोक में बड़े ही सफल ढंग से व्यक्त किया है :

> "अछिन्नमेखलमलब्धदृढोपगूढ-
> मप्राप्तचुम्बनमवीक्षितवक्त्रकान्तिः।
> कान्ताविमिश्रवपुषः कृतविप्रलम्भ-
> संयोगसख्यमिव पातु वपुः पुरारेः ॥"

(कान्ता वपु के साथ नित्य संयुक्त होते हुए भी जो अर्धनारीश्वर अछिन्न मेखला, अप्राप्त चुम्बन, अलब्ध दृढ़ आलिंगन, और मुखश्री परस्पर अन-निहारे—अवीक्षित—रह जाते हैं, वे संयोग-प्रिलम्भ का साथ-साथ आस्वादन करनेवाले शिव मेरे शरीर को पवित्र करें।)

प्रिय और प्रिया साथ-साथ ही नहीं, परस्पर अमिश्र रूप से अन्तर्मुक्त हो गये हैं, पर स्थिति ऐसी है कि इस अर्धनारीश्वर रूप में न तो परस्पर मुख निहारना सम्भव है, न परस्पर चुम्बन और न परस्पर दृढ़ आलिंगन; मेखला-छिन्न स्थिति का तो कोई प्रश्न ही नहीं उठता। यह श्लोक प्रणय-आस्वादन के चरम शिखर बिन्दु का चित्र देता है। 'मेघदूत' का श्लोक इसी शिखर बिन्दु की ओर ऊर्ध्व आरोहण की आरम्भिक अवस्था का एक चित्र है। श्याम मेघ की सीढ़ी शिखर के पाद-मूल से परम पद तक लग गयी है, जिस पर यत्र-यत्र हँसी और व्रीड़ा के तोरण द्वार बने हैं। शिव-पार्वती आरोहण कर रहे हैं। पार्वती एक मुग्धा किशोरी नायिका है षोडशी, पूर्णिमा रूपिणी चन्द्रोपम नायिका। 'आह, मैं गिरी !' कहती हुई लाज तथा भय से कम्पित पग रखते हुए प्रणय-आस्वादन के इस पिच्छिल सोपान पर वह धीरे-धीरे उठ रही है। 'अपना हाथ दो न ! देहि करपल्लवमुदारम् !' आँखें मिलती हैं, हँसी की आभा फूटती है, आँखें नीचे होती हैं, चेहरा लाल होता है और पार्वती शिव के भुजंग-मुक्त हाथों में अपना हाथ दे देती हैं। भुजंग रति-लम्पटता का प्रतीक है। सम्राट् हर्ष ने बाणभट्ट से पहली बार मिलने पर ही उनका चेहरा देखकर कह दिया था, 'महान् अयं भुजंगः' यह भारी अंगना अर्थात् नारीभोगी या अंगभोगी है। अतः भुजंग रहित, यानी रक्तिम वासना से मुक्त हाथों को शिव बढ़ाकर कहते हैं : 'देहि करपल्लवमुदारम्' और वे दोनों परस्पर निहारते, परस्पर स्निग्ध कोमल दृष्टि डालते रसास्वादन-शिखर के ऊर्ध्व बिन्दु तक चढ़ते जाते हैं, जिसे वैष्णवों ने महाभाव कहा है। यक्ष मन-ही-मन सब कुछ देख रहा है, उसका मन अपूर्व आभा से भास्वर हो उठा है। और यह कामलोलुप मेघ, यह मनमौजी नयी पीढ़ी का मेघ, यह आवारा मेघ, यह कुबेरनाथ राय भी अपने मन के अनुभव-सोपान पर आरोहण करती पार्वती के पद-पल्लव की एक-एक चाप के साथ अपूर्व रसमय परम पद का अनुभव कर रहा है।

# राघवः करुणो रसः

नये साहित्य में करुण रस की नवीनतम स्थिति है : निर्वासन। नये साहित्य में निर्वासन-भाव का स्वतन्त्र विकास इस रूप में हो रहा है कि यह स्थायी भाव जैसा बन गया है। ऐसी हालत में एक स्वतन्त्र 'निर्वासन-रस' की कल्पना कर ली जाय, तो भी कोई हर्ज नहीं। यह मात्र साहित्यिक व्यथा नहीं हैं। विश्व-स्तर पर आज मनुष्य इस निर्वासन-व्यथा को वास्तविक रूप में भोग रहा है। यह तथ्य है। यह सही है कि इसका जो रूप अर्थ-काम के अति सुख से उत्पीड़ित अमरीका में है, वही रूप त्रास और दैन्य से पीड़ित पश्चिमी यूरोप में नहीं है। रूस, चीन या तिब्बत में तो इस निर्वासन की विधा ही बिलकुल अलग किस्म की है। पर किसी-न-किसी रूप में मनुष्य (अर्थात् उसका सजीव रूप 'व्यक्ति') सर्वत्र निर्वासन भोग रहा है। हिन्दुस्तान में यह उतने व्यापक तौर पर भले ही न हो, पर है यह जरूर। सुबूत के तौर पर शरणार्थियों, विस्थापितों, पुराने ईमानदार काँग्रेसियों, आदर्शवादी बुद्धिजीवियों, नवबोध-प्राप्त विश्वविद्यालय स्तर के छात्रों, आदर्शवादी पार्टी-कर्मियों (चाहे जो पार्टी हो, या जो आदर्श हो), अल्पसंख्यक ईमानदार अफसरों आदि के हृदय में प्रवेश करके देखें, तो पता चलेगा कि सभी अपने आप को अपने परिवेश से, एवं आसपास से निर्वासित अनुभव कर रहे हैं। कारण विभिन्न हैं, वस्तुस्थितियाँ विभिन्न हैं, पर शाप एक ही है, जो सबके शीश पर प्रेत की तरह मँडरा रहा है। इनमें भी जो निर्वासन के साथ-साथ बौद्धिक 'अजनबीपन' के शिकार हैं (यद्यपि अपने देश में ऐसे बहुत कम हैं) उनकी यातना दुहरी भयावह है।

यहाँ पर हम समस्या को विश्व-स्तर पर ले रहे हैं। नया मनुष्य अकारण निर्वासित है, ऐतिहासिक शक्तियों द्वारा। इस पीढ़ी का कोई अपराध नहीं। ऐसे अकारण निर्वासन का उदाहरण 'रामायण' में भी है। राम उसी तरह अकारण निर्वासित हुए थे, जैसे आज का नया मनुष्य। स्थिति दोनों की एक है। दोनों निरपराध हैं। पर परिवेश की सतही समानता के बावजूद अपने-अपने सन्दर्भ में उनकी प्रतिक्रिया समानधर्मी नहीं होती है। राम का व्यक्तित्व निर्वासन-सन्दर्भ के भीतर जैसी प्रतिक्रिया करता है, वैसा नये मनुष्य का व्यक्तित्व नहीं। यहाँ पर हम राम के व्यक्तित्व के कुछ पहलुओं की चर्चा इस निर्वासन के सन्दर्भ में रखकर प्रस्तुत कर रहे हैं।

राम के निर्वासन का चरम रूप सीताहरण के पश्चात् और लंका-अभियान के पूर्व के मध्यान्तर में मिलता है। इसमें भी 'किष्किन्धा काण्ड' के भीतर सुग्रीव-अभिषेक के बाद माल्यवन्त-शिखर पर बिताये गये कुछ मास निर्वासन और निस्संगता की तीव्रतम स्थिति है। मन बालि-वध की उत्तेजना से पीड़ित है। नूपुर और वस्त्र देखकर उन्हें अन्दाज हो गया है कि उनका शत्रु रावण ही है। जटायु ने भी यही सूचना दी थी। अतः महाप्रतापशाली शत्रु की चिन्ता, अपने अकेलेपन और असहायता का बोध, बालि-वध की उत्तेजना, मैथिली के प्रति करुणा, और अनिश्चित भविष्य की चिन्ता तो थी ही। ऊपर से वर्षाकाल आ जाने से कोई भी प्रयत्न नहीं किया जा सकता। शरद् के आगमन की प्रतीक्षा करो। तब तक निष्क्रिय बैठे रहो और कातरतावश अपना आत्मक्षय करो। इस मनःस्थिति में ही राम का धीर-गम्भीर और करुण-श्यामल रूप दुःख के अन्धकार के भीतर से फूटता है। यह रूप और यह आत्म-संघर्ष वाल्मीकि और तुलसीदास ने वर्षा-वर्णन और शरद्-वर्णन के माध्यम से प्रस्फुटित किया है। वाल्मीकि के वर्णन में आत्मसंघर्ष की ही प्रधानता है। उनका वर्षा-वर्णन नायक की व्यथा और उसकी सहज धीरता, उसकी काम-कातरता और उसके शान्त सौन्दर्यबोध का घोर अन्तर्द्वन्द्व प्रस्तुत करता है। ऐसा लगता है कि राम अपनी उत्तेजना को प्रकृति के शान्त सौन्दर्य-बोध में डुबोकर एक शान्त बिन्दु पाने का दुर्निवार प्रयत्न कर रहे हैं। वाल्मीकि ने यह दिखाया है कि यह असह्य दुःख मिट नहीं पाता। इसे भोगने के अतिरिक्त कोई चारा नहीं, कोई विकल्प नहीं। लीला का जन्म ही भोगने के लिए होता है। उनके शरद्-वर्णन में चलकर यह उत्तेजना और तीव्र हो गयी है। परन्तु तुलसी का बोध अलग है। उनकी उदात्त धीरता को वे शरद्-वर्णन तक ले जाते-जाते इस आत्मसंघर्ष में जयी बना देते हैं और उनका मन शान्त,-स्थिर और सबल हो जाता है।

क्षितिज के शिखरों पर मेघों की नील सोपान पंक्ति खड़ी है; नील अम्बर तक आरोहण करने के लिए। राम प्रारम्भ में ही कहते हैं : लक्ष्मण, देखो,

सन्ध्यारागोत्थितैस्ताम्रैरन्तेष्वपि च पाण्डुभिः।
स्निग्धैरभ्रपटच्छेदैर्बद्धव्रणमिवाम्बरम् ॥
मन्दमारुतनिःश्वासं सन्ध्याचन्दनरञ्जितम्।
अपाण्डु जलदं भाति कामातुरमिवाम्बरम् ॥
एषा धर्मपरिक्लिष्टा नववारिपरिप्लुता।
सीतेव शोकसन्तप्ता मही वाष्पं विमुञ्चति ॥

(सन्ध्या के कारण आकाश का रंग ताम्रवर्णी और पाण्डुर है। लगता है कि आकाश के हृदय में भी घाव है और भीगे बादलों की पट्टी उस पर बँधी है। सन्ध्या चन्दन से चर्चित पाण्डुरवर्णी बादलोंवाला आकाश कामातुर-सा लगता है, जिसका चेहरा पीला पड़ गया है और मन्द मारुत जिसकी कामोत्तेजना का निःश्वास है। तेज धूप से पीड़ित

नये जल-सी सींची धरती से वाष्प उठ रही है, जैसे यह शोक-सन्तप्त सीता हो।)
—किष्किन्धा काण्ड, सर्ग 27।

राम अपने अन्तर के घाव को विश्व प्रकृति के हृदय में ('बद्धव्रणमिवाम्बरम्') पाते हैं और यह घाव तब और रिस उठता है, जब नील मेघ में दामिनी दमकती है। उन्हें लगता है, मानो रावण के अंक में कातर तपस्विनी वैदेही हो। वे फिर कहते हैं : "हे सौमित्र, पर्वत के सानु पर फूले हुए कुटजों को देखो। ये मेरे शोकाभिभूत मन में काम-सन्दीपनार्थ पुष्पित हो रहे हैं।" इसके बाद छन्द बदल जाता है और एक-से-एक कोमल और संगीतमय चित्र आते हैं। पर असह्य दुःख की अन्तर्धारा सारी कोमलता को भेदकर प्रतापशाली शत्रु की चिन्ता के रूप में आ जाती है। और फिर शोक और कातरता का अनुष्टुप् छन्द लौट आता है। यह दुःख प्रेमिका के लिए रीतिबद्ध नागर का दुःख नहीं है, यहाँ 'तपस्विनी वैदेही' 'पवित्र मैथिली' की कातर अवस्था के प्रति करुणा अधिक है और व्यक्तिगत निजी काम-व्यथा कम। यह पवित्रता और सौन्दर्य के आहत होने पर बोध किया गया एक विश्वव्यापी दुःख है। इस दुःख को राम कातर रूमानी नायक की तरह नहीं वहन करते हैं। वे धीरता के समुद्र हैं और दुःख उन्हें उद्धार की चिन्ता की ओर प्रेरित करता है। यद्यपि दुःख असह्य है और उनके व्यक्तित्व का एक अंश उसे अहर्निश भोग रहा है। इस नियति से कोई मुक्ति नहीं, कोई क्षमा नहीं, कोई शान्त बिन्दु नहीं।

पर तुलसी इस यातनामय निर्वासन और आत्मसंघर्ष के बीच से नायक को शान्त बिन्दु की ओर ले गये हैं। उनके 'नीलाम्बुज श्यामल कोमल' राम के व्यक्तित्व की जड़ें अगाध धीरता के समुद्र में हैं। उन्होंने उत्तेजना और आत्मसंघर्ष से शान्त बिन्दु तक की मानसिक प्रक्रिया को मूलतः चार स्तरों में विभाजित किया है। उत्तेजना के प्रथम आघात से जब वे दीन भाव से 'हे खगमृग, हे मधुकर श्रेणी' आदि कहते हैं, तो लगता है कि उनका व्यक्तित्व टूट-टूटकर बिखर जाएगा। पर भीतर-ही-भीतर अमृत और प्राण की शक्तियाँ सक्रिय हैं। फिर वसन्त आता है। सारा वन कुसुमित हो उठता है। काम के तीरों से तरु-लता क्या, सारी सृष्टि पीड़ित और उल्लसित है। यह पीड़ा राम भी भोगते हैं, पर उनके भीतर का देवता, उनका सहज पुनीत मन, अनासक्ति के अमृत से उस यातना को सींचकर ठण्डा कर रहा है। एक ओर कामना तीव्र है, तो दूसरी ओर वैराग्य का स्वर भी सक्रिय है। जो आत्मसंघर्ष वाल्मीकि के वर्षा-वर्णन में है, वह तुलसी के वसन्त-वर्णन (अरण्यकाण्ड) में है। कल्याण के कल्पवृक्ष स्वरूप नारद का प्रवेश इसी संघर्ष-भूमि में आकर वैराग्य और अनासक्ति के वातावरण को और सबल बना देता है। फिर पम्पासर आते हैं। बालि का वध करते हैं। रावण जैसे शत्रु की चिन्ता, अनिश्चित भविष्य तथा निष्क्रिय स्थिति की पीड़ा के सन्दर्भ में वर्षा आती है। पर उत्तेजना का पर्याप्त अवसर होने पर भी मन सहज धीरता की स्थिति में है। 'प्रियाहीन डरपत मन मोरा' कहकर अन्तर की सतत जागरूक व्यथा

का एक संकेत मात्र कर देते हैं। अब वे प्रथम अवस्था की तरह कातर और कमजोर नहीं हैं। मयूर-नृत्य और मेघ-गर्जन से प्रिया की याद आती है। पर वे उत्तेजना को प्रकृति के शान्त सतोगुणी सौन्दर्य में लीन कर देते हैं। सारी मानसिक भूमि अचानक हरी-भरी और नील-रमणीय हो उठती है। दुःख और उत्तेजना शान्तसौन्दर्य में स्नान करके शुद्ध हो चुके हैं। प्रकृति के कोमल चित्रों से सरल, सादे नागरिक विदग्धताहीन, सतोगुणी संस्कार जन्म ले रहे हैं। शरद् तक आते-आते मन पूरा प्रकृतिस्थ है। शरद् इस समूची प्रक्रिया की अन्तिम कड़ी है, जहाँ मन पूर्ण शान्त है, जहाँ धीरता जयी हो गयी है। वे जानते हैं, शोक का समुद्र विस्तीर्ण है। पर अब वे शान्त उत्तेजनाहीन मन से उद्धार की चिन्ता करने में समर्थ हैं। वाल्मीकि का चित्र मानवीयता की दृष्टि से तुलसी से अधिक वास्तविक लगता है। पर निर्वासन के भीतर से 'धीर गम्भीर स्निग्ध श्यामल' रूप तुलसी में अधिक सशक्त ढंग से अभिव्यक्त होता है। सहज सौन्दर्यबोध और सतोगुणी मन की यह विजय 'धीर-करुण' रस के प्रतीक राघव के अधिक उपयुक्त है। यद्यपि दोनों चित्र मानवीय हैं, दोनों सहज हैं, पर एक है मात्र यथार्थ और दूसरा है 'अतिमापरक (ट्रांसेण्डेण्टल) यथार्थ'। जीवन में दोनों का अस्तित्व है और दोनों वास्तविक हैं। यह और बात है कि एक की मिसालें ज्यादा मिलती हैं और दूसरे की कम। पर महिमा का जन्म दूसरे से ही होता है। राम मनुष्य की इसी महिमा के प्रतीक हैं।

नये मनुष्य के निर्वासन में शान्त सौन्दर्यबोध के इसी अमृत स्पर्श का अभाव है। ऐतिहासिक शक्तियों ने (नाजीवाद, कम्यूनिज्म, महायुद्ध और विभाजन) उसके ऊपर जितना निर्वासन थोपा है, उससे ज्यादा उसने स्वयं आगे बढ़कर वरण कर लिया है। उसका 'स्व' जिस ऋत का पान करके जी रहा है, उसी ऋत की धुरी (अर्थात् मानवीय मूल्य जिनमें 'सौन्दर्य' भी एक है) उसने छिन्न-भिन्न कर डाली है। फलतः कई प्रकार के मूल्यों के प्रति एक मानसिक अवरोध (इनहिबीशन) की रचना उसने कर ली है। शान्त सौन्दर्यबोध को 'वर्डस्वार्थियन' या 'रूमानी' कहकर तिरस्कृत करना आज का आम कायदा हो गया है। रामायणकार ने वर्षा और शरद् का वर्णन केवल महाकाव्य की परिभाषासम्मत परिपाटी के पालन के लिए नहीं किया है। रामायणकार यहाँ दिखाना चाहता है कि शान्त सौन्दर्यबोध से निर्वासन का विष कटता है। परिपाटी पालन के लिए तो अयोध्याकाण्ड में या सीताहरण के पूर्व भी वर्षा-वर्णन दिया जा सकता है। पर वाल्मीकि या तुलसीदास ने उपर्युक्त कारण से ही वर्षा-वर्णन को निर्वासन की तीव्रतम अवस्था के सन्दर्भ में रखा है।

निर्वासन की इस स्थिति में, आत्मक्षय और कुण्ठा से राम की रक्षा में उनके स्वभाव का एक दूसरा दिक् भी है, जिसका महत्त्व इस सौन्दर्यबोध से अधिक है। सौन्दर्यबोध तो अवसर-जात निदान है। स्थायी निदान नहीं। स्थायी निदान है अनासक्ति या 'स्व' के प्रति तटस्थता। राम किसी मोह से बँधे नहीं हैं। भरत और लक्ष्मण उनकी दोनों

आँखों के तारे हैं। मैथिली उनके हृदय की सहज साँस है। पर इतना होते हुए भी जब चरम बिन्दु आता है तो वे घोर अनासक्त हो जाते हैं, और किसी का भी त्याग कर सकते हैं। चरम बिन्दु पर उपस्थित होने पर उनके मन में न तो काम की उत्तेजना है और न क्रोध की। वे अपने आप को ऋत-चक्र के साथ एकाकार मानने लगते हैं। इसी से उन्हें दर्द नहीं होता, मनस्ताप नहीं होता, आत्मक्षय नहीं होता। निर्वासन के नागदन्त विष-हीन हो जाते हैं। उनमें सहज प्रेम है, पर आसक्ति नहीं। सहज प्रेम आत्मा का अमृत रस है, पर आसक्ति आत्मा का बन्धन है। वे 'रोमियो' या 'दुष्यन्त' नहीं। सीता को अग्नि-परीक्षा के अवसर पर स्पष्ट बता देते हैं—"मैथिली, यह युद्ध मैंने तुम्हारे प्रति आसक्ति या कामना से नहीं किया। ऐसा मुझे 'करना' था, अतः मैंने किया।" रावण का वध वे व्यक्तिगत रोष के कारण या पत्नी के उद्धार के लिए नहीं करते हैं। पत्नी-उद्धार तो निमित्त मात्र था। वास्तविक उद्देश्य था, ऋत-चक्र की बिगड़ी गति को ठीक करना, उसकी दिशा को ठीक करना। यदि 'रामायण' पत्नी-हरण और उद्धार का काव्यमात्र है तो इसका विश्वव्यापी मूल्य क्या रह गया ? यह व्यक्तिगत ट्रेजेडी और व्यक्तिगत समाधान के स्तर की चीज नहीं। यदि प्रिया मैथिली के प्रति आसक्ति ही इस युद्ध का कारण रहती, तो इतनी निर्विकारता से सारी व्यक्तिगत व्यथा को दबाकर मैथिली का दुबारा वे त्याग नहीं कर सकते थे। तथ्य तो यह है कि राम ऋत-चक्र से प्रतिबद्ध थे और यह प्रतिबद्धता जैसा आदेश देती गयी, वैसा वे स्व-निरपेक्ष ढंग से, घोर अनासक्ति के साथ करते गये। हमारे लाभ-हानिवाली सांसारिक युक्ति- युक्तता के अनुसार वे कार्य न्याय हों या अन्याय, पर उनका पाप राम को स्पर्श नहीं कर पाता, क्योंकि वे सारे कार्य बिना काम, क्रोध, रोष, मोह के, अनासक्त ढंग से किये गये हैं। बालि का वध उन्होंने अकारण ही किया। पर इसका उन्हें जरा भी 'मनस्ताप' नहीं हुआ। ("न मे तत्र मनस्तापो न मन्युर्हरिपुंगव...") यह क्यों ? भारत के बूढ़े कूटनीतिज्ञ राजगोपालाचारी का उत्तर है : 'यह राजनीतिक आवश्यकता थी, यह एक अनिवार्यता थी।' पर उनके जैसे शील और करुणा के समुद्र को किसी का अकारण वध करने पर मनस्ताप न हो, यह असम्भव है। पर तथ्य है कि उन्हें मनस्ताप नहीं हुआ। क्योंकि क्रोध या रोष की प्रेरणा से उन्होंने मारा नहीं था। उन्होंने, वाल्मीकि के अनुसार, कहा है—"हे वीर, वानरश्रेष्ठ, इस समय धरती के सम्राट् भरत हैं। उनके द्वारा स्थापित और परिचालित धर्मचक्र के विपरीत तुम कार्य कर रहे थे। अतः मेरा कर्तव्य था कि उनके विधान से भिन्न मर्यादा का निग्रह करूँ। (मैंने किसी व्यक्तिगत कारण से तुम्हें नहीं मारा है)।" ऐसी घोर अनासक्ति, ऐसी घोर निर्विकारता एक मात्र 'ईश्वर' में या 'ऋत-चक्र' में ही प्राप्त हो सकती है। इसी निर्विकारता, शुद्धता और इसी पाप-मुक्त मन के कारण राम को लोग ईश्वर मानते हैं। और कोई कारण नहीं। राम कर्म करते भी जाते हैं, पर न केवल 'कर्मफल' के प्रति, बल्कि 'कर्म' के प्रति भी निरासक्त रहते हैं। ऋत-चक्र का जो सूत्रधार होगा, वही इतने कठोर अनुशासित

ढंग से तटस्थ रह सकेगा, दूसरा नहीं।

राम मनुष्य हैं। पर मनुष्यता का वरण उन्होंने उसी सीमा तक किया है, जहाँ तक 'शील' और 'करुणा' का सम्बन्ध है। 'शील' और 'करुणा' उनके व्यक्तित्व के अन्य दिक् हैं, जो मनुष्यतामुखी हैं। पर उनकी 'स्व' से तटस्थता या अनासक्ति ईश्वरीयतामुखी है। राम के सम्पूर्ण व्यक्तित्व का चरित्र वाल्मीकि से अधिक परिष्कृत ढंग से तुलसीदास में मिलता है। बालि का वध उन्होंने 'ऋत' की रक्षा के लिए किया। पर जरा-सी कोमल वाणी सुनने पर ("प्रभु अजहूँ मैं पातकी अन्त काल गति तोरि") उनकी मनुष्यता उनकी निर्मम तटस्थता को दबाकर उभर आती है और वे विगलित हो जाते हैं। उस मरणोन्मुख योद्धा के शीश को सहलाकर कहते हैं "अचल करौं तनु, राखहु प्राना !" यह है उनका करुणामय रूप। 'धीर गम्भीर' के साथ-साथ 'स्निग्ध, करुण, श्यामल'। यह उनके व्यक्तित्व की अद्भुत विशेषता है। पर निर्वासन की समस्या के सन्दर्भ में हमारा तात्पर्य इस स्थल पर उनके व्यक्तित्व के पूर्वोक्त दिक् 'अनासक्ति' या 'स्व' से तटस्थता से ही है।

इसके विपरीत आज के नये मनुष्य ने अपने आप को 'स्व' की कोटर में बन्द कर लिया है। वह धुरीहीन है। उसकी प्रतिबद्धता किसी से नहीं है। देश, राष्ट्र, समाज, परिवार, मानवीय भाव (प्रेम, करुणा, दया, अभिमान आदि) आदि से वह कटकर अलग होकर जीना चाहता है। वह स्वयं को संकुचित करके 'स्व' के भीतर करके, चरम निर्वासन को रसपूर्वक भोगने की सोचता है। पर राम का जो निर्वासन हुआ था, उसे 'वनवास' कहते हैं। मुक्त नील आकाश-तले, रम्य दारुण वन में, छह ऋतुओं की हवाओं के परिवेश में उन्हें निर्वासन भोगने को कहा गया था—'स्व' की कोटर में नहीं। दोनों स्थितियों में सतही समानता है, जिसे हमने प्रारम्भ में स्थितिगत समानता कहा है। पर दोनों में मौलिक अन्तर स्पष्ट है।

फल होता है कि राम निर्वासन तो भोगते हैं, पर 'अजनबीपन' की यातना उन्हें नहीं भोगनी पड़ती है। मेरे एक मित्र ने एक बार सवाल उठाया : 'राम और नये मनुष्य—दोनों पर अकारण निर्वासन लादा गया। पर क्या कारण है कि राम ने निर्वासन में रचना की, जबकि आज का आदमी केवल आत्मक्षय करता है ?' उत्तर निर्वासन की दोनों स्थितियों के उक्त मौलिक अन्तर में है। यह सही है कि रचना के लिए, सृष्टि के लिए, अकेलापन आवश्यक है। प्रत्येक विधाता अकेले-अकेले सृजन का कष्ट भोगता है। पर अकेलापन और चीज है, अजनबीपन और। राम की रचना-शक्ति अजनबीपन के कारण कुण्ठित नहीं हुई। उनसे कोई अजनबी नहीं। निषाद, रास्ते के कोल-भील, खग-मृग, सरिता-सर, घाट-बाट, नर-वानर उनसे सभी की पहचान है। वे बे-पहचान से भी पहचान करते हैं, प्रीति करते हैं और ऐसी प्रीति कि 'कीन्ह प्रीति कछु बीच न राखा।' निशिचर कामरूप होता है। स्वभाव से मायावी होता है। पर तो भी कोई हर्ज नहीं। वह भी अपना है। और यदि "भेद लेन पठवा दशशीशा। तबहुँ

कछु नहिं हानि कपीशा।'' पर इतना होते हुए भी वे अकेले हैं, एकदम अकेले। उस चरम बिन्दु पर लक्ष्मण भी उनके साथ नहीं। यह अकेलापन जाने-अनजाने लोगों के बीच, 'पद्मपत्रमिवाम्भसा'—अकेलापन है। निर्वासन या अकेलापन मूलतः शाप की स्थिति नहीं। यह शाप की स्थिति तब हो जाती है, जब इसमें अजनबीपन भी आकर जुड़ जाय। जब निर्वासन का अर्थ रचनाकार का 'नित्य अकेलापन' हो तो यह शाप की स्थिति नहीं है। पर जब निर्वासन का अर्थ विश्व से, मनुष्य से, सौन्दर्य से, अपने आप से 'अजनबीपन' हो तो यह अवश्य ही शाप की स्थिति है। निर्वासन की ऐसी ही स्थिति को मैं हेय मानता हूँ।

राम का जीवन एक ट्रेजेडी है। किसी भी बड़ी महिमा की अवतारणा के लिए, किसी भी महासत्य की स्थापना के लिए ट्रेजेडी की आवश्यकता होती है। ये महासत्य सिद्धि के पूर्व बलि माँगते हैं। इनका अवतरण विश्व के लिए मंगलमय होता है, पर जिसके माथे ये उतरते हैं, उसको तो भोगना ही भोगना पड़ता है। राम को प्रारम्भ में वन में निर्वासन मिला, बाद में राजदरबार की छोटी सीमा में ही निर्वासन भोगना पड़ा। सीता मिली, फिर उसे त्याग देना पड़ा। और एक लम्बे काल तक, कम-से-कम लव-कुश के 12-14 वर्ष के हो जाने तक, शासन इसी निर्मम निर्वासन की स्थिति में चलाना पड़ा, रामराज्य की सारी मर्यादाओं के साथ। वरण का पथ, रचना का पथ, सृष्टि का पथ, सत्य का पथ, महिमा का पथ सदा निर्जन-निस्संग होता है। उस पर नायक अकेले चलता है। साथ-साथ अदृश्य रूप में ऋत-चक्र उसका सहचर होता है। राम का समस्त जीवन इसी महासत्य की व्याख्या है। महाभारत के अन्तिम पर्व 'स्वर्गारोहण' में यही बात प्रतीक रूप में प्रस्तुत की गयी है। स्वर्ग-शिखर पर आरोहण अकेले ही हो सकता है। श्वानरूप धर्म ही उस चरम बिन्दु तक साथ दे सकता है, दूसरा नहीं।

राम का जीवन साक्षात् करुण रस है। वे ईश्वर की तरह अनासक्त, तटस्थ और महिमामय हैं, तो मनुष्य की तरह 'धीर, वीर, गम्भीर' हैं; 'स्निग्ध, श्यामल, करुण' हैं। जब मैं ऐसा सोचता हूँ तो मेरे मन के अन्धकार को चीरती हुई एक छवि हठात् उगती है और मेरे अन्तर में धीरे-धीरे नील पद्म की तरह प्रस्फुटित होती है। उस नीलोत्पल के कोमल स्पर्श से मेरा अस्तित्व विगलित होकर फिर वायवीय हो जाता है और हलका-हलका सौरभ बनकर मनोरम पम्पासर के धीर समीरण में लीन हो जाता है। तब राम के द्वारा भोगी गयी सारी व्यथा एवं उनके जीवन की सम्पूर्ण करुणा का मैं सहभोगी साक्षी बन जाता हूँ और उस क्षण भर की लघु अवधि में लगता है कि मैं भी देवता ही हूँ।

# चित्र-विचित्र

अब निर्मल ऋतु आ गयी। पूरे पावस भर मेरा मन हवाओं को रंग-बिरंगी चित्रसारी पहनाता रहा। पर वे हवाएँ, वे पावस की लीलावधुएँ अपनी अलका को लौट गयीं और अब धरती पर नयी हवाओं का जन्म हुआ है। नग्न, निरावरण, शिशुओं जैसी चपल और मुक्त हवाएँ ! मेरा मन एक अनजाने विमल स्नेह से स्वयं ही पारदर्शक हो उठा, मैंने एक निराभरण तलदर्शी विमलता और प्रसन्नता का अनुभव किया, और मुझे लगा कि 'प्रसन्न' शब्द का अर्थ 'तरल और तलदर्शी' बिलकुल सटीक है। इसी से जिस गद्य को पढ़ते ही पढ़ते अनुभव हो कि यद्यपि भाव बड़ा ही गम्भीर है, पर अर्थ पढ़ते-पढ़ते ही स्वतः स्पष्ट हो उठता है उसे 'निर्मल प्रसन्न गद्य' कहते हैं। ऐसा प्रसादयुक्त गद्य भगवत्पाद शंकराचार्य का हैं। शरद् की इस प्रसन्न और अगाध निर्मलता के अन्दर मैंने इस अर्थ को मति और धृति ही नहीं, देह और मन के स्तर पर भी अनुभूत किया।

शरदागम के साथ ही, आदिगन्त अगाध निर्मलता छा गयी। आकाश में अगस्त्य नक्षत्र का उदय हुआ और उसके समुद्र-सोखी स्वभाव ने घाट-बाट से जल के सारे अतिचार को सोख लिया। न नीचे कीच-काच और न ऊपर मेघ-पंक। इसी काल के शुभारम्भ में देवी के ध्यानस्थ नयनपल्लवोंवाली मुख-मुद्रा का उदय आकाश के हृदय-मध्य हुआ। राम ने पहले वन में झरती शेफाली की श्वेत-कुसम्भी अंजलि दी, फिर काश-गुच्छ का श्वेत चामर डुलाया; फिर मर्दित कच्ची घास के परिमल से, पकते धान की गुरुपाक भरी गन्ध से, बाग-बगीचे में फूलती तगर की भीनी सुवास से उन्होंने देवी की गन्ध-पूजा की; फिर खेत-खलिहान-जंगल में व्यास स्वरों के मंगलाचार से राम ने देवी का स्तोत्र-गान किया। इस प्रकार इन सारे अनुपम, अद्वितीय माध्यमों से राम ने देवी को रूप, गन्ध और गान समर्पित किया और देवी भी हस्त-नक्षत्र मण्डल पर सवार होकर आकाश से उतरीं और राम के अकाल बोधन को स्वीकृत करती हुई, स्नेह-अवरुद्ध कण्ठ से "मैं पुनः आऊँगी, मैं बार-बार आऊँगी, मैं आकर फिर तुम्हें देख जाऊँगी !" कहती हुई दशमी तिथि को पुनः नील व्योम में लीन हो गयीं और धरती पर रह गया उनका आशीर्वाद। वही आशीष पल्लवित-पुष्पित और फलित होगा

चित्रा, स्वाति और विशाखा बनकर।

पहले चित्रा की वयःसन्धि और रूप-आतप, फिर स्वाति का पूर्वराग और अन्त में विशाखा का समर्पण और महाभाव। इसी तरह शरद् की वीणा पर रसों का रस यह महारस स्थायी-अन्तरा के साथ प्रतिवर्ष बज उठता है। और इसी तरह राम प्रति वर्ष तृप्त और सफलकाम होते हैं। दरअसल, यह रूपसी चित्रा, यह मुग्धा स्वाति, यह विरजा विशाखा और कोई नहीं, ये राम की मैथिली के ही भिन्न-भिन्न चेहरे हैं, जो पंकिल वासना द्वारा मेघों के जंगल में अपहृत और अवरुद्ध हो गये थे। वही विरजा भूमि श्री अर्थात् मैथिली अब अवरोध-मुक्त होकर शरद् लक्ष्मी बनकर धरती पर आ गयी है। हमें लगा कि बाहर-बाहर व्याप्त निरुजता-निर्मलता आँखों में उतरी है और दृष्टि बनकर निरुज-विरज नीलव्योम में विहार करने लगी है। हम सबने देवी के आशीर्वाद-तरु को इस प्रकार फलता देखकर अपने आप को धन्य माना। मैंने इस सारे लीला-प्रवाह को प्रथम अंक से अन्तिम अंक तक अपने वातायन से, बरामदे से, पगला दह नदी की रेती से, पश्चिम के आम्रवन से, पूरब के चण्डीथान से, जंगल-पहाड़ चीरती रेल की खिड़की से, नदी-वक्ष पर तिरती नौका से और भीतर की समय-असमय जाग्रत् मनोभूमि से, तरह-तरह की स्थितियों में अपने आपको प्रतिष्ठित करके, एक बार, दो बार नहीं, छत्तीस बार देखा है और कभी भी इस लीला से अपने आपको छत्तीस अर्थात् मुख मोड़े विरक्त नहीं रखा। और कौन जानता है कि इस अनुभव में अभी और कितनी बार रत और अनुरक्त होऊँगा। पुराने हिन्दुस्तान में रहता तो कह देता : 'सौ बार देखूँगा। जीवेम शरदः शतम्'। परन्तु इस नये हिन्दुस्तान में शरद् लीला का उदात्त आस्वादन कितनी बार सम्भव है, इस पर तो बस 'समुझि मनहिं मन रहिए !'

चित्रा, स्वाति और विशाखा; शरद् लीला की मुख्य भावभूमियाँ—ये तीन ही हैं। यों इनके पूर्व आधा-तिहाई उत्तरा फाल्गुनी और पूरा-पूरा हस्त भी आती हैं जो शरद् के ही अन्तर्गत हैं। इनके बाद आती हैं ये तीनों चित्रा, स्वाति और विशाखा। विशाखा का अन्तिम चरण शिशिर में स्थित है। काश-गुच्छ तो उत्तरा फाल्गुनी से ही फूटने लगते हैं। खंजन का आगमन उत्तरा फाल्गुनी में ही हो जाता है। मयूर अपने पंख-कलाप का उत्तरा फाल्गुनी में ही परित्याग करना आरम्भ कर देता है क्योंकि शरद् उसका वानप्रस्थ काल है। मरालयूथ अवश्य कुछ देर से आते हैं, पर चित्रा-पूर्व वे भी हाजिर हो जाते हैं। लोमड़ी की बोली, जो पावस के भैरव घोष से दबी हुई थी, हस्त में ही उच्चारित होने लगती है। शृगाल चतुर्वेदी भादों में भी बोलते थे पर मेघ-गर्जन के सम्मुख जरा दबककर। बाढ़-वन्या में बेचारे का घर-द्वार ही नष्ट हो गया था तो काव्य-चर्चा कहाँ करें और कैसे करें ! तब तो सिर छिपाने की जगह पाना ही मुश्किल था। अब जरा फाँक मिली है तो साहित्यिक मनोविनोद और शरद्-गोष्ठी रचाने का कार्यक्रम बना रहे हैं। भाद्रपद की पूर्णिमा को ही चन्द्रमयी ज्योत्स्ना में उनका ललित

काव्य-पाठ हो भी चुका है और आये दिन प्रायः उनके मित्रों का समवेत शान्ति-पाठ आधी रात को प्रायः सुना जाता है। शरद् की ये सारी भूमिकाएँ चित्रा, स्वाति के आगमन के पूर्व ही घटित हो चुकी हैं। पर जैसे मन के ऋतु-परिवर्तन में असल चीज है मनोभाव, वैसे ही धरती के ऋतु-परिवर्तन में असल वस्तु है हवा का स्वभाव। और उत्तरा फाल्गुनी की हवा का स्वभाव गान-गन्ध-मान-मनुहार की दृष्टि से पावस से अनुरक्त है। यह पावस का अन्तिम राग-रोष है। इसमें वर्षा खूब झड़-तूफान के साथ होती है। पर पावस के हा-हा-हू-हू आदि मृदंग वादकगण अब बूढ़े हो चले हैं। उनके उनचास मरुद् गन्धर्वों की वंशी अन्तिम लय प्रस्तुत कर रही है। इसी से ये अन्तिम विदा का ताल जरा मन से बजाते हैं। यह पावस की कूच की लकड़ी बज रही है। 'बोली लोमड़ी, फूटा कास, अब नाहीं वर्षा की आस' तो भी उत्तरा फाल्गुनी की हवा में पावस की ही बाँसुरी और मृदंग बज रहे हैं।

अतः यद्यपि शरद् की सादी शुभ्र डाक उत्तरा फाल्गुनी ही हमें थमा जाती है तो भी है यह पावस का नक्षत्र। हस्त अवश्य ही शुद्धतः शरद्काल है। पर शरद् अभी-अभी जन्मी है। यह बालिका है। इसके व्यक्तित्व का निखार अभी नहीं हुआ है। हस्त के नवरात्र में ही देवी की आगमनी होती है। इसके चार चरण हैं : लौह, ताम्र, रजत और स्वर्ण। प्रथम चरण में हस्तमेघ फुहार दे दें तो भूमि लोहे जैसी कड़ी हो जाती है जो अगली फसल के लिए अनिष्टकर है। यदि अन्तिम चरण में हलकी वर्षा हो जाय तो वसुमती धरती सोने जैसी सुभग, सुगम और सुचारु हो जाती है। हस्त नक्षत्र के काल में शरद् लक्ष्मी नन्ही-मुन्नी तुल-तुल बालिका जैसी जगह-जगह, खेतों की पगडण्डियों, बाग-बगान, घाट-बाट, नदी-तट, उषा और सन्ध्या की दिगन्त भूमि में इधर-उधर दौड़ती नजर आती है। यह मरालों से खेलती है, चातकों से मचलती है, बक-पाँति के साथ होड़ लेती है, तुहिन बरसाती है और रात होने पर थककर सो जाती है। यह है मुक्तवेणी, अप्रस्फुटित, धूलि-धूसरित, खिलखिलाती, तुलतुलाती, बीच-बीच में रोदन-मधु बरसाती बालिका शरद् की छवि। हस्त बीतते-बीतते यह बालिका चित्रा में वयःसन्धि की अवस्था में प्रवेश कर जाती है। स्वाति आने पर इसका यौवन अनुराग-आर्द्र हो जाता है। और विशाखा में यह चरम षोडशी रूप को प्राप्त होकर पुनः शिशिर में विलीन हो जाती है।

वास्तव में जिसे हम शरद्-शिशिर-हेमन्त के तीन खण्डों में विभाजित करते हैं वह परस्पर संयुक्त एक ही ऋतु-गुम्फ है। एक ही ऋतु शीत के वयःसन्धि का मुकुल है शरद्; प्रस्फुटित तारुण्य का भोग-काल है शिशिर, और धीर प्रशान्त प्रौढ़ता है हेमन्त। सिद्धान्ततः हम षट् ऋतु की चर्चा करते हैं पर व्यवहार में भारतवर्ष में भी चार ही ऋतुएँ हैं—वसन्त, ग्रीष्म, पावस और शीत। इस शीतकाल को ही शरद्-शिशिर-हेमन्त में विभाजित कर दिया गया है। चित्रा शरद् की वयःसन्धि है। इसी से यह चटुल-चपल और रूप-भास्वर है। पर कौमार्य कच्चा रहने पर तिक्त और काषाय रहता है क्योंकि

उसके पानी का विषहरण अभी नहीं हुआ है। चित्रा के स्वभाव की अभिव्यक्ति छोटे-छोटे, निरन्तर नाचते खंजन पक्षी करते हैं। मराल और खंजन चित्रा की छवि के प्रतिनिधि अलंकरण हैं। विशेषतः खंजन तो स्वभाव की चटुलता-चपलता के कारण चित्रा का प्रतीक-पक्षी है। नन्ही, चुनमुनी, चटुल-चपल, एक ही साथ चारों दिशाओं में दृष्टि डालने की अभ्यासी, दूरती हुई नृत्यरत देह पर चंचल उद्ग्रीव नन्हा चेहरा ! अद्‌भुत है यह पक्षी ! इसकी चंचलता को देखकर इसकी तुलना वयःसन्धि की अवस्था में आयी नायिका की आँखों से की गयी है। 'खंजन नयन' बड़ी ही सटीक अभिव्यक्ति है।

कुछ आँखें होती हैं जो देखती ही नहीं, दृष्टि-क्रीड़ा करती चलती हैं, चारों दिशाओं में उनकी दृष्टि एक ही साथ छन्दों का जाल फेंकती चलती हैं, और ऐसी आँखों की दृष्टि-क्रीड़ा और इस पक्षी की देह-क्रीड़ा में बड़ा ही साम्य है। लगता है कि उन आँखों में खंजन अवतरित हो गये हैं। तभी वे सीधे न देखकर एक छन्द-विह्वल दृष्टि-'लय' (रिद्‌म) की रचना करती चलती हैं। मेरे मन में इस खंजनलीला की विविध देखी-भोगी स्मृतियाँ भिन्न-भिन्न चेहरों के साथ अवतरित होती हैं। पहले वे नेत्र निर्मल झील थे। उनमें हंस तैरते थे। पर वयस की बारहवीं ड्योढ़ी पर पैर रखते ही नेत्रों में युगल खंजनों का जन्म हो गया। चेहरे पर शैतानियत, मुँह पर लाल रिबन जैसी फूटती गुलनार हँसी, और आँखों में फुदकते खंजन। मैं परेशान हो उठता हूँ उस शैतानियत, उस हँसी, उस चेहरे से; और तब पंचांगुलियों का पंचशर ! तड़ाक, निर्मम वशीकरण का थप्पड़ ! क्योंकि यह स्मृति उन दिनों की है जब मैं पंचशायक वाले के महाप्रतापी शरासन का नाम-धाम भी नहीं जानता था और काली जामुन किसी भी नीलोत्पल आदि से अधिक आकर्षक थी। और पंचांगुलियों के इस कठोर वशीकरण प्रयोग के बाद खंजन व्यथित होकर छिप जाते हैं, पुतलियों में शरारत की धूप मर जाती है और उनमें मेघ डबडबा आते हैं। तब सारा मनोजगत् वाष्पाछन्न हो उठता है, उलटे मेरा ही वशीकरण हो जाता है। तब मान और मनुहार और अन्त में मुँह पर फिर वही लाल रिबन-सी चटक हँसी का पद्‌म-प्रस्फुटन। फिर वयस्क चौदह वर्ष; और मुझे लगता है कि उन आँखों के खंजन युगल वचन-चातुरी के ताल-ताल पर नृत्य कला का अभ्यास कर रहे हैं—"चलि-चलि जात निकट श्रवणनि के...!" मेरी दृष्टि भी विकल हो जाती है और मुझे लगता है कि वे निरन्तर नाचते खंजन केवल आँखों में ही नहीं हैं, उनकी भंगिमा का आवेश अंग-अंग में तरह-तरह से व्यक्त हो रहा है। वयस सोलह वर्ष, और आँखों में बसे खंजनों की नृत्य-भाषा और व्यापक हो उठती है; अंग-प्रत्यंग से अविराम रति-संकेत और अविराम मुद्रा-परिवर्तन देख-देखकर मैं क्षिप्त ही नहीं विक्षिप्त हो उठता हूँ और मेरी शकुन-दृष्टि भाषा का अनगढ़ भोट लेकर उस पर शिल्प-रचना करने लगती है। पर वह रूपमय संकेतों को उरेह भी नहीं पाती, उद्‌घाटित करना तो दूर रहा। फिर वयस बीस वर्ष; और मैं देखता हूँ कि वे दोनों नेत्र-खंजन सारी विद्या पढ़-पढ़ाकर बड़े चतुर हो गये हैं। अब न कहीं वे वाहर झाँकते हैं और नृत्य करते हैं। पर वे

कहीं गये थोड़े हैं। घात लगाये छिपे हैं। अपलक घोर गाढ़ी दृष्टि की यवनिका के पीछे शरासन तानकर वे छिपे हैं, और मैं जानता हूँ कि किसी एकान्त क्षण में सम्मुख पड़ते ही मेरे लिए अर्ध-निमीलित अपलक दृष्टि ही हठात् हलाल का खंजर बन जाएगी, भौंहों के शरासन तन जाएँगे, तीखा तीर छूटेगा, और खंजन-युगल नाचते हुए मेरे सम्मुख आ जाएँगे।

मैं पुरुष, मैं पुरुरवा, मैं इस सारे कपट को जानता हूँ। मैंने बाग-बगीचे, घाट-बाट, स्कूल-कॉलेज, राह-बाजार, स्टेशन-सिनेमागृह, जंगल-झाड़, जाग्रत्-स्वप्न—अनेक अवस्थाओं में इन युगल खंजनों की लीला को भिन्न-भिन्न भूमिकाओं में देखा है। उन सारी स्मृतियों के माध्यम से तिल-तिल रचकर जिस अनामा तिलोत्तमा की रचना मैंने जन्मान्तर के संस्कार प्रवाह के मध्य कर डाली है, उसके कपट, उसकी आखेट-लीला को मैं खूब पहचानता हूँ। उस सारी आखेट-लीला का मोह-जाल दो खंजन-धर्मी आँखों द्वारा ही ताना जाता है। और यह मोह-जाल, यह माया का ऊर्णनाभ-तन्तु, हमारे लिए सृष्टि में आदिगन्त तानकर वह तिलोत्तमा परमाप्रकृति व्यंग्यपूर्वक हँसती है।

चर्चा तो कर रहा था चित्रा के चटुक-चपल रूप की कि बीच में ये खंजन उड़ते आ गये और हमारा मन कुछ क्षणों के लिए दूर खींच ले गये। चित्रा का कामना-सम्पृक्त सन्दर्भ ही ऐसा है कि उसमें इस प्रकार मन का अपहरण हो जाना स्वाभाविक है। सृष्टि का मूल है कामबीज और सृष्टि में इस कामबीज का प्रथम आगमन जिस काल खण्ड में पहले-पहले हुआ था, उसमें सूर्य 'चित्रा' नक्षत्र में स्थित था। इसी से ज्योतिषियों ने संवत्सर के प्रथम मास का नाम 'चैत्र' रखा। सृष्टि का प्रथम वसन्त, प्रथम मुकुलोद्गम, प्रथम काम विह्वलता, प्रथम रमण-तृषा इसी चित्रा नक्षत्र में अवतरित हुई थी। विश्व और सम्पूर्ण आकाश-चक्र स्थिर नहीं। वे अपनी-अपनी गति पर सचल हैं। अतः आज आकाश की स्थिति ऐसी है कि चित्रा का आगमन आश्विन मास में होता है, चैत्र में नहीं। अतः चित्रा की भूमिका बदल गयी है। पर स्वभाव में वयःसन्धि का भाव अब भी कहीं गया नहीं है।

चित्रा की धूप बड़ी चटकीली और प्रखर होती है। इसका रूप देखने के लिए तो ठीक है, पर इसमें दो-चार मील विहार करें तो फिर यह शिरा-धमनी को विकल करती हुई मस्तिष्क में चढ़ जाती है तथा दाह, ज्वर, विषम ज्वर एवं प्रलाप की सृष्टि कर सकती है। इसी से आयुर्वेद ने 'बालार्क' अर्थात् 'बाला (कन्या) राशि के सूर्य' यानी क्वार की धूप के सेवन का दृढ़ निषेध किया है। बड़े-बूढ़े भी कहते हैं, 'कुआँर की धूप, कुआँर के रूप से बचकर रहो।' अर्थात् क्वार की धूप और कौमार्य के रूप से बचे रहो। यह धूप ज्वर का स्रोत है और यह रूप पातक और ग्लानि का। लगता है कि चित्रा के रूप-आतप से कभी तुलसीदास भी विकल हुए थे। 'शरदातप निसि शशि अपहरई, सन्त दरस जिमि पातक टरई।' दिवस के आतप का पातक रात की चाँदनी अवश्य खींच लेती है। पर आश्विन की चाँदनी भी पित्त को प्रबल रूप से जगाती

है। अतः चित्रा की दोनों रूपकलाएँ धूप और चाँदनी, अनुपम रूपमयी होते हुए भी आरोग्य और तृप्ति का स्रोत नहीं। यह वह रूप है जो चित्रमय है, जो चित्त को चुरा लेता है पर इसकी चितचोर चितवन में विष और वारुणी हैं। सूरदास ने चित्रा को 'चितरी' और 'चित' अर्थात् 'मन' या 'हृदय' माना है। सूरदास स्वभाव से प्रेमी अधिक हैं, भक्त कम। अरी, 'कहत कत परदेसी की बात' वह 'अक्रूर' नहीं, 'क्रूर' था जो आया और हमारे श्याम को प्रवास में ले गया और वे अब तक नहीं लौटे। 'मघपंचम लै गयो श्यामघन ताते जिय अकुलात।' मघा नक्षत्र से जो पंचम है अर्थात् 'चित्रा' अर्थात् 'चितरी' या 'चित', उस 'चित्त' को उस 'मन' को तो वह 'श्याम घन रूप कृष्ण' लेता गया है, इसी से हमारा जी आकुल है। इस प्रकार सूरदास ने मारे शर्म के इस वयःसन्धि पर चढ़ी नायिका के प्रति अपना 'भेद' भरा प्रेम-भाव दृष्टिकूट के सहारे ही व्यक्त किया है। इसके चन्द्रोपम चेहरे, इसकी चढ़ती धूप जैसा रूप, इसकी मनोहर नील व्योम में फैली चित्रसारी को देखकर भला कौन नहीं जो इसे 'हृदय', 'हिया', 'तन-मन' कहकर पुकारेगा ? तुलसी को भले ही शरदातप पातक जैसा लगे, कबीर भले ही आजन्म चाँदनी के प्रति जन्मान्ध बने रहे, पर हम तो अन्धा होकर भी सब-कुछ देखनेवाले सूरदास के साथ हैं। हमें तो बस हलाल होने में ही मौज मिलती है। यदि विष रूपमय है तो 'नखत वेद ग्रह जोरि अरध करि को बरजत हम खात ?' निरर्थक रिक्त जीवन की तुलना में तो यह दुर्लभ चिन्तामणि जैसा है।

पर कभी-कभी चित्रा की आँखें भी मलिन हो जाती हैं। उनमें सर्वनाशी रोष छा जाता है। पहले आकाश में दो-तीन दिन तक सादे हंस-धवल मेघ पाल ताने ओर-छोर तैरते हैं। फिर एक दिन अचानक वे श्यामल हो जाते हैं। तब चित्रा की बदली आँखों में किसान अपना सर्वनाश देखता है। यों पावस की प्रतिनिधि हवा पूर्वा है। पर चित्रा में वर्षाकाल में प्रायः उत्तरी हवा बहती है। उत्तरी हवा शरद् की विशेषता है। झड़, तूफान, अविराम वर्षा और उत्तरी हवा के क्रुद्ध झकोरे—सब मिलकर एक खण्ड प्रलय की सृष्टि कर देते हैं। किसान इस चित्रा के झड़-तूफान 'चितरी के झाँटे' से बहुत शंकित रहते हैं। यह कालमुखी उत्तरा एकाध दिन में जानेवाली नहीं। चित्रा का झड़ कम-से-कम सात दिन रहता है। सात नहीं, तो कम-से-कम पाँच दिन तो बाम ही नहीं जा सकता। तब यही रूपसी, यही चितचोर हमारे लिए कीर्तिनाशा, कर्मनाशा बन जाती है। लगी फसल इसकी मार से धराशायी हो जाती। सारी खेती क्षत-विक्षत और घायल हो जाती है। धान के पौधे तो छोटे होते हैं। उन पर असर उतना नहीं होता। पर लम्बी यष्टिवाले पौधे यथा ज्वार, बाजरा आदि की कमर टूट जाती है। उत्तरी हवा के झोंके उन्हें मारकर खेत में ही खलिहान बना डालते हैं। जिनका अंग-अंग टूट गया है, वे उठ नहीं पाते। जों सूर्य की किरणों के पान के लोभ से जरा उठते भी हैं, वे टेढ़े रह जाते हैं। जो गिरते नहीं, उनके शीर्ष की कलगी पर लगे फूल धुल जाते हैं और बालों में दाना नहीं लग पाता। उनके दाने जलकर राख बन जाते हैं। इस तरह

किसान के करम में यह चित्रा कोयला बो जाती है। गंगा की बाणभूमि में तट पर प्रायः धान नहीं, ज्वार-बाजरे की फसल लगती है और उन प्रदेशों में चित्रा का झड़-तूफान अकाल का आगमन है। फसल एक-तिहाई हो जाती है।

अभी-अभी आसमान साफ था, चित्रा की हँसती छवि, आभा भास्वर रूप को देखकर हम सुख पा रहे थे, कि एक कोने से बादल का एक टुकड़ा उठा और शाम होते न होते सारा आकाश 'दुर्दिनः मेघाच्छन्नः।' फिर रात जाते-जाते झड़-तूफान, वर्षा-झकोरे, रोना-धोना, प्रलय, कोई भी उत्पात बाकी नहीं और वह भी एक दिन, दो दिन नहीं, पूरे अठवारे भर। किसान कहता है, "चितरी है डायन। देखते-देखते मुँह का कौर छीन ले गयी। इसे जवानी का 'उखमज' (उष्मज) पैदा हुआ है।" तो ज्ञानी कहता है, "सब लोग पापी हो गये हैं। यह हमारे पापों का परिणाम है।" और मैं कहता हूँ, "अरी ओ निर्मम, ओ निष्ठुर, इतना मत बरस। बस, बन-ठनकर हँसती भर रह। नहीं तो मेरी लगी खेती चौपट हो जाएगी।" मुझे लगता है कि यह चित्रा एक ऐसी नायिका है जिसने अभी तक करुणा-वारि में स्नान नहीं किया है। शीघ्र ही इसके मन का द्वितीय चरण विकसित होगा। यह करुणा-वारि में स्नान करेगी। शीघ्र ही इसमें रागोदय होगा। शीघ्र ही इसमें माया और प्रीति का शतदल प्रस्फुटित होगा। और तब इसका नाम होगा 'स्वाति'। इसे चातककुल और कविगण तृषापूर्वक पुकारेंगे, "ओ मेरी सखी, ओ मेरी तृषा, ओ मेरी फटिक-जल, एक निर्मल निरुज बूँद दे, जिससे सारा पाप-ताप, मन की सारी तृषा, सारा 'लिबिडो' धुल जाय और हम तथा यह सृष्टि सन्ताप रहित हो जायँ।" तब यही 'स्वाति' का रूप धारण करके हमें हृदय का वह पद्म-मधु देगी जो मन की तृप्ति और माधुर्य देगा तथा हमारी आँखों को निर्मल और निरुज करेगा। हमारी पीढ़ी चक्षु-विकार से पीड़ित है और पद्म-मधु चक्षु-विकार के लिए सर्वोत्तम अंजन माना गया है। हम स्वाति-हृदय में बनते पद्म-मधु की आशा में प्रतीक्षारत रहेंगे।[1]

---

1. 'नक्षत्र' शब्द का प्रयोग जब तारा (Star) के अर्थ में हो (यथा, 'सूर्य एक बड़ा नक्षत्र है') तो यह पुल्लिंग होगा। पर जब इसका प्रयोग तारामण्डल (constellation) के मुख्य तारे के अर्थ में हो तो यह स्त्रीलिंग शब्द होगा। हमारे साहित्य में ऐसे नक्षत्रों की संख्या 27 है और वे चन्द्रमा की पत्नियाँ मानी गयी हैं। इन 27 नक्षत्रों की वार्षिक गति सूर्यसापेक्ष है और दैनिक गति चन्द्रसापेक्ष। सूर्यसापेक्ष गति के अनुसार चित्रा नक्षत्र वर्ष में एक बार आश्विन-कार्तिक मास में आती है। पूरे वर्ष को ही 27 भागों में बाँट दिया गया है और प्रत्येक नक्षत्र, वर्ष में एक बार आती है। परन्तु चन्द्रसापेक्ष गति के अनुसार वे प्रतिदिन बदलती रहती हैं और प्रत्येक नक्षत्र मास में एक बार आ जाती है। चैत्री पूर्णिमा के दिन चन्द्रमा प्रायः चित्रा नक्षत्र का भोग करता है। मासों का नामकरण नक्षत्रों की चन्द्रसापेक्ष पूर्णिमागत स्थिति पर आधारित है।

# जल दो, स्फटिक जल दो !

सृष्टि के मौलिक वर्ण हैं श्वेत और श्याम। इनके विपर्यय की चौबीस सोपानबद्ध भूमियाँ इस प्रकार प्रस्तुत की जा सकती हैं। प्रथम है निर्गुण -निरंजन पारदर्शक, फिर अर्ध-पारदर्शक; फिर दर्पण श्वेत, फिर रजत-श्वेत; फिर भास्वर उज्ज्वल, फिर कुन्दश्वेत; फिर शंखधवल, फिर क्षीर धवल; फिर ज्योत्स्ना शुक्ल, फिर पाण्डुर शुक्ल; फिर कर्पूरगौर या शिवा गौर, फिर मृणालगौर, फिर गोधूमगौर, फिर धूम्राभ; फिर भस्माभ, फिर कर्बुर, फिर धूसर; फिर इन्द्रनील या नभ-नील या सुनील; फिर श्यामल, फिर शुद्धनील, फिर कृष्ण नील, फिर भास्वर कृष्ण, फिर अंजनकृष्ण या घोर कृष्ण और अन्त में चरन पर पहुँचकर 'अन्ध तमस' या सूचीभेद्य रंग-भक्षी अन्धकार। यही आदिम चौबीस रंगों का अपरा इन्द्रधनुष है जिसका आदि है अननुभूत निरंजन और अवसान है दृष्टिभक्षी, तमोगुणी महातमस। मैं इन चौबीसों अनुभूति-भूमियों के परे स्थित देखनेवाला द्रष्टा-पुरुष हूँ। सांख्य कहता है कि मैं पचीसवाँ नहीं क्योंकि मैं असंख्य हूँ। भागवत कहता है कि मैं पचीसवाँ ही हूँ, और हम सारे पचीसों के ऊपर, दृश्य-दर्शक ज्ञाता-ज्ञेय के परे, एक छब्बीसवाँ भी है जो अप्रमेय, अव्यक्त, भाषातीत है, इतना भाषातीत कि 'नेति', 'निरंजन' आदि निर्गुण अर्थवाली संज्ञाएँ भी उसके लिए उपयुक्त नहीं; वह केवल मौन के मध्य ही उपलब्ध होता है। मौन खण्डित कर वस्तु-जगत् में उसे खींच लाने का प्रयत्न चाहे कितना भी सफल क्यों न हो, पर वह पकड़ में आएगा नहीं। जो पकड़ में आएगा वह होगा उसका सीमित रूप, अंश रूप या अवतार। हिन्दुस्तानी दर्शन के मन्दर को मेरा उच्छृंखल मनमराल इस प्रकार थोड़ी दूर ढो करके इसे श्रद्धापूर्वक पुरानी पीढ़ी के श्वेत कर्बुर या चितकबरे शीश पर अब रख देता है और अपना अनुराग सिर्फ दो वर्ण-भूमियों के प्रति संयुक्त मानता है। वे हैं शुक्ल और श्याम। मेरा ललित मन-मराल ही क्यों, समूचे हिन्दुस्तान का जातीय मन ही इन दोनों के प्रति मुग्धानुरक्त रहा है। उसके लिए चरम विद्या का वर्ण शुक्ल है और चरम श्रद्धा का वर्ण श्याम। उसकी सरस्वती तन-मन-आभरण से सर्व शुक्ला है, उसके प्रभु दूर्वादल श्याम या मेघ-श्याम हैं और सरस्वती की बहन एक कोई भारती भी है, जिसका वर्ण श्याम है। मेरे मन में बसी विद्युल्लता-सी हँसीवाली कोई विज्जकानामा भारती है, अपने इन्दीवर श्याम

रूप पर गर्वपूर्वक कहती है :

"नीलोत्पलदलश्यामां विज्जकां मामजानता।
वृथैव दण्डिना प्रोक्तं 'सर्वशुक्ला सरस्वती' ॥"

मैं चार सौ, पाँच सौ वर्ष पूर्व जाकर देख आता हूँ उस विदुषी विज्जका का सप्ताह-प्रति-सप्ताह दल-प्रति-दल प्रस्फुटित होता हुआ नीलोत्पल रूप, तेजस्वी भाल, न्यग्रोध-परिमण्डला देह; और उसके हृदयकोष में संचित होते हुए पद्ममधु पर दो-एक बार मँडरा भी आता हूँ। मैं तब सोचता हूँ, 'यह दाक्षिणात्य सुन्दरी ठीक ही कहती है। इसके नीलोत्पल श्याम रूप को देखे बिना कवि दण्डी ने व्यर्थ ही कह डाला 'सर्वशुक्ला सरस्वती।' भारती ही क्यों, सरस्वती का भी रंग श्यामल ही होना चाहिए।'

हिन्दुस्तानी मन की श्यामल के प्रति प्रतिबद्धता ही इस बात का कारण है कि विश्व साहित्य में भारतीय काव्य में ही पावसमेघ और आँखों पर सर्वश्रेष्ठ काव्य प्रस्तुत किया गया है। भारतीय नारी कटाक्षपात या चितवन में माहिर होती है। किसी भी अन्य देश की नारी मामूली ढंग से दृष्टिपात करना, देखना, निहारना भी भारतीय नारी जैसे मनोरम ढंग से नहीं जानती है। चितवन तो एक विशिष्ट अवलोकन-कला है। कम-से-कम यूरोप, अमरीका के फिल्मों और चित्रित मैगजीनों को देख करके तो यही धारणा होती है। विशाल कमल-दल आकार के नेत्र, नीले श्यामल पिघलते कोये और उस पर चढ़ी कमान-सी भ्रू-लता, प्रकृति का ऐसा आशीर्वाद अन्य किसी को भी नहीं मिला है और यह शरासन बिना प्रयत्न के स्वभावतः चौबीस घण्टे तना रहता है। इन आँखों के बिना सृष्टि का सौन्दर्य ही अधूरा था। सुन्दरता दरिद्र रह जाती यदि ये भारतीय आँखें प्रकृति द्वारा रची नहीं गयी होतीं। एक बार उठती नजर भी कोई डाल देती है तो लगता है कि अभी-अभी कोई नील कमलों की माला गले में डाल गयी। कोई यह न समझे कि किसी की चापलूसी लिख रहा हूँ। अरे, मैं तो वही लिख रहा हूँ जो वाल्मीकि के युग से आज तक बेचारे भारतीय पुरुष को इनकी कृपाकटाक्ष के फलस्वरूप भोगना पड़ा है। सबकी प्रतिभा खर्च हो गयी, सबने बार-बार कहा, सभी भुक्तभोगी हैं 'तदपि कहे बिनु रहा न कोई।' ऐसी है भारतीय नारी के नीलोत्पल, श्यामल नयनों की कीर्ति-गाथा।

वही अनोखी स्थिति हिन्दुस्तानी पावस की भी है। एक बड़े अनुभवी और अरबी-फारसी के बंगाली पण्डित सैयदमुस्तफाअली ने एक जगह लिखा है कि दुनिया में कहीं भी इनता सुन्दर विरह-काव्य नहीं लिखा गया जितना कि हिन्दुस्तान में, क्योंकि दुनिया के किसी मुल्क में इतनी खूबसूरत बरसात होती नहीं। अतः जिन्दाबाद हिन्दुस्तानी वर्षा ! जिन्दाबाद भारतीय पावस ! मौलवी साहब बिलकुल ठीक फरमा रहे हैं। आकाश में ऐसी घटा, ऐसा मेघारण्य, ऐसा मेघ-समागम कहाँ मिलता है इस देश को छोड़कर ? एक-से-एक खानदानी मेघ, एक-से-एक गुणी मेघ, ऐसे हुनरवाले मेघ कि प्रेमपत्र तक

ले जाकर प्रेमिकाओं तक पहुँचा देते हैं; इसी देश के आकाश में इकट्ठे होकर बरसते हैं। यहाँ आवर्तक, पुष्कर, बलाहक आदि ऐसे मेघकुल हैं जो ताल-वाद्य-वर्षण में अपना सानी नहीं रखते। कोई धारासार बरसता है, तो कोई फुहार देता है, तो कोई फूल बरसा जाता है, तो कोई गान गा जाता है, तो कोई इन्द्रधनुष को पंचशर जैसा साध जाता है, तो कोई जगा जाता है, तो कोई भिगो जाता है, तो कोई प्लावन लाता है और डुबा जाता है, तो कोई कड़क जाता है, तो कोई वज्र मारता है, तो कोई कभी-कभी एक क्षण के लिए पुंजित आँजन जैसे अन्धकार में विद्युत्-वनिता को वेष्टित किये हुए अनंग-रहस्य का एक 'पोज' दिखा जाता है; विद्युत् भागती है और वह वात्स्यायन के कामसूत्र की 'लतावेष्टितक', 'वृक्षाधिरूढक', 'तिलतण्डुल' या 'नीरक्षीर' में से किसी मुद्रा में घात और दाँव की सुविधा से उसे पकड़ लेता है; और मैं 'एकाक्षपिङ्गली', ईश्वर का ऐंचाताना गुप्तचर यह सब प्रलुब्ध होकर देखता हूँ तो वह मुझे कड़ककर डाँटता है। प्रेमी, सखा, दाता, बन्धु, विद्रूप-वज्र, देवत्ता और कालमूर्ति की मुद्रा में हिन्दुस्तानी मेघ हमारे सम्मुख आता है, आषाढ़ पूर्व से लेकर कार्तिक के बाद तक, पूरे छह मास तक। बीच-बीच में शीत की कटकटाती ठण्ड में 'महावट' बरस जाता है और वसन्त में पनबदरा की पिचकारी खेल जाता है, फुहार बरसा जाता है। शरद् और ग्रीष्म भी अछूते नहीं रहते। ग्रीष्म में रोहिणी-मेघ जरूर बरसता है और शरद् के निरभ्र निर्मल हृदय में भी स्वाति का मेघ है। चातक के साथ स्वाति-मेघ इतने वात्सल्य और मधुर भाव से जुड़ा हुआ है कि खयाल ही नहीं होता कि स्वाति पावसकाल का नहीं, यह क्वार-कार्तिक अर्थात् शरद् का नक्षत्र है। पावस तो भाद्रपद के बाद ही उत्तराफाल्गुनी के साथ विदा हो जाता है।

शरद् ऋतु चित्रा की चटुल चपल वयःसन्धि पाकर करुणावारि में स्नान करती है और अन्तर के रागोदय के साथ-साथ स्वाति में रूपान्तरित हो जाती है। स्वाति का रंग लाल है। यह अनुराग का रंग है। राग याने अरुणिमा बिलकुल सार्थक है। स्वाति का काल वैष्णव आत्म-समर्पण, प्रीति और अनुकम्पा का काल है। कहते हैं कि धरती पावस का सारा जलपान करके ही तृषित रहती है। यदि स्वाति न बरसे तो उसकी प्यास बुझती नहीं। और चातक तो पूरे पावस भर प्यासा का प्यासा ही रह गया। यह हठीला पंछी एक घूँट क्या, एक बिन्दु जल भी नहीं छू सका। यह हठीला, चंचु ऊपर उठाये 'पी कहाँ' रटता ही रह जाएगा। 'आषाढस्य प्रथम दिवसे' इसने गर्वोन्नत शीश उद्ग्रीव ऊर्ध्व चंचु होकर रटना शुरू किया : 'पी कहाँ !' एक-से-एक कुलीन मेघों का, पुष्करवंशीय, आवर्तकवंशीय या बलाहकवंशीय मेघों का फेरा आया। सभी दाता हृदय खोलकर बरसे। पर गर्वीला चातक अपने श्यामल मेघ को पुकारता रहा। आषाढस्य प्रथम दिवस कोई मेघ पवन के उनचास घोड़ों के रथ पर विहार करता, दुखी जनों की करुणा और प्रेमियों के प्रेमपत्र बटोरता निकल गया और उसके बायें महीरुह-शाखा पर बैठा-बैठा, 'पी कहाँ ?' पुकारता हुआ पपीहा या चातक स्वाति-मेघ

की प्रतीक्षा करता रहा 'सगन्धः', अभिमान से सुगन्धित; सुगन्धित कमल-सा सगर्व शीश उठाये, चंचु उठाये यह हठीला उस आषाढ के कुलीन मेघ की ओर एक बार भूलकर भी ताका नहीं।

''मन्दं मन्दं नुदति पवनश्चानुकूलो यथा त्वां
वामश्चायं नदति मधुरं चातकस्ते सगन्धः।
गर्भाधानक्षणपरिचयान्नूनमाबद्धमालाः
सेविष्यन्ते नयनसुभगं खे भवन्तं बलाकाः।'' —पूर्व 'मेघदूत' (10)

अन्तिम दो पंक्तियाँ बताती हैं कि मेघ अत्यन्त सुदर्शन 'नयन सुभगम्' है। साथ-ही-साथ प्रीति और संयोग की पटभूमि है। बलाका अर्थात् सारस पंक्ति इसके श्याम शरीर की मरकत आभा पर श्वेत मुक्ता-माल-सी है। यही नहीं, ये बलाका युगल-गण रह-रहकर, जोड़े-जोड़े करके, मेघ की आड़ में जाकर गर्भाधान करते हैं और तब लगता है कि माला में संयोग की गाँठ बाँध रहे हों। उनका समस्त क्रिया-व्यापार माल्यग्रन्थि रचना का संकेत देता है। इस तथ्य की पुष्टि के लिए 'कर्णोदय' का उद्धरण दिया जाता है। ''गर्भं बलाका दधतेऽभ्रयोगान्नाके (आकाशे) निबद्धा वलयः समन्तात्।'' और यदि बात सही है तो बड़ा अद्भुत दृश्य उपस्थित हो जाता है। मेघ 'नयन-सुभग' तो है ही, प्रीति की पटभूमि भी है। ऐसे 'वर' मेघ को भी 'मोघ' मानकर यह हठीला चातक जल-याचना नहीं करता है, और पुकारता रह जाता है अपने परम प्रियतम स्वाति मेघ को ही।

अतः इस तृषित की प्यास बुझानी ही है, अन्यथा यज्ञ अधूरा रह जाएगा, अपकीर्ति माथे से नहीं उतरेगी। सारा पुण्य खण्डित हो जाएगा। पावस हो या शरद्, कोई ऋतु हो, कोई बात नहीं। घनश्याम को आना ही है। इसी से स्वाति नक्षत्र में श्यामल मेघ लौट आता है। स्वाति बरसती है। यह नयी फसल के लिए अमृत बरसाती है, शूकर, सीपी और हाथी के लिए मणि बरसती है, बाँस के लिए वंशलोचन बरसती है, कदली गुम्फ के लिए कर्पूर बरसती है, कुटिल मन मलिन आँखोंवालों के लिए मोतियाबिन्द बरसती है, वैष्णवों के लिए अनुराग बरसती है; और सबसे बढ़कर प्यासे चातक के लिए तृप्ति बरसती है और उसकी तृषा की चतुर्मास-आरती तृप्ति के इस जल में ही शीतल होती है। अब कुछ और पाना शेष नहीं रहता। बस अब तो ''प्रीतो भवति, स्तब्धो भवति, मत्तो भवति'' और अन्त में ''आत्मारामो भवति''। इसी से वैष्णवों ने चातक को अपनी अनन्य भक्ति का आदर्श माना है। ''एकराम घनश्याम हित चातक तुलसीदास।'' तुम पाहन मारो, तुम दुत्कारो, तुम क्रूर नयनों से देखो पर उन्हीं नयनों में अनुकम्पा की पुण्य सलिला छिपी है। ओ प्रियतम, (और मैं कहता हूँ 'ओ प्रियतमे !') मैं राग से बद्ध हूँ अतः तुम्हारा यह रोष तुम्हें और मोहक, और वांछनीय बना रहा है। तुलसीदास कहते हैं कि चातक मरने पर भी चंचु उठाये ही मरता है जिससे माया-जल

की एक बूँद भी इसके कण्ठ में न जाए। यह पुकारता रहा, "तृषा हरो, ताप हरो, पुण्य जल दो, एक घूँट जल दो !" वे सारे शक्ति और शानवाले मत्तगयन्दों-जैसे मेघ आये शुण्डों पर जल का कलश उठाये हुए। पर चातक ने प्रत्येक दाता को द्वार से लौटा दिया। प्रत्येक दाता याचना करके लौट गया। मानो चातक ने उनका जल-कलश अस्वीकृत कर दिया और अन्त में हारकर स्वाति के घनश्याम दौड़े आये और विशिष्ट जल, विशिष्ट बूँदें जिसमें 'भूमि परत भा ढाबर पानी' से भिन्न जल है, वे बरसा गये। बरसा तो गये ही, मन-ही-मन कृतज्ञ भी हो गये कि भला, इस हठीले पाँखी ने उनके जलदान को स्वीकार तो कर लिया।...यह जल अन्य नक्षत्रों के डाबर जल से भिन्न है। यह हीरे-जैसा शुद्ध, निर्विकार, महार्घ तेजस्वी जल है, शुद्ध स्फटिक जल ! हिन्दी भाषा में चातक बोलता है, "पी कहाँ ! पी कहाँ !" असमिया भाषा में चातक बोलता है 'राम क' ओ ! राम क' ओ !" (राम कह, राम कह)। पर बांग्ला भाषा का चातक बोलता है "फटिक जल ! फटिक जल !" अर्थात् "स्फटिक जल दो ! स्फटिक जल दो !" स्फटिक अर्थात् हीरे-जैसा शुद्ध, तेजस्वी, निर्विकार जल ! ऐसा जल मिले तो चातक ग्रहण करेगा, अन्यथा यह हठीला पंछी प्यासा ही मर जाएगा। नतग्रीव होकर माया का डाबर जल पीना इसे कभी भी स्वीकार नहीं। फलतः इस बार 'कामरूपं मघोनः' मघवा के चाकर बहुरूपी मेघगण नहीं, स्वयं घनश्याम दौड़ आये : "ओह, पंछी, ओह पाँखी, तू तो प्यासा ही रह गया !" मारे प्रीति के उनकी आँखें झरने लगीं और 'स्फटिक जल' की धार नयन-पल्लवों से बह चली। यह करुणा-वारि चातक के जीवन का सम्पूर्ण ताप हरण कर गया।

चातक भक्त है। इसी से वह स्वाति का शुद्धस्फटिक जल ही पान करता है, माया के डाबर जल को नहीं पीता। सन्त मराल है। वह जब यह स्फटिक जल सीपी में पककर मुक्ता बन जाता है, तो मुक्ता-भक्षण करता है, पर काँकर नहीं चुगता। वैष्णवों को चातक-प्रेम की अनन्यता और जल के प्रति उसकी विवेक-दृष्टि—दोनों तथ्य अपने स्वभाव के अनुकूल लगते हैं। इसी से यह पक्षी दास्य और वात्सल्यभाव-प्रधान भक्ति में विशेष समादृत हो गया। तुलसीदासजी ने चातक-प्रेम के मुहावरे को उत्तर भारत में इतना लोकप्रिय बना दिया, पर यह मौलिक रूप में तुलसीदास की अपनी उद्भावना नहीं। यह तो विशिष्टाद्वैतवादियों का एक परिचिंत मुहावरा है। श्रीमद्रामानुजाचार्य के 'अष्टादश रहस्य' में प्रथम और आधारभूत रहस्य 'प्रपन्नता' का वर्णन करते समय परवर्ती आचार्यों ने इस पक्षी का दृष्टान्त बार-बार दिया है। बाद के टीकाकारों ने भी इस श्लोक को बार-बार उद्धृत किया है :

"एकैव खगो मानी चिरं जीवति चातकः।
पिपासितो वा म्रियते याचते न पुरन्दरः।"

खगों में यदि कोई मानपूर्वक चिर काल तक टिका रहता है तो वह है चातक।

यह प्यासा रहेगा, शुष्ककण्ठ प्राणशेष रह जाएगा अथवा मर भी जाएगा, तो भी यह इन्द्र से जल नहीं माँगेगा। माँगेगा तो अपने स्वाति मेघ से। अन्य मेघ ''कामरूपं मघोनः' मघवा के चाकर हैं। पर स्वाति मेघ साक्षात् पद्म-पलाश-लोचन घनश्याम है। यह अद्वितीय है। यह अनुपम है। चातक इस अद्वितीय-अनुपम से दो बूँद बारि माँगता है। राम के बारे में तुलसीदास ने लिखा है : ''अस सुभाव कहुँ सुनउँ न देखउँ। केहि खगेस रघुपति सम लेखउँ।'' और इसी अनुपम-अद्वितीय राम को घनश्याम मानकर चातक-भक्त आजीवन पुकारता रह जाता है : ''स्फटिक जल दो ! स्फटिक जल दो ! पी, कहाँ ? पी, कहाँ ? आओ, मैं तृषा-तप्त हूँ, मैं प्राण-शेष हूँ ! ओ प्रिय आओ, आओ, तृषा-ताप हरण करो !'

सन्त मराल हैं, पर नये गाँधीवादियों की तरह उनका भोजन बड़ा कीमती होता है, क्षीर और मुक्ता। जबकि बेचारे भक्त को एक घूँट पानी अर्थात् चरणामृत-तुलसीदल मिल जाय, सब मिल गया। वह और उसके ठाकुरजी ज्वार-बाजरे की बाटी पर भी सन्तुष्ट रहते हैं। बस, तुलसीदल पड़ना चाहिए। इसी से वह मोती नहीं, एक बूँद जल माँगता है। सन्त-मराल का मोती भी इसी जल की सन्तान है। स्वातिजल सीपी के मुँह में पड़कर मोती बनता है ऐसी कवि-कल्पना है। सीपी के गर्भ में एक धूलिकण था। उस पर बूँद पड़ी और धूलिकण के चारों ओर परत-पर-परत पड़ने लगी। अन्त में मुक्ताफल तैयार हो गया। अन्तर में पककर वही बूँद मोती का दाना बन गयी। वैज्ञानिकों का कथन है कि यह सब बकवास है। मोती का दाना सीपी का एक रोग है। यह सीपी के अन्तर की एक रोग-ग्रन्थि है, एक फोड़ा है, यन्त्रणा की एक गाँठ है। पर मनुष्य सीपी की इस यन्त्रणा ग्रन्थि को अनुपम अद्वितीय मानता है। अद्भुत-सी बात है कि प्रकृति के अन्दर जो विकलता है, रोग है, वही मनुष्य के लिए श्रृंगार है, वही उसके आनन्द का स्रोत है, वही उसकी सीमा-मुक्ति का आधार है। प्रकृति का विकार मनुष्य का श्रृंगार है। और वह स्वयं क्या है ? एक अर्थ में जन्म से मरण पर्यन्त उसका जीवन ही प्रकृति नहीं, विकृति है। सनातन प्रवाह में अखण्ड आत्म-सत्ता के ऊपर खण्डित सीमित देह-वल्कल का आरोपण विकृति नहीं तो क्या है ? उसका प्रकृत स्वरूप तो निरंजन निर्विकार सत्ता है। इस संसार को जीवन-लोक न कहकर मर्त्यलोक ठीक ही कहा जाता है। कम-से-कम कालिदास पर निराशावादी, बौद्ध, वैरागी या संन्यासी होने का आरोप नहीं लगाया जा सकता। उन्होंने भी चरम अनुभव पाकर यही कहा है : 'मरणं प्रकृतिः शरीरिणां विकृतिर्जीवितमुच्यते।' (शरीरधारियों के लिए मरण प्रकृति है और जीवन विकृति।) तो फिर आश्चर्य क्या है कि यह शरीरधारी मनुष्य सीपी की विकृति को, उसकी यन्त्रणाग्रन्थि को अपनी मुकुटमणि बनाए और उसे अपनी प्रेमिका के कर-कंकण में गूँथ दे या उसके मोहक केशपाश में उसे सजाए। दुःख विकार और यन्त्रणा की पूजा में इस मर्त्यजीव को एक अद्भुत स्वाद मिलता है।

स्वाति की स्फटिक तृषा की कथा विकारलोभी काम-लोलुप मन से कैसे कहूँ ?

स्फटिक जल माँगनेवाला व्यक्ति मन को शुद्ध स्फटिक शिला बनाकर ही इस याचना का अधिकारी बनता है। मैं तो मन के श्यामपट्ट पर रोज खरिया द्वारा माया का लेख लिखता हूँ और मिटा देता हूँ। काम, क्रोध, मोह के तरह-तरह के दस्तावेज और इकरारनामे रोज इस श्यामपट्ट पर लिखता हूँ। पर कुशल है कि किसी लेख से प्रतिबद्ध नहीं होता। लिखता हूँ और मिटा देता हूँ। बीच-बीच में मर्मी बन्धु होते हुए भी यह लुच्चा कामदेव तीर से नहीं, तो तुक्के से ही मार देता है। और अब इसके पास तीर कहाँ है ? अब तो फलकहीन बाण अर्थात् तुक्के ही इसके तरकश में हैं। इसके पंचशरों का बाग अब हिन्दुस्तान में कहाँ ? अन्याय, नौकरशाही, अमलातान्त्रिक समाजवाद, कूटनीतिक सेक्यूलरिज्म और पक्षपात; जाति-भेद, वर्ण-भेद और सम्प्रदाय-भेद; अकाल, अवर्षण और कुव्यवस्था; अवरुद्धता, जड़िमा और आत्महीनता आदि के भयंकर महिष उत्तर-दक्षिण-पूरब-पश्चिम से आते हैं और इस बेचारे कामदेव की सारी खेती को, इसके अरविन्द, मल्लिका, अशोक, आम्रमंजरी और नीलोत्पल के पंचशरों की खेती को, कुछ तो चर डालते हैं और शेष को रौंदकर तहस-नहस कर डालते हैं। अतः कामदेव अब पुष्पों का शर-सन्धान नहीं करता। यह दक्षिण भारत में ढेले मारता है, उत्तर भारत में प्रेमियों के शीश पर लट्ठ प्रहार करता है, पश्चिम भारत में मोह-मुद्गर से पीटता है और असम बंगाल-उत्कल की भावुकतापूर्ण भूमि में आकर कुछ शील-मुरौवत में आकर सरकण्डे के तीर अर्थात् तुक्के मारता है। तुक्के से अवश्य ही हलकी चोट लगती है पर उससे खून नहीं गिरता और अन्तर करुणा-रंजित नहीं होता। इससे न तो तन का रंजन होता है और न मन का। जब तक उपर्युक्त महिषासुर हमारे बाहर समाज में और भीतर मन में मौजूद है तब तक रंजक प्रेम, उदात्त प्रेम, कोमल पुष्पशर का घात, प्रेम द्वारा तन-मन का उदात्तीकरण इस देश में कहाँ सम्भव है ? पंचशरों की खेती की रक्षा के लिए, मन के रंजन के लिए, व्यक्तित्व के उदात्तीकरण के लिए, समूह मन के अवरोधों की मुक्ति के लिए ही मैं आज घनश्याम और स्वाति मेघ का स्मरण-आराधन कर रहा हूँ, यद्यपि यह जानता हूँ कि मेरा सविकार मन अर्थात् श्यामपट्ट-जैसा मन पवित्र स्फटिक-जैसे स्वाति-जल का अधिकारी नहीं। जल पाऊँ या न पाऊँ, पर नाम स्मरण का अधिकार तो सभी को है। हो सकता है कि स्मरण करते-करते कन्धे पर रखा हुआ जन्मजात नीरस काष्ठ एक दिन पल्लवित हो उठे।

# शरद्-बाँसुरी और विपन्न मराल

वासन्ती पूर्णिमा को मैं 'महाश्वेता' कहकर पुकारता हूँ और शरद् पूर्णिमा को 'शुक्ला'। मैं जानता हूँ कि यह शरद् पूर्णिमा एक अनामा षोडशी है, सरस्वती-जैसा जिसका रूप है, लक्ष्मी-जैसा जिसका हृदय है, पार्वती-जैसा जिसका मन है, फिर भी मानस में रमण करनेवाली इस अमृता अनामा पारमिता वधू को पहचानने के लिए एक नाम देना ही पड़ता है। बिना नाम के रूप साक्षात् नयन सम्मुख रहने पर भी निर्गुण रह जाता है। स्टेशन, मेले-ठेले, बाजार में निरन्तर साक्षात् होनेवाले रूपों की तरह, एक निर्गुणता इससे जुड़ी रहती है। रूप के अनुभव को हृदय से लगाने के लिए उसे एक नाम देना ही पड़ता है। कटु-कुटिल काक-उलूकगण आकर्णविस्फारित शृगाल-मुसकान द्वारा मेरे नामकरण पर टिप्पणी लिखेंगे तो लिखें, पर इस अपूर्व राका को पहचानने के लिए मुझे मन-ही-मन सही, पर कहना ही है : 'ओ महाश्वेता, ओ शुक्ला, ओ अनुपमा, ओ प्रेमिका !' अन्यथा मेरे अनुभव का निस्तार नहीं होगा, मेरा मन मुझे क्षमा नहीं करेगा, मुझसे रूठ जाएगा, मुझसे बोलेगा नहीं, अनशन कर बैठेगा, निर्मम हो उठेगा। तो भीतर-भीतर इतना रक्तपात कौन कराएगा ? यह तो नाम ही है जो स्मृति की वीणा पर बजता है और व्यथा का, दबाव का, जहर का, पातक का, विरेचन या 'कैथार्सिस' करता रहता है। जो पहले, मात्र क्षण भर पहले ज्योत्स्ना रात्रि थी, एक घटना थी, एक निर्मल काल-प्रवाह थी, एक निर्गुण निर्वैयक्तिक अनुभव थी। ज्यों ही मैंने पुकारा : 'ओ मेरी अनुपमा, ओ मेरी शुक्ला' कि वह रात्रि वधू बनकर सम्मुख साक्षात् हो गयी। आखिर ईश्वर-साक्षात्कार की भी तो यही शैली है। जो असीम है, अनाम है, निर्गुण है उसे हम नाम देते हैं और वह मारे कृतज्ञता के, देह धारण कर उतर आता है हमारे बीच, और वंशी बजा जाता है या सलीब पर झूल जाता है। शरद् पूर्णिमा की सन्ध्या को जब नदी शान्त बहती है, अगाध गम्भीर, पर निर्मल प्रसन्न जल में मीन सुखी रहता है, पारदर्शक झिरझिर हवा सृष्टि को आकाश के नीलाभ हृदय का सारा समाचार कह जाती है, तब मेरी विद्या, जो दिवस के प्रकाश में तेजोमय थी, स्वाहारूपिणी थी, उत्तप्त-प्रखर थी अचानक अस्ताचल के कमरे में वस्त्र बदलने के लिए भीतर जाती है और कुछ क्षण बाद सन्ध्या का एकेश्वरी तारा-दीप रख जाती है और

मैं उस एकेश्वरी दीप की ओर न देखकर उसके नये परिवर्तित शुक्ल धवल रूप को देखता रह जाता हूँ और बरामदे में इजी चेयर पर लेटे-लेटे मुझे लगता है कि मेरी विद्या, मेरी सरस्वती का पूर्व दिशा में उगती ज्योत्स्ना के साथ एकाकार हो गया है। और तब मैं कहने के लिए बाध्य हो जाता हूँ, "ओह, पहचान गया ! यह रात्रि नहीं, यह तो मेरी विद्या है, यह तो बहू ही है, इसका नाम है शुक्ला, सर्वशुक्ला सरस्वती !" और इसके पूर्व कि उलूक व्यंग्यपूर्वक कहे कि "हाँ, हाँ, कहते क्यों नहीं, शुक्ला श्रीवास्तव या शुक्ला बरुआ..." और काक अपना काला गाउन सँभालते हुए तर्जनी उठाकर व्यंग्य विद्रूप-अपमान की अदालत में मुझसे जिरह करना प्रारम्भ करे, कि मैं अपनी बगल में खड़ा पाता हूँ फूटे काशवनों जैसे निर्मल आदिम श्वेत-केश, पवित्र मुखवाले आदिकवि को जो कहते हैं, "बिलकुल सही बात है बेटा ! साक्षी है रामचन्द्र और साक्षी हूँ मैं स्वयं। सुनो, श्लोक सुनो :

रात्रि शशांकोदितसौम्यवक्त्रा तारागणोन्मीलितचारुनेत्रा।
ज्योत्स्नांशुकप्रावरणा विभाति नारीव शुक्लांशुकसंवृताङ्गी ॥

तो, वत्स, तुम ठीक कहते हो, मुझे भी शरद् वर्णन के समय लगा था कि यह रात्रि नहीं, ज्योत्स्ना का चीनांशुक पहने नारी है, नारी।" कहते-कहते महाकवि अन्तर्धान हो जाते हैं। काक-उलूक दोनों की गरदन शर्म से झुक जाती है और वे अपने काले गाउनों में मुँह छिपा लेते हैं।

यह कार्तिक की शरद् पूर्णिमा है, यह विशाखा नक्षत्र का काल है। पूर्णिमा और विशाखा का अपूर्व संयोग मानो मणि-कांचन-संयोग या कमल-किशलय-संयोग, अथवा ईश्वर-मुख और प्रेमिका-मुख का ध्यान-संयोग ! अगहन यदि विष्णु-मास है तो कार्तिक लक्ष्मी-मास। कार्तिक की 'कुहू' को लक्ष्मी-उत्सव होता है और कार्तिक की 'राका' को राधा-उत्सव यानी रासपूर्णिमा। 'कुहू' और 'राका' दोनों अनार्य शब्द हैं। दोनों निषाद भाषा से आये हैं। निषाद संस्कृति आर्य-तेज की प्रखरता के कारण वाष्पीकृत होकर मेघ बन गयी और विदा होने के पूर्व बरसकर गयी। संस्कृत भाषा की सीपी में पड़कर उस संस्कृत की कई सारी बूँदों ने मुक्ताफल का रूप ग्रहण कर लिया।

आज 'राका' और 'कुहू' जैसे असंख्य मोतियों की अर्थ-कान्ति और भाव-छाया देखकर कौन कहेगा कि ये मोती कभी विजातीय संस्कृति के डाबर पानी थे ? यह शरद् राका, यह कार्तिक पूर्णिमा ही शरद् का सबसे अनुपम काल है। निर्मल नील शरदाकाश में हँसती हुई राधारूपिणी राका। श्वेत वर्ण कच्चे दूध का रंग है, कौमार्य का रंग है, परस्पर समर्पित बिना दाग के निष्पाप दाम्पत्य-प्रेम का रंग है, यह सादा है, शान्त है, और सुखद है। नील वर्ण सबसे व्यापक और सबसे नयन-शीतल रंग है। यह सनातनता और शान्ति का द्योतक है। निर्मल नील शरदाकाश में श्वेत-शुक्ल वर्ण राका इसी से अनुपम हो उठती है। यह श्वेत कमल की तरह धीरे-धीरे खिलती

है। ऐसे धीरे, चुप-चुप कि अभी इसका कहीं नामोनिशान नहीं था। अन्धकार की छाया में हम बातें कर रहे थे कि अचानक पाते हैं कि यह चाँदनी हमारे आसपास, हमारे पीठ-पीछे सब जगह छा गयी है। हम सब इसकी रूप-धारा में डूब गये हैं। यह शुभ्र राका श्वेत पुण्डरीक की तरह दल-प्रति-दल जैसे-जैसे रात बीतती जाती है, खिलती जाती है।

सामान्यतया अहोरात्र का मान नौ सौ कला के बराबर होता है। कार्तिक पूर्णिमा की रात करीब तेरह घण्टे की होती है। अतः यह लगभग चार सौ चौरासी कला के बराबर आती है और सोलह कला रास-अभिसार के पूर्व-राग का प्रतीक सन्ध्या अरुणिमा का काल है। इस प्रकार रास पूर्णिमा का समय मान कुल पाँच सौ कला के करीब ठहरता है। प्रत्येक कला के आगमन के साथ दो-दो दल खिलते हैं। एक राधा के प्रति, दूसरा कृष्ण के प्रति और इस प्रकार यह राका एक सहस्र दल पुण्डरीक बन जाती है। यह पवित्र राका निशा एक सहस्र दल महासौगन्धिक कमल है, जिसे महाकाल राधा और कृष्ण की वन्दना में प्रतिवर्ष समर्पित करता है। इसी से लगता है कि इस शरद् राका में कार्तिक की इस महाज्योत्स्ना में सृष्टि के सारे लघुपातकों, महापातकों का अवसान हो गया है; गोया यह ज्योत्स्ना न होकर सहस्रधारा देवनदी हो। 'शरदातप निसि ससि अपहरई' इसी कार्तिक पूर्णिमा के लिए सार्थक हो।

यह ज्योत्स्ना दिवस के जहरीले आतप का सारा असर खींच लेती है, मन के सारे पातक धुल जाते हैं और सारी ग्लानि कट जाती है, क्योंकि प्रत्येक सुन्दर और पवित्र चेहरे में अमृता कला का निवास होता है और ऐसा चेहरा एक दृष्टि में ही सारे पाप-ताप हानि को खींच लेता है, यह कोई आवश्यक नहीं कि यह परिचित चेहरा ही हो। अपरिचय की तप्त कोलतार सड़क के मध्य कोई एक मृणाल अचानक उगता है, अचानक उसके शीर्ष पर एक कमल फूटता है और तप्त दोपहरी में भी देखनेवाले की आँख शीतल हो जाती है। सृष्टि विधान इतना मोहक, इतनी दया-माया से भरा न हो तो जीना ही मुश्किल हो जाय। वह तो बूँद भर मिले या अँजुरी भर; पर कुछ-न-कुछ मिल जाता है अवश्य, राव से रंक तक सभी को। पर बूँद भर, पसर भर या अँजुरी भर ही। ज्यादा नहीं। शान्ति और सुख की अविच्छिन्न धारा, आनन्द का नित्य अखण्ड प्रवाह इस अनित्य भूमि धरती पर सम्भव नहीं। यहाँ पर नित्य अखण्ड रस का, शान्ति और सुख के अविच्छिन्न प्रवाह का 'क्षण अनुभव' या आभासमात्र ही सम्भव है और आज की राका रात्रि इस आभास के सहस्रदल कमल को प्रस्तुत करती है।

यह रास पूर्णिमा किसी दूर चिन्मय लोक में बहनेवाले अखण्ड आनन्द प्रवाह या लीला नृत्य का प्रतिबिम्ब-खण्ड है। षोडश ज्योति-कलाओं से चन्द्रमा इसी खण्डित पर मानवोत्तर ईश्वरीय अनुभव की आरती रात भर उतारता है। सहस्राब्दियों पूर्व यमुना-पुलिन पर इस महारास का लौकिक अवतरण हुआ था और तब से प्रति वर्ष एक बार शरद् की शुक्ला पूर्णिमा को दूसरी बार वसन्त की महाश्वेता पूर्णिमा को

दो बार 'मधुर-मधुर रस साज, मधुर वृन्दावन माँझ' की स्मृति हमें हो आती है। वर्ष में दो बार सारी धरती क्या, प्रत्येक पुरुष नारी का हृदय वृन्दावन बन जाता है। जयदेव का 'गीतगोविन्दम्' वासन्ती रासलीला का गान करता है और श्रीमद्भागवत शारदीय रास का, पर दोनों की भावभूमि एक ही है। अवश्य ही श्रीमद्भागवत में 'राधा' का नाम नहीं, सिर्फ गोपियाँ ही गोपियाँ हैं; पर जयदेव की वासन्तीरास राधा और कृष्ण की रास है।

यहीं पर मन में एक खटका होता है और आधुनिक पण्डितों की अटकलों का स्मरण हो जाता है। उनके अनुसार राधा परवर्ती काल की कल्पना हैं। वे आभीर लोककथाओं में कहीं पर थीं और श्रीमद्भागवत की रचना के बाद दसवीं शती के करीब या उसके भी बाद भारतीय कल्पना-लोक में उनका अवतरण हुआ निर्मल पूर्णिमा की तरह। श्री नलिनीमोहन सान्याल द्वारा उठाया गया प्रश्न-चिह्न अब भी शशिभूषण दासगुप्ता के 'राधा का क्रम विकास' तक प्रश्न-चिह्न ही है। ब्रह्मवैवर्त पुराण, जो राधा को केन्द्र में करके लिखा गया है, बहुत बाद की, सम्भवतः पन्द्रहवीं-सोलहवीं शती की रचना है। ये सारी बातें आज वैष्णव धर्म के विद्यार्थी के लिए सामान्य चर्चा बन गयी हैं। एक तरह से मान लिया गया है कि राधा परवर्ती कल्पना हैं। परन्तु यहाँ पर प्रश्न यह उठता है कि निम्बार्काचार्य, जिन्होंने चैतन्य से पूर्व राधा-उपासना की नींव डाली थी, केवल आभीर लोकगीतों की एक नायिका से इतना प्रभावित कैसे हुए ? दक्षिण भारत के इस इतने विदग्ध शास्त्रज्ञ ने क्या अपनी उपासना का केन्द्र बिना सनातन शास्त्रों की छानबीन किये ही यों ही लोक-परम्परा पर ही आधारित कर दिया होगा ? जो कोई व्यक्ति इन शास्त्रज्ञों के स्वभाव तथा शब्द-शब्द को श्रुति प्रमाण पर आधारित करने की इनकी आदत को जानता है, वह कभी भी ऐसी लचर कल्पना पर विश्वास न करेगा। निश्चय ही, निस्सन्देह 'राधा' के पीछे कोई बड़ी पुरानी शास्त्रीय परम्परा रही होगी। हो सकता कि यह परम्परा गुह्य वैष्णव तन्त्रोपासना एवं वैष्णव आगम-पद्धति में शिष्य-प्रति-शिष्य गुप्त और सुरक्षित रखी जाती रही हो; पर कोई परम्परा थी अवश्य।

राधा को 'ह्लादिनी शक्ति' का प्रतीक मानकर कोई तन्त्र अवश्य बहुत पुराने काल से अखण्डित ढंग से चलता था। तभी निम्बार्काचार्य जैसे पण्डित ने इससे प्रभावित होकर अपनी साधना के केन्द्रबिन्दु में इसे प्रतिष्ठित किया। क्या राधा का चरित्र तथा मनोविज्ञान की दुर्गम रहस्यमयी प्रक्रियाओं पर आधारित उस चरित्र का गहरा प्रतीकात्मक अर्थ 'ह्लादिनी शक्ति' इस बात का संकेत नहीं करता कि यह मात्र लौकिक प्रेम-कथा की नायिका नहीं और यह मात्र दसवीं शती की उपज नहीं ?

इस विषय पर थोड़ा-सा प्रकाश प्राप्त हुआ है—प्रसिद्ध बंगाली वैष्णव शास्त्रज्ञ हरेकृष्ण मुखोपाध्याय के द्वारा। उन्होंने बताया है कि 'विशाखा' राधा का ही दूसरा नाम है। विशाखा के बाद आनेवाले नक्षत्र का नाम है 'अनुराधा'। 'राधा' नक्षत्र का

जब आकाश में उदय होता है तो शारदीया रास पूर्णिमा अवतरित होती है। शारदीया रास पूर्णिमा में 'राधा' नक्षत्र रूप में आकाश में स्थित रहती है। रास तो एक विश्वव्यापी लीला नृत्य है, जो मानसिक आह्लादन के रूप में जीव-जीव में, लोक-लोक में घटित होता है। धरती पर राधा एक गोपी-रूप में, या गोपी-गोपी के हृदय में प्रवेश करके प्रत्येक गोपी के रूप में नृत्य करती है और आकाश में राधा नक्षत्र के रूप में असीम सत्ता रूप श्रीकृष्ण के साथ इस विश्वव्यापी आह्लादन की तरंग का स्रोतीकरण और उत्प्रेरण करती है। श्रद्धेय मुखोपाध्याय महाशय अपनी बात के समर्थन के लिए 'अथर्ववेद' और 'वेदांग ज्योतिष' का सहारा लेते हैं। यदि अथर्ववेद और वेदांग ज्योतिष को उतना पुराना न माना जाय जितना वे मानते हैं तो भी ईसा मसीह के जन्म से कुछ शताब्दी पूर्व तो मानना ही होगा—बुद्ध का समकालीन या उससे भी पूर्व। उन्हीं के शब्दों में उनकी बात रखना ठीक होगा : "स्वर्गीय योगेशचन्द्र विद्यानिधि महाशय के मत से 'वेदांग ज्योतिष' 3,300 वर्ष पूर्व (यानी 1300 ई. पू.) संकलित हुआ है। स्वर्गीय एकेन्द्रनाथ घोष ने मुझे एक बार बताया था कि 'याजुस ज्योतिष' के सप्तम श्लोक से पता चलता है वेदांग ज्योतिष 3,000 वर्ष पुराना है। उससे भी पूर्व जब महाविषुवत् संक्रान्ति कृत्तिका नक्षत्र के समीपस्थ थी, वैदिक ऋषिगण नक्षत्रमण्डल से परिचित थे।

" 'अथर्ववेद' (19.7.3) में 'विशाखा' का अपर नाम बताया गया है 'राधा'। 'राधे विशाखेयुहवानुराधा ज्येष्ठा सुनक्षत्रमरिष्टमूलम्'। 'विशाखा' नक्षत्र के बादवाले नक्षत्र का नाम 'अनुराधा' भी इसी बात का सूचक है। तैत्तिरीय ब्राह्मण में विशाखा-द्वय को नक्षत्र गणों की अधिष्ठात्री और त्रिभुवन की श्रेष्ठा गोपी कहा गया है—'नक्षत्राणाम् अधिपत्नी विशाखे। श्रेष्ठा विन्द्राग्नी भुवनस्य गोपौ' (3.1.1.11) इन दोनों श्लोकों से जाना जा सकता है कि 'राधा' और 'गोपी' संज्ञाएँ 4,000 वर्ष पूर्व (अर्थात् 2,000 ई. पू.) के आस-पास से ही ज्ञात चली आ रही हैं।"—('युगान्ता' 12 अप्रैल '70)

और यदि यह बात है तो इससे दो निष्कर्ष निकलते हैं। प्रथम तो यह कि 'राधा' शब्द को मात्र आभीर लोकगीतों की उपज मानना गलत है। यह शब्द उससे भी पूर्व शास्त्रीय महत्त्व पा चुका था। दूसरी बात यह कि यह आम विश्वास कि 'राधा' का दशम शती या हद से हद अष्टम शती के पूर्व कहीं नामलेवा नहीं, यह नितान्त भित्तिहीन विश्वास है।

शरद् काल आते ही मानस का मराल मुक्ता-भक्षण छोड़कर निकला था वृन्दावन का विचरण करने, रास-आह्लादन का स्वाद लेने, उल्लासवारि में विहार करने, प्रोषितपतिका को धीरज बँधाने 'आवत तोर मन भावन रे एहि कातिक मास', कि रास्ते में काकभुसुण्डि ज्ञानगुदड़ी को सीते हुए मिले और राधातत्त्व की नीरस शास्त्रचर्चा छिड़ गयी। और ज्ञान के परम व्योम में परम पद यानी विष्णु के तृतीय पद तक उड़ान भरने का लालची यह मराल फँस गया उस काक की संगति में जो कभी रामायण पढ़ता था तो आजकल श्रीमद्भागवत पढ़कर अपना अजर कैशोर्य धन्य कर रहा है।

उधर प्रोषितपतिका के चरम धीरज का क्षण बीत रहा है। 'सावन गया, आश्विन गया, अब अन्तिम धागा चरम सहारा था कार्तिक, वह भी बीत रहा है। यदि कार्तिक खाली गया तो ये चातक, ये मराल, ये खंजन व्यर्थ लौटे, कमल जलाशयों में व्यर्थ प्रस्फुटित हुआ, वलाका आकाश से झूठे ही उतरी, और चित्रा-स्वाति के मेघों ने सन्देश की पाल-तानकर झूठी सान्त्वना ही दी थी। जल जाएँ ये सब, आग लगे, इस कार्तिक पर बज्र पड़े।' और मेरा मानस-मराल इस वैष्णव विरह-काव्य को गुनते-गुनते अनुभव करता है कि रस-चर्या के भीतर-भीतर कहीं पर इस विरह-व्यथा से भी बड़ा एक बृहत्तर निषेध का फलक चुभकर टूट गया है और छूते ही कहीं कोई रग ऐसी है जो टभक पड़ती है, कहीं कोई निरन्तर वर्षा की तरह अविराम अश्रुराशि गिरा रहा है, कहीं कोई है जो दबी-दबी आवाज में चेष्टापूर्वक रोकने पर भी रुदन कर रहा है। और, यह रुदन प्रोषितपतिका की विरह व्यथा से बड़ी किसी बृहत्तर व्यथा का रुदन है। 'मराल के वृन्दा-विपिन पर कंसों का अधिकार है। मथुरा तो पहले से भी उनकी ही थी। ये कंस बड़े मायावी हैं, कभी मनुस्मृति की कसम खाते हैं तो कभी संविधान की। ये मुट्ठी-मुट्ठी जहर यमुना की धारा में छोड़ने का अभियान चला रहे हैं।'

यह है कौन ? किसकी व्यथा इस निशीथ को इतना मर्मवेधी बना रही है ? 'मराल, मराल, तू लौट जा मानसर में। अरे, दुर्दिन आ गया। तू भीतर देख, तू बाहर देख, तू चतुर्दिक् देख। तू जिस अनुराग के प्रसाद को लेने और मुक्तभाव से वितरण करने वृन्दावन जा रहा, वहाँ की प्रोषितपतिका प्रतीक्षा करते-करते दृष्टिहीन होने जा रही है, उसका विश्वास टूट रहा है, प्रियतम और वृन्दावन दोनों के अस्तित्व में उसकी प्रतीति चुक-सी रही है। प्रतीति चुक जाएगी तो प्रीति की मृत्यु निश्चय है। तब कौन पढ़ेगा तेरी प्रेम-पत्रों की डाक को और तब वृन्दाविपिन खाण्डवदाह से कितने दिन तक बचा रहेगा ? तू लौट जा, मानसर को ही आत्मस्थ होकर बचाने की चेष्टा कर।' और यह सुनकर मराल अति व्यथित हो उठता है। ये प्रेम-पत्र जो वृन्दावन के तरुओं, लताओं, सुमनों, धेनुओं, मयूरों और यमुनापुलिन को लिखे गये हैं; ये अनुराग सन्देश जिन्हें जगत् की प्रोषितपतिकाओं को, जीव-जीव को, सबको प्रसाद के रूप में, निर्मल सुख के रूप में बाँटना है; आखिर इन सबका क्या होगा ? यदि वह मानसर में ही आत्मस्थ होकर दुबककर दुर्दिन काटने के लिए रह जायँ तो ये आकुल प्रेम-पत्र उसे क्या एक क्षण भी विराम या क्षमापूर्वक जीने देंगे ? लगता है कि मराल धीरज खोकर पागल हो जाएगा। वृन्दावन बार-बार उजड़ा, बार-बार बसा, क्योंकि यमुना में प्रीति और प्रतीति की वारिधारा निरन्तर प्रवहमान ही रही। इसी से वृन्दावन के अन्तर की अमृता नाड़ी निष्प्राण न हो पायी। पर यमुना के प्रवाह में ही दुश्मन जहर छोड़ चुका है। प्रतीति मर रही है, प्रीति डिग गयी है, जहर काम कर रहा है। मराल विकल है, क्या करे ? मराल विपन्न है, कहाँ जाय ? यमुना में जहर है। पर परास्त होकर मानसर लौटने में ग्लानि और शाप है। मराल विकल है, विपन्न है।

यों सरोवर-जल तो मराल का घर ही है, पर वह सरोवर की सीमा से प्रतिबद्ध होकर जी नहीं सकता। वह स्वभाव से ही व्योम-विहारी है। नील व्योम का आकर्षण उसे नदी-नदी, पहाड़-पहाड़, मैदान-मैदान घूमने के लिए मथता रहता है। यद्यपि उसका सहज निवास मानसरोवर या कोई भी सरोवर ही है। यह अजीब-सी बात है कि कमल और मराल प्रवाहमयी नदियों में नहीं रहते। दोनों का सहज निवास स्थिर शान्त ध्यानस्थ जल में ही रहता है। वैसे ही जैसे संस्कारों का, चरित्र का और काव्य-कला-शिल्प-दर्शन का विकास ध्यान-योग के मध्य ही होता है। ध्यान-योग, स्थिरता, सामूहिक और व्यक्तिगत स्थितधी-स्थिति को हम आधुनिक राजनीति की वेश्याबाजी के चक्कर में आ पुराणपन्थी और अप्रगतिशील मानते हैं तो मानें, पर व्यक्ति और राष्ट्र दोनों के जीवन में इसका महत्त्व उत्पात, इन्कलाब और नारेबाजी से अधिक है। संस्कृति, साधना, कला, ज्ञान, सामूहिक विवेक आदि के प्रतीक कमल और मराल सरोवरों के निवासी हैं। ये घाट-घाट का पानी नहीं पीते और न नदी के पीछे-पीछे विकल लम्पट जैसे दौड़ते हैं। तो भी मराल बद्ध, स्थिर जल से प्रतिबद्ध नहीं। सरोवर उसका घर है, पर जन्म-कैद या काला पानी नहीं। वह नील परम पद से धरती तक मुक्त विहार करनेवाला जीव है। पर 'कहाँ बहे, कहाँ लगे' जैसा यायावर नहीं। ध्यानस्थ मन जैसा शान्त सरोवर नाम का उसका एक घर है। वह आवाहनमयी राजनीति की मदोन्मत्त नदी के तट पर भी विचरण कर आता है पर लौटता है घर जरूर।

समुद्र का लघु संस्करण है सरोवर, समाज का लघु संस्करण है व्यक्ति और देश का लघु संस्करण है घर। यह लघु संस्करण धूर्त, महत्त्वहीन और निरर्थक कालनेमियों को भले ही व्यर्थ लगे, पर सजीव सत्ता यही है। इसके उपर्युक्त विराट् संस्करण तो भाव-प्रत्यय (आइडिया) मात्र हैं। इसको आहत या बन्दी या देश-निकाला करने पर राष्ट्रीय मन को अंगच्छेद जैसी पीड़ा होगी और जब अंग कटेगा तो निश्चय ही रक्तपात होगा। इसी से मराल सरोवर और परम व्योम के बीच, लघु और विराट् के बीच एक तालमेल बैठाकर चलता है। जो केवल विराट् की बात करते हैं चाहे वे आदि शंकराचार्य हों या कार्ल मार्क्स, वे नास्तिक हैं, अधूरे हैं और मनुष्य-निरपेक्ष हैं। मराल उनका सतीर्थ्य नहीं। मराल वैष्णव है और मराल 'डेमोक्रैट' है। वह वैष्णव होते हुए भी मीन जैसा अगाध सुख का कीट बनकर नहीं रहता, बल्कि विराट् व्योम में विहार करता रहता है। वह 'डेमोक्रैट' है पर 'लेसे फ़ेअर' का समर्थक नहीं।

और आज वह मराल सुन रहा है कि विराट् व्योम में वह अछूत रहेगा। वह अस्तित्व बचाना चाहता है तो वह पुराने मानसर की सीमा में अपने आपको बद्ध करके रखे। बूढ़ा क्षीणकण्ठ संविधान कैकेयी को दो वरदान दे चुका है : मराल का निर्वासन अर्थात् सेक्यूलरिज्म जिसमें प्रतीति-प्रीति की बात करना अपना अवमूल्यन करना है। और दूसरा वर है, भरत को राज्याभिषेक अर्थात् समाजवाद। तथ्य तो यह है कि राम और भरत में, प्रतीति-प्रीति (जिसे 'धर्म' कहा जाता है) और समाजवाद में आपसी कोई अन्तर्द्वन्द्व

नहीं। पर द्वन्द्व रखना चाहती है और रखेगी, यह मन्थरा-कैकेयी सरीखी सत्ता की राजनीति। इसी से नदी-नदी, स्रोत-स्रोत, सिन्धु-सिन्धु जिनसे होकर प्रतीति और प्रीति देश के अन्तर में प्रवाहित थे, मुट्ठी-मुट्ठी जहर दुश्मन छोड़ता जा रहा है। दुश्मन के यान परम व्योम में मुट्ठी-मुट्ठी जहरीले कीटाणु छोड़ रहे हैं। अतः यमुना जहरीली हो गयी है, वृन्दा-विपिन पक्षीगणों की लाशों से सड़ रहा है, व्योम में मृत्यु कीट छाये हुए हैं। मराल लोहे के चने मुक्ताफल के अभाव में चबा लेगा। वह क्षीर के अभाव में नीर पीकर रह जाएगा, पर व्योम में झपट्टा मारती चीलों ने हुक्म जारी किया : उसे मांसभक्षी भी होना होगा, उसे रक्त-नीर का विवेक सीखना होगा। देश-देश यही दुहाई फिर गयी है।

मराल विपन्न है, तभी ऊपर शान्त सनातन नील व्योम से विशाखा नक्षत्र के तारा युग्म हँसकर आशीर्वाद भेजते हैं : 'मराल, तू चिन्ता न कर। 'समरथ' का परवाना लेकर कोई-न-कोई तुम्हें उबारने जाएगा ही। धरती का पुनर्जन्म हो रहा है। तू घबरा मत।' वह संवाद कार्तिक की महाज्योत्स्ना स्वयं परमपद से उतरकर मराल को, मुझको, वृन्दा-विपिन को और यमुना को दे जाती है और तब मराल निश्चय कर लेता है कि आगे-आगे दुश्मन नदी-नदी में, स्रोत-स्रोत में, सिन्धु-सिन्धु में मुट्ठी-मुट्ठी जहर छोड़ता जाएगा। और पीछे-पीछे मराल परमपद से आये हुए विशाखा नक्षत्र की वार्ता कहता जाएगा।

# उजड्ड वसन्त और हिप्पी जलचर

इस बार भी वसन्त आ गया है। आ क्या गया है, चारों ओर साँड़ की तरह हँकड़ रहा है। कभी चोवाचन्दन लगाकर पुष्प-मुकुट पहनकर आता था। पर इस बार तो लगता है कि गाँजा पीकर आया है और बागों में, कुंजों में, कछारों में, कूलों-उपकूलों में सर्वत्र ही उत्तान श्रृंगार का श्रव्य और दृश्यकाव्य रच रहा है। ऐसा उजड्ड भोजपुरी वसन्त तो कभी आया ही नहीं था। यों है यह काफी पढ़ा-लिखा, काल-पुरुष के दरबार का सनातन कत्थक ! पर जरा नयी पीढ़ी का है, अतः इसकी बाग ढीली नहीं हो रही है और यह रास्ते-कुरास्ते औघट-घाट हर जगह सबसे छेड़खानी कर रहा है। यह कभी फूलों के तीर मारता था, दृष्टि-शरासन पर इसके पंचबाण सदा प्रत्यंचारूढ़ ही रहते थे, पर आज यह सम्मोहन तीर की जगह पर व्यंग्यविद्रूप का तुक्का मार रहा है। क्या करे बेचारा ? इसके पंचबाणों की खेती को अफसरशाही क्रान्ति के गर्दभ चर गये। आँखों के शरासन सरेआम नीलाम बिक रहे हैं। ऐसी हालत में सिवा व्यंग्य और उच्चाटन का तुक्का मारने के, गाँजा पीकर अश्रव्य उच्चारण करने के और यह क्या कर सकता है ? इसका ताड़ी जैसा दुर्गन्धमय संवाद तो लिखा नहीं जा सकता, क्योंकि चरम आनन्द या चरम मौज की चीजें भाषा की सीमा के परे होती हैं। परन्तु इसके एकाध छोटे-मोटे हलके साहित्यिक संवादों की बानगी हम दे सकते हैं। साहित्य-प्रतिभा तो इसमें है ही। कालिदास और रवीन्द्रनाथ प्रमाणपत्र दे गये हैं। उस दिन मैं अपने बाग की पीपर पाँती में टहल रहा था कि अचानक इसके द्वारा रचा हुआ दृश्य-श्रव्य-समवेत एक काव्य-संवाद सुनने का मौका मिला। गहागह लाल, छवि भार से अट्टहास करता हुआ, पलाश का एक छोकरा सामने एक घौर पर घौर लटकाये, गुरुगम्भीर, रसाल वृक्ष से कह रहा था :

"अबे आम कहीं के ! अरे ओ 'कपिमुख !' जरा मेरी ओर तो देख। मेरे ही जैसा सिरोपाँव लाल-लाल गहागह क्यों नहीं बन जाता ?"—और आम कोई उत्तर न देकर टिप्पणीस्वरूप एक अरुणपीत बंझा मंजरी गिरा देता है। शायद उसे इस पलाश के इस उदकीपन पर तरस आता है। शायद इस प्रगल्भ मुहावरेबाजी का अल्पजीवन उसे ज्ञात है। शायद इसलिए भी वह चुप है कि यह 'कपिमुख' विशेषण उस बेचारे

को रावण के बाग में उपस्थित रहने के कारण वाल्मीकि ऋषि ने स्वयं 'सुन्दरकाण्ड' में प्रदान कर दिया है और इस लिखित प्रमाण के आगे वह नतजानु है। बुरी जगह पर जाने से दुर्नाम होता ही है। अरे, इसी रावण के पड़ोस के कारण तो बेचारा समुद्र मुश्कें चढ़ाकर बाँधा तक गया था। उसे तो सिर्फ 'कपिमुख' की उपमा ही धारण करनी पड़ी। यों कारण चाहे जो हो, पर आम्रवृक्ष चुपचाप ही रहा।

मैं इस संवाद को सुनते-सुनते कुएँ की जगत के पास निकल जाता हूँ। वहाँ कच्ची उमर की कदली का एक गाछ है। और पीछे बेर और करौंदे के दो झाड़ खड़े हैं। जब-जब चैता झकझोरकर बहती है तो कदली की देह झूम उठती और बेर-करौंदे में से एक कहता है : "यार, बिलकुल तन्वी है ! साग जैसी नरम होगी।"

"पर शीघ्र ही न्यग्रोध-परिमण्डला बन जाएगी।"

"और तब ?"

"हाँ, और तब यह तन्वी किसी की मालपुए-सी आलसी बहू बन जाएगी। और इसके बाद..."

"यार चुप रह ! सुन लेगी तो गाली देगी।"

"गाली क्या देगी ? कह देंगे कि निराला की कविता पर चर्चा कर रहे थे, तुमसे क्या, कि इतना चिढ़ती हो ?"

इस प्रकार मैंने दूर न जाकर अपने बाग में ही घूमकर देख लिया कि किस तरह यह नया वसन्त रीतिमुक्त पगों से विचरण कर रहा है। इस बार रीति का प्रवीण पेशवाज पहनकर वह दरबारी कत्थक नाचने को तैयार नहीं। चारों ओर पूँछ उठाकर नाचती ऋतु-श्री की बहार है। हवाओं में परस्पर वार्तालाप चल रहा है। कोई हवा किसी वन्ध्या-पुत्री का प्रेम-पत्र ला रही है, कोई हवा आकाशकुसुमों की गन्ध से उन्मत्त है, कोई मुरगी के अण्डे से बैल उत्पन्न करने की दिशा में शोध कर रही है तो कोई हवा कौए के दाँत पचीस होते हैं या चौबीस, इस विषय पर वार्ता-आलेख करा रही है। इस वसन्त में हवाएँ खेप पर खेप कविता और दर्शन ढो-ढोकर गली-गली ढेर लगा रही हैं। चारों ओर झूठ दाँया-ओसाया जा रहा है और उसी को छाँट-पछोरकर ये हवाएँ भी अपनी कविता और दर्शन की दुकान लगाएँगी और आने-दो आने में शशशृंग, आकाश-कुसुम, शरद् दामिनी और तरह-तरह के रंग-बिरंगे मृगजलों को बेचती फिरेंगी। अभी तो ये नौटंकी लगा रही हैं। पर ज्यों ही मेला सघन होगा, ये दुकानदार बन जाएँगी। मैं इनकी सारी वंचना, सारी ट्रिक को पहचानता हूँ। इसी से मैं इनके फेर में कभी नहीं पड़ता। दिन भर चुपचाप कमरे में बैठकर परीक्षा की कापियाँ जाँचता हूँ और बाबा आदम का ऋण-शोध करता हूँ। फिर जब शाम होती है तो नदी-तट की ओर चल देता हूँ, मक्खी के अभाव में झख मारने। तट पर बैठकर या तो झख मारता हूँ या झँखता हूँ कि इस बार वसन्त में एक बार भी मेरा उत्तरीय हवा में फरफरा नहीं उठा और एक बार भी मैं उद्ग्रीव होकर चकोर-चक्षु-सा नहीं बन पाया। वर्षा

और शरद्, शिशिर और हेमन्त मुझे तरह-तरह से विकल कर देते हैं। परन्तु वसन्त में मेरा मन इधर कई वर्षों से जेठ-वैशाखी ही रह जाता है। लगता है, मधु-माधव मेरे सखा नहीं रहे। कभी-कभी तो समय को काटना मुश्किल हो जाता है। झख मारने में भी मन नहीं लगता। तब इस वसन्त के पारदर्शक लौह वातावरण में दो ही प्रवाहमय लगते हैं, एक तो मेरे अंग-प्रत्यंग में बहती रक्त की अवदमित सरस्वती और दूसरे यह बाहर-बाहर बहनेवाली सदानीरा नदी। शेष सारा जगत् 'स्टिल लाइफ' की चित्र भंगिमा में प्रेतोपम गुप-चुप स्पन्दनहीन बन जाता है।

आज मेरा मन कुछ उल्लसित है। साथ में नन्हा 'रूबल' भी है। 'रूबल' अर्थात् मेरा भतीजा जिसका बैंक राष्ट्रीयकरण से पूर्व नाम था 'रुनझुन'। यह झख-आखेट में मेरा शिष्य है। आज मैं बाहर आकर देखता हूँ कि सारी सान्ध्यप्रकृति केशदाम में कुसुमवेणी सजाये, श्रीअंगों पर क्रीम मले सन्ध्याकालीन भाभियों जैसी प्रलोभनीय बन गयी है। वसन्त के लौह वातावरण में ऐसे अनुभव शायद ही मुझे प्राप्त होते हैं। अरे, इस वसन्त में दो ही दुखी रहते हैं। एक तो कुत्ता, जो ग्रीक इतिहासकार एवं पलायन-प्रवीण सेनापति जेनोफन के अनुसार असंख्य गन्धों के कान्तार में अपने शिकार की गन्ध खो बैठता है, पहचान नहीं पाता है और दूसरा मैं स्वयं, जिसकी किस्मत में इस ऋतु में शुक्लाभिसारिका कृष्णाभिसारिका की जगह पर नीरस उत्तर-पुस्तिका-अभिसारिकाएँ ही बदी हैं। इस दुखद नीरस ऋतु में अचानक एक प्रलोभनीय सरस सन्ध्या को पाकर मैं कातर और दीन हो गया और फिर शोभा का मोहक तीर मुझे बेधता पंख-समेत ऐसे आरपार हो गया कि लगा कि मैं कवि बन जाऊँगा और यह मत्स्यगन्धा नदी मेरी प्रेमिका बन जाएगी। पर मैं वर्ड्सवर्थ होने की दुर्घटना से बाल-बाल बचा, क्योंकि तब तक रूबल काँटे में चारा लगाकर बंसी प्रक्षिप्त कर चुका था और सूचक के डूबते ही वह चिल्ला उठा—'काका, काका, मछली चारा निगल गयी !' और तब क्या था ! मन को कविता के नागपाश से झटककर मैं रस्सी को ऊपर खींचने लगा और दो क्षण बाद ऐसी उपलब्धि हाथ लगी, ऐसा महाप्रतीक हाथ आया कि कविता की क्या मजाल कि अब चौबीस घण्टा मेरी ओर नजर फेरे। अब तो रात भर दर्शन के अज-पुत्र मेरा दिमाग चरेंगे। कहने का तात्पर्य यह कि मदन और मलयानिल के बाद वसन्त का तीसरा प्रिय सखा शम्बूक अर्थात् घोंघा मेरी बंसी की डोर पर खिंचा चला आया। इस कुसुमित वसन्त में एकाध रोहित का पट्ठा मिल जाता तो हल्दी-मसाले के सान्निध्य से यह ऋतु और सरस हो उठती। पर मेरी किस्मत तो स्वभाव से दार्शनिक है। अतः यह महाप्रतीक ही उपलब्ध हुआ ! लो, और सिर-माथे लगाओ।

मैं शत-प्रतिशत भारतीय की तरह मन-ही-मन सन्तोष करने लगा। चलो, कुछ तो मिला। यह भी नहीं मिलता तो ? और शम्बूक तो श्रेष्ठ दार्शनिक प्रतीक है। जैसे वैष्णव की झोली में उसका संसार रहता है, जैसे यायावर के साथ हरदम उसका लिबड़ी-बर्ताना एवं सब-कुछ लदा रहता है, जैसे हिप्पी की पॉकेट और हैण्डबैग में उसकी

सारी दार्शनिक दुनिया निवास करती है, वैसे ही यह शम्बूक भी देखने में भले ही क्षुद्र हो, पर अपना सम्पूर्ण आवास पीठ पर लादे फिर रहा है, और कमलवन से लेकर कीच-सेवार सर्वत्र इसकी गति है, डुण्डुभ सर्पों से लेकर मराल-श्रेणी तक इसके बन्धुवर्ग में आते हैं; यह सर्वत्रगति, सर्वरुचि और सर्वज्ञान से सम्पन्न जलचर है; यदि कच्छप संन्यासी या सांख्य योगी का प्रतीक है, दादुर सामवेदीय वटु समुदाय का प्रतीक है तो फिर शम्बूक भी कम-से-कम यायावर या उसका मौसेरा भाई हिप्पी का प्रतीक क्यों नहीं बन सकता ? अरे, यह तो यायावर से भी एक कदम आगे है। यायावर तो खग-मृग होता है। उसमें शम्बूक बनने की क्षमता कहाँ से आयी ? यह सही है कि यायावर स्थान से प्रतिबद्ध नहीं होता है, वह देश-काल-निरपेक्ष होकर रस-आखेट करता विचरण कर रहा है। पर वह सृष्टि-निरपेक्ष नहीं होता। सृष्टि से पग-पग पर समझौता करता चलता है। उसका टट्टू, उसकी सिरकी और उसकी कंजड़ सहवासिनी ये तीनों उसकी आखेट-यात्रा के अनिवार्य अंग हैं। अतः यायावर पूरा-पूरा दार्शनिक या मुक्त विद्रोही नहीं। वह सृष्टि से प्रतिबद्ध है, माया से प्रतिबद्ध है, वह रूप-रस-शब्द से प्रतिबद्ध है, वह रस का आखेट करता है, रूप का आहार करता है, शब्द की भिक्षा माँगता है, गन्ध का समाचार बाँटता है और स्पर्श का चीर-परिधान धारण करके चलता है। वह माया का जीव है। वह संन्यासी होते हुए भी शंकराचार्य का शिष्य नहीं, भरत मुनि का शिष्य है। अतः उसमें शम्बूक होने की क्षमता नहीं। यह तो एक मात्र हिप्पी ही है जो यायावर से कुछ कदम आगे जाता है और उसके ही अन्दर क्षमता है कि शम्बूक के साथ उसके मन, बुद्धि और जीवनचर्या का समीकरण बैठाया जा सके।

हिप्पी सारी दुनिया की वर्तमान समाज-व्यवस्था को, आर्थिक-राजनीतिक तन्त्रों को सम्पूर्णतः अस्वीकार करके चलता है, क्योंकि ये सभी युद्धकामी, जंगबाज और स्पर्द्धा-सम्भूत व्यवस्थाएँ हैं और इनके माध्यम से चरम शान्ति का मार्ग पाना सम्भव नहीं। अन्तिम अविकार, परम शुद्ध सत्य पाने की इच्छा से वह सारी व्यवस्थाओं के प्रति 'पैसिव रिबेल' अकर्मक विद्रोही बनकर चलता है। इसके लिए अपना निकेत, आवास या अस्तित्व का अभिव्यक्तिगत आधार सब कुछ अपने अंगों पर ही है, कहीं भी थमकर आवास या चर्च उठाने की आवश्यकता नहीं। दरअसल, ये हिप्पी महायुद्ध के पश्चात् उत्पन्न अनास्था और पुराने मूल्यों के प्रति मोहभंग के वातावरण में अकाल पुष्प की तरह वैसे ही पनपे हैं जैसे 'बीटनिक', नाराज पीढ़ी या क्रुद्ध तरुण अथवा 'जाजू'। ये बीसवीं शती के उत्तरार्ध के प्रथम दो दशकों में युग की एक विशिष्ट मानसिक 'वृत्ति' या 'विकृति' के प्रतीक हैं। इनके अमरीकी प्रवक्ताओं का कहना है : ''पाश्चात्य सभ्यता (जो ईसाई धर्म, लोक-तन्त्र, कम्युनिज्म और आधुनिक साइंस का चौरंगी मेल है) आज व्यर्थ हो चुकी है। हमारी नयी पीढ़ी इस व्यर्थता के आमने-सामने खड़ी है। अतः इस व्यर्थता से हम इनकार नहीं कर सकते। अब हमारे सामने सिर्फ तीन रास्ते हैं : ध्वंस की राजनीति, रहस्यवादी सन्धान-यात्रा और आत्महत्या ! चौथा मार्ग नहीं।''

अस्तित्ववाद के कुछ फैशनेबुल दार्शनिकों ने 'आत्महत्या' की बात की। बीटनिकों और हिप्पी वर्ग ने रहस्यवादी मार्ग चुना और 'रहस्य का शार्टकट' मादक द्रव्यों में पाया, गाँजा, चरस और एल. एस. डी. में। हिप्पियों के मौसेरे भाई बीटनिक युवा गिंसबर्ग की डायरी 'इण्डियन जर्नल' का एक अंश इस प्रकार चलता है : ''घने पेड़ों में जुगनू चमकं रहे हैं–रामकृष्ण की जय ! जय गौरांग ! जय महाप्रभु चैतन्य ! रामचन्द्रजी की जय ! लोग 'हरि बोल हरि बोल' गा रहे हैं...अब धुँधली रोशनी...चिलम व्यक्ति-प्रति-व्यक्ति घूम रही है...मण्डली बैठी है...मशहरी के चारों ओर बेशुमार मच्छर बम, बम महामाया !''

अमरीका के युवाओं में एक दूसरा वर्ग भी है जिसने पहला मार्ग चुना है 'ध्वंस की राजनीति'। ये अपने आप को 'हिप्पी' शब्द के ही वजन पर 'ईपी' कहते हैं, पर वास्तव में शब्द है 'वाई. ई. पी.' (यूथ इण्टरनेशनल पार्टी)। यही 'यीपी' या 'ईपी' बन गया। इनकी लड़ाई का नारा है तरुण बनाम प्रवीण। ये कम्युनिस्टों की तरह क्षमता-दखल के लिए नहीं लड़ते हैं। इनका उद्देश्य है क्षमता पर अधिकार नहीं, बल्कि वर्तमान व्यवस्था के सारे तन्त्रों को ठप्प कर देना। ''दखल करने का अर्थ होगा उस तन्त्र को चालू करने का उत्तरदायित्व भी लेना। दूसरे शब्दों में, अपने आपको उसी व्यवस्था का अंग बनाकर पचा देना ! अतः हम दखल नहीं करेंगे, बस सब कुछ ठप्प कर देंगे। यही हमारे विद्रोह का लक्ष्य है।'' शक्ल-सूरत आचार-विचार में युवा हिप्पियों जैसे ही हैं। मुझे तो लगता है ऊपर-ऊपर 'माओ-माओ' चिल्लाने पर भी बंगाली नक्सलपन्थी युवा इन अमरीकी 'ईपी' युवाओं के ही मौसेरे भाई हैं, वैसे ही जैसे बीटनिकों की 'क्षुधित पीढ़ी' थी। ध्वंस की राजनीति और दायित्वहीनता का बोध, दोनों में समान है। मार्क्स तो इनका मुखोश मात्र है।

परन्तु हिप्पी-मार्ग ऊपर से देखते हुए रहस्यवादी या संन्यास मार्ग भले ही लगे, भीतर-भीतर यह लगता है कि गैर-जिम्मेदार भोगवाद है। सृष्टि के महत्तम निषिद्ध फल 'सेक्स' के प्रति इनकी दृष्टि सहजिया पन्थी है। इसकी सहजता की उपलब्धि कर लेने के बाद हिप्पी-युग्म परस्पर सहयोग से ऊर्ध्व अनुभव की ओर जा सकते थे (जैसा कि इनके एक प्रवक्ता ओ' लियरो का अभिमत है)। 'हम परस्पर एक में लीन हो रहे हैं' यह मरमी और रहस्यवादी अनुभव उनका लक्ष्य होना चाहिए था पर इस अनुभव-दीक्षा को सामूहिक अनुभव की दीक्षा के रूप में पुराने भैरवी चक्रों की शैली में ये पाने की कोशिश करते हैं और सारा रहस्यवाद मादक द्रव्यों की विषाक्त तरंग में बह जाता है और अनुभव का कोई एक मरमी रत्न हाथ लगने के बजाय मिलता है आत्म-क्षय, बौद्धिक विघटन, अतृप्त भोगेच्छा। इनकी महायात्रा यूरोप से होती हुई टर्की- अफगानिस्तान से गुजरती हुई गंगा-कावेरी के तट पर खत्म होती है। यह भोग-यात्रा है। यह निर्मल प्रसन्न जल नहीं, कीचकर्दम का पान है।

आज अमरीकी युवा का आत्मक्षय सामूहिक स्तर पर हो रहा है। उसे सेक्स और

अफीम में मसीहा का पुनरावतार, 'महान् द्वितीय आगमन' दिखाई दे रहा है। उसे 'सेक्स क्रान्ति' में भाव-क्रान्ति का दर्शन हो रहा है। और मादक अफीम उसे खिला रहा है उसका जानी दुश्मन चीन। लो जहर पियो और मरो। सच तो यह है आज अमरीका सर्वत्र हार और पराजय के बिन्दु की ओर उन्मुख है। यह ह्रासोन्मुख युवा संस्कृति, चाहे वह 'हिप्पी' हो या 'ईपी'—दोनों ही, व्यक्तिमुखी और ध्वंसमुखी हैं। भारतीय युवा इस स्थिति को देखकर सतर्क हो जाय तो अच्छा हो। अमरीका का जीवन-दर्शन है लोकतन्त्र। एक तरह से यह अमरीकी प्रतिभा की ही उपज है। आज भी अमरीका ही इसका संरक्षक और प्रवक्ता है। पर आज 'नये साइंस' और टेक्नोक्रेसी तथा आँकड़ा-शास्त्र के कारण इस लोकतान्त्रिक व्यवस्था में भी 'व्यक्तिगत गरिमा' और 'व्यक्ति स्वातन्त्र्य' का दिन पर दिन लोप होता जाएगा। टेक्नोक्रेसी और एक्सपर्ट-शासित-व्यवस्था स्वभावतः बिना किसी राजनीतिक दबाव के व्यक्ति स्वातन्त्र्य को क्षीणतर करती जाएगी। राजनीतिक दृष्टि से शासन लोकतान्त्रिक हो या कम्युनिस्टिक, दोनों में यह प्रक्रिया अनिवार्य प्रशासनिक आवश्यकता के रूप में चालू रहेगी। हाँ, फर्क यही है लोकतान्त्रिक पद्धति में यह प्रक्रिया उतनी उग्र नहीं रहेगी, इसमें व्यक्ति-स्वातन्त्र्य के सारे दरवाजे बन्द नहीं रहेंगे और तरह-तरह की नैतिक और मानवीय व्यवस्थाएँ रहेंगी, जो 'धरहर' का कार्य करेंगी। अतः कुछ तो रोक-थाम और विराम-क्षमा रहेगी ही। पर स्वयं अमरीका में युवा संस्कृति इतनी ह्रासोन्मुखता की ओर जा रही है, कि 'धरहर' की मानवीय और नैतिक व्यवस्थाएँ यथा चर्च या विश्वविद्यालय या साहित्यिक संस्थाएँ या अमरीकी संसद भी, अपना आत्मविश्वास खोकर पंगु या जैसा कि 'ई. पी' चाहते हैं 'ठप्प' हो जाएगी। अन्तर की शक्ति का ह्रास आत्म-क्षय द्वारा हिप्पी कर डालेंगे और सामूहिक नैतिक शक्तियों का ह्रास ध्वंसवादी राजनीति के बालखिल्य ई. पी.। तब ? तब, इसके बाद की स्थिति की कल्पना की जा सकती है।

मैंने कहा था न, कि शम्बूक एक विराट् दार्शनिक प्रतीक है। यह जल-जगत् का कर्दमभोगी हिप्पी है। और इसके माध्यम से मैं आज बहुत दिन बाद दार्शनिक चिन्ता के प्रवाह में अवगाहन करने को बाध्य हुआ और आकाश-मण्डप-पाताल-'थुम्भी' (स्तम्भ) लगाकर दार्शनिक स्थापत्य रचने में संलग्न हो गया। पर यह स्थापत्य बचपन के लिए खेले गये घर-घरौंदे का खेल मात्र है। बनाओ और फिर मिटाओ और नहीं मिटाओ तो भी तुम्हारी बालू की रस्सियाँ कब तक छप्पर सँभालेंगी। सब-कुछ अपने आप मिट जाएगा। फिर भी आज की इस चिन्ता के घरौंदे की रचना के लिए मैं इसी कुरूप कर्दमाक्त शम्बूक का ही ऋणी हूँ—यह तो मानना ही होगा।

मैं पुनः चिन्ता करता हूँ तो लगता है कि इसके कर्दमभोग और गृहवाही-यात्रा-जीवन को देखकर मैंने इसकी तुलना अमरीकी युवा हिप्पी से कर दी, वह तो ठीक है। पर बात अधूरी रह जाती है। यह शम्बूक मरकर एक नयी भूमिका भी निबाहता है, क्या हिप्पी वह भूमिका निबाह पाएगा ? शम्बूक या घोंघा परम्परागत अंजन-पात्र

है। राजपुत्रों के लिए सोने-चाँदी के अंजन-पात्र बनते रहे होंगे। भँडुओं-रण्डियों-नर्तकियों के लिए सुरमे की शीशी चल सकती है। परन्तु भारत माता के लाखों-करोड़ों नन्हे-मुन्नों के लिए परम्परागत अंजन-पात्र घोंघा ही है। इसके अस्थिपात्र का यही एक मात्र उपयोग होता आया है। नेत्रांजन ही ज्ञानांजन का आदि रूप है। आँखें जब विकार पीड़ित होती हैं, तो ज्ञान विकृत होता है और यह विकृति ज्ञानान्धता तक भी जा सकती है। गौतम ने अपने शिष्यों को कड़ा आदेश दे रखा था कि वे ज्ञानांजन के साथ-साथ नेत्रांजन का शम्बूक पात्र अपने साथ लेते चलें। "एक हाथ में अंजन-शलाका दूसरे में भिक्षा-पात्र। अकेले-अकेले मत जाना। दो-दो करके जाना। अरण्य-पर्वत-नदी लाँघते चलते जाना। नेत्रांजन और ज्ञानांजन बाँटते जाना।" शायद बुद्ध के समय लोगों को नेत्ररोग बहुत होता था, तभी तो उरुवेला के प्रवचन में आग जैसी भाषा वे बोल पाये थे : "भिक्षुओ ! सारी सृष्टि जल रही है, आँखें जल रही हैं, सब कुछ जल रहा है" ऐसी वह्निमान भाषा प्रत्यक्ष अनुभव से आयी होगी। आज जरूरत है इस बोध को समझने की। क्या हिप्पी, ई. पी. या इनके मौसेरे भाई ज्ञानांजन का धारक पात्र बनकर अपना अस्तित्व समर्पित करने को तैयार हैं, ठीक वैसे ही, जैसे एक बार मसीहा ने अपने शिष्यों को करुणा का धारक पात्र 'वेसेल ऑफ लार्ड्स मर्सी' बना दिया था। वे तैयार हों या न हों पर मैं इस शम्बूक को यहीं तट की तप्त बालू में दबा देता हूँ, दो दिन बाद जब यह अस्थि-शेष रह जाएगा तो घर ले आऊँगा, भाभी को दे दूँगा 'रूबल' और इसकी नन्ही बहन 'पानी' के लिए अंजन-पात्र के रूप में।

मैंने देखा, शाम डूब गयी है और धूम्रवर्णी वातावरण में क्षपणक संन्यासी जैसा यह चित्र-विचित्र वसन्त गाँजा की नयी खिल्ली मलने लगा है, नये प्रहर की नयी उदासी से जूझने के लिए।

# विकल चैत्ररथी

आज मैंने एक अनामा नील विहंग देखा। पास की पुष्करिणी के तट पर लगे चमेली के सघन झाड़ों पर से अचानक उड़ा और पंख खोले अद्‌भुत छन्दोबद्ध भंगिमा में उड़ता-उड़ता दूसरे ही क्षण जल में लटकती औदुम्बर की शाखा पर बैठ गया। मुझे लगा कि यह शुद्ध आकाशीवर्ण का पंछी है, आ-चंचु-चंगुल नीलवर्ण। परन्तु केकी-कण्ठाभ श्याम या अंशुक नील नहीं, ठण्डा-सादा-दूधिया नील मानो यह क्षीर सागर का नील विहंग है और हमारी धरती पर किसी काकभुसुण्डि के यहाँ दर्शन पढ़ने आया है। तभी तो औदुम्बर जैसे यज्ञ काष्ठ की शाखा पर बड़े मन से बैठा है और माया-जल पर पड़े बिम्ब पर बड़ी चिन्ता से देख रहा है। एक गोरे पर्यटक जानवेन ने लिखा है कि हिन्दुस्तान में एक मात्र सुखी जीव हैं पक्षी। पर उसे क्या पता कि यहाँ के काक और शुक भी पण्डित-दार्शनिक आदि होते रहे हैं और लोग विश्वास करें या न करें परन्तु यहाँ के मनुष्यों ने ही मीनाक्षी मन्दिर और ताजमहल का निर्माण बिना किसी 'विदेशी डालर या रूबल' के किया था। मैंने मन-ही-मन इस नील विहंग को एक नाम देने की चेष्टा की। किताबों में अनेक पक्षियों के नाम आते हैं। परन्तु कौए-सुग्गे-तीतर आदि एक दर्जन परिचित ग्राम्य पक्षियों को छोड़कर अन्य को तो पहचानता नहीं। मुझे मेटरलिंक के प्रतीक-नाटक 'ब्लू बर्ड' की याद आ गयी जिसकी प्रतीकवादी तकनीक का अनुकरण प्रसाद जी ने 'कामना' में और रवीन्द्रनाथ ने 'राजा' में किया है। किसी परिचित संज्ञा के अभाव में किया इस अनामे पक्षी को मैंने मन-ही-मन कल्पना और सौन्दर्यबोध का प्रतीक मानकर ग्रहण किया परन्तु कुतूहल तो शान्त नहीं हुआ और लौटते समय अपने मित्र रविवर्मन से भेंट हुई तो मैं पूछ ही बैठा, "बर्मनजी, आज मैंने एक अद्‌भुत स्वप्न-सम्भव पक्षी देखा है। सुन्दर दूधिया नीलवर्ण, मध्यम साइज और मण्डलाकार छन्दोबद्ध आकाश-क्रीड़ा। अपनी पुष्करिणी के तट पर !"

बर्मनजी ने हँसकर कहा, "अरे माछराङा रहा होगा। इसे किलकिला या मीन-रंक भी कहते हैं। अँगरेजी में यही 'किंग फिशर' है। यहाँ उसकी छोटी नस्ल पायी जाती है। है यह बड़ा शिकारी। मँडराता-मँडराता रहता है। पर अचानक-बाणवेग से नीचे टूटता है और चोंच में मछली को दबाकर तिरछे तीर की तरह आकाश में निकल जाता

है। आपने ठीक से नहीं देखा होगा, पेट और भीतरी डैना तो सुन्दर नीलवर्ण है परन्तु सिर होगा रेशमी भूरा रंग।''

''नहीं यार, बिलकुल नीला था। और ऐसा सुन्दर काव्यमय पक्षी ऐसा नीच निषाद या धीवर नहीं हो सकता। वह तो बड़ा ही सुन्दर लगता था।''

''माछराङा कभी देखा नहीं है क्या ? रोज नदी-तट और वन-विहार की ही बात करते हो।'' बर्मन ने कहा और मैंने इसका अत्यन्त उचित प्रत्युत्तर दिया, ''मैं कोई भी चीज रोज-रोज देखता रहूँ तो भी उसे कैसे जान सकता हूँ जब तक किसी किताब में न पढ़ूँ कि वह 'यह' है या वह 'वह' है। बिना पढ़े या बिना किसी के बताये मैं कैसे जान जाऊँगा ?''

बर्मन साहब इस विषय पर कुछ प्रकाश न डाल सके और मुझे विश्वास नहीं हुआ कि मेरा स्वप्नोपम, स्वप्न-सम्भव नील विहंग भला मीनरंक या किलकिला[1] होगा। किलकिला हो उसका दुश्मन। वह तो बहुत सुन्दर था, बहुत-बहुत मोहक था। यद्यपि रसनिधि नामक एक सिरफिरे कवि ने कृष्ण की तिरछी नजरों की तुलना किलकिला से की है जो राधा के हृदय सरोवर पर मँडराती रहती थीं और बाँकी अदा से झपट-झपटकर उसमें मीन-आखेट करती थीं। पर यह सब मेरी रुचि के सर्वथा प्रतिकूल लगा। ऐसा अपकर्म करनेवाले पक्षी धीवर से मेरे प्रतीकधर्मी नील विहंग का कोई बादरायण सम्बन्ध भी नहीं हो सकता, खून या बिरादरी का रिश्ता होना तो दूर की बात है। इस प्रकार उस अनामा पक्षी का नाम अनाविष्कृत ही रहा। और बाद में भी मैंने नाम जानने की चेष्टा को काक-दन्तगवेषणा जैसा व्यर्थ श्रम मानकर कोई प्रयत्न नहीं किया। और वह कौए के दाँत की गवेषणा होती भी किस पर ? दोबारा तो वह पक्षी दिखाई नहीं दिया। फलतः मैंने मान लिया कि वह पक्षी बार-बार नहीं दीखता है। उसे पुनः देखने के लिए लम्बे ध्यान, लम्बी प्रतीक्षा की आवश्यकता पड़ती है। लाख सिर मारो, झंखो और प्रतीक्षा का चन्दन काष्ठ घिसते रहो, पर दूसरी बार जब वह आएगा तो दूसरे रूप में आएगा। वह पक्षी तो इस रूप में तुम्हें कभी नहीं दिखाई देगा। हाँ, जब तुम इस कीटदष्ट जीवन का वल्कल ओढ़े, इस प्रमत्त धरती से कुजात रहकर अकेले-अलग अपने मनोभव का कामना-पट बुनते रहोगे तब वह तुम्हारे सम्मुख किसी फूल, किसी गान, किसी नारी, किसी दृष्टि-भंगी, किसी शृंगार-विभ्रम, किसी आवाहन, किसी वज्रपात के रूप में कौंध जाएगा और तुम चकित रह जाओगे पर पहचान लोगे कि यह वही अनामा नील विहंग है, वही कामरूपी है। उस समय भी बर्मनजी कहेंगे, नहीं-नहीं, यह फूल नहीं, अठन्नी है, यह पत्ती नहीं, सौदे का फर्द है; यह गान नहीं बजट समाचार

---

1. मेरे कान्ह सुजान तुव, नैनं किलकिला आइ।
हृदय सिन्धु ते मीन मन, तुरत पकरि लै जाइ ॥–रसनिधि
('भारत के पक्षी' में श्री राजेश्वरप्रसाद नारायण सिंह द्वारा उद्धृत)

है। पर तुम्हें उस पक्षी को पहचानना होगा, तुम्हें वह पहचान-सामर्थ्य अर्जित करनी होगी क्योंकि वह पक्षी इसी वास्तव लोक का होते हुए भी परावास्तव की सीमा तक विहार करता है; परावास्तव से लोकोत्तर का सन्देश लाता है; उसके ललाट में तुम्हारी प्रेमिका और तुम्हारे ईश्वर का पता-ठिकाना लिखा है; वह पक्षी मन्त्रवाही पंखों पर चलता है; उस पक्षी का दर्शन और अभिज्ञान ही वेदमन्त्र का दर्शन और अभिज्ञान है। अतः यदि तुम अपनी अलक्ष्य अलका को अपनी दृष्टि-स्नायु-मण्डल में खींच लाना चाहते हो तो इस पक्षी से मैत्री स्थापित करो। यह माछराङा, मीन रंक या क्षुधित पक्षी-धीवर नहीं है। यह वही विहंग है जो अलका-स्वप्न की डाक लेकर राजा विक्रमादित्य के सभा-कवि के पास जाया करता था।

बर्मनजी तो कहेंगे ही यह मच्छीखोर किलकिला है। वे अर्थशास्त्र के अध्यापक हैं और आज जमाना है अर्थशास्त्र और साइंस का। आज साहित्य और ईश्वर, नये पैसे सेर के भाव भी महँगा ही माने जाते हैं। फास्ट ने अपनी आत्मा को शैतान के यहाँ बन्धक रख दिया था चरम ज्ञान को पाने के लिए। ज्ञान में वह ईश्वर के समकक्ष होना चाहता था। यह भी एक तरह की मर्दानगी ही है। परन्तु आधुनिक मनुष्य आत्मा को भौतिकवाद के यहाँ बन्धक रख चुका है मात्र शिश्नोदर-विलास के लिए। वह इस विलास को कहता है प्रगति। अपने बन्धक के दस्तावेज को भी समाजवाद-सेक्यूलरिज्म आदि-आदि खूबसूरत नामों से अलंकृत करता है और इन शब्दों का प्रयोग गाली-गलौज के लिए भी कर रहा है। फलतः ये शब्द आज अपने सही और उदात्त अर्थों को खो चुके हैं। आत्म-निरपेक्ष पुरुष या जाति के सारे आदर्शों की अन्तिम परिणति अर्थ-रिक्तता में होती है। इस प्रक्रिया का सगुण उदाहरण है—भारत के विगत दो दशकों का इतिहास। मैं यह नहीं कहता कि भौतिकवाद शक्तियाँ त्याज्य या हेय हैं। मेरा तो विश्वास है कि बिना भौतिकवाद और तमोगुण-रजोगुण की उपासना के हमारे अन्दर बल नहीं आ सकता और 'नायमात्मा बलहीनेन लभ्यः'—बलहीन की कोई आत्मा ही नहीं होती। मेरे कहने का तात्पर्य मात्र यही है कि भौतिकवाद के हाथ आत्मा न बेचकर भौतिकवाद को आत्मा की प्रगति का रथ बनाना हमारा लक्ष्य होना चाहिए। धर्म-निरपेक्षता का व्यावहारिक और कूटनीतिक रूपान्तर हो जाता है ईश्वर-निरपेक्षता में और चरम स्तर पर शील-निरपेक्षता या चरित्र-निरपेक्षता में। ऐसे सन्दर्भ में भौतिकवाद किसी शीलाचारिकी के अंकुश या ईश्वर के मंगलानुशासन के अभाव में सर्वसत्तासम्पन्न हो उठता है और तब सारे आदर्शों को खींच-खाँचकर 'शिश्नोदर' पर ही घटित करने का प्रयास चलने लगता है। फल होता है सारे आदर्शों की अर्थरिक्तता। मैं भौतिकवाद का विरोधी नहीं। पर मेरा इशारा इस ट्रेजेडी की ओर है। इसकी प्रक्रिया का समारम्भ हो चुका है। इसी से साहित्य और ईश्वर का मूल्य दिन पर दिन गिरता जा रहा है। जो आज धर्मनिरपेक्ष है, कल वह ईश्वर-निरपेक्ष होगा और परसों शील-निरपेक्ष और चरित्र-निरपेक्ष। यह ध्रुव है।

तथ्य तो यह है कि भौतिकवाद मनुष्य की आत्मा को तब तक खरीद नहीं सकता जब तक उसके पास कल्पना है। कल्पना ही आत्मशक्ति का, सौन्दर्य-बोध का तथा ईश्वरीय बोध का मुख्य स्रोत है। अतः भौतिकवाद कल्पना को प्रधान शत्रु मानता है। यों कल्पना के बिना तो उसका भी काम नहीं चल सकता। पर वह कल्पना के हाथ-पाँव काटकर मशीन के आकार-प्रकार में मढ़कर ही रखना चाहता है। मुक्त कल्पना को वह उसी क्रुद्ध दृष्टि से, उसी रक्त-चक्षु से देखता है, जिस दृष्टि से एक तानाशाह पूर्वाग्रह-मुक्त पत्रिकारिता या 'फ्री प्रेस' को देखता है। अतः उसका पहला प्रहार होता है धर्म और उपासना पर, फिर साहित्य पर; क्योंकि ये कल्पना की सर्वाधिक स्पष्ट सगुण अभिव्यक्तियाँ हैं। उपासना और साहित्य को जितना ही 'दुर-दुर-छी-छी' किया जाएगा उतना ही कल्पना रूप-रस में दरिद्र होती जाएगी। और जब यह अनाकर्षक एवं क्षीण हो जाएगी तो मनुष्य की आत्मा बहुत जल्दी ही भौतिक स्वार्थों के प्रति आत्म-समर्पण कर देगी। जब तक कल्पना है तब तक फाकाकशी में भी मनुष्य मस्त रहेगा, वह भीतर से कभी भी रिक्त नहीं होगा, बिकाऊ नहीं होगा, टूटेगा नहीं। अतः आत्मा का अवमूल्यन करना है तो कभी यथार्थवाद के नाम पर, कभी प्रगति के नाम पर, कभी वैज्ञानिकता के नाम पर, तो कभी-कभी सेक्यूलरिज्म के नाम पर कल्पना और उसकी सगुण अभिव्यक्तियाँ साहित्य और उपासना का जहाँ तक हो सके अवमूल्यन करो। ऐसा करके ही भौतिकवाद यह सिद्ध करने में समर्थ हो सकेगा कि मनुष्य बावन तोले पावरत्ती भौतिक शक्तियों की सन्तान है और सभ्यता की मूल प्रकृति भौतिक और आर्थिक ही है, नैतिकता और शीलाचारिकी तो इस मूल प्रकृति की पूँछ भर है और इस पूँछ में जितना जल्दी हो सके "तेल बोरि पुनि बाँधि पट पावक देहु लगाय।" जब जमाने की हवा यही है, जब युग का ही यह प्रगतिशील आदेश है, तो बर्मनजी को मेरा मनोरम नील विहंग माछराङा, मीनरंक, मच्छीखोर से ज्यादा और कुछ न दिखाई दे, तो क्या आश्चर्य है ?

मुझे इस स्थल पर जरमनी के ध्वंसावशेष पर बैठे द्वितीय महायुद्ध के बाद अर्थात् सन् 1946 में जरमनी की बागडोर हाथ में लेनेवाले सत्तर वर्षीय बूढ़े कैथोलिक श्री आडेनावर की याद आती है जिन्होंने एक दशक के भीतर ही जरमनी की क्षमता और प्रतिष्ठा को हर दृष्टि से पुनः स्थापित कर लिया, राष्ट्र के टूटे आत्मबल को जोड़कर ठीक कर दिया, और पूरबी जरमनी के एक करोड़ बीस लाख शरणार्थियों की समस्या हल कर दी। आखिर जरमनी भी तो भारत की ही तरह विभक्त हुआ था और भारत से अधिक दुर्दिन, पराजय और टूटे आत्मविश्वास के साथ प्रारम्भ किया था। परन्तु वह भारत को कितना पीछे छोड़ गया ? हिटलर ने जरमनी को न केवल भौतिक-आर्थिक दृष्टि से बल्कि आत्मिक और नैतिक दृष्टि से भी एक गलत जीवन-दर्शन के माध्यम से खँडहर बना डाला था। असली ध्वंस तो भीतर-भीतर हो रहा था। हिटलर छिपे-छिपे स्वयं नास्तिक था। यहूदी जाति का तो वह घोर बैरी था ही, कैथोलिकों पर भी उसकी

अच्छी नजर नहीं थी। पर पोप का दिखावटी आशीर्वाद पाने के लिए उसने कैथोलिकों पर कत्लेआम या हत्या-उत्सव जैसी योजना नहीं लागू की। परन्तु उसकी धारणा थी कि आर्य-तेज को कमजोर करनेवाला ईसाई-धर्म जो एक यहूदी जेसस के मस्तिष्क की उपज है, जरमनी के तेज को राख बनकर ढके है। वह अन्तरंग मित्रों से कहा करता था कि जेसस क्राइस्ट किसी बिगड़े दिल रोमन सैनिक की सन्तान है, जिसने कुमारी मेरी के साथ बलात्कार किया था, क्योंकि इतना बड़ा व्यक्ति बिना आर्यरक्त का सम्मिश्रण पाये और कैसे पैदा हो सकता है ? इसी से वह कैथोलिकों का स्पष्ट विरोधी तो नहीं था, पर घोर उपेक्षा और खीझ से देखता था। यह बहुत कुछ वैसे ही था जैसे आज भारत के कुछ राजनीतिज्ञ हिन्दू धर्म के बारे में सोचते हैं। विरोध नहीं, पर घोर उपेक्षा, खीझ और बेगानेपन के साथ। ईसाई मत की मूल शाखा है कैथोलिक धर्म और उपासना पद्धति तथा कल्पना-प्रवणता में यह हिन्दू धर्म के बिलकुल समानान्तर चलता है। दरअसल, ईसा या जेसस का तो नाम भर चलता है। इस धर्म की असली स्थापना, व्याख्या, आदि संघटन और बाइबिल का आदि सम्पादन तो सेण्टपाल नामक ईसा के ग्रीकवंशीय शिष्य के द्वारा हुआ है और इस धर्म की सांस्कृतिक विरासत मिली ग्रीक-रोमन सभ्यता से जो आर्य-सभ्यताएँ थीं। इसी से हिन्दूधर्म से इसकी काफी समानता है। सन् 1946 में जरमनी की बागडोर इन्हीं कैथोलिक नेताओं के हाथों में आयी जो नाजी शासन में जेल भोग चुके थे। स्वयं आडेनावर पचास वर्ष की उम्र में हिटलर के शासनकाल में जेल में थे। जरमनी की पराजय के बाद ऐंग्लो-अमरीकी धुरी के शासकों ने कुछ लेखकों को जरमनी की मनोगति और नाड़ी को टटोलने के लिए जरमनी भेजा था। उसका वर्णन मिलता है स्टीफेन स्पेण्डर की पुस्तक 'यूरोपियन विटनेस' में, जिसका एक लम्बा उद्धरण बांग्ला लेखक सैयद मुस्तफा अली ने अपनी पुस्तक 'राजा-वजीर' (पृष्ठ 70) में दिया है। आडेनावर ने स्पेण्डर को जो बात बार-बार जोर देकर कही, वह बात थी : "जरमनी की कल्पना-शक्ति खण्ड-खण्ड हो गयी है। उसका आत्मिक जीवन घायल है। कल्पना-शक्ति को पुनः लौटाना है। जरमनी की आस्था और संस्कृति को पुनः निर्मित करना है।" कोलोन आडेनावर का अपना नगर था जो युद्ध की मार से क्षत-विक्षत हो चुका था। आडेनावर के अपने शब्द हैं—"तुमने देखा नहीं कि नाजियों ने अपने 'शासनकाल में जरमन संस्कृति' को भी वैसे ही खँडहर बना डाला है जैसे राइनलैण्ड और रूर के बीच की 'जरमन भूमि' को ? नाजी शासन के पन्द्रह साल में जरमनी 'आध्यात्मिक' दृष्टि से एक रेगिस्तान (स्पिरिचुअल डेजर्ट) बन गया है। यह आध्यात्मिक ध्वंस ऊपर से नहीं दिखाई देता। यह भीतर-भीतर घटित होता है। अतः इस आत्मिक ध्वंस की ओर भौतिक ध्वंस से कहीं अधिक ध्यान देना है। जरमनी आध्यात्मिक मूल्यों का प्यासा है।" और इसी से आडेनावर को मूल चिन्ता रही—"कल्पना को पुनः लौटाना है।" सम्भवतः आडेनावर को ग्येटे के 'फ़ास्ट' का सबक याद था। पर हमारे लोकनायकों में जो श्रेष्ठतम थे उन्हें तो ज्ञात ही नहीं था कि महाभारत का

सावित्री-श्लोक क्या है। फलतः संविधान में रखे गये मौलिक आदर्श आज तिकड़मबाजी के चक्के में पिसकर विरूप हो रहे हैं। राजा से लेकर प्रजा तक सभी उन आदर्शों का अंग-भंग अपनी सुविधा के अनुसार कर रहे हैं। सारा राष्ट्र एक त्रिशंकु की तरह अनिश्चय के वातावरण में अर्थों की युक्तिबाजी के मध्य भकुआ बना खड़ा है। ऐसे में क्षमता भले ही मुट्ठी में आ जाय, राष्ट्र का न तो भौतिक निर्माण होगा और न नैतिक।

अतः इस देश में धर्म को अस्वीकृत करके धर्मनिरपेक्षता की जगह धर्महीनता और देश-निरपेक्षता दोनों को बढ़ावा दिया गया है। एक ओर तो धर्महीनता के कारण नैतिक आचरण और शीलाचरण का महत्त्व ही समाप्त होता जा रहा है और दूसरी ओर देशी संस्कृति, देशी भाषा और देशी चिन्ता-पद्धति जिसे कभी-कभी हिन्दू विशेषण भी दिया जाता है, निरन्तर तिरस्कृत की जाती है। बड़े ही अप्रत्यक्ष तथा सूक्ष्म ढंग से यह ट्रेजेडी चल रही है। इसको मेरे जैसे महत्त्वहीन व्यक्ति ही नहीं बल्कि अनेक महत्त्वपूर्ण चिन्ताशील व्यक्तियों ने भी, जिनमें डॉ. राममनोहर लोहिया और श्री रामधारी सिंह दिनकर जैसे व्यक्ति हैं, चिन्ता के साथ एकाधिक स्थलों पर व्यक्त किया है। इस देश की आत्मा ही धर्म की जमीन से उपजी है और उस जमीन से उखाड़ अन्यत्र आरोपण से पौधे का जीवन खतरे में पड़ सकता है। क्या इस देश के अशोक और कनिष्क, विक्रमादित्य और हर्षवर्धन, शेरशाह और अकबर, मुहम्मदशाह और दक्षिण के टीपू सुलतान से ज्यादा सम्प्रदायगत समदर्शिता वर्तमान शासकों में है ? श्री नेहरू ने इस देशी पैटर्न पर अपनी 'सम्प्रदाय-समदर्शिता' को क्यों नहीं विकसित किया ? जिस किस्म की नकारात्मक सुविधावादी ईश्वर-निरपेक्ष धर्मनिरपेक्षता की व्यवस्था हमारे यहाँ है वैसी कम्युनिस्ट देशों और स्विटजरलैण्ड को छोड़कर अन्यत्र कहीं भी नहीं। इंगलैण्ड, अमरीका, पश्चिम यूरोप, जापान, अरब राष्ट्र आदि कहीं भी नहीं। और डॉ. राधाकृष्णन् एवं के. एम. मुंशी आदि नेताओं की व्याख्याओं के बावजूद व्यवहार में भी यह धर्म के प्रति वही नकारात्मक रुख लेकर चलती है। इसमें विकसित हुई नयी पीढ़ी आपाद-मस्तक नकारात्मक पूर्वग्रहों से आभूषित होकर चल रही है और नकारात्मकता का ही उसे गर्व भी है। यह स्थिति हमारी कल्पना-शक्ति और हमारे आत्मिक उत्तराधिकार के लिए खतरा है।

अब उपासना अर्थात् धर्म के बाद, कल्पना की दूसरी अभिव्यक्ति साहित्य के ऊपर भी थोड़ा विचार कर लें। जैसे उपर्युक्त सन्दर्भ में भारतीय राजनीतिज्ञ की भूमिका निराशाजनक रही है वैसे ही या उससे कुछ ज्यादा निराशाजनक भूमिका भारतीय साहित्यकार की है। 'परधर्मो भयावहः'। पर साहित्यकार अपना साहित्य धर्म छोड़कर गैर-साहित्यिक अपकर्मों में जाकर नाम-यश लूटने लगा है और जो काम पैम्फलेट या सम्पादकीय टिप्पणी से होना चाहिए उसे वह काव्य, उपन्यास और ललित-कला का रूप देने लगा है। खर को अरगजालेपन, मर्कट को भूषण, गज को सरिता-स्नान और

स्वयं को विदूषकत्व ! यही उसका कृतित्व रहा है और वह ऐसे माल के साथ, बड़े-बड़े नारों का ट्रेड मार्क देकर साहित्य में राजनीति की और राजनीति में साहित्य की दुकान चलाने को उद्यत है। यह भी कोई बुरा नहीं। वैष्णवों ने भी साहित्य में धर्म की दुकान चलायी थी। परन्तु यहाँ पर दो फर्क हैं। एक तो यह कि धर्म की दुकान का आधार है अनादि-अनन्त ईश्वरीय सत्ता, जबकि राजनीति की दुकान का आधार है दो दिन का पार्टी-बॉस। और दूसरी बात यह कि वैष्णवों ने साहित्य में धर्म की दुकान चलाकर उसमें चोरबाजारी नहीं की। परन्तु साहित्य में राजनीति की दुकान का आदि से अन्त काला बाजार ही है। क्योंकि इसमें आदर्श के नाम पर सॉफिस्ट्रीकाजिस्ट्री का छल-छन्द खूब चलता है। इस समूचे पण्ड श्रम के भीतर राजनीतिक पूर्वाग्रह से मुक्त दस-बीस उत्तम कृतियाँ दिनकर, बच्चन, अज्ञेय, मुक्तिबोध, नरेश मेहता, धर्मवीर भारती, रेणु आदि (मैं हिन्दी की ही बात कर रहा हूँ) के द्वारा लिखी गयी हैं, वे भी वहीं और उन्हीं स्थलों पर उत्तम हुई हैं जहाँ कल्पना की शक्ति, और ईश्वर, नारी और प्रकृति को स्वीकृत किया गया है। शेष में या तो कल्पना की तीन सहज भूमियों—ईश्वर, नारी और प्रकृति—को क्षत-विक्षत करके नोचने की चेष्टा है अथवा कल्पना का एकदम तिरस्कार है। इस स्थिति का चरम रूप अ-कविता अ-कहानी के नाम पर साठोत्तरी में प्रस्तुत हुआ है जिसकी एक ही थीम है दुर्गन्ध, कदर्यता और कुत्सा के प्रति घोर रोमैण्टिक आकर्षण। यह आत्मिक रिक्तता की सूचना है।

कल्पना भूमा की ओर ले जाती है—विस्तार, विस्तार, अनन्त विस्तार। मुझे विस्तृत करो, मुझे व्यापक करो, मुझे पंख दो, मुझे बिन्दु में मत कैद करके रखो, मुझे रीति में मत बद्ध करके रखो, मुझमें विस्तृत और व्यापक होने की महत् तृषा है। यह है भूमा की प्यास। आत्मशक्ति से समृद्ध मनुष्य का लक्षण है यही भूमा वृत्ति। कल्पना एक ओर तो इस तृषा को विस्तृत करती है, दूसरी ओर इसके लिए तृषा-तोष की मानसिक-बौद्धिक भूमिका भी रचती है। साहस, अभिमान और प्रेम—ये तीन सहज जीवन की सीमा के भीतर, कल्पना की उपलब्धियाँ हैं। और इसके परे भी एक उपलब्धि है आनन्द। सन् '30 के बाद के लेखकों ने कितना साहस, अभिमान, प्रेम और आनन्द की 'सहज' उपलब्धियों का साहित्य लिखा है और कितना इनके 'असहज भोग' और मोहभंग का ? सच तो यह है कि प्रकृति, नारी और ईश्वर को इनकार कर देने पर कल्पना हमको साहस, अभिमान, प्रेम और आनन्द की उपलब्धि कराने में असमर्थ हो जाती है। ऐसी अवस्था में वह पंखहीन और विकलांग रहती है। परन्तु उलटे-सीधे, दबी जबान से या गलदोदई-सीनाजोरी से नया साहित्यकार जो कुछ कहता रहा है उसका अर्थ घुमा-फिराकर यही होता है कि ईश्वर, प्रकृति और नारी में आसक्ति रोमैण्टिकता है, पुनरुत्थानवाद है और प्रतिक्रियावाद है। मनुष्य की, समाज की, सृष्टि की अर्ध सत्ता या खण्ड सत्ता का वरण ही उसकी दृष्टि में प्रगतिशीलता है। इसी को वह 'प्रतिबद्धता' (कमिटमेण्ट) कहकर बेच रहा है।

मुझे चाहे जो सजा मिले पर मैं तो जन्म से ही चैत्ररथी हूँ, नाम से, स्वभाव से और निष्ठा से। मैं बार-बार यक्षों के चैत्ररथ उद्यान में कल्पना का हाथ पकड़कर प्रवेश करता हूँ, बार-बार अलका के उपकण्ठ में जाकर मुझे सुख मिलता है क्योंकि ईश्वर, नारी और प्रकृति—इन तीनों में, मेरी घोर आसक्ति है। चैत्ररथ अलका के उपकण्ठ ('सब-अर्ब') का बाह्योद्यान है जहाँ धूर्जटी के शीश से नित्य ज्योत्स्ना की आलोक धारा सदैव निरन्तर प्रवाहित रहती है ('बाह्योद्यान-स्थित-हरशिरश्चन्द्रिका-धौत-हर्म्याः')। आत्मा-निरपेक्ष भौतिक जीवन-दर्शन की जी-हुजूरी और लोग करें, मैं तो बस चण्डीश्वर का ही 'यस-मैन', 'जी-हुजूर' रहूँगा जिनमें प्राचीन 'रसो वै सः' से लेकर अमरीकन आधुनिकता के टॉपलेस-बॉटमलेस लक्षणों तक का समाहार है। ऐसे दरबार को छोड़कर अन्यत्र मैं खपने के लायक ही नहीं। बिलकुल नालायक, व्यर्थ निरर्थक होते हुए भी कल्पना का सहयोग पाकर कविगुरु के श्लोकों के मध्य विचरते हुए अलका की नित्य शृंगार-भूमि का रस-रूपगन्ध प्राप्त कर लेता हूँ। इसी से मैं निष्ठापूर्वक कल्पना की नित्य भूमियाँ चैत्ररथ और अलका से प्रतिबद्ध हूँ। यह मेरी प्रतिबद्धता मेरे पंच-कंचुक पुरुष-अस्तित्व से, अर्थात् आत्मा-मन-देह-देश-इतिहास नामक पाँच समकेन्द्रिक वृत्तों के भीतर एक साथ अस्तित्वमान मेरे व्यक्तित्व से, अंग-प्रत्यंग अविच्छेद्य रूप से समरस हो गयी है।

वास्तव में, कविकुलगुरु ने 'मेघदूत' में अलका का चित्र इतना संकेतपूर्ण कर दिया है कि प्रथम पाठन में ही वह प्रतीक का रूप ग्रहण कर लेती है। जॉन कीट्स अपने 'ओड टु नाइटिंगल' में कल्पना के रोमैण्टिक सौन्दर्य-लोक का चित्र प्रस्तुत करता है जो दुखों और विकारों से परे है। कालिदास की अलका भी वैसे ही एक कल्पना-लोक की प्रतीक है। 'अलका' का अर्थ ही है जो आँखों से अलक्ष्य हो, पर जो मन के ध्यानलोक में नित्य प्रत्यक्ष हो। अतः मेघदूत को यदि एक प्रतीक काव्य मानें तो अलका मन के भीतर 'कल्पनालोक' का प्रतीक है और उससे कुछ ऊर्ध्व स्थिति पर 'शुद्ध बुद्धि' (तर्क बुद्धि नहीं 'प्योर रीजन') का प्रतीक कैलास है। ये दोनों परस्पर संयुक्त प्रतिवेशी मनोभूमियाँ हैं। अलका चतुर्थ पुरुषार्थ सौन्दर्यबोध की भूमि है और कैलास पंचम पुरुषार्थ 'मोक्ष' की। वैष्णवों ने अर्थ-धर्म-काम-मोक्ष के बाद कृष्णप्रेम को पंचम पुरुषार्थ कहा है। पर मैं भरत मुनि का शिष्य हूँ अतः मेरी समझ से पाँच पुरुषार्थ होते हैं : अर्थ-काम-धर्म, सौन्दर्यबोध और मोक्ष। प्रथम तीन का सम्बन्ध वास्तव-जगत् या लोक से है और अन्तिम दो का सम्बन्ध परावास्तव या लोकोत्तर से। सन्देशवाही मेघ 'वास्तव' भूमि की उपज है पर उसकी महायात्रा है 'परावास्तव' की भूमि यक्षलोक और शिवलोक की ओर। मेघ मन के समुद्र से उठी कामना या भावोच्छ्वास है और यह कल्पना की अलका में जाकर काम-तृप्त होता है, जहाँ 'वास्तव' लोक की रूप कन्याएँ ही रूपान्तरित होकर नित्य सौन्दर्य का प्रतीक बन जाती हैं, जहाँ विरोध, अवरोध और कामना-दमन का कोई भय नहीं, जहाँ शिवलोक के सान्निध्य में पहुँचकर मन एक उदात्त अनुभव की

नित्य ज्योत्स्ना में स्नान करके अपूर्व हो उठता है। सारा 'मेघदूत' ही काव्यानुभव की इस प्रक्रिया, इस ध्यानयोग का एक अपूर्व उद्घाटन है। यक्ष कामलोलुप जाति है और यक्षिणी अतृप्त लालसा का प्रतीक मानी गयी है। परन्तु कालिदास के मेघदूत में बाह्योद्यान चैत्ररथ में नित्य निवास करनेवाले शिव के शीश से प्रवाहित सतोगुणी ज्योत्स्ना की धवलधारा इस यक्षलोक को निरन्तर प्रक्षालित कर रही है, निरन्तर इसकी अतृप्ति और अवदमन के विष का परिहार कर रही है। इसी से कालिदास की अलका शान्त, शुद्ध, विष-रहित, उदात्त सौन्दर्यबोध का प्रतीक है। इसमें कल्पवृक्ष नामक इच्छा-तरु है जो सारी इच्छाओं का मण्डन अकेले प्रस्तुत कर देता है, पहनने के लिए चित्रसारी या चित्र-दुकूल ("वासश्चित्र..." 'उ. मेघ', श्लोक 13) नयन-विभ्रम के लिए मदिरा, अलंकरण के रंगीन बारहमासी फूल, चरणों के लिए लाक्षा राग इत्यादि इच्छा मात्र से ही इसके द्वारा प्रस्तुत हो जाते हैं। सृष्टि की सारी ऋतुओं की एक साथ सहस्थिति अलका में है। इसी से प्रत्येक ऋतु के पुष्प इसमें सदैव लभ्य हैं क्योंकि कालविधान यहाँ आकर रुक गया है, समय 'स्टैण्ड स्टिल' है। अलका की लीलावधू का शृंगार वसन्त-वर्षा-शरद्-हेमन्त आदि सभी ऋतुओं के पुष्पों द्वारा एक ही साथ होता है।

"हस्ते लीलाकमलमलके बालकुन्दानुविद्धं
नीता लोध्रप्रसवरजसा पाण्डुतामानने श्रीः।
चूडापाशे नवकुरबकं चारुकर्णे शिरीषं
सीमन्ते च त्वदुपगमजं यत्र नीपं वधूनाम् ॥"

—(उत्तर मेघ, 2)

"यत्रोन्मत्तभ्रमरमुखरां पादपा नित्यपुष्पा
हंसश्रेणिरचितरशना-नित्यपद्मानलिन्यः।
केकोत्कण्ठौ भवनशिखिनौ नित्यभास्वत्कलापा
नित्यज्योत्स्नाः प्रतिहततमोवृत्तिरम्याः प्रदोषाः।।"

—(उत्तर मेघ, 3)

इस श्लोक की अन्तिम पंक्ति "नित्यज्योत्स्नाः प्रतिहततमोवृत्तिरम्याः प्रदोषाः" 'पूर्व मेघ' के अन्दर व्यक्त 'नित्य ज्योत्स्नालोक' के संकेत ("बाह्योद्यानस्थितहरशिरश्चन्द्रिका-धौतहर्म्याः") को स्पष्टतर करती है। इससे स्पष्ट हो जाता है कि कवि चैत्ररथ और अलका को विधिनिषेधमुक्त, देशविधान और कालविधान से परे, इच्छा-तरुओं की सुजलाम्-सुफलाम् रम्य भूमि के रूप में देखता है। अतः अलका मधुर रतिफल का लोक है, सुनहली रेत में यक्ष-कन्याओं के साथ मणिक्रीड़ा का लोक है, मन्दार पेड़ों की शीतल छाया में 'संगपरस सुधा' का लोक है, शुक्लाभिसार में चलनेवाली अभिसारिकाओं का लोक है, संक्षेप में कल्पना के मूल प्रतीक तरु कल्पवृक्ष का लोक है। अपनी ही लौकिक धरती के हवा-पानी से जन्मा हुआ मेघ इस कल्पनालोक में जाता है नित्यसौन्दर्य को

मन का सन्देश देने, उसके साथ साक्षात्कार करने। लोक में जन्मी कामना अपनी चरम उपलब्धि पाती है लोकोत्तर मनोभूमि में प्रवेश करके। यह एक नित्य यात्रा है, एक आकाश-सिद्धि है, एक महापथ है जिस पर कवि और मेघ दोनों साथ-साथ चलते हैं। अब मेरे मित्र मुझसे कहेंगे, 'हाँ सब ठीक है, उस लोक में मेघ जा सकता है, कवि जा सकता है पर, यार, तू कैसे वहाँ जाएगा—अरे तू तो गद्य-काक है और अलका में कौए नहीं बसेरा ले सकते। वहाँ तो लीला-शुक, क्रीड़ा-मयूर, कथा-कुशल सारिका और प्रेमी कपोतों का ही वास है। तू भला कर्ण-कटु गद्य-काक कैसे जाएगा ?' भाई, इसी से तो कहता हूँ कि मैं चैत्ररथी हूँ। अलका के उपकण्ठ में स्थित चैत्ररथ के अन्दर देवदारु की छतनार शाखा पर जा बैठूँगा, और वहीं पर मेरा बन्धु नील विहंग आकर मुझे अलका का सारा संवाद दे जाएगा। मैं गद्य-काक होते हुए भी चैत्ररथी गद्य-काक हूँ। पार्वती के शाप से एकाक्ष हूँ। पर किसी की दो आँख और मेरी अकेली एक। अतः सब कुछ देख-सुन लूँगा।

# किरण सप्तपदी

मनोवैज्ञानिक कहते हैं कि मर्द स्वभाव से ही 'पालीगेमस' अर्थात् बहुवल्लभ होता है, और सामाजिक व्यवस्था और शान्ति के लिए उसका स्वयं-आरोपित एकपत्नीव्रत एक बहुत बड़ा त्याग है। और, यद्यपि मेरा नाम परशुराम, हनुमान्, भीष्म आदि बड़े-बड़े शरीफों की पाँत में नहीं आता तो भी मैं इस दृष्टि से किसी से कम त्यागी नहीं। परन्तु मैं इस त्याग की क्षतिपूर्ति करता हूँ प्रकृति और कविता के माध्यम से, इसी से इस वसन्त-सम्पात के महालग्न के अवसर पर मैंने प्रातःरश्मि की तरुण किरण के साथ यारी बाँधी है। पर मैं यार ही हूँ, जार नहीं। हरेक बान्धवी प्रेमिका नहीं होती, इस तथ्य का अनुभव तो अब आधुनिक परिवेश में रहनेवालों को हो ही गया है। सिर्फ संग-परस-सुधा, बस यहीं पर पूर्ण विराम है। यह प्रेम नहीं, यह पूर्वराग नहीं, यह मानसरमण भी नहीं, यह महज पारस्परिक कोमलता है। निस्सन्देह यह एक तरह का भोग ही है। परन्तु इसमें चित्त पर भार नहीं पड़ता, इसमें कामज्वर या परस्पर-आक्रन्दिनि चक्रवाक-वृत्ति को कोई स्थान नहीं। बल्कि यह एक निर्मल मानसिक स्वास्थ्य का स्रोत है। अपने चरम रूप में यह अनुकम्पा तक जाता है। सभ्यता जिस रूप से जिस दिशा में, विकासमान हो रही है उसमें वैयक्तिक अधिकार-लिप्सा किसी भी क्षेत्र में नहीं रह जाएगी, और प्रेम के क्षेत्र में भी यह दैनन्दिन न्यून होती जाएगी। उस अवस्था में प्रेमिका-भाव का ह्रास होगा और बान्धवी-भाव स्पष्टतर होता जाएगा। खैर, ये सब बातें तो आगे की हैं। अभी तो हम वैयक्तिक अधिकार लिप्सा की, जिसका ही एक छद्म चेहरा है साम्यवाद, तुमुल-धुन्धुमार-स्थिति में जी रहे हैं। और, मैं सारी दुनिया की आँख बचाकर शृंगार रस की एक अत्यन्त निर्दोष निष्पाप अनुभूति का प्रतिप्रातः तरुण किरण के साथ सात पग चल कर, आस्वादन कर रहा हूँ। मानो तो यह भी एक तरह की सप्तपदी ही है।

आज का अपना अनुभव सुनाऊँ ? फाल्गुन के पूर्व पक्ष की अन्तिम रात, अर्थात् अमावस्या की त्रियामा बीत चुकी है। अन्तिम अर्धयाम चल रहा है। सीधे हिसाब से तो रात्रि को चतुर्यामा होना चाहिए। परन्तु प्रारम्भ का अर्धयाम और अन्त का अर्धयाम कर्मसंकुल होने के कारण यामिनी के अंग नहीं माने जाते। इसी से रात को 'त्रियामा'

संज्ञा मिली है। तो, मैं जिस मुहूर्त की बात कर रहा हूँ यह त्रियामा के अनन्तर, अरुणोदय-पूर्व के अर्धयाम में स्थित है। मैं बिस्तर पर चुपचाप लेटा हूँ। सवेरे कुछ ठण्ड लगती है, अतः रजाई में दुबककर अकेले-अकेले पड़ा हूँ तरुण किरण के आगमन के आभास की प्रतीक्षा में। इस आभास का नाम है 'नीलारुण'। अन्धकार को काटता हुआ अन्धकार के ही रोम-रोम से उद्भासित एक मद्धिम प्रकाश। अमावस्या के गर्भ में प्रकाश सम्भावना के रूप में निहित रहता है, चन्द्रकला की क्षीणतम रेखा सम्भावना के रूप में, बीज के रूप में अमावस्या के हृदय में सदैव वर्तमान रहती है। शास्त्रों में चन्द्र की इस कला को 'सिनीवाली' कहा गया है। शत-प्रतिशत अमा-निशा को 'कुहू' कहते हैं और शत-प्रतिशत ज्योत्स्ना को 'राका'। कुहू और राका दोनों निषाद-भाषा के शब्द हैं जो इस भारतभूमि की आदि भाषा हैं। द्रविड़ों से भी पूर्व गंगा की घाटी में मानवीय सभ्यता का बीजारोपण निषादों ने किया था। मध्य प्रदेश की अनेक जनजातियाँ इन्हीं की वंशज हैं, यथा कोल-मुण्डा आदि आस्ट्रिक भाषा वर्ग के लोग। परन्तु असली 'कुहू' और असली 'राका' कभी घटित नहीं होती। 'कुहू' के गर्भ में प्रकाश की 'सिनीवाली' अन्तर्निहित है और 'राका' के गर्भ में अन्धकार 'अनुमती' बनकर निहित है। यही तो भारतीय चिन्ता की वैज्ञानिक खूबी है कि वह असलियत को अस्वीकार नहीं करती, और तम के हृदय में ज्योति और ज्योति के गर्भ में तम का बीज मानकर चलती है, जहाँ तक कि इस माया-जगत् या प्राकृतिक सृष्टि का प्रश्न है। हाँ, इस माया-जगत् या प्राकृतिक सृष्टि से परे एक शत-प्रतिशत ज्योतिर्मयी सत्ता अवश्य है। उसे चाहे जो संज्ञा दें अपनी तबीयत के अनुसार। अतः जब नीलारुण देखकर मुझे लगता है कि तम के रोम-रोम से प्रभा उद्भासित हो रही है, गोया वह भीतर-ही-भीतर रात भर अवरुद्ध-निरुद्ध थी और अब अंग-अंग से फूटकर सहस्र किरणों से बाहर निकलना चाहती है तो मुझे उपर्युक्त दार्शनिक धारणा का प्रत्यक्ष प्रमाण मिल जाता है। यों इस तरह भी फाल्गुन-चैत्र की माधवी अमावस्या घनघोर 'कुहू' नहीं होती। आसमान साफ रहता है। ऊपर निर्मल प्रसन्न छायापथ में ताराओं के दीप टिमटिमाते ही रहते हैं। फिर भी वे दूर के दीपक हैं। अपने अगल-बगल के अन्धकार द्वारा निर्मित एकान्त को वेधने में असमर्थ रहते हैं। उन्हें देखकर ढाढ़स बँधता है। पर उन्हें मदद के लिए पुकारा नहीं जा सकता। वे इतने दूर जो हैं। अतः इस अन्धकार के मधुकैटभ से अकेले-अकेले रात भर बाहुयुद्ध मुझ गुडाकेश को ही करना पड़ता है। और तब अन्धकार के मधुकैटभ मेरी वीरता पर मुग्ध होकर स्वयं पराजित हो जाते हैं और नीलारुण या 'झलफला' (भोजपुरी में 'अँधेरे मुँह' या 'झलफला' चलता है) आ जाता है। इस नीलारुण के बीतते-बीतते हमारी सप्तपदी का दूसरा पग आएगा 'अरुणोदय'। तब मैं शैया त्याग कर अपनी किरण लक्ष्मी के आगमनी-लग्न का स्वागत करूँगा।

धीरे-धीरे अरुणोदय आता है। मैं अपनी किरण लक्ष्मी की आगमनी का काव्य मन-ही-मन सुन रहा हूँ। आदिम ऋषि ने मन्त्र-मुग्ध होकर कहा था : 'पश्य देवस्य

काव्यम्'—देखो, यह अरुणोदय ही देवता की कविता है। इस कविता को देखो। इसे मनुष्य रच नहीं सकता, इसका प्रातिभ ज्ञान मात्र पा सकता है। यह रचने की नहीं, देखने और आस्वादन करने की चीज है। यह महाछवि का दर्पण है। इसे देखो और अपने दर्प का परिहार करो। तुम जो एक पत्ता नहीं उगा सकते, एक फूल नहीं फुटा सकते, एक गेहूँ का दाना रच नहीं सकते, एक साँस नहीं पैदा कर सकते, क्या घमण्ड किये बैठे हो ऐटमबम और चन्द्र-अभियान का ? यह सब घर-घरौंदा है। इस महाछवि को देखो, नत-विनत और विनयी बनो, मनुष्य बनना सीखो, मनुष्य बनना चन्द्र-विजय से लाख गुना कठिन सिद्धि है। मैं उठ बैठता हूँ और रुद्ध वातायन खोल देता हूँ। सारा वासन्ती आकाश मंगलमय, कुंकुम वर्ण, अरुण हो उठा है। रक्तरंजित अरुण नहीं, राग-रंजित अरुण। यों 'रक्त' शब्द का भी शाब्दिक अर्थ है 'रंजित किया हुआ' और बांग्ला और असमिया में 'राँगा' (रंगीन) शब्द का अर्थ होता है 'लाल'। परन्तु 'रक्त-लाल' उदास-झाँवर होता है। यह देखने से ही आदिम, क्रूर, क्षुधापरक और अशुभ लगता है। इसके विपरीत 'रागारुण' अपने गुलनार और कुसुम्भी दोनों आभाओं में मंगल, सौभाग्य तथा लालित्य का सूचक लगता है। कुंकुम वर्ण कुसुम्भी का ही एक प्रगाढ़ रूपान्तर है। इसके अतिरिक्त लाल का तीसरा ठण्डा रूप भी है गुलाबी या पद्मकान्ति। इन तीन मुख्य रूपों के ही कोमल, तीव्र, श्यामाभ या पीताभ रूपान्तरों से अनेक और किस्में बनती हैं। यों लाल रंग हमारा राष्ट्रीय रंग है। सिन्धु घाटी की सभ्यता से लेकर आज तक इसे हमने प्राण, स्नेह, ज्ञान, वाक् और सौभाग्य का प्रतीक मानकर ग्रहण किया है। उषा सूत्र से लेकर 'अरुण यह मधुमय देश हमारा' तक क्या, नयी भोर के 'बावरा अहेरी' तक का साहित्य इसका प्रमाण है। परन्तु जिस तरह से नाजियों ने हमारे पुरुषार्थ और वाङ्मय के प्रतीक 'स्वस्तिक' को छूकर अपवित्र कर दिया, वैसे ही हमारे अरुण वर्ण को कम्युनिस्टों ने स्पर्श करके अपावन कर दिया। ये दोनों नाजी और कम्युनिस्ट मौसेरे भाई हैं और दो चोरों की तरह इनमें प्रगाढ़ बन्धुत्व और प्रगाढ़ दुश्मनी दोनों रहीं। पर हैं ये दोनों उन समान संस्कारों के पुतले, जिन्हें फासिस्टवाद कहा जाता है। दोनों को आत्मा का स्वतन्त्र अस्तित्व यानी आत्म-स्वातन्त्र्य अस्वीकार है, एक को 'जाति' के नाम पर, दूसरे को वर्ग के नाम पर। दोनों मानते हैं कि जो हमारे अन्तर्गत नहीं वह 'हेरेटिक', 'काफ़िर' या 'प्रतिक्रियावादी' या 'दुश्मन' है। दोनों की कार्य-पद्धति गुप्त और प्रत्यक्ष दोनों स्थितियों में बिलकुल एक-सी है। दोनों का मानववाद 'खण्डित' या 'अधूरा मानववाद' है, क्योंकि जो तटस्थ है उसे इस मानववाद में कोई हिस्सा नहीं। दोनों की चिन्तन-पद्धति भौतिकवादी सेक्यूलरिज्म है। दोनों मनुष्य की शान्तिकामी विशेषताओं यथा दया, करुणा, उदारता, कोमलता, प्रेम, सौन्दर्यबोध को कमजोरी मानते हैं और कर्मकामी विशेषताओं यथा साहस, संघर्षशीलता, परिश्रम, उत्पादन क्षमता को ही मानवीय गुण या सद्गुण मानने को तैयार हैं। दोनों की शासन-पद्धति, संस्कृति-चिन्ता और सामाजिक-दृष्टि भी बिल्कुल एक-सी है। दोनों की

क्षमता का आधार घृणा की तेज धार है जिसे नित्य प्रति खरशाण चढ़ाकर तेज करने के लिए कोई-न-कोई बहाना रोज बनाते रहते हैं। सबसे बढ़कर दोनों मानते हैं 'देह ही आत्मा' है। मेरा दृढ़ विश्वास है कि हरेक भौतिकवादी सेक्यूलरिस्ट अन्त में जाकर फासिस्ट हो जाता है और इसके विपरीत सच्चा आत्मवादी कभी भी फासिस्ट नहीं हो सकता। यही कारण है कि गाँधीजी डिक्टेटर होते हुए भी फासिस्ट नहीं थे, क्योंकि वे भौतिकवादी सेक्यूलरिस्ट नहीं थे। सेक्यूलरिज्म एक नकारात्मक सिद्धान्त है। गाँधी ने बड़े साहस के साथ अपने आप को आदि से अन्त तक ईश्वरवादी और आत्मवादी रखा। जैसे सच्चे 'असल-खून वाले' नाजी या कम्युनिस्ट का कर्तव्य है कि हरेक को जो उसके साथ नहीं, दुश्मन और श्रेणी-शत्रु माने, वैसे ही सच्चे ईश्वरवादी का भी कर्तव्य है कि सारे प्राणियों को 'अपना' समझे और सबसे समदर्शिता रखे। इन सारी समानताओं में एक समानता और जोड़ी जा सकती है कि दोनों ने क्रमशः दो विशिष्ट भारतीय प्रतीकों, स्वस्तिक और अरुण वर्ण को स्पर्श करके समान रूप से अपावन कर दिया। नाजीवादी तो इतिहास से गया। परन्तु यह कम्युनिज्म अपने चरम हिंसक और मानव विरोधी रूप में साठोत्तरी के अन्दर और अधिक व्यापक हो चुका है। इसके एक प्रसिद्ध नवीनतम दार्शनिक हाबार्ट मारक्यूज़ ने मार्क्सवाद और अराजकतावाद का अद्‌भुत सम्मिश्रण तैयार करके जिस नव्यमार्क्सवाद को दुनिया भर में बाँटा है उसके अनुसार हिंसा दो तरह की होती है। प्रतिक्रियावादी हिंसा, जो शासक या बुर्जुआ समाज क्रान्तिकारियों पर करता है। और, क्रान्तिकारी हिंसा, जो क्रान्तिकारी युवा अपनी ऐतिहासिक भूमिका अदा करने के लिए करते हैं। दोनों हिंसाओं को एक ही कसौटी पर नहीं आँका जा सकता और जो क्रान्तिकारी हिंसा का विरोध करते हैं वे भी प्रतिक्रियावादी और श्रेणी-शत्रु ही हैं। इस भ्रष्ट अवसरवादी तर्क का कोई युक्तिपूर्ण उत्तर नहीं।

अचानक मुझे स्मरण होता है कि मैं तरुण किरण का स्वागत करने बैठा हूँ और कर रहा हूँ कुछ और। यह तो मेरे पूर्वराग का क्षण है, कदम्ब-रोमांच का क्षण है, रोमांच-कण्टकित तन और पुलकित मन रहने का क्षण है। पर मैं तो राजनीति के बरसाती गोबर में घूम रहा हूँ। संसार में बरसात के सड़े पच-पच गोबर से बढ़कर और क्या कुत्सित होगा ? और सारी व्यावहारिक राजनीति इसी तरह का कर्दम है। अरे इससे तो अच्छा होता कि 'रामनाम' लेता; या हो सकता तो भौंहों के मध्य प्रस्फुटित कमल पर महाश्री कामेश्वरी का ध्यान धारण करने की चेष्टा करता; या और कुछ नहीं तो भिक्षुओं के इच्छा-रथ पर सवार होकर मोटे बैंक बैलेन्स और कार का स्वप्न देखता; या कोई और गन्धर्व नगरी रचता और बिगाड़ता। भगवान् की आद्या शक्ति सारे जगत् के मंगल के लिए निरन्तर सक्रिय है। मुझे सबेरे-सबेरे चिन्तित होने की क्या जरूरत है ? खैर, जो हुआ सो हुआ, अब मुझे कोशिश करनी चाहिए कि अपने देश के वर्तमान नेताओं के नाम या चेहरे इस अरुणोदय के पुण्य क्षण में स्मरण न हो जाएँ, अन्यथा

आज दिन भर दाना नहीं मिलेगा। यह सोचते ही एक दर्जन मानवाकार श्वापद-छवियाँ दिमाग में कौंध गयीं और मैं मर्माहत और क्षुब्ध-सा होने ही वाला था कि पूर्व में क्षितिज पर 'जवाकुसुमसंकाशं काश्यपेयं महाद्युतिम्' का महाअरुण-चक्र उद्घाटित होने लगा और मैं इस अपूर्व दृश्य को देखकर ग्लानिमुक्त और हलका अनुभव करने लगा। जैसे-जैसे अरुण-चक्र ऊपर उठता गया, मेरी आत्मा का तम-भार हलका होता गया, बुद्धि साफ होती गयी और मन उत्फुल्ल होता गया। मैंने अपने को भीतर-भीतर स्वच्छ और निरुज अनुभव किया। सूर्य सचमुच ही प्राण और उत्साह का स्रोत और सहचर है। यह 'सूर्योदय' हमारी बन्धुता का तीसरा पग रहा।

किलकते बच्चे जैसा प्रसन्न और साफ-सुथरा प्रभात। अरुणचक्र सामने है, परन्तु किरण अभी भी अदृश्य है। इसी अरुणचक्र के हृदय में वह छिपी हुई है। कुछ क्षण बाद ही इसके अंग-प्रत्यंग से प्रस्फुटित होकर सारी धरती पर छा जाएगी। स्मृति के मग्न चैतन्य में डूबा मेरा अन्नप्राशन-पूर्व का शिशु-बोध अचानक उतराता हुआ तल पर आ गया और किलक उठा—ओह, कितना अच्छा लाल-लाल है, तबीयत होती है कि इस चक्के को हाथ में ले लूँ और उलटूँ-पलटूँ; ओह तब कितना अच्छा लगेगा ! इतना बड़ा, इतना अच्छा लाल चक्का उलटने-पलटने में कितनी मौज है ! मैं ःीसी के उत्तरार्ध-द्वार खड़ा हूँ और अपने ही मन में अपनी शिशु-वार्ता सुनकर मुझे हँसी आ गयी। अब अरुणचक्र तेजी से चढ़ते हुए ऊपर आ गया है। अब उसका वर्ण अग्नि-भास्वर होता जा रहा है। चारों ओर साफ-सुथरा दिवस जन्म ले चुका है। हरेक चीज साफ-साफ नजर आ रही है। स्वरों और ध्वनियों का जुलूस चल रहा है। सारा जीवन, सारा मेला, पाशमुक्त होकर छूट भागने की ओर उन्मुख है। रात्रि की अन्ध कारा ढह चुकी है। चारों ओर चैतन्य है, सजगता है, तत्परता है, प्राण है, छवि है; उड़ते पंख, दौड़ते पग, रँभाते कण्ठ-स्वरों का अवतरण हो चुका है। मुझे कुछ-कुछ ऐसा अनुभव हो रहा है गोया अभी-अभी होमर की 'ओडेसी' समाप्त करके उठा हूँ। होमर के दो महाकाव्यों में 'इलियड' तमोगुणी रात्रि का काव्य है, क्रोध और मृत्यु की कविता है, सर्ग-प्रति-सर्ग, अनुच्छेद-प्रति-अनुच्छेद, गम्भीर झंकार के साथ ग्रीक नामों का उच्चारण होता है और रह-रहकर यह वाक्यांश टेक की तरह आता है : ''रात्रि का घोर अन्धकार आँखों में छा गया और आत्मा मृत्युलोक की ओर उड़ चली।'' तत्पश्चात् आता है 'ओडेसी', गृहागमन का काव्य, जो साहस, भय और अन्धकार के बीच, वरुणालय के मध्य भटकती यात्रा का गीत है। पर अन्त में हाँफता-तिरता, बेसुध-थका-अकेला नायक अरुणोदय का दर्शन करता है। दुःख की रात का अवसान हो जाता है। इसी से आलोचकों ने कहा है कि यह 'सूर्योदय का महाकाव्य' है, अथवा 'निशि अवसान का महाकाव्य' है। 'उषा की गुलाबी अँगुलियों' और 'प्रभात' का जिक्र रह-रहकर महाकाव्य में आता है। अपनी दुःख-निशा के अवसान-क्षण में वह समुद्र-तट पर बेहोश पड़ा है। प्रातः-किरणों से उसके मृतवत् शरीर में प्राण और स्फूर्ति का संचार होता है और आँख खुलते ही

देखता है तट देश की राजकुमारी नासिका को, और अंगूर की आदिगन्त हरी घाटी को जो प्रातः सूर्य-प्रभा में स्नान करके जगमगा रही है। 'ओडेसी' तथ्यतः एक महाकाव्य है, जिसका मूल स्वर है साहस और धैर्य। मुझे लगा कि क्षण भर के लिए मैं स्वयं नायक 'ओद्युसियस' (यूलीसिस) हूँ और यह किरण बान्धवी ही अनुकम्पा और प्रीति का स्रोत तट देश की उक्त राजपुत्री है। होमर के महाकाव्य में भी वह राजपुत्री नायक की बान्धवी ही रहती है, प्रेमिका, रति-सहचरी या पत्नी नहीं। मेरी इस तरुण किरण की ही तरह वह भी नायक को मुक्तहस्त होकर संगपरस-सुधा और मन की सहज कोमलता देकर उसमें पुनः धैर्य और साहस की प्रतिष्ठा करती है जिससे वह अन्तिम लक्ष्य, अपने गृह तक पहुँच सके।

अब मैं किरण-सप्तपदी के चौथे चरण में हूँ। सूर्य तप्त कांचनवर्ण हो चुका है और अब किरण धरती पर उतर आयी है। अब वह मेरे आंशिक सान्निध्य में है। अपनी सारी अदा, सारे नाजनखरे, विभ्रम, लावण्यनाट्य के साथ वह मुझ पर चारों ओर से छा जाना चाहती है। मुझे बड़ी मौज आ रही है। विधाता ने, जब मुझे वह रच रहा था तो मेरे अन्दर, भूल से या जान-बूझकर दो-चार मुट्ठी बुद्धि निकालकर उसकी जगह पर दो गिलास 'मन' या 'हृदय' ढाल दिया। फलतः कभी-कभी लोगों को भ्रम हो जाता है कि मुझमें बुद्धि नहीं, युक्ति नहीं, आपादमस्तक मन-ही-मन है। यों ऐसा होना मैं कोई बुरी बात नहीं मानता। सच तो यह है कि ऐसा होता तो मैं सुखी ही रहता, जैसे विहंग, फूल, मेघ और आकाश। पर ऐसा हुआ नहीं और मैं रह-रहकर रोमन सम्राट् स्तोइक दार्शनिक मारकस आरेलियस की तरह सोचने के लिए बाध्य हो जाता हूँ : "अफसोस, मैं एक मिट्टी की लाश अपनी आत्मा के चारों ओर वहन कर रहा हूँ। मैं तो आत्मा हूँ। यह जो मुझे चारों ओर से कैद किये है, वह मेरी देह, मेरी लाश है, और छिः इसे मैं निरन्तर ढो रहा हूँ।" इस रोमन सम्राट् की तरह मुझे भी अफसोस होता है कि केवल मन-ही-मन क्यों नहीं हुआ ? क्यों देह भी बन गया। यह देह तो मुझे सीमित करती है, सर्वत्र मेरा 'प्रवेश-निषेध' करती है, मेरे वचन-रमण-चलन में यह सर्वत्र बाधक है। यदि यह नहीं रहती तो मैं इस तरुण किरण की तरह धरती-आकाश सर्वत्र विचरण करता मन बनकर, मन के रथ पर सवार होकर। पर यह देह है, और देह की माँगें हैं जो बार-बार मेरे मनोमय रथ को जमीन पर पटक देती हैं।

मैं देह नहीं हूँ, मैं मन हूँ, मैं एक मात्र मन हूँ—बार-बार मेरे मन में यही बातें उठने लगती हैं। लगता है, किरण मेरे अंगों पर आलोक वर्षा कर रही है, मेरे रोम-रोम को बेधकर शरीर में प्रवेश कर रही है और सारा शरीर ही विद्युन्मय-चिन्मय होता जा रहा है। फिर लगता है कि किरण मेरे मस्तक के स्नायुओं के भीतर प्रवेश कर गयी है। लगता है कि यह कोई और किरण है। लगता है कि अपरा वाक् के चतुष्पाद सिंह, क्रिया-सर्वनाम-संज्ञा-विशेषण-रूप चतुष्पाद सिंह पर सवार 'वैखरी' विद्या ही नीलारुण, अरुणोदय, सूर्योदय और रश्मि-प्रवेश के चार पगों तक मेरे साथ-साथ चली

है, वही दृश्यमान स्थूलवाक् वैखरी, मेरे भीतर प्रवेश कर सूक्ष्म 'परा' रूप की ओर अग्रसर हो रही है। तो यह जो मेरे साथ-साथ चल रही थी, जिसकी मैं प्रतीक्षा कर रहा था वह प्रभात के काल-सिंह पर सवार विद्या ही थी, कोई ऐसी-वैसी किरण नहीं थी। अब रोम-रोम में प्रविष्ट कर गयी है, शरीर का चिन्मय रूपान्तर करने की चेष्टा में लग गयी है, मुझको देह-मुक्त करने और शतप्रतिशत मन के रूप में रूपान्तरित करने की चेष्टा में लग गयी है। अब पहचान में आ रही है कि ओह, यह तरुण किरण, यह पथ-सहचरी महा-विद्या ही है। अब भीतर-ही-भीतर तीन सूक्ष्म पगों की यात्रा करनी होगी। मध्यमा, पश्यन्ती और परा रूपों में यह स्तर-प्रति-स्तर मेरे साथ चलेगी। इसका जो रूप क्रिया- सर्वनाम-संज्ञा-विशेषण द्वारा व्यक्त होता है, जिस रूप के टुकड़ों से मैं अपने अस्तित्व की 'विभक्तियाँ' देकर सन्दर्भ-रचना अर्थात् वाक्य-रचना करता हूँ वह तो अपरा का वैखरी रूप था, स्थूल वाक् था। पर अब जो अनुभव होगा उसमें भाषा असमर्थ हो जाएगी। यह अकथ की स्थिति होगी। पहले-पहल आएगी स्वप्नाविष्ट भाव-दशा; जिसमें अनुभव होगा, मेरी देह नहीं; मन में मेरा रूपान्तर हो चुका है और मैं गन्धर्वों के नगरों के ऊपर विविध मानस-लोकों में तैर रहा हूँ। साथ में चल रही है मेरी किरण सहचरी, जिसका 'मध्यमा' में रूपान्तर हो चुका है। और; उस 'मध्यमा' विद्या का हाथ पकड़कर मैं विद्याधर पुरुष-सा आकाश विहार कर रहा हूँ। तदनन्तर मैं और वह विद्या हम दोनों सप्तावरणों की ऊर्ध्व यात्रा में उठते-उठते एक ऐसे बिन्दु पर पहुँचेंगे ज़हाँ हमारी द्वैत स्थिति समाप्त हो जाएगी, हमारा परस्पर एकीकरण हो जाएगा। न केवल हम दोनों का ही बल्कि सम्पूर्ण विश्व-अनुभव के साथ ही हम दोनों का एकीकरण हो जाएगा और तब यह होगी 'पश्यन्ती' अवस्था। और इसके बाद सप्ताचरणों को बेधते ऊर्ध्वतम स्थिति में नाम रूप व्यक्तित्व आदि से मुक्त, निर्विशेष अनुभव-प्रवाहरूप हम दोनों परममन में अन्तर्भुक्त हो जाएँगे, या विश्व-मन के साथ अंगीभूत होकर 'एक' हो जाएँगे—एक 'परा' अनुभव या 'पराविद्या' के रूप में। यह स्थिति अगम नहीं, इसका क्षणिक अनुभव मैं अपनी किरण-बान्धवी के साथ तो रोज करता ही हूँ। पर यह स्थिति अकथ है, कथन की गति से परे है, यह अनुभव के दर्पण में प्रतिबिम्बित है, पर भाषा की मुट्ठी में वह प्रतिबिम्ब नहीं पकड़ाई देता। प्रतिबिम्ब स्वयं देखा जा सकता है, पर उसे पकड़कर हाट-बाजार में वितरित नहीं किया जा सकता, चाहे वह काव्य-साहित्य की ही हाट क्यों न हो। यही भाषा-जीवी पुरुष की असमर्थता है।

मैं और उत्तरफाल्गुन के प्रभात की प्रथम किरण—हम दोनों इस प्रकार प्रातःकाल में सात पग साथ-साथ चलते हैं। प्रथम चार पगों को वैखरी के स्तर पर देख-सुन और दिखा-सुना सकते हैं, पर शेष तीन पग परा-वाक्य के सूक्ष्म, सूक्ष्मतर, सूक्ष्मतम मण्डल में घटित होते हैं और यह महाअनुभव दृश्याकाश और शब्दाकाश से परे है। मैं और मेरी किरण सहचरी—हम दोनों इस प्रकार यह सप्तपदी इस वसन्तागम के महालग्न

में प्रतिदिन पूरी करते हैं। इस समय मरी-सूखी घासों के भीतर नये अंकुर फूट रहे हैं; चारों ओर हरीतिमा का जन्म हो रहा है; नये पत्ते, नये कोचे, नये टूसे, नये गुम्फ चारों ओर पनप रहे हैं। लगता है, धरती के भीतर मसीहा ने साँस लेना शुरू कर दिया है। वसन्तागम के समय धरती के भीतर, जिस मसीहा की इस धरती के आध्यात्मिक वन्ध्यापन को दूर करके हरीतिमा-संकुल बनाने के लिए परम पिता द्वारा बलि दी गयी थी, उस मसीहा का शव साँस लेने लगता है, और इसका फल होता है धरती पर हरीतिमा तथा पुष्पों का आगमन। तब इक्कीस मार्च के बाद आनेवाले रविवार को मसीहा का चिन्मय शरीर धरती फोड़कर आकाश में चला जाता है। और हम उस दिन को ईस्टर कहते हैं और घटना को 'रिसरेक्शन' या 'बन्धन-मुक्ति' ! ईस्टर आ रहा है। पर मसीहा की साँस के असर से धरती अभी से पुष्पिता हो उठी है। चारों ओर रूप, गन्ध और गान हैं। ऐसे अवसर पर हमारी सप्तपदी की अनुभव-यात्रा घटित होती है। मेरे मित्र कहेंगे, यह सब दर्पण-बिम्ब को चुम्बन करने जैसा ही मिथ्या है। पर क्या सारी सृष्टि ही माया-दर्पण नहीं है ? क्या सारे सृष्टि-व्यापार दर्पण-बिम्ब की सीमा तक ही सत्य नहीं हैं ? तब...?

# मायावी शिखरों के प्रेक्षागृह

घोर व्यक्तिवाद अपने अतिशय उत्कर्ष के क्षणों में पथभ्रष्ट मसीहा बन जाता है। वह अपने ऐबनार्मल मन की स्वाद-रुचियों पर दार्शनिक मुखौटा चढ़ाता है। वह पीड़ा-रस एवं व्याधि-भोग का आदर्श स्थापित करता है। उसके पैगम्बरी फतवे के अनुसार व्याधि ही ऋत है, व्याधि ही अमृत है, व्याधि ही नयी भूमा है—नयी 'डोलोरसा'[1] है। टॉमस मान के प्रसिद्ध उपन्यास 'मैजिक माउण्टेन्स' में इस नयी भूमा को पान करके दिन काटनेवालों की मिथ प्रस्तुत की गयी है। इस उपन्यास में 'कथा' नहीं बल्कि एक 'स्थिति' व्यक्त की गयी है। स्विस शैलमालाओं के बीच 'देवास' नामक स्थल पर स्थित एक स्वास्थ्य-केन्द्र है जो बाह्य जगत् से सामाजिक, मानसिक, भौगोलिक एवं आत्मिक दृष्टि से बिलकुल अलग कटा हुआ है। इस द्वीपनुमा एकान्तस्थिति के जीव अपने अन्तराल की रिक्तता को भरने के लिए जब कुछ नहीं पाते हैं, तो व्याधि को ही अद्वितीय रस मानकर पान करने लगते हैं और तृप्त रहते हैं।

हैन्स कास्तार्प जहाजी इंजीनियरिंग पास करके सिर्फ तीन हफ्ते के लिए इन मायावी 'देवास'-शिखरों पर आता है। पर वह अपनी सारी छटपटाहट एवं अन्तर्द्वन्द्व के बावजूद कजरी वन में फँसे तपभ्रष्ट योगी की तरह इस ऊर्णनाभ-जाल से बाहर नहीं जा पाता है। निकलता है सिर्फ मरने के लिए, जब महायुद्ध के वज्रनिपात से मायावी शिखरों की दीवारें फटकर धराशायी हो जाती हैं, सारा जादू खत्म हो जाता है। प्रारम्भ में जब युवा रक्त में व्याधिरस के कीट नहीं घुस पाये हैं, वह सोचता है : सिर्फ तीन हफ्तों की ही तो बात है। पर सप्ताह बीतते वह इन रस संस्कारों की दीक्षा पा जाता है। जबान के नीचे थर्मामीटर, मन पर किसी काल्पनिक रोग का आरोपित भय, दिल में किसी रुग्ण, पर लावण्यमयी छोकरी की तसवीर। रुग्ण मन, रुग्ण सौन्दर्य, रुग्ण प्यार। ग्रीकों जैसा मुक्त पंजाबी चुम्बन नहीं, केवल छिपा-छिपा दृष्टि-स्पर्श। फिर अन्तर्हित आत्मा का विखण्डन। प्रेम-ज्वर। और अन्त में टूटा हुआ व्यक्तित्व एवं ठण्डी मृत्यु।

---

1. डोलोरसा : 'वेदना की गली', अर्थात् येरूशलम की वह महातीर्थस्वरूपा गली जिससे होकर सलीब वहन करते हुए यीशु को वध-भूमि ले जाया गया।

यह एक ऐसी सलीब है कि एक बार अति हलका स्पर्श हो जाने पर भी यह फैली बाँहों में हमें समेट लेती है। क्रूर, पर खूबसूरत, आक्टोपस !

हैन्स कास्तार्प से मानववादी सेतेम्ब्रिनी कहता है : ''ओ हो, ऐसा ? तब तुम हम लोगों में नहीं हो ? केवल मेहमान हो, तीन सप्ताह के लिए। जैसे ओदेसियस मृतात्माओं के देश में उतरा था। पर हो बहादुर कि मृतात्माओं के इस अन्धकारमय लोक में आने का साहस कर लिया !''

सेतेम्ब्रिनी इस समग्र स्थिति में मानववादी दृष्टिकोण का प्रतिनिधित्व करता है। वह एक जागरूक आत्मा है जो देवास के जाल में आकर पस्त हो गयी है। वह कास्तार्प से वर्जिल और काफ़्का की चर्चा करता है, शैतान की महिमा गाता है और स्वास्थ्य-केन्द्र के अधिकारियों के बारे में बताता है। एक तो है होफ़ात बेहरीन जिसे वह 'अश्वमुख चित्रगुप्त'[1] कहता है। यह हयग्रीव अपनी अँधेरी चिकित्साशाला में बैठकर एक्स-रे मशीन के सामने सभी को व्याधिमन्त्र की दीक्षा देता है। दूसरा है क्रोकव्हस्की जो मनोविश्लेषक है। इस प्रकार शरीर और मन दोनों की चिकित्सा होती है जिससे आत्मा नाम की वस्तु न तो शरीर की श्रीकान्ति में रहे और न मन के किसी कोने में छिपी रह जाय। अपनी आत्मा, अपने पौरुष के गुण एवं अपना हृदय सब कुछ इन्हें बेचकर शून्य अन्तराल और पस्त-हिम्मत व्यक्ति इसी को अपना घर मान बैठता है। व्याधि के प्रति घोर आकर्षण यहाँ के वातावरण में ऐसा व्याप्त है कि कई लोग यहाँ से छूट जाने पर भी दूसरा बहाना बनाकर फिर आ जाते हैं।

मुश्किल से एक दिन बीतता है। पहले दिन ही मदाम शोशा से उसकी भेंट हो जाती है। साधारण चेहरे-मोहरे की महिला—जिसकी आँखें अवश्य जानी-पहचानी लगती हैं। कहाँ मिली थी ? हाँ, बचपन में उसका दोस्त हिप्पी याद आया। ठीक ऐसी ही खिरगीज आँखोंवाला हिप्पी, जिसके आकर्षण में वह बुरी तरह फँसा था। पर सब कुछ अव्यक्त रहा—दमित वासना मात्र। सिर्फ एक बार काँपते स्वर में महज पेन्सिल माँगी थी। वे ही आँखें हैं। इस तरह एक दिन बीता। कास्तार्प कहता है, ''ओ ईश्वर, ऐसा लगता है कि एक दिन नहीं एक युग बीता।'' सेतेम्ब्रिनी समझाता है, ''देवास में कालचक्र बँधा कैद पड़ा है। वह प्रवाहशील नहीं। हम समय को दिन-हफ्तों में नहीं, वर्षों में गिनते हैं।''

आठवें दिन कास्तार्प की बेहरीन द्वारा शरीर-परीक्षा होती है और दूसरे दिन थर्मामीटर का क्रॉस उसे पकड़ा दिया जाता है। दीक्षा समाप्त। शय्या में हफ्तों पड़े रहने का आदेश। उठना नहीं, घूमना-फिरना नहीं। फिर सेतेम्ब्रिनी 'मान न मान, तेरा मेहमान' बनकर शय्या के पास उपदेश कर जाता है कि 'भागो यहाँ से, तोड़ो यह मानसिक

---

1. रादामान्थस : जो ग्रीक मिथकों के अनुसार यमलोक के अन्दर प्रत्येक मृतात्मा के कर्मों का लेखा-जोखा रखता है और उसके अनुसार उनकी व्यवस्था करता है। यह ज्यूपीटर और यूरोपा का पुत्र है।

इन्द्रजाल'। वह कहता है, "तुम्हारी ही तरह सभी नौजवान यहाँ एकाध हफ्ते के लिए आते हैं, पर छह मास बाद जिन्दगी उन्हें भुला देती है वे इसी को घर मानने लगते हैं।" आगे चलकर सेतेम्ब्रिनी अपनी मृत्यु की फिलासफी प्रस्तुत करता है, "इंजीनियर, मृत्यु केवल एक ही अर्थ में श्रद्धा की वस्तु है। एक ही रूप में वह उदात्त लगती है, वह है मृत्यु को जीवन से संयुक्त मानकर देखना। मृत्यु जो भावी जीवन का आधार बनती है, नमन और उपासना की पात्र है। पर जीवन से रहित यह प्रेत है, ऊल-जलूल है, भद्दी और कुरूप है।" मानववादी दर्शन में मृत्यु के इसी उदात्त रूप की पूजा की गयी है। पर व्याधिरस-लोभी बुर्जुआ रुचि के गलित स्तर में यह कैसे अनुभूत होगी !

शैया से प्रथम बार निकलने पर भी सेतेम्ब्रिनी नायक को इस सर्सी के देश से भाग जाने को कहता है। ओदेसियस[1] सर्सी के मायादेश में गया था। वह 'हीरोइक' युग का व्यक्ति था। बुर्जुआ युग की सन्तान तो सर्सी का शिकार भर बनेगी। "आत्मा पहले कोंचती है। फिर हारकर चुप हो जाती है। और शरीर के दावे के सामने परास्त हो जाती है। इंजीनियर ! क्या तुम्हारी आत्मा में वह कोंच, वह शक्ति अब भी बाकी है ?"

इसके बाद मृत्यु का नृत्य। लोग-पर-लोग मरते हैं। फिर क्रिसमस का त्यौहार। आश्चर्य, मरण किसी को चोट नहीं पहुँचाता। चेतनाहीन संवेदनहीन जड़ीभूत मन पर मृत्यु की कोई चाँप, कोई छाप नहीं उभर पाती है। फिर प्रकाश-रात्रि का त्योहार आता है। प्रकाश-सज्जा और लालसापूर्ण नृत्य। पर सब-कुछ पर एक पीत जर्द-जर्द आभा छायी हुई है। यहाँ लालसा का मुँह उदास है, पर आँखें चढ़ी हैं।

इसी रात को नृत्यशाला के एक कोने में नायक मदामक्लावदिया शोशा से प्रथम सम्भाषण करता है। अब तक वह छिप-छिपकर देखता रहा। आँख-से-आँख मिलती रही। क्रोकव्हस्की के भाषण के दौरान वह सामने बैठी शोशा के कन्धों, उँगलियों और अंग-प्रत्यंग पर मन की सारी भाव-कला बरसाता रहा। आज पहली बार काँपती आवाज में पेंसिल माँगता है। बन्धन खुलता है और प्रणय-निवेदन व्यक्त होता है। मदाम सोवियत महिला है। वह हँसकर इसे 'बुर्जुआ प्यार' कहती है। ऐसे प्यार में नवयुग की झलक नहीं। इसमें एक व्यक्ति दूसरे को अपनी 'स्व' की परिधि में जन्म-कैद देने की चेष्टा करता है। नायक के बालों को मदाम एक बार सहलाती है। और इससे अधिक कुछ नहीं। दूसरे दिन मदाम चली जाती है। नायक को अपनी एक एक्सरे-छवि देकर। मदाम का पति किसी सोवियत प्रान्त में अफसर है, और वह कभी-कभी उससे भेंट करने

1. 'ओदेसी' की कथा का एक प्रसंग। ओदेसियस समुद्रमार्ग में पथ भूलकर सर्सी के मायालोक में चला गया, जहाँ यह अप्सरा प्रत्येक नवागन्तुक को अपनी कामलिप्सा की पूर्ति के लिए किसी पशु में परिवर्तित कर देती थी। ओदेसियस (युलीसिस) ने इस माया का प्रतिकार करके सर्सी को प्रेम-दान दिया, फिर उसके बताये मार्ग पर यात्रा प्रारम्भ की, मृतात्माओं के लोक की ओर।

जाती है। शेष जीवन यूरोप के स्वास्थ्य-केन्द्रों और होटलों में। पति-पत्नी एक-दूसरे से सहानुभूति और 'सोवियत प्यार' रखते हैं ! इतना काफी है।

इसी बीच एक अन्य व्यक्ति आता है। यह जेसुइट ईसाई दार्शनिक नेफ़था है जो सेतेम्ब्रिनी का प्रतिद्वन्द्वी बन जाता है। कास्तार्प की आत्मा को दीक्षित करने के लिए अब त्रिकोणात्मक संघर्ष चलता है। बेहरीन और स्वास्थ्य-केन्द्र का वातावरण, मानववादी सेतेम्ब्रिनी और ईसाई फासिस्ट नेफ़था; और बीच में युवक कास्तार्प की अधपकी कच्ची आत्मा। सेतेम्ब्रिनी रिनेसाँ का पुजारी है, तो नेफ़था चर्च-फादर्स के फार्मूले पर आधारित 'सिटी ऑफ गॉड' के मॉडल पर भरोसा करता है। पर नेफ़था के विचार उलझे, गड्ड-मड्ड हैं। वह कम्युनिस्ट क्रान्ति को ईसाई सत्य का एक रूप मानता है। उसका रक्तपात में विश्वास है। वह प्रोलेतारियत क्रान्ति में ग्रेगरी द ग्रेट (पोप) की आत्मा देखता है। ग्रेगरी ने कहा था : "सत्य-प्रेरित हाथ की तलवार नहीं रुक सकती !" अर्थात् ईसाई फ़ासिज्म !

बेचारे कास्तार्प की नन्ही-मुन्ही आत्मा पर ईश्वर-शैतान की तरह संघर्षशील सेतेम्ब्रिनी और नेफ़था दोनों का प्रभाव पड़ता है। उसका मन और चिन्तन दोनों विस्तृत और स्फीत होने लगते हैं। थर्मामीटर शोशा की खिरगीज आँखों के बाद यह बुर्जुआ बौद्धिकता ! अन्तर्मन की रिक्तता भरने के लिए तीसरा साधन जो पहले दोनों की ही तरह अर्थहीन और मूल्यहीन है। अपने एक उपन्यास 'पतन' (द फाल) में कामू का कथन है कि आधुनिक व्यक्ति की दो ही लालसाएँ हैं : बौद्धिकता और नग्न कामुकता। एक दिन नेफ़था सेतेम्ब्रिनी को द्वन्द्व के लिए ललकारता है। सेतेम्ब्रिनी की बारी पहले आती है। उसका मानववाद उसे हवा में फायर करने के लिए प्रेरित करता है। निर्लक्ष्य फायर के बाद सेतेम्ब्रिनी छाती तानकर खड़ा हो जाता है। नेफ़था का अन्तर्मन पराजित-सा हो जाता है और वह मारे लज्जा के आत्मघात कर लेता है। मानववादी विश्वास जीत जाता है।

दोबारा शोशा आती है। इस बार एक नये वृद्ध प्रेमी के साथ। मरने से पहले वृद्ध और कास्तार्प में घोर मित्रता स्थापित हो जाती है और ग्रन्थि बनती है शोशा के प्रति दोनों का प्यार। इस बार शोशा से कास्तार्प को एक गहरा चुम्बन मिलता है। वृद्ध मर जाता है। शोशा फिर कास्तार्प को प्यार करती हुई उसके बालों को सहलाकर उसके प्यार को 'बुर्जुआ', 'हीरोइक', 'व्यक्तिमुखी' कहकर चली जाती है। जरमन युवक और रूसी संस्कारोंवाली खिरगीज प्रेमिका। बात इससे आगे कैसे बढ़े ?

देवास में कभी प्लैंचेट, कभी प्रेत-आह्वान, कभी रुग्ण प्यार और समय-समय पर मृत्यु—यही क्रम नीरस ढंग से चलता रहता है। अचानक रणसिंघे गरज उठते हैं। जरमनी का मुँह तमतमा उठता है और जरमन युवक कास्तार्प इस मायावी शिखर की माया को काटकर युद्ध में भरती होता है तथा एक मोरचे पर, गोली खाकर नहीं, कमजोर फेफड़े से खून फेंककर मर जाता एक स्वस्थ युवा, एक हँसमुख युवक, एक इंजीनियर

हलका-हलका मौसमी बुखार लेकर आता है, (जो बाहरी जगत् के कर्मशील जीवन में एक हफ्ते बाद ही ठीक हो जाता) और व्याधि-विलास के चक्र में ऐसा फँस जाता है ! और इस प्रकार उसका अन्त होता है—'अनहीरोइक' साधारण अन्त।

उपन्यास में तीन बिन्दु-युग्मों को स्पष्ट रूप से उपस्थित किया गया है : प्रेम बनाम व्याधि, मृत्यु बनाम जीवन और मानववाद बनाम ईसाई फ़ासिज्म। बुर्जुआ-मध्यवर्गीय संस्कृति में प्रेम का आदर्श क्लासिकी (हेलेन) या रूमानी (बीट्रिस) आदर्श से भिन्न रहता है। यहाँ प्रेम मूलतः काम-ईहा है। प्रेम में ईहामृग—भेड़िये के संस्कार रहते हैं। वह या तो 'सिडक्शन' है नहीं तो 'रेप'। इसकी अतल गहराइयों का व्याख्याता आधुनिक मनोविज्ञान है। मनोविश्लेषक क्रोकव्स्की कहता है, "दमित वासना या अज्ञात प्रेम किस तरह की नकाब पहनकर सामने आता है ? व्याधि की। व्याधि के लक्षण ही प्रेम की महाशक्ति के प्रस्फुटन हैं। प्रेम ही रूप परिवर्तित करके व्याधि बन जाता है !" कास्तार्प के अतल मन में किशोर—'ब्यॉय'-प्रेमिका ( ! ) हिप्पी की आँखें गड़ी हैं। शोशा की आँखें देखकर वही संस्कार व्याधि के रूप में फूटता है। प्रकाश-रात्रि की नृत्यशाला में सम्भाषण से पूर्व उसी प्रातः को वह शोशा की नग्न भुजलता को देखता है और उनकी श्वेत लुनाई तथा आकर्षण को देखकर क्षणमात्र के लिए संज्ञा खोता हुआ-सा ज्ञात होता है। इन बाँहों की वह कल्पना महीनों से कर रहा है। दोनों एक ही मेज के अन्तर पर बैठते हैं, पर दोनों में कोई वार्तालाप नहीं। कास्तार्प का प्यार यदि स्वस्थ होता तो वह आँखों से ही अपनी कथा कहकर शान्त नहीं होता। वह निर्भीक होकर मिलता। पर यह प्यार नहीं व्याधि था, जो क्षयकीट की तरह उसके अन्दर घुस आया था।

व्याधि दैहिक उत्तेजना है ! उत्तेजना अर्थात् दर्द। सारा दैहिक सुख ही 'दर्द' है ! यह दर्द काम-प्रेरित होता है। या यों कहें यह काम-भावना का ही बिगड़ा बीभत्स रूप है। व्याधि मात्र भौतिक कभी नहीं होती है। यह मानसिक प्रक्रिया का दैहिक प्रस्फुटन है। [साथ ही कभी-कभी उलटी प्रक्रिया भी होती है ! पर प्रायः अदैहिक (कामना, वासना) से दैहिक (व्याधि या स्वास्थ्य) में परिवर्तन ही देखा गया है।] टॉमस मान की एक प्रसिद्ध कहानी है 'ब्लैक स्वान' (काला हंस)। उसमें भी इसी बिन्दु-युग्म को उपस्थित किया गया है। एक अधेड़ महिला एक नवयुवक से प्यार करती है। वह स्वयं को सृजन में असमर्थ पाती है। पर कामना की तीव्रता के कारण ढली उम्र में भी उसमें 'पुष्पिता' होने के लक्षण रक्तस्राव आदि प्रकट होते हैं। पर तीव्र कामना को बरदाश्त करने लायक शरीर न होने की वजह से वे लक्षण सृजन-सामर्थ्य के न होकर भयंकर व्याधि के सिद्ध होते हैं। यह क्रिया नहीं, बल्कि प्रतिक्रिया है। स्वस्थ नवयुवती में क्रिया-रूप व्यक्त होकर यह 'पुष्पिता' के लक्षण होते, पर अधेड़ में यह कामना अपने प्रतिक्रियात्मक रूप, व्याधि, में प्रकट होती है।

कामवृत्ति और शरीर—दोनों पर टॉमस मान ने अपनी मानववादी दृष्टि को सेतेम्ब्रिनी

द्वारा व्यक्त करवाया है। एक बार सेतेम्ब्रिनी 'शरीर' की निन्दा में कहता है, "मालूम है इंजीनियर, प्लाटिनस कहा करता था कि वह सिर्फ आत्मा ही आत्मा है और उसे शरीर के इस खोल को देखकर शर्म लगती है। एक बार मेरी आत्मा ने भी रुग्ण शरीर की माँगों के खिलाफ प्रतिवाद किया था, पर मैंने ध्यान नहीं दिया। यदि तुममें यह प्रतिवाद जीवित है, तो जल्दी भागो इस देवास से।" रिनेसाँ को, जिसमें शरीर को प्यार एवं श्रद्धा की वस्तु बताया गया है, आदर्श माननेवाले सेतेम्ब्रिनी के मुँह से शरीर की निन्दा सुनकर कास्तार्प को आश्चर्य होता है। सेतेम्ब्रिनी अपनी बात आगे चलकर साफ करता है, "हम मानववादी शरीर की प्रतिष्ठा या आराधना तभी करते हैं जब शरीर में मुक्ति, विचार-स्वातन्त्र्य, सौन्दर्य एवं आनन्द की महिमा पाते हैं। पर जब शरीर प्रकाश की गति अवरुद्ध करने लगे—व्याधि, मृत्यु, ह्रास एवं गलित जीवन, लज्जा और कामईहा का स्रोत बन जाता है तो बुद्धि इसे अस्वीकार कर देती है और मानववादी इससे घृणा करने लगता है।" (ऐसे स्थलों पर लगता है कि टॉमस मान के अन्दर का उपन्यासकार नहीं बल्कि महाकाव्यकार बोल रहा है।)

मृत्यु और जीवन का बिन्दु-युग्म प्रेम-व्याधि-युग्म से सम्बन्धित है क्योंकि दोनों का माध्यम शरीर है। सेतेम्ब्रिनी देवास के स्वास्थ्य-केन्द्र की तुलना सदैव मृतात्मा के अन्धकारमय लोक से करता है जहाँ जीवन की मृत छायाएँ ही रहती हैं। उसके अनुसार केवल 'हीरोइक' युग के मानव हेराक्लीज, युलीसिस (ओदेसियस) या एनीयड ही वहाँ से जाकर लौट सकते हैं। क्षुद्र बुर्जुआ संस्कृति की क्षुद्र सन्तान इतना दुस्साहस कैसे कर सकती है ? उन्हें तो एक बार इसके सिंहद्वार से घुसने पर फिर सारी आशाओं को त्याग देना है !

स्वामी विवेकानन्द ने कहा था, "मृत्यु की उपासना करो। घोर शिव से एकाकार हो जाओ। खड्ग को कण्ठ से लगा लो।" यदि मृत्यु की उपासना जीवन की किसी बड़ी बाजी को जीतने के लिए हो तो वह 'हीरोइक' है। ऐसी मृत्यु हमारी उपासना का पात्र है। इसकी करालता के भीतर ही जीवन का सगर्व शक्तिमान् अंकुर फूटेगा। पर व्याधि-रस का आस्वादन करनेवाले अन-हीरोइक, बुर्जुआ मनुपुत्रों की मृत्यु की उपासना जीवन से अलग, कटी हुई, एक प्रेतपूजा मात्र है। अतः कुत्सित है, हेय है, अशुभ है, गलित है। पीड़ा और मृत्यु—दोनों को जीवन की महिमा का साधन बनाया जाय, तो वह उपास्य है। जैसे मसीहा या चन्द्रशेखर आजाद के केस में। पर जो पीड़ा जीवन को महिमान्वित नहीं करती, जिसके द्वारा जीवन का तेज जन्म नहीं लेता, वह गर्भपात-सुख है ! पीड़ा जीवन का सबसे बड़ा सत्य है। सेतेम्ब्रिनी बताता है कि इसी पीड़ा की एनसाइक्लोपीडिया तैयार करने का प्रयत्न मानववादी पण्डितों द्वारा हो रहा है (सेतेम्ब्रिनी भी उसका एक सम्पादक है) जिससे पीड़ा के विविध रूपों को ऊर्ध्वकामी संस्कारों की जननी बनाया जा सके।

सारे उपन्यास के बौद्धिक ढाँचे में मानववादी जीवनदर्शन की ही स्थापना की गयी

है। टॉमस मान स्वतः मानववादी—'ह्यूमनिस्ट' है। मानववाद के साथ दो मानव-विरोधी पक्ष उपस्थित किये गये हैं। एक तो है व्यक्तिप्रधान संस्कृति का गलित जीवनधर्म। दूसरा है ईसाई आतंकवाद। जेसुइट फादर नेफ़था इसी ईसाई आतंकवाद का प्रतीक है जो अन्त में अपने अन्तःकरण की पराजय के कारण आत्मग्लानि से स्वतः मर जाएगा। नेफ़था मसीहा की उस आवाज का ही समर्थक है जो बोलती है, ''मैं पड़ोसी के लिए प्यार नहीं लाया हूँ, तलवार लाया हूँ। मैं बाप को बेटे से, पति को पत्नी से, भाई को भाई से अलग करा दूँगा।'' नेफ़था का आदर्श है पोप ग्रेगरी द ग्रेट जिसने शस्त्रबल से राजशक्ति को दबाकर चर्च का आतंक ऊँचा किया। (फल हुआ, ईसाई चर्च का रोमन साम्राज्य के एक जर्द शुष्क संस्करण में बदल जाना—वस्तुतः वह ईसाई रहा ही नहीं।) नेफ़था को ग्रेगरी की आत्मा प्रोलेतारियत क्रान्ति में दिखाई देती है और प्रोलेतारियत समाजवाद में वह ईश्वर-राज्य की स्थापना का स्वप्न देखता है, यह एक प्रकार का फासिस्ट समाजवाद है, जो मध्ययुगीन क्रिश्चियन आदर्शों पर आधारित है। नेफ़था का यह 'कमिटमेण्ट' एक भयंकर फैनेटिसिज्म पर खड़ा है जिसके लिए हिब्रूशाखा से उत्पन्न सारे धर्म बदनाम हैं। उपन्यास के अन्त में इस जीवन-दृष्टि की पराजय नेफ़था के ग्लानिमय आत्मघात द्वारा प्रदर्शित की गयी है।

टॉमस मान ने इस उपन्यास की रचना-प्रक्रिया पर स्वतः प्रकाश डाला है। वह अपनी बीमार पत्नी से मिलने एक ऐसे ही टी. बी. अस्पताल में गया। डॉक्टरों ने उसकी भी परीक्षा करके छह मास के लिए ठहरने को कहा। पर वह तीन सप्ताह रहकर वहाँ से भागा और इन तीन सप्ताह की अनुभूतियों के आधार पर इस उपन्यास 'मैजिक माउण्टेन्स' को लिख मारा।

टॉमस मान ने एक कहानी लिखी है 'डेथ इन वेनिस'। इसमें प्लाट नहीं है। एक अधेड़ उम्र का लेखक पहले-पहल अपने नगर से बाहर जाता है पर्यटन-रस के लिए। वेनिस में एक खूबसूरत लड़के पर, जिसकी माँ बगल के कमरे में ठहरी है, आसक्त हो जाता है। यह आसक्ति आँखों की सक्रियता से अधिक नहीं जाती, पर अन्तराल को मथती रहती है। वह लड़के का हर जगह पीछा करता है, पर एक शब्द भी मारे भीरुता के कहता नहीं। समुद्रतट पर खेल में दूसरे लड़के उसके शरीर को निर्दयतापूर्वक मरोड़ते हैं, इसे देखकर (जो बालक्रीड़ा की स्वाभाविक-सी घटना है) उस लेखक का दिल तड़प जाता है और वह 'शॉक' को बरदाश्त नहीं कर पाता है। वहीं मृत्यु हो जाती है। मान ने स्वतः कहा है, "Death in Venice' portrays the fassination of Death-idea, the triumph of drunken disorder over the forces of life consecrated to rule & discipline. In 'Magic Mountains' the same theme is humoursly treated." 'डेथ इन वेनिस' की कथा तो कुछ नहीं है, फिर भी प्रक्रियाओं और अनुभावों का 'डिटेल' इसे पचास-साठ पृष्ठों की कहानी बना देता है। इसी प्रकार 'मैजिक माउण्टेन्स' में भी कोई विशिष्ट कथा नहीं। प्रेम निष्क्रिय और अव्यक्त तथा

एकाकी रहता है। कोई घटना ही नहीं घटित होती। केवल एक 'स्थिति' का चित्र है। भावात्मक और बौद्धिक संघातों का चित्र है। इससे अधिक नहीं। पर टॉमस मान विस्तार देने की कला का माहिर है। 'जोजेफ' की कथा बाइबिल के एक दर्जन पृष्ठों में है, पर टॉमस मान ने विशाल-विशाल चार भागों में महाकाय उपन्यास तैयार किया है। इसी तरह 'मैजिक माउण्टेन्स' भी सात सौ पृष्ठों का उपन्यास है। आधुनिक दर्शन, विज्ञान एवं साहित्य की बौद्धिक पृष्ठभूमि में मानसिक संघात बड़ी ही बारीकी से व्यक्त किये गये हैं।

समस्त उपन्यास में सेतेम्ब्रिनी एक जागरूक आत्मा है। पर यह जागरण निगड़बद्ध है। प्रेत का जागरण है। जब वह मानववादी चिन्तन और जीवन की महिमा का व्याख्याता बनता है तो टॉमस मान का अपना स्वर उसमें बोलता है। अन्यथा वह भी उसी ऊर्णनाभ-शृंखला से बद्ध एक दीन प्राणी है जिसके खण्डन में वह अपनी समूची तर्कशक्ति लगा देता है। यह शायद सेतेम्ब्रिनी का ही प्रभाव है कि कास्तार्प मृत्यु और व्याधि का प्रशिक्षण लेते हुए भी मृत्यु और व्याधि को अपना मन सम्पूर्णतः नहीं बेचता। 'डेथ इन वेनिस' का नायक, जिसकी आसक्ति मृत्यु-वृत्ति का ही प्रतिरूप है, इस मृत्यु-वृत्ति को अपना मन और अपनी आत्मा बेच देता है। पर कास्तार्प अन्त तक इस आसक्ति को (जो हिप्पी, शोशा और व्याधि तीनों के आलम्बन से प्रस्फुटित होती हुई भी एक ही है) अपनी आत्मा नहीं बेचता। महायुद्ध का वज्रनिनाद सुनकर वह घेरा तोड़कर बाहर आ जाता है वीरगति की आकांक्षा से। घेरे के भीतर भी उसकी प्रज्ञा सत्य पा जाती है। शोशा जो व्याधि और मृत्यु-वृत्ति का आलम्बन थी, गुरु बनकर एक्स-रे चित्र को देकर सत्य व्यक्त कर जाती है। रह जाता है मन में एक आभास, एक कोमल स्पर्श—टेण्डरनेस ! इस तरह कास्तार्प एक 'अनबिकी आत्मा' अन्त तक रह जाता है, जबकि 'डेथ इन वेनिस' के नायक-लेखक की आत्मा शैतान खरीद लेता है।

वास्तव में कास्तार्प 'फास्ट' का ही एक रूप है। रूप नहीं प्रतिरूप—'ऐण्टी-फास्ट'। यह मृत्यु और व्याधि के मार्ग से उच्चतर प्रज्ञा के अनुसन्धान में जाता है। यह चिरन्तन सत्य-खोजी आत्मा का प्रतीक है। 'मैजिक माउण्टेन्स' की मिथ का यह अन्य पक्ष है जिस पर जरमन प्राध्यापक निमरोव ने अपने प्रबन्ध 'अन्वेषण-मिथ : मान की रचनाओं का विश्वप्रतीक' में प्रकाश डाला है। मध्ययुग की अन्वेषण कथाओं यथा 'होली ग्रेल' आदि के साथ इसकी तुलना की गयी है। देवास के माया-शिखरों पर अवस्थित प्रेक्षागृह के तहखानों का अतल गहराइयों में मृत्यु-जीवन, प्रेम-व्याधि, मानववाद और ईसाई आतंकवाद आदि की जाँच इस उपन्यास का प्रथम पक्ष है। साथ ही, इन प्रेक्षागृहों में एक अबोध अपना पथ टटोलता हुआ जा रहा है। यह एक अन्वेषण-'मिथ' है। यह और बात है कि अनुसन्धान की मणि पाकर भी बच्चे का अन्त हो जाता है। पर इससे क्या ? साठ हजार सगरसुवनों के भस्म होने के बाद कोई अंशुमान् तो आएगा ही, एक दिन।

# सनातन नदी : अनाम धीवर

भगवान् बुद्ध जब तरुण थे, जब उनकी तरुण प्रज्ञा काम, क्रोध, मोह के प्रति निरन्तर खड्गहस्त थी, तो उन्होंने उरूवेला में शिष्यों को पावक-दीप्त उपदेश दिया था, "भिक्षुओ, आँखें जल रही हैं, यह सारा दृश्यमान जगत् जल रहा है, देवलोक जल रहा है, यह जन्मान्तर प्रवाह जल रहा है। भिक्षुओ, यह कौन-सी सर्वभक्षी आग है ? यह कौन-सी स्वाहामयी लपट है ? यह आग रूप की है। भिक्षुओ, सावधान, यह रूप की लपट है।" परन्तु जैसे-जैसे समय बीतता गया, बुद्ध की प्रज्ञा पकहर और अनुभव-समृद्ध होती गयी और अन्तिम काल में उन्होंने अनुभव किया कि यह दृश्यमान जगत्, यह रूपमय जगत्, यह भवसरिता एकदम तिरस्कार की वस्तु नहीं। यह जगत् सुन्दर है, क्योंकि हमें अवसर देता है महाकरुणा की अभिव्यक्ति के लिए। यदि यह दृश्यमान, रूपमय जगत् न रहे तो हमारी महाकरुणा किसके उद्धार के लिए सक्रिय होगी ? स्वयं-केन्द्रित अपना निजी निर्वाण पाकर हमारा धर्म शान्त हो जाएगा, उसकी उदारभूमि महाकरुणा एक सम्भावना मात्र रहेगी, वास्तविकता नहीं। महाकरुणा को सम्भावना से वास्तविकता के स्तर तक लाने का माध्यम है यह दुःखपीड़ित दृश्यमान जीव-जगत्। अतः यह रूपमय, रसमय, गन्धमय, शब्दमय जगत् की जन्म-मरण-सरिता कम सुन्दर नहीं। लगता है यह बोध पाकर ही बुद्ध के मन में जम्बूद्वीप के प्रति एक विशेष मोह पैदा हुआ था। उन्होंने अन्तिम बार वैशाली से प्रयाण करते हुए नगर से बाहर आकर वैशाली के भवन, शिखरों और श्याम हरित उद्यानों पर पीछे घूमकर एक स्नेह दृष्टि डाली थी और कहा था, "आनन्द, अब हम फिर वैशाली को नहीं देख पाएँगे !" यही नहीं, कुछ देर मौन के बाद उन्होंने कहा था, "चित्रोऽयम् जम्बूद्वीपम्। मनोरम जीवितं मनुष्याणाम्।।"—यह जम्बूद्वीप क्या ही चित्र-विचित्र, रंग-बिरंग है ! और, मनुष्य का जीवन कितना मनोरम है ! प्रयाणवेला से कुछ दिन पूर्व बुद्ध की पकी हुई प्रज्ञा बोल रही है, "मनोरम जीवितं मनुष्याणाम् !"

बौद्ध ग्रन्थों में बुद्ध को जिन उपाधियों से अभिषिक्त किया है उनमें दो विशेष रूप से आकर्षित करती हैं। वे हैं महाधीवर और महाभिषज्। विश्व दुखी है, सृष्टि बीमार है, सभी कामना के ज्वर से पीड़ित हैं, अतः भगवान् का अवतरण भिषज् या

वैद्यरूप में हुआ है। "दुःख का करके सत्यनिदान, प्राणियों का करने उद्धार !" यही तथागत के आरण्यक-संवाद का उद्देश्य है। बुद्ध सहज़ता और आरोग्य के महास्रोत हैं। स्मरण रहे कि भिषज् की भूमिका ही वैष्णव भूमिका होती है, इसी से मुक्तिदाता विष्णु की भी एक उपाधि है भिषज्। पर बीज रूप में यह उपाधि बौद्धभूमि में पहले-पहल बोयी गयी। इसी उद्धारक शक्ति को महाकरुणा कहा गया।

दूसरी ओर बुद्ध महाधीवर हैं और आवागमन भवसरिता में, जन्म-मरण की नदी में कामना के मीनों को प्रज्ञा के जाल में फँसाते हैं और मत्स्य-आखेट करते हैं। ये कामना के जलचर इस नदी के जल को अपावन, मलिन और अशुद्ध कर रहे हैं। अतः बुद्ध एक धीवर हैं, जो निरन्तर अखण्ड मत्स्य-आखेट कर रहे हैं। अन्यथा ये मीन प्रज्ञावारि को गन्दा ममता-जल बना डालेंगे; बोधि विकृत होगा और बुद्धत्व कमजोर हो जाएगा। और यदि स्वयं अपना बोधि विकारग्रस्त रहा, बुद्धत्व क्षीण-दुर्बल रहा, तो बुद्ध औरों के उद्धार के लिए महाभिषज् बनकर कौन-सी करुणा बाँटने में समर्थ हो सकेंगे ? अतः उनके महाभिषजत्व की सार्थकता के लिए यह धीवर रूप एक अनिवार्य आवश्यकता है। बुद्ध नदी के शत्रु नहीं; नदी ही तो उनकी महाकरुणा का कर्मक्षेत्र होगी। नदी जल तो मूलतः पावन है। उसे अपावन किये हुए हैं भिन्न-भिन्न जलचर, मीन-मकर, नक्र-झख, शम्बूक-शैवाल आदि। ये सभी काम या मार के विविध चेहरे हैं, जिन्हें काम, क्रोध, लोभ आदि नामों से पुकारते हैं। बुद्ध मार के इन्हीं प्रतिरूपों का, इच्छाओं की मछलियों का शिकार करने में संलग्न हैं, जिससे नदी-जल निर्मल-प्रसन्न एवं विशुद्ध बना रहे। अन्यथा महाकरुणा का वृन्दावन उकठकर स्थाणुओं का कंकाल-वन बन जाएगा। इस प्रकार देखते हैं कि महाधीवर और महाभिषज् परस्पर-पूरक हैं। 'बुद्ध-हृदय' एक अद्‌भुत भाव-प्रत्यय है। बुद्ध हृदय में निहित है बोधिचक्र और बोधिचक्र की नाभि है महाकरुणा। कालान्तर में 'बोधि' का वरण शंकराचार्य ने किया और 'महाकरुणा' का वैष्णवों ने। निर्मल-प्रसन्न भवसरिता का वरण, मनुष्य जीवन का वरण, 'चित्रमय', रूपमय सृष्टि का वरण ही बोधिसत्त्व के जन्मान्तर-लीला की नाभि है। महायान इसी अनुभव की सन्तान है।

तो, बुद्ध महाभिषज् और महाधीवर दोनों थे। मैं भी तो एक धीवर हूँ, कामरूपी मायावी धीवर ! इस चित्रमय जम्बूद्वीप की अति सज्जित चित्र-विचित्र चित्रशाला कामरूप के हृदय में प्रविष्ट हो गया हूँ और रात-दिन जाल लगाये मछलियों की घात में बैठा रहता हूँ। अतः बुद्ध जैसे विराट् प्रतीक को अपना सहधर्मी एवं सहपांक्तेय पाकर मुझे गर्व हो आता है। कहाँ वे प्रतापी शाक्यों के राजकुमार और कहाँ मैं कामरूपी कैवर्त ! पर यह मत्स्य-आखेट की गुणमयी बंसी हम दोनों को एक बादरायण सम्बन्ध में जोड़ देती हैं। हमारे और बुद्ध के आखेट स्वभाव में परस्पर-विरोधी हैं। बुद्ध का आखेट कामना का आखेट है और मेरा आखेट रस-आखेट है। बुद्ध कामना की मछलियों का शिकार करते हैं प्रज्ञावारि के शोधन के लिए, और मैं रूप-रस की मछलियों का शिकार

करता हूँ आस्वादन के लिए। मेरे पास बुद्ध का अष्टांग मार्ग आर्यसत्य चतुष्टय और द्वादशांग प्रतीत्य समुत्पाद से बना चौबीस तन्तुओं का जाल कहाँ से आये ? अपने हाथ में तो बस गुणमयी बंसी है, बाँस की एक छड़ी में एक गुण अर्थात् डोरी, जिसमें एक काँटा लगा है और काँटे में चारा फँसा है। इसी कँटीली गुणमयी चटुल के द्वारा कभी सवेरे, कभी शाम, कभी दोपहर, कभी पहर रात गये नदी की चंचलधार में तटभूमि पर बैठा-बैठा, मागुर-रोहित, बामी-बराली, रूपसी-पियासी आदि मछलियों का आखेट करता हूँ। जो संन्यासी के लिए कर्दम है, वह मेरे लिए स्वादिष्ट है। मेरी निर्दय धूर्त बंसी निर्मम ममता से रूपमयी मछलियों को खींच लाती है। वैराग्य और ममता दोनों में निर्मम हुए बिना सिद्धि नहीं मिलती।

मुझे याद आती है माघ की ठिठुरती सुबह, जब मैं अपनी स्थानीय नदी 'पगला दै' अर्थात् 'पगला दह' के धूम्र-धुन्ध कगार पर खड़ा रहता हूँ, ठण्ड से फूटती उँगलियों से काँटे में चारा लगाता हूँ और सतह को चीरता काँटा पानी के भीतर प्रवेश कर जाता है। साथ ही, सतह पर चक्राकार गुदगुदी फूटती दिखाई पड़ती है, गोया कुहासे की मोटी रजाई में दुबककर सोयी नदी की पतली अचंचल धार को इस भिनुसारे मैं अपनी शय्या त्याग, उसका केश सहलाकर नहीं, जगह-बेजगह चिकोटी काटकर जगा रहा हूँ। तब लगता है, नदी कुनमुनाती है और निद्रा से भारी फूली हुई सुन्दर पलकें खोलकर मेरी ओर मुग्धा-रोष से देखती है। उधर मेरी लोभी लालची बंसी इसकी देह में विहार करती है और लुब्धक की तरह मछलियों को फँसाने में तत्पर है। आज मेरी बारी है। आज मैं कुहासे की रुईदार रजाई ओढ़े पतली सुप्तधार नदी को चिकोटी काटकर जगा रहा हूँ। पर कभी वह दिन भी आता है जब मैं इसके रुद्र रूप को देख-देख भयकम्पित गात से थर-थर काँपता हूँ। माघ की सुबह, फाल्गुन की शाम और चैत्र की राका रात्रि में इस नदी का चेहरा बड़ा नरम, बड़ा मोहक लगता है। यह सब कैशिकी वृत्ति में रहती है। पर मुझे याद आती है इस कामरूपिणी की आरभटी मुखाकृति, जब बरसात में यह उमड़ती है और अपने यौवन-ज्वार में चार घण्टे-छह घण्टे के भीतर तालुका-तहसील, गाँव-घर, ताल-तलैया एक करती प्रलय मचा देती है। कितनी हरीतिमा का भक्षण कर डालती है, कितने जीवों की जान ले बैठती है ! इसी से इसका नाम है 'पगला दै' अर्थात् उन्मादिनी नदी। यौवनकाल ही ऐसा है। इसमें देह और मन किनारा तोड़कर रोधहीन बहने लगते हैं। विधि-निषेध से शीलावृत देह के भीतर भी रेखाएँ संकेतमय हो उठती हैं। जब धीरा नायिका गंगा में यौवनज्वार आकर उसे वन्या बना जाता है, तो यह तो मनु-स्मृति के साम्राज्य से बाहर किरातसंस्कृति के देश कामरूप की नदी है। मुझे इस नदी के किस्म-किस्म के चेहरे याद आते हैं। पान, घोड़ा और मन तीनों को समय-समय पर फेरना चाहिए, अन्यथा वे एकरस होकर सड़ने लगते हैं। मेरे पास मन फेरने यानी मन का स्वाद बदलने का सर्वाधिक सुलभ साधन है यह कामरूपिणी नदी। इसी से मैं इसके तट पर बार-बार आता हूँ सुबह-शाम या

'पूर्णिमा-निशीथे दशदिशा परिपूर्ण हासि' के क्षणों में कभी बंसी के साथ, तो कभी रिक्तहस्त। अकसर अकेले-अकेले आता हूँ। रोज-रोज नहीं, समय-समय पर। रोज-रोज आने पर तो यह 'कार्य' हो जाएगा, 'अभिसार' नहीं रहेगा। यहाँ दुकेले आने का सवाल नहीं उठता। उस दूसरे को कैसे कहूँगा कि यह नदी नहीं, मेरी द्वितीया है, मेरी मध्यमा है। यह भी क्या विज्ञापित करने की चीज है !

और वह दूसरा बन्धु मेरे अभिसार की बात जानते हुए परिवेश को अपनी अखबारी चर्चा द्वारा शरविद्ध करता रहेगा और मैं 'बोर' होकर अपनी गुणमयी बंसी या सुरमयी वंशी को एक ओर रख दूँगा और मैत्री की यन्त्रणा का भोग करूँगा। मेरा मित्र समझता है कि संविधान ने उसे मुझे अखबारी चर्चा द्वारा 'बोर' करने का जन्मसिद्ध अधिकार दिया है। बात भी कुछ ऐसी ही है। संविधान बनानेवालों ने 'जीभ' की स्वतन्त्रता का बड़ा ध्यान रखा है। पर मनुष्य के दूसरे मौलिक अधिकार 'कान' की स्वतन्त्रता के बारे में चुप हैं। शोरगुल और जयजयकार की राजनीति में दीक्षित उन महापुरुषों को यह खयाल भी नहीं आया कि किसी नागरिक को 'बोर' करने का अधिकार अन्य नागरिक को नहीं। अतः मेरे मित्र संविधान-प्रदत्त बल द्वारा मेरे शीश के ऊपर ज्ञान का श्रीफल फोड़-फोड़कर खाएँगे और मैं खोपड़ी सहलाता रहूँगा। भला इस ज्ञान से मुझे क्या लाभ कि आज कलकत्ते में साम्यवादी शैली में बलात्कार की तरह घटनाएँ घटीं, आज भूपेश गुप्ता सभा में ढोलक पर नारे लगाएँ, आज राजनारायण जी ने सभा में अमुक को बाँह चढ़ाकर धमकी दी और अमुक जगह पर इन्दिरा जी ने कहा कि देश उनके नेतृत्व में बड़ी भीषण गति से आगे बढ़ रहा है। जो विज्ञापन में पुण्य घोषित होता है, वह आँख के सामने पाप बनकर नाच रहा है। यह सब सुनने-जानने से अच्छा है कि बाग की घास काटी जाय, या बैठकर मक्खी ही मारी जाय। पर मक्खी मारने में कोई आत्मिक समृद्धि नजर नहीं आती, अतः मैं नदी के पास वक्त काटने आ जाता हूँ। ध्यान और मौन की भी कीमत होती है। इनका भी कुछ महत्त्व है। ध्यान और मौन के मध्य ही व्यक्ति या जाति के नैतिक गुणों का विकास होता है। पर आज सारा देश बोल रहा है। गाली-गलौज की अपवित्र धारा ओर-छोर से बह रही है। झूठ इस देश की आत्मा का सहज धर्म बन गया है। होता है संघर्ष जातिवादी शैली में और विज्ञापित होता है वर्गसंघर्ष कह कर। सारे-के-सारे आर्थिक और वैचारिक संघर्ष प्रान्त स्तर और जिला स्तर के राजनीतिज्ञों द्वारा जाति और परिवार के माध्यम से लड़े जाते हैं, फलतः इस देश के सारे वैचारिक-राजनीतिक, आर्थिक आदर्श जारज हो जाते हैं। इसी से न्याय-ईमान में विश्वास नहीं टिक पाता। ऐसी हालत में क्या अखबार पढ़कर उल्लसित हुआ जाय ? सिवा क्रोध और आत्मक्षय के क्या हाथ आएगा ? मेरे मित्र यह सब पढ़कर क्रुद्ध होंगे और कहेंगे, "भला जब हम लोग अखबार पढ़कर क्रान्ति कर रहे थे, समाजवाद का कुरुक्षेत्र फतह कर रहे थे, तो यह नीच, यह संविधानद्रोही, यह राष्ट्रकलंक 'पगला दै' के तट पर बैठा मछली मार रहा था और मौज ले रहा

था।'' इत्यादि-इत्यादि।

बंसी लगाना धीरता की परीक्षा है। मछली के फँसने के पहले अपने को फँसाना पड़ता है। पन्द्रह मिनट, बीस मिनट या आधे घण्टे तक प्रतीक्षा करनी पड़ती है, तब कहीं कोई मछली चारा निगलती है। सच तो यह है कि यह लीला-रस है। यह एक आशिकबाजी है। मैं इस नदी के साथ, इसकी मछलियों के साथ गाहे-बगाहे आशिकबाजी करने घण्टे-दो घण्टे के लिए आ जाता हूँ। एक थे कोई मत्स्येन्द्रनाथ, गोरखनाथ के गुरु और एक कामरूपी धीवर। इनके नाम एक भणिति चलती है कि ये कामरूपी धीवर थे, लोहित अर्थात् ब्रह्मपुत्र में मछलियाँ मारते थे और खेचरी-सिद्धि से आकाश में विहार करते थे। मैं भी अपनी नदी में आखेट-लीला का सुख लेता हूँ। मैं वक्त काटता हूँ और वक्त मुझे काटता है। यही हमारा विहार है। मैं काँटे में चारा लगाकर डोर ढीली करके पानी के भीतर काँटा उतार देता हूँ। डोर का मध्य भाग और 'सूचक' या 'काठी' (डोर में बँधी दो इंच की शलाका जिसे असमिया में 'पुंङ' कहते हैं) दोनों सतह पर तैर रहे हैं। सूचक तैरता रहता है और मैं प्रतीक्षा करता रहता हूँ : ''आ मेरी प्यारी, आ मेरी मछली रानी, तुम्हारे पद्मवर्ण लाल होंठ, तुम्हारी रजतवर्ण देह, चाँदी के झलमलाते अंगवस्त्र, तुम्हारी उन दो आँखों जैसी चपल-चटुल भंगिमा जिनकी रोज जय मनाता हूँ ('चटुल चक्षुर्विजयते !') और सबसे बढ़कर तुम्हारा गुदाज स्वादिष्ट शरीर...मेरी प्रिया, ये सब सार्थक हो जाएँगे, यदि तुम प्रेम के इस काँटे से विद्ध हो जाओ। आ मेरी प्यारी मछली आ जा ! हम एक-दूसरे के लिए ही रचे गये हैं। तू एक बार आ जा !...'' मैं रति-प्रार्थना-चाटुकार प्रियतम की तरह मन-ही-मन संवाद बोल रहा हूँ, फुसला रहा हूँ, पर बुद्धि निर्मम क्रूर ढंग से सजग है और आँखें बार-बार सूचक की ओर देख रही हैं। जब कोई मछली चारे को निगलेगी तो उसके भार से सतह पर तैरती डोर सूचक के साथ पानी में डूब जाएगी और तब मैं, जो अब तक मन-ही-मन प्रेमिका को सहला रहा था, उसके केशों में चाटुता के फूल गूँथ रहा था, एक झटका दूँगा जिससे काँटा अच्छी तरह गले में बिंध जाय। और तब खींचो ऊपर ! अब मछली रानी मुट्ठी में है। इस आशिकबाजी का उपसंहार बड़ा ही निर्मम है। पर यही जीवधर्म ही नहीं, प्रेमधर्म भी है। हम 'यू-क्राइस्ट'-संस्कार में रोटी और शराब का भक्षण मसीहा की देह मानकर करते हैं। रोटी मसीहा की देह है और शराब उसका रक्त। इसलिए कि वह जो हमें इतना प्यार करता है, हमारे रक्त-मांस का, हमारे अस्तित्व का अविभक्त अंग बन जाय, वह मसीहा हमारी आत्मा और मन में तो है ही, हमारे रक्त-मांस में भी निवास करे, जिससे सारा अस्तित्व ही देवता या प्रियतम से लिप्त, व्याप्त, सम्पृक्त और आच्छादित रहे। यज्ञीय पशु में देवता का आवाहन करके उसका भक्षण इसी दैवी शक्ति के आहरण के लिए करते थे। सो, चरमबिन्दु पर प्रेम और वैराग्य में कौन अधिक क्रूर और निर्मम है, कहना कठिन है।

मैं तो इस 'पगला दै' नदी के तट पर प्रेम-व्यापार के लिए ही आता हूँ। पर

यह मत्स्य-कन्या, यह छोकरी, यह नखरेबाज घण्टों देर लगाती है चारा काटने में। जितनी देर तक यह नाज-नखरा चलता रहता है, जितनी देर तक यह प्रतीक्षा चलती रहती है, उतनी ही देर तक लीला-रस की कविता है, उतनी ही देर तक मेरी बंसी 'उज्ज्वल नीलमणि' है। मछली के चारा काटते-काटते इसकी भूमिका बदल जाती है और यही बंसी पैंतरा बदलकर 'कुट्टनी मतम्' का व्यवहार अपना लेती है। मछली चारे की गन्ध पाकर पास आती है, इसके चारों ओर चंचल गति से तैरती रहती है। इसे एक बार, दो बार, तीन बार छू-छूकर लौट जाती है। कम्पित हृदय, काम-थर-थर गात ! ''हाय रे प्रेम तूने हृदय जीत लिया और जीतकर भी तेरा भय नहीं जाता !'' ''जय करे तबू केनो तोर भय जाय ना, हाय रे भीरु प्रेम, हाय !'' मत्स्यकन्या, हृदय-भीरु मत्स्यकन्या चारे को छू-छूकर लौट जाती है, सूचक हिल-हिल उठता है और मैं झूठमूठ सावधान होता रहता हूँ। यह छू-छूकर लौट जाना कुछ देर चलता रहता है। पर आखिर वह क्षण आ ही जाता है, जब मछली रानी चारा निगल लेती है, गलफड़ में काँटा धँस जाता है और उसकी झूलती देह के भार से सूचक तेजी से पानी में डूबता है और प्रेमी के हाथ गोंद से ऐंठी हुई, कड़े सूते की पतली डोर को ऐसा झटका दे देते हैं कि काँटा और चुभ जाय और तब ?...तब छटपटाना व्यर्थ है। इस तरह बारहबानी शुद्ध सोने जैसा निकषित प्रेम-व्यापार सम्पन्न होता है।

मुझे क्रोध आता है उन लोगों पर, जो हथगोलों और क्रैकरों से मछली मारते हैं। पहाड़ी सोतों में या नदी की छिछली धारा में बने जलगर्तों में, जिनमें पानी सड़ता है, मछलियों के पुंजीभूत समूह निवास करते हैं और इन जगहों पर जाकर 'क्रैकर' विस्फोटित करने से सैकड़ों घायल मछलियाँ पानी के तल पर एक साथ आकर तड़फड़ाने लगती हैं। फिर उनके मुरदे बटोर लिये जाते हैं। इस विधि में न तो रस है, न लीला है। सीधे-सीधे हत्याकाण्ड है। जिसे सहलाकर मार सकते हैं उसे गँड़ासे से काट-काटकर मारने में क्या रखा है ? मैं तो कामरूपी धीवर हूँ। मैं तो प्रगतिशील और आधुनिक नहीं। मैं इस नदी के तट पर बैठा रहता हूँ कि कहीं से कोई सुडौल देह छन्दवाली इस गुणमयी बंसी के प्रबल आकर्षण से खिंचकर चली आए। यद्यपि यह नदी कभी-कभी मेरे साथ मजाक भी करती है, उत्फुल्ल-थरथर हृदय से डोर ऊपर खींच रहा हूँ, पर काँटे में जो लगी चीज आयी है, वह घोंघा-सिवार या अन्य कोई अपदार्थ है। तो भी इस नदी की महिमा है। यह नदी माया है, जो मुझे सात नाच नाचने को बाध्य कर देती है। चारा नदी देती है—कीट-सेवार आदि। निगलनेवाली प्रेमिका मछली रानी भी नदी से ही आती है। पर मैं नदी से बाहर हूँ। मैं महज इसके तट पर बैठा हूँ। मैं कामरूपी कैवर्त हूँ। विकृत देहधर्मी बौद्ध वज्रयानी नहीं, सिद्धाचारी नहीं, शुद्ध कामरूपी मत्स्येन्द्रनाथ ! पट्ठे, लँगोट सच्चा रहे ! मोह के शरासन चारों ओर तने हैं। आगे नौ लाख अप्सराएँ नृत्य कर रही हैं, ''सव्याज सन्दर्शित मेखलानि !'' पर मन की पृष्ठभूमि में आत्मा का विशुद्ध शतदल है, 'सहज' का अखाड़ा है। 'नौलाख पातुर आगे नाचे,

पीछे सहज अखाड़ा ! पट्ठे, जी भरकर नाच देख ले, पर देखना, सहज का अखाड़ा न डिगने पाए, लँगोट सच्चा रहे !'

असमिया संस्कृति अर्थात् सरसों के तेल की संस्कृति, खूब झार-झरार, चटक तीखी और स्वादिष्ट ! स्मरण रहे कि सरसों के तेल को पूर्वी उत्तर प्रदेश में 'करुआ तेल' या 'कडुआ तेल' कहते हैं, जबकि बंगाल, असम में इसका नाम है 'मीठा तेल'। पर इस संस्कृति और इस तेल—दोनों की मूलभूमि है वह देश जिसे पहले कान्यकुब्ज देश कहते थे, आज उत्तर प्रदेश कहते हैं। प्रोफेसर निर्मलकुमार बसु ने भारतीय संस्कृति का विभाजन तेल-घी के आधार पर किया है। प्रथम—सरसों तेल (असम, बंगाल, उत्कल), द्वितीय—तिल तेल (गुजरात, महाराष्ट्र), तृतीय—तिल और नारियल तेल (दक्षिण भारत) और चतुर्थ है घी—(हिन्दी प्रदेश), जहाँ घी का स्थान 'डालडा' ले रहा है या ले चुका है। इसका प्रभाव भोजन-रुचि पर भी पड़ा है। घी माने रोटी, दाल और मांस का प्राधान्य, सरसों तेल माने भात और मछली का प्राधान्य। और असमिया संस्कृति में तो दो ही भोजन-प्रतीक हैं। एक है मछली, दूसरा 'खार' अर्थात् खानेवाला सोडा। यह देशी सोडा केले के रूखे पत्तों को जलाकर बनता है। इससे सब्जी और मछली का स्वाद चटक हो जाता है। असम प्रदेश में मागुर, रोहित, बरारी, रूपही आदि का विशेष प्रचलन है। पर ब्रह्मपुत्र और उसकी सहायक नदियों में वे सब मछलियाँ पायी जाती हैं, जो गंगा में मिलती हैं। पास ही बर्मा की इरावदी में मछलियों की जाति और रंग-रूप भिन्न हो जाता है। भारतीयता भारतवर्ष के मनुष्यों में भले ही न हो, पर जलचरों-वनचरों और पेड़-पौधों में अद्भुत आकृतिसाम्य, रुचिसाम्य और व्यवहारसाम्य है। निसर्ग ने समस्त भरतखण्ड को मय पाकिस्तान एक इकाई के रूप में रचा है। अब हम उसे चाहे हिन्दुस्तान-पाकिस्तान में बाँटें, या पंजाब-हरियाना में, या कुछ में।

मछली आर्य भोजन परम्परा का अंग नहीं । आर्य जौ, गेहूँ और मांस खानेवाली जाति थी। पर भारतवर्ष में आकर उन्हें मछली और भात द्वारा प्रकृति ने भारतीयता की दीक्षा दी। 'नीर', 'मीन' आदि द्रविड़ शब्द हैं, जो संस्कृत शब्दकोश में आ गये हैं। यद्यपि इन बातों का मात्र बौद्धिक महत्त्व ही है। तथ्य में आज हम सब लवणाम्बु की तरह एक हैं। मैं उतना ही द्रविड़ हूँ, जितना राजाजी और करुणानिधि आर्य हैं। पर ऐतिहासिक दृष्टि से वर्तमान भारत के शरीर के साढ़े तीन हाथ-विस्तार में एक हाथ आर्य है, एक हाथ द्रविड़, एक हाथ आग्नेय (निषाद) और आधा हाथ मंगोल (किरात)। ये सब मिलकर राष्ट्र-शरीर की रचना करते हैं। मुझे लगता है कि इनमें निषादों का (मुण्डा, कोल, खासी, जयन्तिया आदि मध्य प्रदेश और असम की आग्नेय अर्थात् 'आस्ट्रिक' भाषा परिवार की जातियाँ, जिनके लिए पण्डितों ने 'निषाद' शब्द चुना है) हमारी भोजन संस्कृति में जो अवदान है वह है मछली। असम की बडो, कछारी, खासी, जयन्तिया आदि जनजातियाँ मछली को देवता स्वरूप मानती हैं और अनेक लोककथाओं की नायक-नायिका मछली ही है। (देखिए 'असमिया लोक संस्कृति' :

बिरंचिकुमार बरुआ) खासी जयन्तिया आदि मानते हैं कि उनका राजपरिवार मत्स्यवंशी है, उनके आदिम राजा मछली की सन्तानें हैं। इसके सम्बन्ध में एक कथा भी है। बडो और कछारी मानते हैं कि 'लक्ष्मी' (धान्य या अन्न) तथा 'मछली'–दोनों सगी बहनें हैं। मिकिर पहाड़ों के लोग मछली को आद्याशक्ति के रूप में मानते हैं। नागाओं में मछली के सम्बन्ध में अनेक कथाएँ प्रचलित हैं। प्राचीन कामरूप में कामदेव की पूजा होती थी मत्स्यध्वज के रूप में और गौहाटी से बीस मील दूर कहीं पर मदनकाम मन्दिर के भग्न-अवशेष भी सुने जाते हैं। ब्रह्मपुत्र की घाटी के असमिया अर्थात् ब्राह्मण, कायस्थ और कलिता आदि आर्यवंशीय हैं। भौंहों के घने रोम और नुकीली या अर्धनुकीली नाक आज भी बिहार-उत्तर प्रदेश की ओर इशारा करती है। आर्यों की यज्ञभूमि का विस्तार सदियों तक जाता है। (योगिनीतन्त्र)। इनके अन्दर भी तेरहवीं का श्राद्ध-भोज मत्स्य-स्पर्श का भोज है। विवाह के समय, अष्टमंगला ('हरदी-मटमाँगर') का भोज भी बिना मछली के नहीं होता। हरिद्रालेपन और अष्टमंगला या पंचमंगला का भोज सारे भारत में है। परन्तु मछली को इस अवसर पर अनिवार्यता असम में ही दी गयी है। क्योंकि, भाषा और खानपान में असम आस्ट्रिक-मंगोल संस्कृति द्वारा सर्वाधिक प्रभावित प्रदेश है। हमारी भारतीय कला में मीन-मिथुन निषादों से, नागवल्ली और पद्म द्राविड़ों से, पीपल-वट-मयूर-वृषभ, यहाँ तक कि 'स्वस्तिक' भी मोहनजोदड़ो, हड़प्पावाले अनार्य भारतीयों-से आते हैं तो फिर आर्यों का है क्या ? केवल एक वस्तु, जिसके कारण आर्य बाजी मार ले गये और वह है 'वाक्' या छन्दमयी भाषा ! अतः अँगरेजी बनाम हिन्दी की जो लड़ाई चल रही है उसका अर्थ बड़ा ही व्यापक और बड़ा ही गहरा है। हमें बड़े से बड़ा अनर्थ करके भी 'वाक्' की रक्षा करनी ही है। दुःशासन हमें हमारा प्राप्य देने को तैयार नहीं।

ईसाई धर्म-साधना में मछली एक रहस्यमय प्रतीक के रूप में पूज्य है। यह 'प्रभु का आशीर्वाद' अभिव्यक्त करती है। प्रभु हमारा पिता है, इसलिए सच्चे दिल से की गयी हर प्रार्थना वह मंजूर करता है। ऐसा हो नहीं सकता कि ''हम रोटी माँगें और पिता पत्थर दे, हम मछली माँगें और पिता हमारे हाथ पर साँप रख दे।'' अतः मछली प्रभु द्वारा प्रदत्त श्री या प्रसाद की प्रतीक है। इसके विपरीत हिब्रू लोग मछली नहीं खाते। यों मछली यूरोप में भी सुखाद्य है, परन्तु भात का सहयोग अधिक न पाकर वहाँ उतना महत्त्वपूर्ण नहीं बन सकी है, जितना चीन, जापान और हिन्दुस्तान में। शेक्सपियर का एक पात्र रसिकतावश एक पात्री से कहता है, ''अरी सुनो, मछली तो कमर के नीचे ही स्वादिष्ट होती है।'' साधारणतः मछली का मध्य भाग ही सुखाद्य होता है, पर कुछ मछलियों के मुण्ड की बड़ी महिमा स्थापित हो गयी है। पूर्वी भारत में लोग हाथ की उँगलियाँ अर्ध सम्पुटित करके कहते हैं : 'रोहित के दो मुण्ड, घी और लौंग से तर बासमती का भात और 'सजाव' दही ! अह, अपूर्व !' और इस तरह कह-सुन करके हम सभी अप-युग और अप-संस्कृति को कोसते हैं। क्या किया

जाय आखिर ? इस देश से जब खाने-पीने की सारी लहार-बहार चली गयी तब मेरी माँ की सौत अर्थात् मेरी किस्मत ने मेरे जन्म पर मंजूरी की सही करते हुए कहा था, ''जा बेटा, जा हिन्दुस्तान में। वहाँ आकाशकुसुमों का मीठा-मीठा मधु चखना, कच्छप की पीठ दुहकर भरपेट दूध-भात खाना'' और इस विमाता-आदेश का तिलक लगाये, इस गुणमयी बंसी के साथ मैं अवतरित हो गया। यहाँ आकर देखा कि मधु और दूध की तो बात क्या, इस देश से धान्य-लक्ष्मी भी रुष्ट है। यह तो गुणमयी बंसी है, और यह माया-नदी है, जिनके साथ व्यथा बाँटते हुए गंगा से ब्रह्मपुत्र तक का चक्कर लगा लेता हूँ, अन्यथा अकेले-अकेले तो यह जन्म-धारण एक दुर्वह भार होता।

# छप्पन भोगों की इतिहास-नदी

जब कोई गाँव का बड़ा-बूढ़ा कहता है, "क्या जमाना आ गया है। घी-दूध लगता है, सपना ही हो जाएगा। यही मतसा गाँव है जहाँ दूध पिया और पिलाया जाता था, बेचा नहीं जाता था। यही दीपू राय की गली है जहाँ घी-दूध की नदी बहती थी। और अब तो कोई सींक से डुबोकर भी नहीं देता।" इत्यादि-इत्यादि सुनकर मुझे लगता है कि यह बूढ़ा अपने विगत युग के गौरव का कटहल मेरे सिर पर फोड़कर स्वयं बड़े रौब से खा रहा है, पर इसकी आँखें इन तथ्यों की ओर से बन्द हैं कि आज घर-घर रेडियो बजते हैं, घर-घर मैट्रिक-बी. ए. हो गये हैं, पहनने-ओढ़ने का सलीका लोगों को आ रहा है। अरे, पहले तो तार आने पर दो मील दौड़े जाते थे कालिम साहब के यहाँ उसे पढ़वाने। वही तो था इनका जमाना परम्परा का चिरकुट लपेटे बैल की तरह खटो और भैंसे की तरह खाओ। कभी-कभी जब बरदाश्त नहीं होता तो कह देता हूँ, "हाँ हाँ, यह क्यों नहीं कहते कि लड्डू, पेड़े और मालपुए गली-गली जन-जन के प्रति हाथ जोड़े टहला करते थे और पायस-श्रीखण्ड की कीचड़ आँगन-आँगन घुटने तक लगी रहती थी।" हमारे गाँव का महाकाव्य युग है दीपू राय का युग और उसके अन्तिम प्रत्यक्षदर्शी कण्टू भाँट को मरे दस वर्ष हुए। सवेरे-शाम जब कहारिनें पानी भरने कुएँ पर आती थीं तो कण्टू भाँट जगत पर ढई देकर बैठते थे और पोपले मुँह से कुटिल नेत्र भंगिमा के साथ एक बार प्रतिदिन नहीं तो दूसरे-तीसरे जरूर कहते थे..."ओह हमारा जमाना क्या था ! वह सुगन्धित गमागम बासमती, वे मसालेदार बड़े, वह दही और मक्खन, ऊपर से वह केसरिया रंग की खाँड, गोया किसी ने चीनी को ही चुम्मा देकर उसे और मीठी, और लाल बना दिया हो।" और वाक्य समाप्त होते-होते कोई अधेड़ शुद्ध 'नेवीब्ल्यू' रंग की अंजना कहारिन 'माहुर' शब्दों के मुखोश से अपने 'मधुर' अर्थ को ढँकती हुई झिड़क उठती या कभी-कभी एक बालटी पानी छपाक से फेंक देती, "ऐ बूढ़े, मरने के किनारे आये, शर्म नहीं।" पर मृत्यु-तट को एक हाथ से टटोलते हुए भी कण्टू भाँट के दूसरे हाथ की उँगलियाँ कामना के ताल पर चटकारी देती रहीं। आदमी बूढ़ा हो जाता है, छब्बीस से खब्बीस हो जाता है, रुखसार पर झुर्रियाँ पड़ जाती हैं, पर जब तक मन बूढ़ा न हो, भाषा षोडशी ही रहती है, उसकी छमाछम

अदा और बाँकपन वही रहते हैं, यद्यपि जीवन बाहर से बासी फल जैसा अशोभन हो जाता है। कण्टू भाँट हमारे गाँव के महाकाव्य युग के एक पोपले मुख, बूढ़े इन्द्रधनुष थे। पर उनका मोरछली मन भीतर-भीतर बारहमासी नृत्यकलाप में लीन था। पहले कभी यह कलाप सवैये-कवित्त छन्दों में व्यक्त होता था तो वृद्धावस्था में शादी-ब्याह, बारात, नाच, मण्डप, भोज भात, जेवनार आदि के संस्मरणों में, जिनमें व्यंजनों और पकवानों की सघन पावस ऋतु उमड़-घुमड़कर बरसती थी।

कण्टू भाँट की भोज-चर्चाओं की स्मृति मुझे अपने देश के जातीय महाकाव्य-युग की भोजनचर्या का स्मरण दिला देती है। भोजन चाहे कितना भी कवित्वहीन विषय क्यों न हो, जीवन की समग्रता का वृत्त इसके बिना अधूरा है और महाकाव्यों के कवि समग्रता के वृत्त को पूरा-पूरा व्यक्त करने की चेष्टा करते हैं, अतः ऋतुचर्या. नगर-चर्या की तरह भोजनचर्या भी महाकाव्यों का मुख्य विषय रही है। कला-प्रधान महाकाव्यों यथा 'रघुवंशम्' और 'पैराडाइज लॉस्ट' में इस परम्परा का पालन नहीं हुआ है, क्योंकि उनकी दृष्टि समग्रता से हटकर विशिष्टता की ओर उन्मुख रही है। परन्तु आदि महाकाव्यों में, होमर, वाल्मीकि और व्यास की कृतियों में, 'ओल्ड टेस्टामेण्ट' में, भोजन-चर्या के सन्दर्भ अपने सहज स्वाभाविक रूप में या कभी-कभी काव्यमयी भंगिमा के साथ भी प्रस्तुत किये गये हैं। परवर्ती भारतीय महाकवियों ने भोजन का जो वर्णन किया है, वह व्यंजनों और पकवानों की सूची मात्र है, क्लासिकल युग के होटलों का 'मेन्यू' है, परन्तु वाल्मीकि और होमर तथा 'ओल्ड टेस्टामेण्ट' में ये वर्णन सन्दर्भ के मध्य से पल्लवित होते हैं और वाल्मीकि में इस प्रकरण की नाटकीय भंगिमा तो बस देखने ही लायक है। 'अयोध्या काण्ड' में महर्षि भरद्वाज द्वारा भरत का आतिथ्य सत्कार व्यंजनों एवं भोगों का ऐसी छटा बाँधकर वर्णन किया गया है कि शेष अन्य भारतीय-अभारतीय काव्यों की भोजन-छटा इसके सामने फाल्गुन-मेघ बनकर रह गयी है। लँगोटबद्ध तपस्वी अपने दरिद्र कमण्डल से जल हाथ में लेकर सारे देवमण्डल एवं ऋद्धियों-सिद्धियों को, रसों के स्वामी चन्द्रमा को तथा अन्नपूर्णा-रूपिणी सारी सृष्टि को आदेश देता है कि सब रात भर भरत का आतिथ्य सत्कार करें। कुबेर का वह चैत्ररथ बन त्रिवेणी-तट पर उनके आश्रम के आस-पास आकाश-मार्ग से उतर पड़ता है जिसके पत्र ही आज की बनारसी-नीलाम्बरी-मयूरकण्ठी से बढ़कर महार्घ परिधान हैं, जिसके पुष्प हीरा-रतन-जड़े आभूषण हैं और जिसके सुरम्य फल दिव्य देवकन्याएँ हैं। अपूर्व आतिथ्य सत्कार वर्णित किया गया है। सारे स्वाद, सारे भोग अपने-अपने स्वतन्त्र चरित्र के साथ करबद्ध उपस्थित हैं। मैरेय और मधु से भरी वापियाँ हैं जिनके पक्के घाटों पर ढेर के ढेर मृष्ट मांस के पकवान यत्र-तत्र ढेरी लगाकर रख दिये गये हैं। 'सींककबाब' (प्रतप्त-पिठरैश्चापि) और मृगमांस, शूकरमांस, मयूरमांस और आज का लोकप्रिय मुर्गमांस, सब कुछ है (मार्गमयूरकुक्कुटैः) और इनको भूनकर, तलकर, छौंककर, सेंककर हर तर्ज में प्रस्तुत किया गया है। ''पात्राणि परिपूर्णानि सहस्रश्च'' षट्रस व्यंजन हैं। कहीं पर

श्वेत दही की विशाल वापियाँ हैं जिनके पास चीनी की पक्की हौजें हैं, तो कहीं पायस के पोखरे हैं और कहीं मसालेदार दही अर्थात् 'रसाले' के कुण्ड। तेजपत्र, दालचीनी आदि से गमागम सुगन्धित। यारो, बड़ी ही मौज रही होगी। परोसने-माँगने की तो झंझट ही नहीं थी। ऐसा अपूर्व योग तो ईश्वर ही सर्वशक्तिमान् होने की वजह से कर सकता है। इतना सब युधिष्ठिर-विक्रमादित्य, अकबर-आसफ़ुदौला आदि बेचारों की औकात के बाहर की बात है।

वाल्मीकि के काव्य का 'नाभि'-संस्करण बुद्ध से भी प्राचीन है। बुद्ध भारतीय इतिहास की इतनी बड़ी घटना है कि कोई भी उनके बाद पैदा होकर उनकी अप्रत्यक्ष छाया से बच नहीं सकता था। बुद्ध के पहले भी रामकथा थी। प्रमाण है 'दशरथ जातक' जिसमें बुद्ध अपने पूर्वजन्म में 'रामपण्डित' हैं, जिनकी पत्नी को लंकाधिपति हरण करके ले गया और जिसका उद्धार उन्होंने कपि मित्रों की सहायता से किया। परन्तु रामायण का वर्तमान संस्करण ईसा की प्रथम शती से कुछ पूर्व अश्वघोष से पूर्व का-सा लगता है। अतः भरत के अतिथि-सत्कार और लंकाकाण्ड में वर्णित लंका की राजसी पानभूमि की व्यंजनावली तत्कालीन भारत के राजसी भोजन का चित्र उपस्थित करती है। परन्तु साधारण नित्य का भोजन दाल, भात-घी और दही ही था, मिष्टान्न एवं मांस रस के साथ। तथ्य तो यह है भारतीय धर्म-साधना, साहित्य कला, वेशविन्यास, प्रणय शैली की तरह पाक-कला और व्यंजनावली भी आज तक अविच्छिन्न अपरिवर्तित चली आ रही है। वैदिक युग से ही 'सत्तू' (भाषा-सूक्त का 'शक्तु') भुने अन्न या 'धाना' (भोजपुरी में अब भी 'दाना' कहते हैं), पुरोडाश (आधुनिक 'चूरमा' या 'मलीदा'), पायस (परमान्न) दही-भात और मांसोदन (पुलाव) आज तक चले आ रहे हैं। भात बनाने की तरह-तरह की किस्मों का उल्लेख सबसे पुराने उपनिषद् 'बृहदारण्यक' में मिलता है : क्षीरोदन, दधि-ओदन, घृतायित दधि-ओदन, तिलोदन और मांस घृतोदन। ऋषि कहते हैं कि कोई चाहे कि मेरा पुत्र पण्डित, यशस्वी सभाओं-एसेम्बलियों में जानेवाला, प्रसन्न वाणी का वक्ता, सर्ववेदों का अध्येता तथा परमायु हो तो पति और पत्नी—दोनों (सम्भोगपूर्व) साथ-साथ मांस-घी और भात को पकाकर 'मांसोदन' खाएँ। आगे बताया गया है कि मांस ऊक्षा 'ऋषभ' अर्थात् 'सेचन समर्थ पुंगववृषभः' (शंकराचार्य की टीका) का हो। कहने का तात्पर्य यह है कि वैदिक आर्यों का ही खाना दरिद्र बद्दू या जंगली नहीं था। यों सर्वसम्मानित भोजन थे कृष्णसार-मांस, पायस और सत्तू। साम स्वरों की रचना करनेवाले 'सातूखोर' थे। आटा और सत्तू अभारतीय आर्य-परम्परा में भी सम्मानित रहे हैं। सत्तू का सिक्का 'भाषा सूक्त' (ऋग्वेद 10/71/2) स्वीकार करता है—'जैसे चलनी द्वारा सत्तू को परिष्कृत करते हैं, वैसे ही सुधीजन बुद्धिं द्वारा भाषा (परिष्कृत करके) प्रयुक्त करते हैं।' मछली द्रविड संस्कृति का आशीर्वाद है। अतः सुखाद्य होने पर भी वैदिक श्रेष्ठता जो कृष्णसार या आज्य मांस, परमान्न और सत्तू को प्राप्त है, इसे प्राप्त नहीं। आज उत्तर भारत में सत्तू किसान संस्कृति का प्रतीक है, और मछली

बाबू संस्कृति का, और भारत के श्रम-विमुख जीवन-दर्शन के वंशधरों द्वारा 'सातूखोर' शब्द एक विशेष सन्दर्भ में उच्चारित किया जाता है।

बुद्ध के समय भारतीय भोजन अपनी वैदिक सादगी को छोड़कर राजसी रूप ग्रहण कर रहा था। राजगृह में होली के दिन भिखमंगे तक मालपुए खाते थे, पर बुद्ध की नजरों में बढ़िया चावल का भात और मांस-रस ही श्रेष्ठतम भोजन ज्ञात होता है। वह अपने एक विरोधी माणवक को डाँटकर कहते हैं, "क्या वे ऋषिगण तेरे या तेरे गुरु की ही तरह बढ़िया भात, मांस का शोरबा और कालिमारहित (केसर वर्णी) दाल का भक्षण करते थे, अंगराग लगाते थे, पंचास्वादन से युक्त, लिप्त और आवृत रहते थे ?" (दीर्घनिकाय, अम्बट्ठ-सुत्त) बुद्ध युक्ताहार-विहार के प्रवक्ता थे, आहार में मांस से उनको परहेज नहीं था और उनकी मृत्यु भी अर्धसिद्ध मांस के खाने से हुई थी। पर शायद श्रमणों के उपयुक्त भोजन इसे नहीं माना जाता था। बुद्ध के हजार वर्ष बाद ह्वेनसांग ने अपने यात्रा-वृत्तान्त में लिखा है कि नालन्दा के प्रत्येक विद्यार्थी को बड़े-बड़े दानोंवाला श्वेत सुगन्धित चावल, गेहूँ, जायफल, सुपारी, कर्पूर, घी तथा तेल प्रचुर मात्रा में दिया जाता था। सुखाद्य के बिना सद्विद्या कैसे आएगी ?

बौद्धों का भारतीय पाक-कला में कोई अलग से योगदान नहीं, पर उन्होंने भोजाचारिकी अर्थात् भोजन करने की सम्यक्-संयत कला को विकसित किया। मौन होकर भोजन करो; सचेत आस्वाद के साथ भोजन करो; भोजन लीलना या भक्षण नहीं, आसुरी या पाशविक कर्म नहीं, बल्कि सहज आस्वादन है, 'ध्यान' है; यह 'बुद्ध-हृदय' का स्वाद है, मौन में 'बुद्ध-हृदय' का अनुभव होता है, अतः अनुभव करते हुए मौन के मध्य भोजन करो। यही नहीं आज के भारतीय भोजों के शुद्धाचार और पंक्ति के नियम भी बौद्ध शीलाचारिकी के निकट लगते हैं। यह शीलाचारिकी आज भी चीनी-जापानी संस्कारों में 'ज़ेन शैली' के रूप में है। भोजन जूठा नहीं छोड़ना चाहिए, यह नियम जापानियों ने भारत से सीखा है, बौद्धधर्म के माध्यम से। पर भारत में ही आज कुछ पुराने लोगों को छोड़कर जो अन्न को देवता मानकर छोड़ते नहीं, यह नियम सर्वाधिक तिरस्कृत है।

पाक-कला और व्यंजनावली में हिन्दू, बौद्ध, जैन सबकी संयुक्त परम्परा है। जैसे साहित्य में नव रस हैं, वैसे ही भारतीय भोजन में षट्रस हैं, और छह रसों के ढाँचे में राजस और साधारण स्तरों पर प्रयोग तो आज तक होते रहे हैं। रसगुल्ला को आविष्कृत हुए मात्र एक सौ वर्ष के लगभग ही हुए हैं। परन्तु आधारभूत व्यंजनों का रूप जो वैदिकोत्तर युग में शुरू होता है, गुप्त काल तक आते-आते स्थिर हो गया लगता है और आज तक वही चल रहा है। भारतीय पाक-कला के तीन दौर हैं—सादा स्वस्थ वैदिक युग, क्लासिकल राजसी वैदिकोत्तर युग और अन्त में तीसरा महान् युग, मुगलाई खाने के रूप में; जब तुर्क और ईरान के सूपकारों ने मुगल और तत्कालीन अमीरों की पाकशाला में भारतीय मसाले, घी, बेसन तथा मांस के माध्यम से वह परम्परा स्थापित

की जिससे आज तक दुनिया दंग है। दुनिया में तुर्की खाना श्रेष्ठ माना जाता है, परन्तु सम्मानित विदेशी भोजकों ('गूरमे') की राय है कि हिन्दुस्तानी खाने के सामने यह भी झक मारता है। क्यों न हो ऐसा ? प्रकृति ने चीनी और मसाले हिन्दुस्तान को छोड़कर और किसी को दिये कहाँ ? कहीं मिर्च है तो कहीं पुदीना। ये गरम मसाले मनुष्य जाति के इतिहास में अजब-अजब होली-दीवाली खेले हैं और इन्हीं के लोभ में इतिहास दायें-बायें पूरब-पश्चिम मोड़ लेता रहा है। एक घटना याद आती है। गॉथों के कबीलों ने रोम को घेर लिया। सन्देशा भिजवाया : 'इतने मन सोना दो, नहीं तो हमारी मशालें और नंगी तलवारें ज्यादा इन्तजार नहीं करेंगी।' रोम के सामन्त चिन्तित हो उठे। आखिर इतने मन सोना कहाँ से आए ? फिर सन्देशा गया : 'अच्छा सोना नहीं तो उतने मन भारतीय मसाले दे दो।' बस क्या था, रोम के बन्दरगाह में लगे भारतीय जहाजों की बोरियाँ उतरने लगीं; रोम जलकर खाक होने से बचा और रोमन तरुणियों और शिशुओं के राहु-केतु लौट गये। पर इतना होते हुए भी भारतीय व्यंजनावली का सबसे बड़ा दोष है इसके असंख्य भेद-उपभेद, साहित्य की नायिका-भेद की तरह। एक रसगुल्ले के या सन्देश के मूल रूप की पचासों 'काट' तरह-तरह के नामों से चलती है।

भारतीय महाकाव्यों में नारी के रीतिबद्ध नख-शिख वर्णन की तरह खाद्य-सूची भी रीतिबद्ध ढंग से प्रस्तुत की गयी है। परन्तु पश्चिमी महाकाव्यों में भोजन की तालिका न देकर, भोजन-कर्म को ही महत्त्व दिया गया है और भोजन-क्रिया के भावात्मक और सन्दर्भ-गत मूल्यों को ध्वनित करने की चेष्टा की गयी है। होमर की सूची वाल्मीकि की तुलना में अधिक दरिद्र है : साधारण रोटी, भुना मांस, मधु, छेना और अंगूर तथा नीलवर्णी मदिरा। या सादी सुखाद्य, स्वस्थ व्यंजनावली हमें वैदिक युग की याद दिला देती है। होमर ने भोज्य पदार्थों से ज्यादा उनसे प्राप्त तृप्ति और प्रतिकूल सन्दर्भ में उनसे जुड़ी तृष्णा को ही वर्णन का नाभि-बिन्दु बनाया है। भोजन की राजसी तालिका और भोजन से प्राप्त तृप्ति-सुख दोनों में वही फर्क है जो नख-शिख वर्णन और प्रणय-प्रक्रिया के बीच है। प्रणय-प्रक्रिया 'रति' नामक स्थायी भाव का सगुण रूपान्तर है जबकि नख-शिख वर्णन 'उद्दीपन' मात्र है, रति की कच्ची सामग्री है। खाद्यास्वादन, क्षुधा, तृषा, घोर तृषा, क्षुधानिवृत्ति, तृप्ति, स्वादसुख एवं क्षुधित क्रोध की अभिव्यक्ति भारतीय साहित्य में नवलेखन के माध्यम से ही आ रही है। पूर्वजों ने इसे काव्य की निषिद्ध भूमि बनाकर रखा था। पर यह उनकी एकांगी दृष्टि का परिचायक है। यदि रतिक्रिया और सुरत-वर्णन जो ध्वंसोन्मुखी बाणोत्तर संस्कृत साहित्य में 'लिबिडो' का रूप धारण कर लेते हैं, काव्य के लिए ग्राह्य हैं तो क्षुधा, तृषा, खाद्यास्वादन और तृप्ति क्यों नहीं कवि-कर्म का अंग बने ? पर शायद उन दिनों हिन्दुस्तान भूखा नहीं था इसलिए 'रोटी' उसके लिए रोमाण्टिक तृषा का विषय नहीं हो सकती थी। विरही यक्ष को भी मध्य प्रदेश के रामटेक पर्वत की मालभूमि पर भी रोटी मिल ही जाती क्योंकि

इस भूमि के बारे में आज भी कहते हैं—''मालवभूमि गहन गम्भीर। पग-पग रोटी मग-मग नीर।'' और गंगा के काँठे की अन्नपूर्णा बाणभूमि की तो बात ही क्या है। पर आज रोटी रोमाण्टिक तृषा का विषय-बिन्दु हो गयी है। ''तुम्हारे प्यार का स्वाद गरम रोटी जैसा'' या ''तुम गरम रोटी जैसी स्वादिष्ट हो।'' ऐसी पंक्तियाँ मेरी समझ से सघन रोमाण्टिक भावबोध से सम्पृक्त हैं। आज ही नहीं, सदैव भोजनकर्म और रतिकर्म दोनों एक तरह की क्रियाएँ हैं, दोनों ही क्षुधा-तोष हैं, दोनों में भोक्ता और भोज्य परस्पर एक-दूसरे को खाते हैं। सीमा के भीतर रतिकर्म देह के भीतर की अमृता कला का भक्षण है और भोजनकर्म सृष्टि के मध्य की अमृता कला का। पर सीमा से बाहर होने पर दोनों घातक हो जाते हैं। इसी से 'तैत्तिरीय' के ऋषि का कथन है : 'हम और अन्न, दोनों परस्पर को खा रहे हैं।'

प्राचीन ग्रीकों को होमरीय और क्लासिकल दोनों युगों में प्रणय अर्थात् नारी के प्रति रूमानी प्रेम का ज्ञान नहीं था। यह अद्भुत उन्मादक मादन तो सूफी प्रभाव से अरब के माध्यम से यूरोपीय साहित्य में प्रवेश करता है। ईसाई मध्य युग के पूर्व यूरोपीय साहित्य में 'प्रणय' नहीं, 'रमण' है, विरहकाव्य नहीं, रमण-तृषा है। और जहाँ तक आदि कवि होमर का प्रश्न है, उसमें तो 'रमण' भी परिधि पर ही है। केन्द्र में है साहस, अभिमान, भय तथा करुणा। प्रेमिका से ज्यादा महत्त्वपूर्ण है सहयोगी और सहचर। आदिम युग का वातावरण ही ऐसा था। कुछ-कुछ ऐसा वातावरण ऋग्वेद के मन्त्रों में मिलता है। सौन्दर्य-बोध अर्थात् सुन्दरी हेलेन और सुन्दरी उषस् के प्रति होमर या वैदिक ऋषि का आकर्षण उद्दीपन मात्र है, स्थायी भाव नहीं। यही कारण है कि होमर के दोनों महाकाव्यों में युद्ध और भोजन को रति या रमण से अधिक स्थान दिया गया है। कवि के टोन से, कथन के हावभाव से लगता है कि होमर 'रमण' को उतना या उससे भी कम महत्त्वपूर्ण मानता था जितना हम भोजन को मानते हैं। आहार-निद्रा-मैथुन तीनों समान रूप से सहज स्वाभाविक जीवनधर्म है—इससे ज्यादा होमर मानने को तैयार नहीं।

''जब सृष्टि में वसन्त का आनन्द छा जाय
और हमारी भोजनशालाओं में गायकों की वीणा बजती रहे,
और हमारे सम्मुख रोटी, भुने मांस के ढेर हों, और साक़ी
हर क्षण हमारे पात्रों को भरता हुआ गुज़रता रहे,
तो जीवन का कुसुम-प्रस्फुटन यही है,
यही है जीवन का मधुरतम आशीर्वाद।'' —(ओडिसी)

होमर के भोजन-वर्णन में मुख्य 'मेन्यू' है—रोटी, शूल्य मांस, भुना मांस, मधु और शराब। यह शिविर-भोजन है। 'इलियड' में इसी का वर्णन है। पर राजकीय भोजों में इस सूची में अंगूर, दही, छेना, नवनीत और अन्य फल जुड़ जाते हैं जिनमें सम्भवतः

अंजीर और किशमिश-मेवे मुख्य रहे होंगे, यद्यपि होमर इनका नाम नहीं लेता। पर सिकन्दर-युग के ग्रीक सैनिक भुने जौ और अंजीर चबाकर किशमिश की मदिरा पीते थे। होमर के युग में मांस का 'चाप' बनता था—मांस के चकत्तों के बीच चरबी की तह देकर। रोटी प्रायः जौ की होती थी। आर्य जातियाँ, ग्रीक, ईरानी और हिन्दू तीनों मूलतः जौ खानेवाली जातियाँ हैं। गेहूँ तो बाद में आता है, गोकि होमरीय ग्रीकों और ऋग्वैदिक आर्यों में गेहूँ का महत्त्व स्थापित हो चुका था। आज भी श्रेष्ठ और पवित्र अन्न जौ ही माना जाता है। होमर युग में छेना और मधु श्रेष्ठ भोजन थे। वरुणपुत्र राक्षसों की भोजनशाला में एकाक्ष असुर द्वारा कच्चा मांस चबाकर लस्सी पीने का उल्लेख होमर ने अपने द्वितीय काव्य 'ओडिसी' में किया है। ग्रीकों को एक विशेष प्रकार का मधुपर्क भी प्रिय था जो मक्खन, मधु, जौ का आटा और अंगूरी मदिरा, चारों को मिलाकर बनता था, वैसे ही जैसे मेष-संक्रान्ति के दिन भोजपुरी क्षेत्र में जौ का सत्तू, चीनी, घी और मेवों को गाढ़े औटे दूध में मिलाकर 'घेवड़ा' तैयार करते हैं जिसे ब्राह्मणों, अतिथियों और बन्धु-बान्धवों को खिलाते हैं। यों आज हालत दिन-पर-दिन पतली होती जा रही है। पर जिन्हें अँटता है, आज भी ऐसा करते हैं। पूरबी भारत में विष्णु-पूजा का मुख्य भोग है 'शीतप्रसाद' जो केला, घी, चीनी, मधु, दूध के साथ गरी-किशमिश फेंटकर बनाते हैं, और साथ ही थोड़ा-सा कच्चा आटा डालते हैं गाढ़ा करने के लिए। 'घेवड़ा' और शीतप्रसाद ग्रीक मधुपर्क के भारतीय संस्करण हैं। आज ही की तरह होमरीय और क्लासिकल ग्रीस मधु का धनी था। वसन्त प्रति वर्ष आता है और ग्रीस के विविध द्वीपों की पहाड़ियों पर उगी बनानी मधु के छत्तों से भर जाती है। होमर के काव्य में तीन वस्तुओं का उल्लेख नहीं है—चीनी, मसाले और दाल का। इन तीन के बिना व्यंजनावली राजस् हो ही नहीं सकती। इसी से होमर की व्यंजनावली विदग्ध और अभिजात नहीं, पर समृद्ध और श्रेष्ठ अवश्य है। ग्रीक जैतून का तेल खाते थे। घी का प्रयोग नहीं होता था। रोटी मांस को ही ग्रीक भोजन माना जा सकता है। रोटी सेंकना एक कला थी और रोटी के लिए आटा गृह-स्वामिनी स्वयं गूँधती थी, क्योंकि आटा गूँधना सुन्दरता के अर्जन के लिए आवश्यक था। प्राचीन ग्रीक सौन्दर्य-बोध में रूप का छन्द स्वास्थ्य के छन्द का अनुगामी था। सौन्दर्य-दृष्टि पौरुष प्रधान थी। आटा गूँधना सुन्दरियों के लिए आवश्यक बताते हुए ग्रीक इतिहासकार जेनोफन कहता है, ''इससे सुन्दरता और निखर आती है और शरीर सुगठित एवं छन्दबद्ध हो जाता है।''

होमर के नायक पौराणिक महिमा से समृद्ध हैं; देवताओं के आमने-सामने या बगल में निर्भीक होकर युद्ध करते हैं; किसी से डरते नहीं, मृत्यु से भी नहीं। वे क्रूर नियतिचक्र के नीचे अद्‌भुत साहस-क्षम जीवों-सा आचरण करते हैं। पर होमर ने उन्हें यथार्थ ही रखा है। ये बावन तोले पाव रत्ती मनुष्य हैं। होमर ने उनकी पशुता को भारतीय महाकवियों की तरह ढँकने या उदात्त करने का प्रयास नहीं किया है। भारतीय महाकवियों में व्यास

का स्वभाव कुछ-कुछ होमर से मिलता है। महाभारत का प्रत्येक पात्र अत्यन्त सजीव एवं अत्यन्त मानवीय है। होमर का स्वर ही यूरोपीय साहित्य का सनातन स्वर है। साहित्य के चार बीज—यथार्थवाद, 'आयरनी' (विडम्बना या वक्राघात), 'ट्रेजडी' और 'साहसिकता' (रोमैण्टिक एडवेंचर) जो होमर बो गया—वे ही आज भी यूरोपीय साहित्य में विविध नाम-रूपों से फसल-दर-फसल उगते हैं। हाँ, इस खेत में एक पाँचवाँ बीज भी पड़ा है होमर के दो हजार वर्ष बाद, और आज से डेढ़ हजार वर्ष पहले, मध्ययुग में। वह बीज है ईसाई भावाकुलता। पर यह बीज एशिया से उधार लिया गया है। इसके प्रतिकूल खड़ा है भारतीय महाकवि, जो वैदिक युग में ही मनुष्य को यथार्थोत्तर, उदात्त, 'अमृतस्य पुत्राः' रूप में देखने का आदी है।

'इलियड' का प्रतिनायक हेक्टर (जिसका स्थान 'इलियड' में वही है जो मेघनाद का 'रामायण' में है) युद्ध में मारा जाता है। उसकी लाश को विजयोन्मत्त क्रूर नायक एकिलीज बुरी तरह घसीटता हुआ अपने खेमे में ले जाता है। रात्रि के घने अन्धकार में हेक्टर का श्वेतकेश पिता बूढ़ा नृपति प्रायम अपने बेटे की लाश माँगने चुपके से शत्रु के पास जाता है। ग्रीक-ट्रोजन संस्कृति में अन्त्येष्टि क्रिया का महत्त्व विवाह और जन्म के बराबर था, क्योंकि लोगों को मृत्यु के बाद 'रूह' या जीव-प्रेत के अस्तित्व में उतना ही विश्वास था जितना जीवित अस्तित्व में। बूढ़े राजा के रजत केशों को देखकर नायक एकिलीज को अपने पिता की याद आ जाती है। वह शत्रु होते हुए भी वृद्ध के प्रति करुण हो उठता है। ग्रीक नायक विशाल पर्वत शिलाखण्डों जैसे अंकित किये गये हैं, दृढ़ और देवोपम, पर ममताहीन पुरुष जैसे। इस स्थल पर आकर होमर शिलावक्ष में करुणा का शैलज कमल खिला देता है। द्रवित एकिलीज वृद्ध नृपति को भोजन के लिए निमन्त्रित करता है। दोनों साथ बैठकर भुने मांस-रोटी और चरबी का आघ्राण—भोजन करते हैं। जन्म और मरण, सुख और दुःख के प्रवाह के मध्य भोजन तो नहीं रोका जा सकता। यहाँ पर होमर पुरानी गाथाओं से उद्धरण देकर बूढ़े प्रायम के भोजन को युक्तियुक्त सिद्ध करता है। 'निबो' के बारहों बेटे मर गये, वह आँसुओं से तर हो गयी, पर भोजन तो उसे भी करना पड़ा। फिर प्रायम खेमे के बाहर लाश को लेकर जाता है और एकिलीज अपनी लूट में मिली सुन्दरी रक्षिता ब्रिजीस के साथ बिस्तर पर। यह है होमर की यथार्थवादी दृष्टि। ऐसा व्यवहार वाल्मीकि के पात्रों द्वारा असम्भव है। जीवन की समग्रता में भोजनचर्या का भी स्थान होता है। इस स्थल पर भोजन का उल्लेख होमर जीवन की समग्रता का चित्र प्रस्तुत करने की दृष्टि से नहीं करता है। यहाँ पर वह जीवन के यथार्थ पर जोर देना चाहता है। रुदन या ट्रेजडी यदि जीवधर्म है तो ऊपर से साहित्य द्वारा उसे और गुरुता न देकर, भोजन-पान, आस्वादन, रतिक्रिया, पिकनिक-'साप्ताहान्त' आदि के वरण द्वारा इस क्रूर चक्र के मध्य किसी तरह इस जीवन को जी डालो—यही तुम्हारी गरिमा है। होमर इसी पक्ष को ढकने के बजाय उद्घाटित करता है। यह मोह-मुक्त उद्घाटन और यह निर्मम निस्संग यथार्थवाद

यूरोप में बीसवीं से पूर्व बायरन (उनतीसवीं-शती) वाल्तेयर (अठारहवीं-शती), सरवेण्टीज़-मोलियर-रेसी-जानसन (सोलहवीं-सत्रहवीं शती), लैटिन व्यंग्यकार होरेस और जुवेनल तथा ग्रीक नाटककार एरिस्टोफेनीज़ में मिलता है। पर भारत में 'मृच्छकटिक' में मजाक के तौर पर यह भले ही आ जाय, गम्भीर रूप से आया है तीसोत्तर दशक से (सन् 1930 के बाद) और परम चरम रूप में आता है साठोत्तरी के लेखक में, यद्यपि इसे कोई प्रतिभासम्पन्न विशिष्ट प्रतिनिधि अभी तक नहीं मिला। बांग्ला लेखक श्री समरेश वसु में यह अपनी उद्दामता के कारण असहज हो उठता है। उद्दामता मोह का सबूत है, मोह-मुक्ति का नहीं। इसके लिए कोई जार्ज बर्नार्ड शॉ जैसा स्थिर-चित्त, सशक्त, तीव्र और अ-उद्दाम पुरुष आना अभी बाकी है।

ग्रीक रन्धन-कला पर ईरानी और मिस्री प्रभाव, अर्थात् एशियाई प्रभाव, प्रचुर रूप से पड़ा है। ग्रीक मूलतः मेष-मांस और वृषभ-मांस ही खाते थे। हिन्दुओं की तरह ग्रीकों का विश्वास था कि 'अपोलो' (जिसे कालान्तर के हिन्दू विष्णु मानते हैं, पर जो वैदिक युग में आदित्य था) का पवित्र पशु है गाय, और लगता है कि गाय की पवित्रता और उससे विष्णु में अर्थात् आदित्य का सम्बन्ध आर्य मात्र के विश्वास का एक अंग है। पर ग्रीक गो-मांस वैसे ही सहज रूप से खाते थे जैसे अरबी-मिस्री सेमेटिक जातियाँ। होमर का 'ओडिसी' इसका प्रमाण प्रस्तुत करता है। यों अरस्तू, जो होमर के हजारों वर्ष बाद सिकन्दर-युग में वर्तमान था, कहता है कि सारे मांसों का राजा है ऊँट का मांस। जहाँ तक तरकारियों का प्रश्न है, आलू-टमाटर को छोड़कर आज की प्रायः सभी तरकारियाँ प्राचीन हिन्दू और ग्रीक—दोनों जातियाँ खाती थीं।

यूरोप में रन्धन-कर्म की मुख्य रीतियाँ हैं : झुलसाना, भूनना, सेंकना, उबालना, भाप पर पकाना, शराब में घोटकर पकाना, शोरबा लगाना, तलना और छौंकना-बघारना। और गरम तेल में छानना भी, परन्तु यदा-कदा; क्योंकि यह रन्धन विधि मूलतः एशियाई है। इनमें प्रथम चार तो आदिम हैं और अन्तिम चार की विकासभूमि एशिया है, पर ग्रीकों और रोमनों द्वारा इन्हें प्रियता और प्राथमिकता दी गयी है। दरअसल, होमरोत्तर ग्रीक संस्कृति के हेलेनिक युग में ईरान का बड़ा योगदान है। ईरान कभी ग्रीकों का मालिक रहा, तो कभी गुलाम। पर खान-पान-विलास में ईरानी दारा की नकल सिकन्दर के अनुगामियों ने हरेक क्षेत्र में की। ग्रीक संस्कृति अन्तर्राष्ट्रीय गुणों से दिन-पर-दिन समृद्ध होती गयी। ठीक उसी प्रकार कि जब रोम ने ग्रीस को जीत लिया, तो दूसरे ही चरण में उसकी राजनीतिक विजय सांस्कृतिक आत्म-समर्पण में परिणत हो गयी। यही कारण है रोमन युग की अभिजात संस्कृति की भोजनशाला अन्तर्राष्ट्रीय रुचि का प्रतिनिधित्व करती है। यह रुचि मूलतः ग्रीक रुचि है जिसका केन्द्र न तो एथेंस था न स्पार्टा, बल्कि अलेक्जैण्ड्रिया अर्थात् वर्तमान काहिरा की जमीन थी। रोमन लोग न केवल मिर्च-मसाले, छौंक-बघार के शौकीन थे बल्कि अचार और चटनी का भी प्रचुर उपयोग करते थे। यहाँ तक कि वे करमकल्ला को (जिसे आधुनिक यूरोप प्रायः उबालकर

खाता है) पकाने में नौ मसाले लगाते थे : मिर्च, धनिया, पुदीना, जीरा, तेजपात, 'रयू' (एक तिक्त पौधा), तेल, शराब और सबसे बढ़कर भारतीय नमक। भारतीय नमक रोम में बड़ा कीमती था और पैसा न होने पर रोमन शासक नमक के डले ही सैनिकों को वेतन के रूप में दे देते थे। नमक के लिए लैटिन शब्द है 'सेलेरियम' उसी से 'सेलरी' शब्द निकला है जिसका अर्थ होता है 'वेतन'। भारतीय कौशेय और मलमल के प्रचलन और भारतीयों द्वारा रोम के शौषण पर रोमन इतिहासकारों ने दाँत पीस-पीसकर लिखा है, पर भारतीय मसालों का विरोध नहीं के बराबर था। रोमन भीषण रूप से असुरों की तरह खाते थे। खाते-खाते वमन कर देते थे, फिर खाने लगते थे। इसका सजीव वर्णन होरेस की पत्र-कविताओं (एपिस्टिल) में है या विविध संस्मरण-लेखकों की डायरियों में है। (पेट्रानियस : 'द बैंक्वेट ऑफ त्रिमालशियो')। इनकी आसुरी भक्षण-पद्धति बौद्धों की प्रज्ञापूर्ण भोजन-कला या भोजाचार की ठीक उलटी थी। इसी से क्रुद्ध होकर ईसाई धर्म ने अति भक्षण या बहुभोजन को सात भयावह पापों में पाँचवाँ पाप घोषित कर दिया। अन्त में दिग्विजयी शस्त्रधारी रोमन सामन्तों की जबान को तीव्र और उत्तेजित करनेवाली चटनी 'गारम' का उल्लेख कर हम यह प्रसंग समाप्त करते हैं। यह विशेष चटनी मछली की आँतों को नमक में गलाकर शराब, तेल और कई तरह के मसाले डालकर बनायी जाती थी।

जैसे भारतीय पाककला के तीन चरण हैं, वैसे ही यूरोपीय पाककला के तीन चरण हैं—होमरिक, ग्रीक-लैटिन और फ्रेंच। ये तीनों चरण दो संस्कृतियों में उपजते हुए भी स्वभाव में समानान्तर हैं। फ्रेंच रईसों और सामन्तों की भोजनशाला में यूरोपीय व्यंजनावली एवं पाककला का चरम विकास हुआ है। इसकी एक झलक हमें चासर के 'केण्टरबरी टेल्स' में मिलती है, क्योंकि नार्मन अँगरेजी सभ्यता फ्रेंच सभ्यता की ही कलम थी। इसके बाद आता है आधुनिक युग। यूरोपीय व्यंजन पुनः होमरीय युग की सादगी की ओर लौटता है। ग्रीक-लैटिन तथा फ्रेंच युग में मसाले के जोर से खाद्य वस्तु का असली स्वाद छिपाने की चेष्टा की जाती थी। परन्तु अब यूरोप असली स्वाद ही पसन्द करता है। यह रुचि-परिवर्तन साहित्य में असलियत की ओर, मूल यथार्थ की ओर, जाने की प्रक्रिया के समानान्तर है। कला मूलभूत, आदिम और ज्यामितिक की ओर उन्मुख होती जा रही है, तो स्वाद-रुचि भी सहज और स्वाद-बोध की ओर। मसालों के रोमांस से यूरोप का जी ऊब गया है। आज यूरोप उबाला हुआ, आधा उबाला हुआ, झुलसा हुआ, कच्चा खाने का पक्षपाती होता जा रहा है। रसोईघर और संस्कृति—दोनों साथ-साथ टूट रहे हैं और इस तथ्य के प्रमाण हैं टिन के डब्बे में बन्द खाद्यों की लोकप्रियता। आधुनिक रसोईघर का अर्थ है स्टोर रूम, रन्धन-शाला नहीं, जहाँ बिजली का चूल्हा प्रेशरकुकर के बावजूद राज्य है रिफ्रिजरेटर, डब्बेबन्द मांस, बीन, सलाद, सूखे बिस्किट, पावरोटी, मक्खन, क्रीम आदि का, और पाककला की दक्षता स्लाइस को ठीक से काटने तथा विशिष्ट रीति या भंगिमा से परिवेशन करने तक ही सीमित होती जा रही है।

यह आधुनिकता का आदिममुखी प्रत्यावर्तन है। यह आदिममुखी प्रत्यावर्तन हमारी सेक्स सम्बन्धी धारणाओं, कम्यून जीवन, व्यक्तित्व-निषेध, सम्पत्ति के सामूहिकीकरण आदि के द्वारा भी व्यक्त हो रहा है। हम सहज और प्रकृत की ओर जाना चाहते हैं। पर सहज और प्रकृत को खरादने-परिष्कृत करने का ही नाम संस्कृति और सभ्यता है। सहजता और प्रकृति की ओर जाने का मतलब है पुनः पीछे लौटना। इससे आधुनिक जीवन में व्याप्त आर्थिक अन्याय का प्रतिकार तो होगा, पर आत्मिक मानसिक दरिद्रता भी आएगी।

स्वयं मैं तो भोजन की दृष्टि से शुद्ध वैष्णव हूँ। पर मेरी वैष्णवता कुछ यायावरीय है। वैष्णवों का चरम उद्घोष है, "मुनि, पुनि रसन के रस लेख।" वैष्णवों की चरम प्रार्थना और चरम तृप्ति है, "भई कृपा रघुनाथ की लूची दोनों जून !" विष्णु षोडश-शृंगार, कामलोलुपता, पंचास्वादन और मोहक पुनर्जन्म के आधार हैं। मुक्ति तो वह गैरों को देते हैं। अपने लोगों को तो पंचास्वादन करने के लिए पुनर्जन्म देते हैं। कर्म, प्रगति, सन्तान-परम्परा, दूध-पूत, आशा और भविष्य के देवता हैं। वह मनुहार-मधु और रोदन-मधु के देवता हैं। वह तृप्ति और पुष्टि, रति और तृषा के दाता हैं। भारतीय पाककला की हिन्दू शाखा के उन्नयन और विकास में वैष्णव मन्दिरों का अपूर्व योग रहा है। वैष्णव प्रायः संगीत, काव्य और भोजन—इन तीन का माहिर होता है। उसके देवता का स्वभाव ही ऐसा है। इसी से मैं वैष्णव हूँ। मैं समाजवाद को लक्ष्य नहीं, साधन मानता हूँ। जीवन का लक्ष्य है : सुख, सुख और मात्र सुख। इसी को पुरानी भाषा में 'आनन्द' कहते हैं। क्योंकि सृष्टि निरुद्देश्य मशीन नहीं। इसका लक्ष्य ही है लीला। जब सृष्टि ही लीला की मौज लेने के लिए बनी है तो जीवन का लक्ष्य सुख ही होगा और कुछ नहीं। धर्म, शासन-व्यवस्था, समाजतन्त्र आदि मार्ग हैं, मंजिल नहीं। अतः सुख चाहे पाऊँ, या न पाऊँ पर इसे ही चरम लक्ष्य के रूप में स्वीकार करता हूँ। इसी सुख की सद्यानुभूति के आस्वादन में विश्वास करता हूँ और इसी से हजार वर्षों से बार-बार दोहराये जानेवाला भारतीय रसिक समाज का भरत-वाक्य मेरा भी भरत-वाक्य है : "हमें जन्म-जन्म में भैंस का ताजा दही, शर्करा मिश्रित दूध, मृगमांस, कोमल-वपु षोडशी, कालिदास की कविता और इन सबको भोगने के लिए युवावस्था प्राप्त होती ...रहे।" मुझे जगत् में बारम्बार आना है दही, दूध, मांस, नारी, कविता और नवयौवन—इनका षट्रस स्वाद पाने के लिए। अतः यारो, आओ हम सब परम वैष्णव बनें :

"कालिदास-कविता नवं वयः
माहिषं दधि सशर्करं पयः।
एणमांसमबला च कोमला
सम्भवन्तु मम जन्म-जन्मनि ॥"

यारो, यह षट्-रस मौज मुक्ति से भी बढ़कर है। यह ईश्वर का ही आस्वादन है।

# स्नान : एक सहस्रशीर्षा अनुभव

स्नान को मैं पंचम पुरुषार्थ का सहोदर मानता हूँ। वैष्णवों ने चारों पुरुषार्थों से परे, ईश्वर साक्षात्कार को पंचम पुरुषार्थ के रूप में देखा है। स्नान की सुखद अनुभूति भी ईश्बर साक्षात्कार के क्षण-भोग जैसी ही होती है। क्षण भर के लिए ही सही, पर लगता है कि सारा अस्तित्व अतीन्द्रियता की ओर उन्मुख हो रहा है। यह अनुभूति बहुत कुछ अनिर्वचनीय-सी होती है। जल आदिभूत है, "या सृष्टिः स्रष्टुराद्या..." रूप में परमात्मा की प्रथम भौतिक मूर्ति है और स्नान करते समय इसके साथ सम्पर्क जोड़ना माने आदिभूत के साथ एकाकार होने की चेष्टा करना, आदिभूत के स्पर्श को मानसिक और आत्मिक स्तर पर आत्ममुक्त करने की चेष्टा करना। और शायद यही कारण है कि हम स्नान करते समय अनुभव करते हैं कि भीतर-भीतर आत्मा भी तरल होकर प्रवाहमयी बन गयी है और हमारी स्थूलता अर्थात् भौतिक देहसत्ता विगलित और रूपान्तरित हो रही है।

यों जल की अपनी एक निराकार भावसत्ता भी है। निराकार रूप में यह ब्रह्मसत्ता है। भावसत्ता के रूप में कवियों ने दृष्टि-जल की और मरमी प्रेमियों ने 'अन्तस्' या हृदय-जल की भी कल्पना की है। 'अन्तस्' शब्द का अर्थ भी जल माना गया है। जल की सगुण और साकार सत्ता में आता है मृग-जल, जो रूप तृषा का धोखेबाज भ्रम-जल है। इसके निरन्तर नाचते जल में स्नान करने से ईश्वर मुझे क्या, हो सके तो यार-दोस्तों तक को बचाए। फिर आता है अश्रु-जल, जिसके अन्तर्गत नन्हे-मुन्नों के विकट क्रन्दन से लेकर श्रीमती के प्रणय-अश्रु और प्रेमिका का रोदन-मधु सभी आते हैं। पर इन सारे जलों से महत्त्वपूर्ण साक्षात् जीवन-स्वरूप, तृषा-हर, ताप-हर, सृष्टि-जन्म-सहोदर एवं प्राण-सहोदर जो जल है वह है अपना स्थून जल, जिसे हम पान-प्रक्षालन-प्रोक्षण और स्नान के लिए प्रतिदिन व्यवहृत करते हैं। इन तरह-तरह के निराकार एवं साकार जलों से हम बुद्धि, मन और देह के स्तर पर तरह-तरह से स्नान करते हैं और बाहर-भीतर के कर्दम को साफ करते रहते हैं। यहाँ पर हम अपनी चर्चा दैहिक स्नान तक ही यथासम्भव सीमित रखने की चेष्टा करेंगे। पर जो कुछ देह स्तर पर घटित होता है उसका स्पर्श मन और बुद्धि को भी दीप्ति या छाया दे जाता है। अतः स्नान चाहे मन्त्राभिषिक्त अभिषेक हो, या दैनिक लोटा-बाल्टीवाला या बाथरूमस्थ मज्जन-मार्जन हो, या आलसियों की 'कठौती गंगा' की शैली में काक स्नान हो, या

बहती नदी में जल का मन्थन करते हुए वीरोपम अवगाहन हो, हरेक स्थिति में लगता है मन रजोमुक्त हो रहा है। तबीयत हलकी हो जाती है, गन्दे विचार धुल-से जाते हैं; सारी ग्लनि, सारा सन्ताप, सारा प्रमाद कट जाता है और लगता है कि हम चाहें तो उड़ सकते हैं, चाहें तो धरती से एक हाथ ऊपर-ऊपर चल सकते हैं। यह एक आपाद-मस्तक अपूर्व लघिमा और मुक्ति का अनुभव है। यह अनुभव अपने में अपूर्वता, रजोगुण-मुक्ति और आत्मारामता की उपस्थिति के कारण ईश्वर साक्षात्कार के, जिसे वैष्णवों ने 'पंचम पुरुषार्थ' की संज्ञा दी है, समानान्तर-सा लगता है। हाँ, मात्रा-भेद अवश्य है। परन्तु मात्रा-भेद के बावजूद यदि काव्यानन्द को योगियों के ब्रह्मानन्द का सहोदर माना जा सकता है, तो मैं प्रस्ताव कर सकता हूँ कि उसी सीमा तक स्नान को भी पंचम पुरुषार्थ का सहोदर माना जाए। ईश्वर साक्षात्कार अर्थात् पंचम पुरुषार्थ की ही तरह इसमें भी साध्य-साधन भाव से परे मात्र सुखानुभूति, केवल सुख, अविचल विश्राम, चरम शान्ति, विराट् क्षमा का अनुभव होता है। अतः मात्रा-भेद स्वीकारते हुए भी दोनों को सहोदर मानने में मुझे कोई अनौचित्य नहीं दिखाई देता।

हिन्दुस्तान एक ऐसा देश है, जहाँ स्नान को भोग और शृंगार तो माना ही गया है, धर्म और तपस्या भी माना गया है। यह षोडश शृंगारों में से एक है। इसके अभाव में सारे शृंगार अस्पृश्य और दुर्गन्धमय लगते हैं। जो सौन्दर्य का उद्घाटन करे वही शृंगार है। स्नान तन और मन के निर्मल सौन्दर्य को उद्घाटित करता है और उसे एक पावनता प्रदान करता है, इसी से यह अन्यतम शृंगार माना गया है। लाख कोई तेल-फुलेल लगाए, चोवा-चन्दन और कुसुम-शृंगार धारण करे, पाटम्बर परिधान पहने, पर यदि स्नान न किया हो तो स्वयं को ही यह सब व्यर्थ और अपावन लगता है। धर्म-कर्म के रूप में स्नान का महत्त्व तो ऐसा जमकर है कि बस आफत है। गोया यह स्नान न होकर स्वर्ग की सीढ़ी हो। यहाँ तो देवपूजन, राज्यारोहण, दीक्षाग्रहण—सब के साथ अभिषेक अर्थात् स्नान मुख्य कल्प के रूप में जुड़ा है। यहाँ तीर्थयात्रा माने स्नान-यात्रा और पर्व माने स्नानपर्व। अपने गाँव के पन्ना साहू और लगूदन अहीर भी दुर्गन्ध व्रत तोड़कर संक्रान्ति के अवसर पर स्नान करते हैं और दोनों बन्धु परस्पर दुखड़ा रोते हैं "मत पूछ यार, हर साल यह 'संकरात' आया ही रहती है।" इधर हमारे देहात के डोमों की पंचायत ने फैसला किया है कि जो डोम प्रतिदिन स्नान न करके जाति की बदनामी कराएगा, वह कुजात रहेगा। तो देहात के सारे डोमों को तो नहाना ही पड़ रहा है, साथ ही हमारे बालसखा दिलदार पण्डित भी इधर प्रतिदिन स्नान करने लगे हैं। बाध्य हो गये बेचारे ! अन्यथा वे 'मन चंगा तो कठौती में गंगा' को ही बचपन से आस्थापूर्वक मानते आये थे।

मेरे अपने घर में 'पानी' और 'डालर', 'रूबल' जैसे नन्हे-मुन्नों को स्नान के लिए फुसलाना पड़ता है, तो दूसरी ओर माँ दिन में तीन बार नहाती है और मैं कहता हूँ, "माँ, तेरे देवता तो समुद्र-शय्या पर सोते हैं, उन्हें अभ्यास हो गया है, अतः सर्दी-जुकाम

का डर नहीं, पर तू तो ऐसा नहीं कर सकती। तुझे सर्दी लग जाएगी।'' पर मेरे इस तर्क के बावजूद वह हाथ लगी स्वर्ग की सीढ़ी नहीं छोड़ना चाहती।

यह तो स्नान-वीरों का देश है। मनुष्य तो मनुष्य, यहाँ गृह-पशुओं और प्रेतों तक के लिए स्नान-पर्व हैं। यों प्रेतों के अस्तित्व में मेरा विश्वास नहीं, पर मैं उस कल्पना के अन्दर अद्भुत रस का आस्वादन पाता हूँ, जिसके अनुसार फाल्गुन शुक्ला चतुर्दशी को मध्य ज्योत्स्ना रात्रि में संसार के पिशाचगण काशी की यात्रा करते हैं, स्नान-पर्व मनाने के लिए। वे कालेश्वर कुण्ड पर स्नान करके विशालाक्षी और रुद्र की अर्चना करते हैं। प्रेत-अस्तित्व का अनुभव एक मानसिक विकृति है, पर इस विकृति को भी एक बार गंगा-स्नान करा देना उचित ही है। अद्भुत कल्पना है। मध्यनिशा में चाँदनी की धारा के मध्य आकाश के प्रेतों की पाँत-पर-पाँत चल रही है अपने मालिक भूतेश्वर शिव के दरबार में जुहार करने और स्नान-उत्सव मनाने। घटताल पीटती हुई, अद्भुत शब्द करती हुई पाँत-पर-पाँत आकाशचारी पिशाचवाहिनी कालेश्वर कुण्ड पर उतरती है, वैतरणी के तट पर झुण्ड-के-झुण्ड जीव-खगों की उतरती पाँत की तरह। और इस ज्योत्स्नामयी रात्रि को भयावह करती हुई वे पिशाच-पंक्तियाँ अपने नेता धूर्जटी के दरबार में हाजिर हो रही हैं। सारा आकाश ही दरबार का मेघाडम्बर शामियाना बना हुआ है और सारा गंगातट उन्मुक्त प्रेतनृत्य से भयभीत हो उठा है। सारे अविमुक्त क्षेत्र की साँस बन्द है। ज्योत्स्ना-काक अर्थात् उल्लू भी मारे भय के शान्त हैं। ऐसे वातावरण में महाशाप की तरह आकाश से प्रेतगण उतरते हैं और कालेश्वर कुण्ड में डुबकी मारकर फिर उसी गति से ऊपर उठकर बाण-वेग से वे मणिकर्णिका की दिशा में चल देते हैं विशालाक्षी और रुद्र के दर्शन के लिए।

जब-जब मैं ग्येटे के 'फ़ास्ट' में वर्णित 'प्रेत रात्रि' (वालपर्जिस नाइट) को पढ़ता हूँ, मुझे अविमुक्त क्षेत्र के फाल्गुन शुक्ला चतुर्दशी का यह प्रेत-पर्व स्मरण हो आता है। अतः मुझे लगता है कि संसार की किसी भी अन्य जाति ने स्नान को इतना महत्त्व नहीं दिया है। भोगों में स्नान और विद्याओं में दर्शन-शास्त्र, इन दो के प्रति इस जाति का घनघोर प्रेम अति की सीमा को पार कर गया है। यह जाति प्रत्येक कर्म के पूर्व स्नान करती है और प्रत्येक कर्म के पीछे दार्शनिक युक्ति खोजती है। इस स्नान-प्रेम का मूल उद्गम वर्तमान भारतीय जाति की आदि संस्कृति निषाद-संस्कृति में है। निषादों की स्नान-शैली थी अवगाहन, अर्थात् नदी या सरोवर में स्नान। द्रविड़ों ने मज्जन-मार्जन को स्नानागारों में स्थान दिया और स्नान का रूप अवगाहन से प्रक्षालन हो गया।

उस अविकसित युग में भी स्नान की कला इस देश में कितनी उन्नत और कितनी लोकप्रिय थी, इसका अन्दाज हम मोहनजोदड़ो और हड़प्पा के ईसा-पूर्व दो सहस्र पुराने स्नानागारों को देखकर कर सकते हैं, जिनके जल-निकास की व्यवस्था देखकर आज के अभियन्ता या इंजीनियर भी मात खा जाते हैं। आर्यों की अग्नि-उपासना अर्थात् यज्ञ का रूपान्तर हुआ 'हवन'। निषादों और द्रविड़ों का स्नान-प्रेम बना 'तीर्थ'। द्रविड़ों

की भाव-साधना बनी 'कीर्तन' या 'भजन' और आर्यों की चिन्ताशीलता बनी 'दर्शन'। इस प्रकार हवन-तीर्थ-कीर्तन-दर्शन के चार पहियों पर हिन्दू धर्म की बैलगाड़ी चल पड़ी और चलती रहेगी निरन्तर। मानता हूँ कि यह बैलगाड़ी ही है, रेल, ट्रक या जहाज नहीं। पर रेल अपनी गति के बावजूद कितनी ईश्वरनिरपेक्ष, उदास, निस्संग तथा अमानवीय लगती है। लम्बी बन्द, श्मशान जैसी उदास और भयावह मालगाड़ी की अपेक्षा गुलजार-'मनसायन' और सजीव बैलगाड़ी ईश्वर और मनुष्य के अधिक निकट लगती है। रेलगाड़ी के लौह मृदंग में मशीन का आर्तनाद है, तो बैलगाड़ी के गति-स्वरों में मनुष्य और प्रकृति के पारस्परिक सहयोग की साँसें बजती हैं।

आज साधारणतः स्नान के माने होते हैं आदि महाभूत जल में स्नान। परन्तु भारत के स्मृतिकारों और आयुर्वेद के पण्डितों को इतने से सन्तोष नहीं हुआ और उन्होंने पंचमहाभूतों में स्नान करने की व्यवस्था दे दी और इसके बाद मन और बुद्धि में भी स्नान करने की बात कहकर सात प्रकार के स्नान बताये। इन स्नानों को क्रमशः भौम, आग्नेय, वायव्य, दिव्य, वारुण, मानस और मान्त्र स्नान कहते हैं। मैं इन सारे स्नानों का सुख धृष्टतापूर्वक लूट चुका हूँ। भौम स्नान अर्थात् मिट्टी या धूल में लोटना; और बिना किसी शिखाधारी स्मृतिकार के हुक्म के ही मेरा यह स्वयं साधित स्नान था, जिसे आज से तीन दशक पूर्व मैं प्रति दिन करता था और जो माँ के लिए उपद्रव था, तो पिताजी की दृष्टि में गन्दगी था। आग्नेय स्नान का अर्थ होता है पवित्र भस्म से सारे शरीर को मलना और मित्रों के बीच यह पाखण्डलीला भी मैं अपने बचपन में कर चुका हूँ। वायव्य स्नान अर्थात् सन्ध्या की उड़ती गोधूलि में विचरण करने का अनुभव भी अहीर बालकों के सत्संग में मैं कर चुका हूँ। आकाश स्नान या दिव्य स्नान बड़ा ही मनोहर स्नान है। जब उगी हुई धूप के बीच वर्षा की फुहार गिर रही हो अर्थात् स्यार मामा का विवाह हो रहा हो, तो उसमें भीगना दिव्य-स्नान है और इसे मैं बड़े मनोयोग से करके कई बार दण्डित हो चुका हूँ। और जल-स्नान तो सारी दुनिया जानती है, पर इसी की एक विशिष्ट शैली है वारुण स्नान, जो पानी में कूद-कूदकर, छपका खेलते हुए उन्मत्त शैली में किया जाता है और मैं आँगन में लगे वर्षा-जल से लेकर बाढ़-पानी तक में यह वारुण स्नान कर चुका हूँ और इस सत्कर्म के लिए पीटा भी जा चुका हूँ।

मुझे तो लगता है कि कम-से-कम स्नान के सन्दर्भ में मेरा बचपन पूरा-पूरा स्मृतिकारों के आदेश के मुताबिक़ बीता है। पर उन दिनों मुझे 'स्मृति चन्द्रिका' या 'ग्लासरी ऑफ स्मृति लिटरेचर' जैसे ग्रन्थों का नाम भी ज्ञात नहीं था, अन्यथा माँ से प्रतिवाद अवश्य करता, "मारती क्यों हो, दिव्य स्नान या वारुण स्नान कर रहा था—देखो, देखो, इस धर्मशास्त्र को, और एक धार्मिक कार्य में बाधा देने के लिए पश्चात्ताप करो।" इन पंचभूतों में स्नान के अतिरिक्त आता है बुद्धि के माध्यम से मान्त्र स्नान या वाङ्मय में स्नान। वाङ्मय में गोता लगाना (अवश्य ही वह साठोत्तरी का वाङ्मय न हो तो)

एक अपूर्व बौद्धिक स्नान है और काव्य, साहित्य और चिन्तन के सहस्रशीर्षा समुद्र के तट पर खड़े होकर लहरें प्राप्त करने में, उनसे सराबोर होने में मुझे अपूर्व आनन्द आता है। अन्त में आता है मानस स्नान और इसका अर्थ स्मृतिकारों ने भगवान विष्णु का ध्यान बताया है। परन्तु इस अर्थ को विस्तृत करके देखें तो लगता है कि वह कोई भी ध्यान, चाहे वह देवता का हो या अन्य किसी सौन्दर्यसत्ता का, मानस स्नान की संज्ञा पा सकता है, जो हमें रजोमुक्त करके उदात्त और देवाविष्ट करे। ध्यान माने देवता का अपने अन्दर अनुभव और आवेश। ध्यान के पूर्व अंग-अंग में देव-शक्ति का आवाहन या न्यास करने की प्रथा इसी से चालू की गयी है। अतः कोई भी ध्यान-योग जो मन को रज और तम से मुक्त करे, मन को हलका करे, आत्मा को लघिमा प्राप्त कराए, हमारी सत्ता को किसी प्रवाहमयी विरजा नदी के साथ एकाकार होते हुए अनुभव कराए, जिससे रक्त की उन्मत्तता शान्त हो, जिससे मन के घाव निरुज हो जाएँ, भवताप का अनुभव थम जाए, वह ध्यान मानस-स्नान है।

दोनों भौंहों के मध्य जहाँ तृतीय नयन का स्थान है, जहाँ सिंहवाहिनी निवास करती है, वहाँ सारे मन को खींचकर एकाग्र करने पर इस मानस-स्नान में सहस्र तेजस्वी किरणों की प्रभा धारा में अवगाहन जैसा सुख मिलता है। दोनों पलकों के नीचे दृष्टिस्नायु-मण्डल में किसी के जाने-पहचाने अथवा कल्पित चन्द्रोपम मुख का ध्यान इस मानस स्नान को ज्योत्स्ना-स्नान में परिवर्तित कर देता है। हमारे हृदय-कमल के मध्य विष्णु का निवास है। उनका उस स्थल पर ध्यान करने पर इस मानस-स्नान में हमें अनुभूति की तीर्थकन्या नदी में उलट-पुलटकर अपने 'स्व' को मज्जित-प्रक्षालित करने जैसा सुख मिलता है। इस प्रकार यह मानस स्नान अपूर्व और अलौकिक अनुभव है और इसकी असंख्य श्रेणियाँ हैं देशकाल और पात्र के अनुसार।

ये सारे स्नान तो जाने-पहचाने स्नान हैं। पर कई सौ नायिका-भेद, भाव-भेद, अनुभाव-भेद की कल्पना करते-करते शताब्दियाँ काट देनेवाली जाति की स्नान-सूची यहीं नहीं समाप्त होती। कर्मकाण्ड और वैद्यक में तरह-तरह के अवसरों पर तरह-तरह के स्नानों का वर्णन है। पर सबसे अजीब है गौड़ीय वैष्णवों का वयःसन्धि पर चढ़ी नायिका के मन और देह का वयस-स्नान। वैष्णवों के अनुसार हम लड़कों के क्षेत्र में तो कोई खास बात नहीं, पर साक्षात् राधा की सगुण प्रतिमाएँ लड़कियाँ वयस की नदी में स्नान करके दिन-पर-दिन और-ही-और होती जाती हैं। इस स्नान के तीन स्तर हैं जो करुणाभाव, तरुणाई और लावण्य के माध्यम से साधित होते हैं। वयःसन्धि की प्रथम अवस्था में किशोरी में चपलता, मृगया भाव और निर्मम लीला-विभ्रम की हलकी-सी लालसा रहती है। इसके बाद राग का सम्पर्क होने पर उसमें प्रेमी के प्रति अनुकम्पा या मोहमाया का संचार होता है। और इस अवस्था में मन करुणावारि या 'कारुण्यामृत' में स्नान करता है। तब स्वभाव में तरलता और अनुकम्पा का प्रवेश होता है। इस स्वभाव-परिवर्तन का असर देह पर पड़ता है और तरुणाई षोडशी कला में फूटती है।

इसे दूसरा स्नान 'तारुण्यामृत स्नान' कहते हैं। भाव और देह के दोनों सम्पूर्ण प्रस्फुटन से अपने-आप तीसरी अवस्था आ जाती है चरम लावण्य का उद्घाटन। लावण्य केवल आंगिक श्री नहीं, यह तन-मन-नैन-बैन सब के समवेत संयोग से व्यक्त होता है। वचनचातुरी और कथनभंगिमा तक इसके अन्तर्गत हैं। और, यह अवस्था 'लावण्यामृत'-स्नान कही गयी है। इसमें स्नान करने के बाद किशोरी नायिका लज्जा का नील-वसन धारण करती है। इस प्रकार वयस की नदी में स्नान करके इसका व्यक्तित्व पूर्णता को प्राप्त करता है। यों यह सब आज की नायिकाओं पर लागू नहीं होता। आज तो सब उलटा-पुलटा हो गया है और हो रहा है। यह उन लोगों की बातें हैं, जिनके जीवन की ज्यामिति 'भाव के नीर में स्नान ही असली स्नान है' की साधारण प्रतिज्ञा लेकर प्रारम्भ होती थी।

जब मैं हिन्दुओं के स्नान-प्रेम की बातें जोर देकर कहता हूँ, तो मेरा तात्पर्य यह नहीं कि अन्य जातियों में स्नान-प्रेम का अभाव है। स्नान तो प्रत्येक सभ्य जाति द्वारा आवश्यक और महत्त्वपूर्ण दैनिक कर्म माना गया है। रोमनों, तुर्कों, मुगलों और जापानियों ने स्नान-विलास की दिशा में एक-से-एक बढ़कर अपूर्व प्रयोग किये हैं। ईसाई धर्म के सप्त संस्कारों में आदि संस्कार हैं 'बपस्तिमा'। इसका मुख्य कर्म है शिशु को पवित्र जलधारा में पुरोहित द्वारा स्नान कराना। शिशु जन्मा था मनुष्य रूप में। इस संस्कार द्वारा वह 'द्विज' हो गया, उसका ईसाई के रूप में दोबारा जन्म हो गया। पुरोहित, जो लैटिन मन्त्र बोलता है उस मन्त्र का आशय है : 'मैं तुम्हें प्रभु की विशेष सन्तान बना रहा हूँ।' बिना इस संस्कार के ग्रहण किये कोई भी प्राणी प्रभु के राज्य में प्रवेश करने का अधिकारी नहीं। स्नान को आदि संस्कार का मुख्य अंग माननेवाला यही ईसाई धर्म मध्य युग में एक तरह से स्नान-विरोधी हो गया। यह एक आश्चर्य की बात है। ईसाइयों की धार्मिक अदालत (इनक्वीजीशन) में अनेक गैर-ईसाइयों को स्नान करने के लिए दण्डित किया गया। सेण्ट ऐनस्लेम जैसे अनेक ईसाई सन्तों ने गन्दगी को भक्ति का एक अंग मान लिया तथा फोड़े-फुंसियों को 'प्रभु के प्यार की मुक्तामणियाँ', क्योंकि दुःख के माध्यम से ही हम प्रभु के प्यार के योग्य होते हैं। आज ईसाई धर्म का स्वभाव बदल चुका है। आज यह सब बातें नहीं। परन्तु इन मध्ययुगीन विकृतियों के पीछे भी एक महान् ऐतिहासिक कारण है। ईसाई धर्म में स्नान नहीं, बल्कि स्नान-विलास को शंका की दृष्टि से देखना शुरू किया, क्योंकि ईसाई धर्म जन्मतः भले ही यहूदी हो, उत्तराधिकारी है यह रोमन धर्म और रोमन संस्कृति का। यहाँ तक कि बाइबिल के ईसाई खण्ड की मूल भाषा भी यहूदी नहीं, ग्रीक है। अतः संस्कृति और सभ्यता की दृष्टि से यह रोमन सन्तान है। ईसाई धर्म के पूर्व रोमन सभ्यता में 'स्नान' घोर विलास का रूप धारण कर चुका था, 'अति भोजन' और 'अति व्यभिचार' की ही तरह यह आत्मा का तृतीय घोर पाश बन चुका था। ईसाई चर्च ने प्रथम दो को सात महापापों में गिन लिया पर स्नान का विरोध अप्रत्यक्ष और दबी जबान से ही किया,

क्योंकि सहज सीमा तक स्नान करना तो सभी के लिए सदैव आवश्यक रहेगा, चाहे वह ईसाई हो या 'हेरेटिक'। ईसाई चर्च चाहता था कि रोमन ईसाई जो स्नान को पुरानी परम्परा के अनुसार विलास की दृष्टि से देखने के आदी थे, इस अति स्नान की आदत छोड़ें। इसी से यत्र-तत्र स्नान को धार्मिक विद्रूप का लक्ष्य होना पड़ा है।

प्राचीन रोमन सभ्यता में और पूर्ववर्ती ग्रीक सभ्यता में भी स्नान को बड़ा महत्त्व दिया गया। बड़े-बड़े विशाल जन-स्नानागारों से रोमन साम्राज्य के शहर भरे पड़े थे। स्नानागार, खुला रंगमंच या क्रीड़ाभूमि (ऐम्फीथियेटर) और लैटिन भाषा—ये तीन रोमन सभ्यता के बाहरी निशान थे। और भीतरी प्रतीक थे 'स्तोइक दर्शन' और रोमन कानून। जहाँ-जहाँ रोमन गये, ये पाँचों साथ-साथ पहुँचे। रोमन स्नानागार में कम-से-कम पाँच खण्ड होते थे। पहले गरम हवा, फिर भाप, फिर सुगन्धित भाप, फिर गरम जल, फिर शीतोष्ण जल और अन्त में शीतल जल से स्नान करके यह स्नान-कल्प पूर्ण होता था। साधारण रीति से भी दो घण्टे लग जाते थे। पर ऐसे स्नानप्रेमी बहुत-से थे, जो सवेरे घुसते थे, दोपहर को प्रातराश या हलके भोजन के लिए ही बाहर आते थे; और फिर एक घण्टे बाद घुसते थे तो सन्ध्या के बाद ही स्नानागार से निकलते थे। फिर रात को उसी अतिशयता से पान और दुर्धर्ष भोजन एवं रतिक्रिया, तत्पश्चात् निद्रा। पर वह भी मध्यरात्रि के बाद सम्भवतः वेश्यागृह, पानगृह या भोजनशाला में ही। रोमन अपने घोर दैहिक विलास के बाद अपने देह-मन का शुद्धीकरण दीर्घ स्नान-प्रक्रिया और 'स्तोइक दर्शन' के मध्य करता था, और जब यह विलासी रोमन कवच चढ़ाकर रथ पर या अश्व पर सवार होकर चलता था तो उसके समान अनुशासित सृष्टि का और कोई जीव हो ही नहीं सकता। लगता है कि रोमन घोर पान और विलास द्वारा जो कुछ आत्मक्षय करता था, वह उसकी आत्मिक क्षति-पूर्ति की चेष्टा करता था दीर्घ स्नान द्वारा। जो हो परन्तु रोमनों-जैसी स्नान-विलासी जाति इतिहास में और कोई नहीं हुई। अन्त में यह स्नान-विलास आत्मा की मुक्ति नहीं, पाश बन गया। बहुतों के लिए तो यह मदिरा और नारी से भी बढ़कर नशा बन गया था।

प्रतिदिन के स्नान-विलास के अतिरिक्त रोमनों के स्नान-पर्व भी होते थे। एक समय सारे यूरोप में वर्तमान फरवरी मास के उत्तरार्ध में स्नान-उत्सव चलता था—'फेब्रुआ'-उत्सव। 'फरवरी' या 'फेब्रुअरी' शब्द इसी उत्सव के नाम पर बना है। उन दिनों 'फरवरी' बारहवाँ मास था और नये वर्ष का प्रारम्भ वसन्त-सम्पात के मास मार्च से होता था। इस बात का सबसे बड़ा सबूत है सेप्टेम्बर, ऑक्टोबर, नवम्बर और डेसेम्बर शब्दों के अर्थ। सेप्टेम्बर का शाब्दिक अर्थ है सातवाँ मास, ऑक्टोबर का आठवाँ मास, नवम्बर का नवाँ मास और डेसेम्बर का दसवाँ मास। इस तरह से फेब्रुअरी यूरोप का अन्तिम मास था और स्नान-मास के रूप में जाना जाता था क्योंकि वर्ष समाप्त हो रहा है, वसन्त ऋतु आनेवाली है, शिशिर समाप्तप्राय है, ऐसे में ही तो भरपेट स्नान कर मन को पुनः संस्कार देना सर्वथा उचित होगा।

रोमन सभ्यता का प्रथम केन्द्र और राजधानी थी रोम नगरी। द्वितीय राजधानी थी वर्तमान इस्ताम्बुल, जिसका पुराना नाम 'बाइजैन्तियम' अथवा कुस्तुनतुनिया है। यह केन्द्र तुर्कों के हाथ चले जाने पर रोमन-स्नान कला से तुर्क-स्नानकला विकसित हुई। आज भी तुर्की में स्नान-विलास एक जीवित कला और लोकप्रिय मनोविनोद के रूप में चल रहा है। भारत के मुगल भी स्नान के बड़े शौकीन थे, और सुना जाता है कि गुलाब के इत्र के 'रूह' की ईजाद नूरजहाँ के स्नानागार में ही हुई थी। पूर्वी एशिया में जापानी स्नान-कला ने अपना स्वतन्त्र विकास किया है। किन्तु रोमन-तुर्क स्नान-कला की उद्दामता और अतिविलास इसमें अनुपस्थित है। जापानी जाति रस की बूँद-बूँद का, 'बुद्ध-चित्त' की भावदशा में सजग-सचेत रूप से आस्वादन करने की विश्वासी है। यहाँ के परम्परागत स्नानागार प्रायः दुतल्ले होते थे। ऊपर पानकक्ष और संगीत की व्यवस्था थी और निचले तल्ले में स्नानगृह, जिसमें जापानी नागरिक और भद्र पुरुष 'जेन' शैली में स्नान को 'ध्यानयोग' में परिवर्तित करके काल-प्रवाह के क्षण प्रतिक्षण का स्वाद लेते थे। पर यह ध्यानयोग या जेन-मुद्रा 'मौन समाधि' की ओर उन्मुख नहीं थी। स्नान-जल की सुख-लहरियों द्वारा यह मौनता लहरिल और उर्मिल होती रहती थी अन्यथा मौनता तहीभूत होकर दही-सी जम जाती और जमी मौनता सड़ सकती है, विकृतिकीट को जन्म दे सकती है। भाव-तरंगायित मौन या ध्यान ही वांछनीय होता है।

ठीक इसके विपरीत है अपनी काशी के दशाश्वमेध घाट का स्नान-पर्व। हड़कम्प और हुड़दंग भरा स्नान-उत्सव। 'बम-बम हर-हर' का भीषण-रव हाँक-हुंकार, डाँट-फटकार ! लगता है कि सहस्रशीर्षा शिव ही उतर आये हैं स्नान करने, लगता है कि कहीं पर हिन्दुस्तानी लोगों का भोज हो रहा है, लगता है कि स्नान नहीं, स्वर्ग से बरसते पुण्य की लूटपाट हो रही है, लगता है कि मनुष्य-देह में प्रवेश करके बटुक-प्रमथ आदि धूर्जटी के हजारों खास शिष्य ही स्नान कर रहे हैं। विदेशी यात्रियों को भले ही यह भयानक और बीभत्स लगे, पर मुझे तो शुद्ध वीर रस ही, जो शान्त रस का सहोदर है, इसमें दिखाई देता है। मैं हिन्दू हूँ और हिन्दू में भी सोमनाती ('सोमनाथ का उपासक'—यों यह शब्द इक़बाल का है)। मुझे जब कभी अवसर मिलता है मैं धक्के खाकर भी ऐसे सामूहिक स्नान-सुख को लूटता हूँ और हजार-हजार के बीच स्नान करते हुए मुझे लगता है कि मैं ही हजार-हजार होकर स्नान कर रहा हूँ, मैं ही सहस्रशीर्षा बन गया हूँ। पर जब मैं अकेले रहता हूँ तो मुझे वारुण-स्नान की अपेक्षा मानस-स्नान ही अधिक सुख देता है। वारुण-स्नान तो उस महत्स्नान की भूमिका मात्र बनकर रह जाता है। तब मेरे मन के अन्दर श्लोक पर श्लोक रूपों और दृश्यों का सगुण अवतार लेने लगते हैं। मैं कभी उज्जयिनी में स्थित हो जाता हूँ, तो कभी अलका में; कभी रामेश्वरम् तट पर, तो कभी देवगिरि पर। कभी कोई प्रेमिका, कभी कोई गुरु, कभी कोई कवि मेरा हाथ पकड़ मुझे ले चलते हैं उस मानव-वर्जित अनुभवलोक में। अकेले जाने की कहाँ सामर्थ्य है मेरे पास ! भीतर बैठा गुरु श्लोक बोलता है

और मैं इस अनुभव-लोक में प्रवेश करके एक अपूर्व स्नान-दृश्य का साक्षी बन जाता हूँ :

''तत्र स्कन्दं नियति वसतिं पुष्पमेघी कृतात्मा
पुष्पासारैः स्नपयतु भवान्व्योमङ्गाजलाद्रैः।
रक्षाहेतोर्नवशशिभृता वासवीनां चमूना-
मत्यादित्यं हुतवहमुखे सम्भृतं तद्धि तेजः ॥
ज्योतिर्लेखा वलयिगलितं यस्य बर्हं भवानी
पुत्रप्रेम्णा कुवलयदलप्रापिकर्णे करोति।
धौतापाङ्गं हरशशिरुचा पावकेस्तं मयूरं
पश्चादद्रिग्रहणगुरुभिर्गर्जितैर्नर्तयेथाः ॥'' –(45, 46। पूर्वमेघ)

मुझे लगता है कि श्लोक मुझे ही आदेश दे रहा है 'ओ यक्ष-मेघ, ओ प्रिय ललित निबन्धकार, तुम स्कन्ध के पवित्र निवास देवगिरि-शिखर की ओर बढ़ जाना। वहाँ शिव का अपूर्व तेजस्वी बालक निवास करता है। तुम उसे अपनी फुहार से नहलाना, बच्चा जो है, बड़ा खुश होगा ! जैसा बाप वैसा बेटा। शिव की तरह यह भी बड़ा ही स्नान-प्रिय है। ओ कामरूपी ललित निबन्धकार, तुम इसकी प्रसन्नता के लिए अपने आपको पुष्प-मेघ बना देना और आकाशगंगा के जल के साथ मिश्रित करके तुम नन्हे-नन्हे बकुल या शेफाली के फूलों की हलकी फुही के साथ सुगन्धित वर्षा करना। बड़े-बड़े वजनी फूल मत लेना, नहीं तो फुहार की मौज नहीं आएगी और वर्षा की सौम्यता नष्ट हो जाएगी। वजनदार चीजों की वर्षा तो हिमपात या चुनाव भाषणों के अवसर पर ही फबती है। तुम्हारी सुगन्धित सौम्य झड़ी में भीग-भीगकर कार्तिकेय अत्यन्त प्रसन्न होगा...तत्पश्चात् हे मेरे मित्र-मेघ, तुम तो जानते ही हो कि उसका एक दुलार-पोषित प्रियपक्षी भी है—मयूर, जिसके कलाप शिव के शीश-चन्द्रिका की चितवनों से निरन्तर धुलकर सदैव चमाचम रहते हैं। इस मयूर की गिरी पाँखों, अर्थात् बर्हों को दौड़-दौड़कर कार्तिकेय चुन लाता है और माँ के हाथों में ''माँ, यह ले, माँ यह भी ले, देख कितना अच्छा है !'' कह-कहकर समर्पित करता जाता है। और, भवानी भी पुत्र का मन रखने के लिए कर्णों से पुष्प-शृंगार हटाकर इन मयूर-पंखों को धारण करती हैं। तुम तेजस्वी बालक के क्रीड़ा-सहचर उस मयूर को भी अपनी श्याम छवि और गम्भीर गर्जन से नचाना। तुम्हारी गर्जन गुहा-गुहा, दरी-दरी से प्रतिध्वनित होकर दोहरायी जाएगी, कार्तिकेय का मयूर कलापपंख खोलकर महा उल्लासपूर्वक नाचेगा, उक्त पर्वत के अंग-अंग से उठती प्रतिध्वनियाँ अदृश्य दैवी मृदंगों का ऑर्केस्ट्रा बन जाएँगी, भवानी अपने हाथों से ताल देंगी और बालक कार्तिकेय स्नान के बाद यह अपूर्व खेल देखकर और अधिक प्रसन्न होगा।' इस प्रकार जब-जब मेरे अन्दर बैठा गुरु श्लोक के माध्यम से मुझे आदेश देता है, तब-तब मुझे लगता है कि मैं वह नहीं जो परिजन-पुरजन की दृष्टि में दिखाई पड़ता हूँ, बल्कि कुछ और हूँ और श्लोक के मध्य घटित लीला में मैं भी सक्रिय अभिनय कर रहा हूँ। आप लोगों की दृष्टि में यह मेरा मानस-रमण है। पर मैं इसे मानस-स्नान कहता हूँ।

# दृष्टि-जल[1]

दुर्गापूजा की छुट्टियाँ थीं, घर जा रहा था। इस बार मेरा विधाता भूल कर गया था और मैं गाड़ी के चक्के के ऊपरवाली शायिका न पाकर अन्य 'बर्थ' पा गया था, अतः नींद खुलकर आयी। नहीं तो अपनी किस्मत में आज तक रहा है, गतिमान 'छक-छकाछक' पहिये के ठीक ऊपर पैगम्बरों की तरह सोकर चलना। सवेरे नींद टूटी, तिस्ता के प्रवाह के पास, सिलीगुड़ी अभी पहुँचना शेष था; सारा डब्बा सो रहा था। पर मैंने खिड़की खोलते ही अपूर्व का दर्शन किया। नील-श्यामल मेघ, आसमान का पता नहीं; गहरे नीले जंगल और बीच में हलके आसमानी रंग की तिस्ता, जंगल को काटती, तीव्र सफेन प्रवाह से बह रही थी। एक ही नील रंग के इतने गाढ़ और कोमल आभासों को देखकर लगा कि यहाँ धरती और आकाश किसी नीलवर्णी वासना में आबद्ध हैं। मुझे लगा कि वासना अपने सहज रूप में विश्वव्यापी मंगल का द्वार है। संस्कारवश मुझे सूरदास के कुछ पद याद आने लगे : 'क्यों री सखी, क्या मथुरा में बादल नहीं घिरते ? अथवा कृष्ण ने उन्हें मना कर दिया है। लगता है, वहाँ सारे दादुरों को सर्प खा गये। क्या वहाँ के मोरों, चातकों, पिकों को व्याधों ने विशेष रूप से मार डाला है ?'

"किधौं घन गरजत नहिं उन देसनि
किधौं वहि इन्द्र हठिहिं हरि बरज्यो दादुर खाये सेसनि
किधौं वहि देस मोर चातक पिक वधिकन वधे विसेषनि।"

यह मंगलमय नीलवसना ही धरती को विरह काव्य की ओर भी खींच लाती है। जितना विह्वल और तरल विरह काव्य हिन्दुस्तान में वैष्णवों द्वारा लिखा गया है, वैसा अन्यत्र कहीं भी नहीं मिलता। शायद इसलिए कि उन देशों में हमारे यहाँ जैसी वर्षा नहीं होती। हिन्दुस्तानी पावस साक्षात् श्रीकृष्ण-रूप है। इसके बिना ऐसा विरह काव्य सम्भव ही नहीं, यह सब सोच रहा था कि सहयात्री इन्द्रदेव भाई ने एक वीररस व्यंजक अँगड़ाई ली और फिर करवट बदलकर सोने ही जा रहे थे कि मैंने कहा, "यार उठो,

---

1. इस रिपोर्ताज की पृष्ठभूमि है 1966-67 का भीषण सूखा और उसके फलस्वरूप उत्तर प्रदेश, बिहार आदि में भीषण दुर्भिक्ष।

देखो इस अपूर्व को...''–''क्या है ?'' उन्होंने आँखें मूँदे ही पूछा। मैंने कहा, ''यह धरती और आसमान...''–''बस, बस, चलकर जरा बिहार और उत्तर प्रदेश में कल दूसरा ही अपूर्व देखना,'' कहते हुए वे फिर सो गये।

सचमुच दूसरे दिन का यह दूसरा अपूर्व भी अद्वितीय ही था। उदास मटमैला मरा हुआ पीला रंग क्षितिज तक फैला था। पीला एक अजीब रंग है। अपने चटक तेजस्वी रूप में यह शुचिता और सौभाग्य को व्यक्त करता है। उदाहरण के लिए, पीले सरसों के फूलों का प्रसार देखकर लगता है कि धरती किसी ईश्वरीय शृंगार रस को व्यक्त कर रही है। परन्तु यह मरा हुआ जर्द पीला, खाकी पीला तो जरा, मरण और ह्रास का रंग है। सारी धरती आज मरे हुए धान्य से ढकी है। मृतवत्सा वसुन्धरा की छाती पर हमारी फसल की लाश बिछी है। धान का इस तरह से मरना कभी नहीं देखा था। सुनता था कि धान और घोड़ा जब मरते हैं तो जीभ काढ़कर मरते हैं। आज देख रहा हूँ, मेरी गाड़ी इलाका-पर-इलाका पार करती जा रही है और खेत-खेत धान जीभ निकालकर मरा पड़ा है, लावारिस मुरदे की तरह। स्यार घूम रहे हैं। आश्विन मास है, पर जेठ जैसी गरम हवा बह रही है। धरती इस साल प्यासी ही रही। जून के बाद वर्षा नदारद। हाय रे, स्वाति; हाय रे चातक; इस स्वाति-चित्रा से तो तप्त मृगदाह भी मात खा गया। धान ही नहीं, लगता है धरती स्वयं मर गयी है। लगता है, गर्भिणी शकुन्तला सर्प-दंश के कारण मृत हो गयी और हमारी धरती शकुन्तला की लाश है। गाँव-गाँव पर, नगर-नगर पर, मरण फेरा दे रहा है। स्टेशन-स्टेशन पर भीड़ उसी तरह चढ़ती-उतरती थी, पर सबके चेहरे बदल गये थे। लगता है कि सबकी हिम्मत टूट गयी है। सभी हताश हो चुके हैं। हताशा और गहरी इसलिए हो गयी है कि रबी की बोआई का भी कुछ ठिकाना नहीं नजर आता। धरती इतनी तप्त है कि एक गज तक नमी का कोई निशान नहीं। पेड़ के पेड़ सूख गये हैं। हर बाग में एक-तिहाई ठूँठ नजर आ रहे हैं। कुछ इलाकों में तो कुओं में पानी खत्म हो गया है। लोग कुओं को और गहरा कर रहे हैं। पता नहीं, जेठ में क्या होगा ? शायद पानी भी काले बाजारों बिकेगा। क्योंकि मरण की छाया में काम और अर्थ खूब फलते-फूलते हैं—सहज काम और सहज अर्थ नहीं, विकृत काम और नारकीय अर्थ। कौन है जो हमारी रक्षा कर सकेगा ? कौन है वह अर्जुन, भीम, वह दीनबन्धु ? मुगल युग में एक बार मरण का ऐसा ही कंकाली नृत्य हुआ था तो तुलसीदास ने पुकारा था, ''दारिद दसानन दबाई दुनी दीनबन्धु देखि तुलसी हहा करी।'' पर आज कवि किसे पुकारे ? महान् नेता को, प्रजातन्त्र को, संविधान को, विरोधी दल को, विनोबा के सतोगुणी प्रेतों को, या अपने अस्तित्ववाद को, आधुनिकता को, मार्क्सवाद को ? कम-से-कम हिन्दुस्तान के परिवेश में ये सभी निरर्थक हैं। शब्द-संगर और शब्द-संगर के अर्जुन भीम। ये काठ के मसीहा हैं, जो 'दारुयोषिता' की तरह किसी सूत्रधार के अधीन हैं। यह सूत्रधार निर्विकार निर्गुण सूत्रधार है, जिसका चेहरा सामने कभी नहीं

आता है, पर सारी मशीन यही चला रहा है। अतः उस सूत्रधार पर शर-सन्धान भी नहीं किया जा सकता। शर-सन्धान करने पर काठ का यह दीन मसीहा ही हत होता है। पर उससे कुछ आता-जाता नहीं।

यह सब सोचता घर पहुँचा। रास्ते में लाठी के उस्ताद सोमारू अहीर मिले। मूँछें वैसी ही खड़ी-खड़ी थीं, जैसे चार मास पूर्व देख गया था, पर लगता है कि उम्र ही दस साल घट गयी हो। सोमारू उस्ताद दुर्गा के मन्दिर में नित्य प्रति फूल चढ़ाने जाते हैं पर औरों की तरह दूध-पूत नहीं माँगते, बल्कि "शान रखे रह, माँ ! बेटे की मूँछें खड़ी रह जाएँ, माँ—देख, बेटे की पीठ में धूल न लगे !" कहते हुए मन्दिर से निकल आते हैं और किसी थानेदार या अफसर को गाली देते हुए मूँछों पर ताव फेरते एक ओर चल देते। उसी सोमारू के चेहरे पर त्रस्तता और आतंक के भाव हैं। गाँव में घुसते ही बद्री बढ़ई मिले। इनके बूढ़े और सूखे चर्म-अस्थि मात्र हाथ अब भी नीरस बेजान काठ में फूल उगाते हैं, नाचते हुए मयूरों के जोड़े काढ़ देते हैं। जब हम लोग बच्चे थे तो ये बताया करते थे—'ये मोर तो उस काठ के भीतर था। उसी तरह जैसे अण्डे के भीतर चिड़िया का बच्चा होता है। हम तो सिर्फ इसे काठ के भीतर से काढ़ लाते हैं !' और उस समय हम लोगों को इस तथ्य पर पूर्ण विश्वास होता था। बद्री ने नमस्कार किया—उनके चेहरे की ओर देखते हुए हालचाल पूछने की हिम्मत नहीं पड़ी। सर्जनात्मक बढ़ईगीरी के दिन यों ही इस सपाट रुचि के युग में बदलते जा रहे हैं। अब तो तीज-त्योहार पर मिलनेवाले सेर-दो सेर का भी कोई ठिकाना नहीं रहा। आगे चलकर छैलवाराम नर्तक मिला। ऐसा 'नटुआ' इस जवार-देहात में नहीं। इसी के गीतों से गाँव-गाँव में फागुनी हवा का स्वागत होता है। अपने काले रंग के बावजूद राधा का 'पाट' वही करता है। छैलवा कह रहा था—"बाबू, हम लोग अब किस काम के ? हम लोगों को तो सरकार कतार में खड़ा करके गोली मरवा दे, तो अच्छा है ! ...अपने से मरने में तो बड़ी तकलीफ होगी।" फागुन-चैत में रबी की फसल कटती है और गाँव-गाँव में नाच और रास शुरू होते हैं। फिर जेठ-वैशाख और आषाढ़ तक बारातों का सिलसिला चलता है—ये पूरे पाँच महीने 'समय-पुरुष' ही छैलवा के प्रति मोहाविष्ट होकर "अरे वाह रे, मोरे राजा !" चिल्लाता है और सर्वत्र उसकी धूम मची रहती है। पर इस बार रबी की कोई आशा नहीं। इस तप्त धरती में बीज डालने पर बीज की प्राणशक्ति जल जाती है। इसलिए कार्तिक की बोआई भी बन्द है। धरती तृषा से व्याकुल है। जून के बाद वर्षा ही नहीं हुई। 'आषाढस्य प्रथम दिवसे' के बाद मेघगण अपना रास्ता ही भूल गये। अतः खेतिहर को साल भर इन्तजार करना है—खाली मुट्ठी, खाली पेट, खाली हाँडी साल भर तक अन्नपूर्णा की प्रतीक्षा करनी है, और अकाल शिव का कंकाली ताण्डव देखना है। छैलवा कह रहा था, "इस वर्ष कौन नाच कराएगा, बाबू ! कोई अपने को तो मजूरी भी नहीं देता—लोग कहते हैं 'जाँगर' नहीं—काम का हर्ज होगा।" साल में पाँच महीने 'राधाभाव' से आविष्ट रहनेवाला छैलवाराम इसी

से अपने जन्म को अपने जीवन को, धिक्कार रहा है; साथ ही इस धरा-धरित्री को भी धिक्कार रहा है।

दरवाजे पर अभी बैठा ही था कि तोताराम भाट यानी श्रीयुत भट्टाचार्य तोताराम कविराज आ गये। 'कविराज' शब्द का प्रयोग हमारे क्षेत्र में भाटों और चारणों के लिए होता है, वैद्यों के लिए नहीं। पर बंगाल में 'कविराज' का अर्थ है 'वैद्यराज'। तोता भाट चार-पाँच गाँवों के पुश्तैनी कविराज हैं। इस बुढ़ौती में भी अपने गलमुच्छों और हँकड़ती आवाज के लिए सम्मानित हैं। कई बारातों में बनारस और पटना के बीच अनेक भाटों से मुकाबला ले चुके हैं। शृंगार, वीर और हास्य के कवित्त-सवैयों के भण्डार से एक से एक बेशकीमत चीजें पेश करते हैं कि सुननेवालों को लोहा मान ही लेना पड़ता है। चैती और अगहनी मिलाकर लोगों से इतना अन्न माँग लाते हैं कि पाँच आदमियों के कुटुम्ब का रूखा-सूखा साल भर चल जाता था और स्वयं कवित्त-सवैयों में मगन रहते हैं। प्रति वर्ष हर त्योहार को दरवाजे पर आकर 'मानी महीपतियों की' प्रशंसा और दान के महत्त्व पर एक कवित्त गाते हैं, जिसकी पहली पंक्ति में पृथु-मान्धाता का, दूसरी पंक्ति में हरिश्चन्द्र-कर्ण का, तीसरी पंक्ति में विक्रम-भोज का और चौथी पंक्ति में मेरे बाबा का उल्लेख रहता है। और महज बीस एकड़ के मालिक मेरे बाबा अपने-आपको उन 'मानी महीपतियों की' पाँत में पाकर खुश हो जाते हैं और उनके राजकवि कविकुलगयन्द श्री तोता भट्ट भी हाथी, स्वर्णमुद्रा और जागीर के अभाव में सेर-दो सेर चावल पाकर ही जय-जयकार कर उठते हैं। फिर दूसरे के दरवाजे जाते हैं और वही छन्द गाते हैं, फर्क यही रहता है कि चौथी पंक्ति में मेरे बाबा की जगह उसके बाबा का नाम चस्पाँ रहता है। वही हँकड़ती आवाजवाले तोता भाट आज साँय-साँय बोल रहे थे। कविता की जगह चेहरे पर हवाइयाँ उड़ रही थीं। मुझे उनका वह दीन चेहरा याद आ गया, जब मैंने तोतारामजी को आज से चार साल पूर्व बुरी तरह डाँटा था, क्योंकि उन्होंने मुझे 'राजन' या 'हुजूर', 'सरकार' ऐसा ही कुछ कह दिया था। बाद में उनके नाती का मैट्रिक परीक्षा शुल्क देकर, जिसकी याचना में मुझे वे इतना ऊँचा उठा रहे थे, मैंने उनके उतरे चेहरे का रंग ठीक कर दिया था। पर इस बार कविराज अपनी निजी करुणा नहीं जवार-देहात की करुणा या विश्व-करुणा से आहत थे। और इस बार चेहरे का उतरा रंग ऐसे गहरे घाव के कारण था, जिस पर अपना कोई बस नहीं। कविराज एक ओर बैठ गये चारपाई पर, और मैं भी बैठा रहा, और वातावरण मौन से बोझिल रहा, करीब पाँच मिनट तक। मानो हवा में कोई बहुत बड़ा आतंक खुफिया तौर पर घूम रहा हो और हम एक-दूसरे की बात मन-ही-मन समझ रहे हों, पर कहने में सहम रहे हों।

इसी बीच एक दिन ग्रामसेवक बच्चनसिंह मिले। बेचारे बड़े परेशान थे। सिंचाई विभागवालों को गालियाँ दे रहे थे। बड़े बौखलाये हुए थे सरकारी नहर के 'आपरेटर' पर, जो संयोगवश हरिजन है। कुछ उसकी जात के कारण और कुछ उसके कारनामों

के कारण लोग उसके शुद्ध नाम का उच्चारण पीठ पीछे प्रायः नहीं करते हैं। पर उस दिन बच्चनसिंह उसके नाम के साथ एक से एक अनोखे कल्पित और असम्भव विशेषण जोड़कर उसे अनेक पशुओं और वृक्षों का रिश्तेदार घोषित कर रहे थे। कुछ शान्त होने पर मामला स्पष्ट हुआ। इस सूखे में उत्तर प्रदेश सिंचाई विभाग के छोटे कर्मचारियों की बन आयी है। विशेषतः 'आपरेटर' तो अपने-आपको भाग्यविधाता ही मान रहा है। उसका इंजन बिना 'पत्रं पुष्पं' खातिर पाये अकसर खराब हो जाता है। इधर सरकार ने विकास विभागवालों को मैक्सिको का गेहूँ 'लर्मा रोहो', जो सम्भवतः 40-50 या 70-80 मन प्रति एकड़ पैदा होगा (यह अभी अनुभूत प्रयोग नहीं है, सरकारी दिवास्वप्न है), किसानों को बोआने का आदेश दिया है। पर एक तो उस गेहूँ को सरकार नकद बेचेगी, दूसरी बात यह कि उसमें पाँच सिंचाई की नितान्त आवश्यकता है। स्कीम सम्भवतः एक साल पूर्व बनी होगी। इस बीच में घोर सूखा हो गया। पर नौकरशाही के दिमाग में घिरे भ्रम के बादल तो ज्यों के त्यों रहे। आदेश पूर्ववत् स्थिर है। यही नहीं, एक अमुक राशि तक वह गेहूँ का बीज प्रति ग्राम में न खपाने पर जिला अधिकारीगण ग्रामसेवकों से जवाब तलब करेंगे। इधर किसानों का तर्क है कि सिंचाई की कोई सुविधा नहीं, एक पानी का भी ठिकाना नहीं, तो फिर 'लर्मा रोहो' बोकर घर का आटा क्यों गीला करें। एक नलकूप की सिंचाईशक्ति दो हजार एकड़ तक सीमित है, तो उसके जिम्मे चालीस-पचास हजार एकड़ है। नहर विभागवाले कहते हैं कि पानी ही नहीं। गत वर्ष कुछ मछुआरों ने इनकी पूजा की तो नहरें खाली करने के लिए, जिससे मछली मारने में आसानी हो, इन्होंने माघ में खेतों में पानी ठेल दिया। जिससे लगी फसल, जो दाना पकड़ रही थी, सड़ गयी। ऐसी घटना पूरबी उत्तर प्रदेश में एकाध जगह हुई। इस बार पूरबी उत्तर प्रदेश में कोई नहर पानी नहीं दे रही है। अखबारों में पढ़ा कि कुछ किसानों ने चोरी से पानी लिया तो जेल में गये।

सन्ध्या का समय था। यही सब चर्चा हो रही थी। कुछ और लोग थे। कपिल भगत ने खँखारते हुए कहा, "अरे भइया, इन अफसरों को क्या मालूम ? गेहूँ की जगह पर मोटे अन्न चना और मटर बोये जाएँ तो कुछ सहारा हो जाएगा। चना और मटर एक पानी से होते हैं। चना तो बड़ा ही 'थेथर' है। डिम्भी (अंकुर) फूटने पर तो यह जाड़े की शीत से ही बढ़ जाएगा—एक पानी सिर्फ देना होगा। पर गेहूँ चाहे देशी हो या विलायती, काफी पानी के बिना वह भूसा होगा—दाना तो पकड़ेगा नहीं।"

"अरे, जमेगा ही नहीं। खेत में नमी नहीं। बीज व्यर्थ में जल जाएगा। खेत को एक बार किसी भी तरह सींच दिया जाता, तो मैं तो उठा करके चना बो देता। ...मोटा अन्न सही ! अन्न तो है !"

"चने को तुम मोटा अन्न कहते हो ?" जित्तन तिवारी बोले। अब बात ग्रामीण अर्थशास्त्र से हटकर ग्रामसाहित्य और इतिहास पर चली। तोता भाट ने चने को 'छप्पन प्रकारा' घोषित करते हुए एक दोहा पढ़ा, तो सुखदेव मास्टर ने तुरत इतिहास का

पन्ना पेश किया। औरंगजेब ने जब शाहजहाँ को कैद कर लिया, तो उसने हुक्म दिया, ''यह जिन्दगी भर ऐशोआराम किया है। इसे सिर्फ एक अन्न खाने को मिलेगा।'' खानसामा ने धीरे से भूतपूर्व शहंशाह से कहा, ''हुजूर चने की माँग करें !''...चना-पर्व के बाद मिठाई-पर्व, मिठाई-पर्व के बाद बारात-पर्व...इस तरह यह महाभारत, जिसका प्रारम्भ बब्बनसिंह के क्रोध और ऑपरेटर के गोत्रोच्चार से हुआ था, आगे बढ़ता गया और व्यास पर व्यास बदलते गये। भीड़ वैशम्पायन बनकर बोलती रही और वही भीड़ जनमेजय बनकर सुनती रही। लगता है, सारा हिन्दुस्तान 'स्वगत' भाषण कर रहा है किसी 'ट्रेजडी' के नायक की तरह। इसके बाद ? इसके बाद क्या होगा ? क्या ट्रेजडी घटित होकर रहेगी ?

छुट्टियों भर हिन्दुस्तान के 'स्वगत' भाषण को सुनता रहा—अपूर्व के बाद अपूर्व; एक से एक बढ़कर अपूर्व का दर्शन करता रहा। कम्युनिस्ट पार्टी और संसोपा ने अपना धूल-फूल, जिन्दाबाद-मुरदाबाद, अभी से शुरू कर दिया है। कल एक लड़का पर्चा दे गया। छपा हुआ इश्तिहार था। पता चला कि कम्युनिस्ट पार्टी के नेता अमुक 'खाँ' साहब, जो वास्तव में जन्म से भूमिहार ब्राह्मण हैं; वचन से पहले 'रईस' थे और अब सर्वहारा हैं तथा कर्म से पहले क्रूर जमींदार थे और अब जननेता हैं, एक हजार नौजवानों के साथ एक दिन के लिए जिला कलेक्टर के बँगले पर अनशन करेंगे। इश्तिहार में छपा था कि ''जवान लोग अनशन करने के वास्ते, खा-पीकर 12 बजे कलेक्टर के बँगले पर पहुँचेंगे।'' 1947-48 में इस देश को बुरी तरह बुखार आया था। वह बुखार था 'हृदय परिवर्तन' का बुखार ! इसी बुखार में बहुतों का दिमाग बदला और कट्टर मुसलिम लीगी काँग्रेसी बने और रक्तशोषक जमींदारों के लड़के कम्युनिस्ट-सोशलिस्ट बने। यह प्रक्रिया अखिल भारतीय स्तर पर घटी। पर यह दिमाग के ऊपरी हिस्से को छूकर रह गयी। मन नहीं बदला। फलतः भारतीय राजनीति में आज 'सत्य के लिए संघर्ष' नहीं, 'सत्ता के लिए संघर्ष' है। हर दल में ऊपर दो-चार ईमानदार चेहरे हैं, परन्तु हर दल का हाथ-पाँव-हृदय नरक से भी बदतर है। भारतीय राजनीति का चिन्तन अस्पष्ट, धुँधला दिशाहीन होने का यही कारण है। कार्यकर्ताओं की पलटन में (काँग्रेस, सोशलिस्ट, कम्युनिस्ट, जनसंघ सभी में) वह चरित्र नहीं, जो एक जमाने में गाँधीवादियों में था। एक जमाना था कि गाँधीवादी बड़े अड़ियल होते थे, और अपने सिद्धान्तों पर डट गये तो डट गये, फिर कौन उन्हें डिगाता है ! इसी 'अड़ियलपन' को उन दिनों 'सत्याग्रह' कहते थे। यह तब की बात है जब उनका नेता जिन्दा था। अन्त में मशाल टूट गयी। उसके दो टुकड़े हो गये। एक नेहरू के हिस्से गया और दूसरा विनोबा के। पर अपूर्ण और खण्डित मशाल बेजान सिद्ध हुई। गाँधीवाद कहीं लँगड़ा होकर रहा तो कहीं अन्धा। आज स्थिति यह है कि दिल्ली चाहे जिस दल के हाथ में जाय, जिला-स्तर पर उसके आदेशों को कार्यरूप में परिणत करने का भार तो 'हम' पर, 'आप' पर और 'उस' पर ही रहेगा। और, यह 'हम', 'आप' और 'वह' अपनी

काँग्रेसी, कम्युनिस्ट, सोशलिस्ट और जनसंघी वर्दी के बावजूद कपड़ों के नीचे 'असलियत' में क्या हैं ?—यह आज का सबसे कठोर और सत्याग्रही प्रश्न है। पर यह प्रश्न इतना भयंकर है कि उससे आँख मिलाने को हमारी हिम्मत नहीं। फलतः यथार्थ 'अस्तित्व' से मुँह फेरकर हम शब्दों के माध्यम से सोचते हैं। शब्द एक अभिव्यक्ति की विधा भर है। यह अस्तित्व नहीं। 'अस्तित्व' पकड़ने का साहस चाहिए। वह हममें इसलिए नहीं कि हम 'सत्ता संघर्ष' वाली राजनीति की सन्तान हैं, 'सत्य संघर्ष' वाली राजनीति से हमारा कोई वास्ता नहीं। हमें हमारे गुरुओं ने आदेश दे रखा है सत्ता के लिए सत्य से समझौता करो। अर्धसत्यों के युग में सत्य को सरे बाजार बेचो। क्योंकि, अर्धसत्यों के युग में सत्य को 'अस्तित्व' के रूप में नहीं, महज 'शब्द' के रूप में देखा, सुना और परखा जाता है। भारतीय राजनीतिक चिन्तन की यह ट्रेजेडी है कि उसके अन्दर सिद्धान्तों की 'शब्द'गत स्थिति को व्यक्त करने के लिए कामराज, लोहिया, डांगे और मधोक के ईमानदार चेहरे हैं, तो उन्हीं सिद्धान्तों की 'अस्तित्वगत' स्थिति को व्यक्त करनेवाली हैं कार्यकर्त्ताओं की वर्दियाँ, जिनमें बहुत कम के भीतर आदमी का निवास है और ज्यादा संख्या में वे अदृश्य प्रेतों के भीतरी तनाव के कारण हवा में झूल रही हैं और अपने अस्तित्व का इजहार कर रही हैं।

जो कुछ देखा, जो कुछ सुना, वह अपूर्व था। छुट्टियाँ खत्म हुईं। घर से स्टेशन की तरफ चला। रास्ते में एक टैक्सी में जगह मिल गयी। जब टैक्सी एक हाईस्कूल के सामने से गुजरी तो सड़क रोककर 12 या 14 किशोरवय तरुण खड़े मिले, जो उम्र के हिसाब से मैट्रिक कक्षाओं के छात्र लगते थे। टेरीलिन बुश्शर्ट, ड्रेनपाइप पैण्ट और काला चश्मा उनके विद्यार्थी होने का सबूत था। 'रोको' का समवेत स्वर आया। टैक्सी रुकी। तरुण मण्डली शायद मुझे पहचानती थी। शेष सहयात्री तो बाहरी आदमी थे। अतः नायक का कड़ा आदेश हुआ, "देखो, इन लोगों को पहुँचाकर, शीघ्र लौटो। हमें शहर जाना है मैच देखने !" ड्राइवर कुछ कहे कि कड़कता हुआ औरंगजेबी आदेश आया, "जाओ ! हमें देर होगी !" ड्राइवर चला। रास्ते में बताता गया, "आना ही होगा। बाबू, ये लोग इसी तरह से जाते हैं। एक पैसा नहीं देते। माँगने पर शीशा तोड़ देते हैं, गाली देते हैं।" मैंने देखा कि सभी आसपास के अच्छे खानदानों के लड़के हैं। इनके माता-पिता तो शरीफ हैं, पर ये कैसे इस तरह के हो गये ?

तो क्या ये क्रान्ति के लक्षण हैं ? नहीं, बिलकुल नहीं। क्रान्ति महान् और पवित्र वस्तु है। उससे जीवन का जन्म होता है। पर यह जो कुछ किशोरवर्ग के अन्दर अखिल भारतीय स्तर पर घटित हो रहा है, वह अराजकता है। उच्छृंखल, अर्थहीन अराजकता एक मरणवासना है। सामाजिक असन्तोष या हताशा से इसका जन्म नहीं हो रहा है। क्योंकि चाहे वह कलकत्ते की हड़ताल हो या ऊपर का टैक्सोकाण्ड हो, इसमें वे चेहरे काफी नजर आते हैं, जो दस-पाँच रुपये प्रति दिन खर्च करते हैं, और उनकी एक कमीज का दाम तीस-चालीस है। यह सर्वहारा वर्ग नहीं। इसका असन्तोष सर्वहारा

करुणा से नहीं जन्म ले रहा है। इसके पीछे कभी-कभी प्रान्तगत, भाषागत, सम्प्रदायगत असन्तोष हैं जरूर—पर सौ में सत्तर के अन्दर इस अराजकता के पीछे उनका नया मन है, जो 'सैडिज़्म' और ध्वंस में कलात्मक विनोद का आनन्द पा रहा है। उनकी चेतना के ऊपरी स्तर पर यह क्रोध जैसा अनुभूत हो रहा है, पर अवचेतन में यह आनन्द है। यह और बात है कि कोई कुशल सूत्रधार आकर अपनी कूटनीति द्वारा उनके इस ध्वंस रसलोभ का अपने उद्देश्य के लिए उपयोग कर ले। परन्तु यह सब क्रान्ति का लक्षण नहीं।

उनके इस ध्वंसरस-लोभी मन का इलाज क्या है ? दमन ? नहीं। क्योंकि, दमनकर्ता के लिए जिस प्रामाणिकता और सत्य-गौरव की आवश्यकता होती हे, वह वर्तमान शासक वर्ग के पास नहीं। ऐसा इलाज अत्याचार का रूप धारण कर लेगा। कोई इससे भी सूक्ष्म विधा चाहिए। किसी महान् स्वप्न या आदर्श द्वारा उनके इस 'ध्वंसरस-लोभ' का उदात्तीकरण और दिशा-परिवर्तन करना होगा। जिस प्रकार कि 'दमित कामनाओं' का स्वप्न, काव्य या कला के रूप में उदात्तीकरण कर दिया जाता है, ठीक वैसे ही कुछ करना होगा। पर यह तब होगा जब कवि, शिक्षक और लोकनायक तीनों संयुक्त, परस्पर पूरक प्रयास करें। पर क्या यह हो सकेगा ? वर्तमान अर्धसत्यों के परिवेश में शायद यह नहीं होगा। और होगा वही, जो नहीं होना चाहिए।

# दृष्टि-अभिषेक

मेघों के दफ्तर में भी वितरण में धाँधली होने लगी है। लगता है कि आजकल इन्द्र के अफसर 'कामरूपं मघोनः' भी सिर्फ टोटल देखकर ही सही मान देते हैं। गाजीपुर-बनारस में अनावृष्टि, तो गोहाटी में अतिवृष्टि; आखिर हिन्दुस्तान अपना कोटा ही न पाएगा ! टोटल तो ठीक ही है ! अप्रैल-मई का महीना है और लगातार दस दिन से आसमान में काले-काले मेघों ने हुड़दंग मचा रखा है। मैं गोहाटी में टिका हुआ मित्रों के शोषण से अपना पोषण कर रहा हूँ और कापियाँ जाँचने जैसे नीरस कार्य में लीन हूँ।

पर आज अचानक सवेरे धूप छिटक उठी। आज देव-वासर है यानी रविवार। नीलगगन में छुट्टी की वंशी बज रही है। यह नीलगगन भी बड़ा पाजी दोस्त है। जब मैं काम में लगा रहता हूँ, तो यह मोह के दाने फेंकता है और वंशी बजाता है। कस्तूरी-मृग की तरह गन्ध की खोज में पागल-पागल, घर से दूर-दूर रहने का आदी मेरा मन इस चारे के लोभ में, इस संगीत के सुर पर बुरी तरह खिंचता चला जाता है। इस मोहपाश को विकर्षित करना मेरे वश का नहीं। अब इस वंशीस्वर को सुनकर ये कापियाँ और शापमय हो उठी हैं। मैं घोर आग्रह करता हूँ, 'भाई मन, मेरे हाथ रह !' पर वह मेरी नहीं, इस पाजी दोस्त नीलगगन की ही सुनता है। हारकर मैं निर्णय लेता हूँ 'आज मेरी छुट्टी रहेगी !' मित्रों को बताता हूँ। वे लोग प्रस्ताव करते हैं, 'आप उमानन्द जाने को एक बार कह रहे थे। चलिए, आज ही चला जाय।'...और एक ने कैमरा ठीक करना शुरू किया, तो दूसरे ने टिफिन कैरियर।

उमानन्द इस क्षेत्र की देवता महायोगिनी कामाख्या के भैरव हैं। हरेक शक्तिपीठ का एक भैरव होता है। जैसे अपनी अन्नपूर्णा (काशी) के विश्वनाथ बाबा हैं या विशालाक्षी (मणिकर्णिका-काशी) के काल-भैरव। शक्ति योगिनी रूप में प्रिया और स्वामिनी है, पत्नी नहीं। कामख्या दस महाविद्याओं के साथ नीलाचल पर स्थित है। यह त्रिपुरसुन्दरी है, पूर्णिमा रूपिणी है, सौन्दर्य और काम का चरम आधार है। इसके तीन रूप हैं—त्रिपुरबालिका, त्रिपुरकामिनी और त्रिपुरभैरवी। इसके त्रिपुरकामिनी रूप का ध्यान 'सद्यः प्रस्फुटित कमल पर उगते सूर्य की तरह नग्न भास्वर देहलता' के रूप में करने का विधान यहाँ के प्रतिनिधि ग्रन्थ 'योगिनीतन्त्र' में दिया गया है। पर पापविद्ध मन

से यह ध्यान करने पर महाजाग्रत् देवता के भैरवी रोष का भागी बनना पड़ता है। ब्रह्मपुत्र के दक्षिण तट कामख्या का नीलाचल है, तो उनसे एक मील हटकर धारा के बीच निकली एक पहाड़ी भस्माचल है, जहाँ उमानन्द भैरव का निवास है। चारों ओर बड़ा ही प्रखर और चक्करदार प्रवाह है। ब्रह्मपुत्र यों भी बड़ा क्रोधी नद है, निरन्तर मत्तगयन्द की तरह गरजता रहता है। तिब्बती लोककथाओं के अनुसार यह घोड़े के मुँह से निकलता है। शिवरात्रि के दिन तो उमानन्द जाने के लिए मोटर लांच की सुविधा मिलती है, पर अन्य दिनों एक पतली डोंगी का ही सहारा लेना पड़ता है।

कचहरी पर बस से उतरकर हम शुक्लेश्वर घाट पहुँचे। ठाकुर साहब एक डोंगी ठीक करने लगे। इन्द्रदेव कभी कैमरे की ओर देखते तो कभी आसमान की ओर। "भुवनेश्वरी के मस्तक को मेघों ने घेर लिया !" इन्द्रदेव कहते हैं। भुवनेश्वरी कामाख्या की दसवीं महाविद्या है और इसका मन्दिर नीलाचल के सर्वोच्च शिखर पर है। एक समय था कि अहोम शासकों के समय यहाँ नर-बलि दी जाती थी। मैंने देखा, मृत्यु-भैरवी भुवनेश्वरी के मस्तक पर मेघ घिर आये हैं। अभी मौसम कितना अच्छा और साफ था और अचानक खेल-खेल में नीलगगन रूठकर उदास हो गया। ब्रह्मपुत्र के पानी का रंग फेनिल होने लगा और उसमें उफान जोर मारने लगा। अपनी सहज अवस्था में भी ब्रह्मपुत्र क्रुद्धगज है तो अब तो झड़ तूफान का लक्षण दिखाई पड़ता है। मन आगा- पीछा करने लगा। पर भय में भी एक रस है। मन जब रस-बोध के लिए उद्यत हो जाता है तो पीड़ा, शोक और भय में भी रस मिलने लगता है, फोड़े की लय और ताल पर बँधी टभकन एवं पीड़ा का लययुक्त प्रवाह, दुःख में भी एक छन्द की सृष्टि करते हैं, और जब छन्द जन्म लेता है तो एक सुख मिलता है, जैसे करुणरस की कविता का कोमल सुख या अपने निकृष्टतम रूप में चलती रेलगाड़ी की 'छक-छकाछक' ध्वनि का कर्कश सुख ! अतः "जले वाराहं थले वामनम्" का स्मरण करके मैं अपने-आप को तैयार कर लेता हूँ।

अकसर ऐसे अवसरों पर मैं डरता नहीं हूँ, पर अभिमान भी नहीं करता हूँ। प्रणति से ऐसे अवसरों पर बड़ा बल मिलता है। लगता है कि किसी ने कन्धे पर हाथ रख दिया और भुजाओं में समुद्र गरजने लगे। प्रणति अभिमान से ज्यादा विश्वसनीय है। अभिमान की स्थिति में पहला धक्का खाकर ही 'स्व' उलट जाता है और सँभलने का मौका पाने के पहले ही भय दबोच लेता है। नये साहित्य में भय की ट्रेजेडी का यही कारण है। मनुष्य 'स्व' के अभिमान को लेकर प्रकृति से लड़ाई ठानता है ! पहला धक्का नागासाकी में लगा और वह सँभले-सँभले कि 'भय' ('ऐंग्स्ट') ने आकर दबोच लिया। आज के सूचीभेद्य अन्धकार में प्रणति और ध्यान-योग की, श्रद्धा और विश्वास की, मैं उपयोगितावादी दृष्टि से ही सही, महान् जरूरत मानता हूँ। ये मिथ्या सिद्ध हो चुके हैं तो सिद्ध होने दो। सौ फीसदी सत्य या सौ फीसदी असत्य का अस्तित्व ही नहीं होता है और हरेक सत्य यदि सापेक्ष सत्य है तो हरेक असत्य भी सापेक्ष असत्य

ही माना जाना चाहिए। अतः विष्णु या ईश्वर श्रद्धा और विश्वास सापेक्ष असत्य हैं, यानी सापेक्ष सत्य भी हैं। और साथ ही इनका अस्तित्व इस सूचीभेद्य अन्धकार में उपयोगी है। मैं इस तरह मन-ही-मन ईश्वर के पक्ष में उपयोगितावादी तर्क पेश करते हुए फिर ''जले वाराहं, थले वामनम्'' का स्मरण करता हूँ।

''बड़ी प्रखर धार है !'' ठाकुर ने कहा।

धार प्रखर है। लहरें हैं, पर अभी आवर्त नहीं हैं। डोंगी में हम तीन और चौथा मल्लाह—यही चार हैं। अगल-बगल हरी-हरी जल-कुम्भियों की सेना चल रही है। दुनिया की बदनाम और बेकार घासों में से एक यह जलकुम्भी भी है। पर महाबाहु ब्रह्मपुत्र ने इसे अपनी भुजाओं का शृंगार बनाया है। ''लगता है कि ये लहरें नहीं हजारों कुंजड़े हैं जो सिर पर साग-भाजी का झाबा लिये तैरते जा रहे हैं।'' कोई कहता है और एक फूल लपककर तोड़ना चाहता है कि नाव का सन्तुलन बिगड़ते-बिगड़ते बचता है। ''जरा ठीक से रहो, बाबू'', माँझी को आवाज आती है, ''नाव मोटर से भी तेज चल रही है।'' मन-ही-मन वाराह विष्णु का स्मरण करता हूँ। पृथ्वी के रसातल से उद्धार के बाद विष्णु ने उसे स्नेह से अपनी विराट् भुजा पर बैठा लिया। पृथ्वी उन दिनों अपवित्र रजस्वला अवस्था में थी। फलतः आसुर भावापन्न नरकासुर पैदा हुआ। इसी प्रागृज्योतिषपुर (गोहाटी) में विष्णु ने पुत्र को शासन-दण्ड देते हुए कामाख्या 'नायिका' की आराधना का मंगलानुशासन दिया। अन्त में उसकी आसुरी बुद्धि प्रबल हुई और कामाख्या पर ही रूप-मोहित हो गया। बाद में कृष्णावतार में विष्णु ने स्वयं उसका संहार किया। पर शासन उसी के वंशजों का काफी दिन तक चला। इसी से ग्यारहवीं शताब्दी तक कामरूप के प्रत्येक नये राजवंश के ताम्र-शासन पर महावाराह विष्णु की प्रशस्ति मंगलाचरण के रूप में गायी गयी है।

आकाश का रंग कुरंग हो रहा है। अब उस सुनहली धूप का पता नहीं। यहाँ की भूमि में, यहाँ के मौसम में, हवा-पानी में सर्वत्र महायोगिनी का सूक्ष्म निवास है। 'क्षणे रुष्टा क्षणे तुष्टा,' नाज-नखरेवाली नायिका के 'मूड' बदलते रहते हैं। आकाश में बरसाऊँ धूसर मेघों की सेना चारों दिशाओं से दौड़ रही है। लगता है कि ब्रह्मपुत्र की मध्यधारा में ही त्रिपुर भैरवी के आरभटी-रोष का दर्शन होगा।

''यार, इस मँझधार में ही तूफान आएगा।'' सचमुच जो नाव लहरों के घोड़ों का मस्तक रौंदती हुई चल रही थी वह बली ब्रह्मपुत्र की भुजाओं पर चक्कर खा रही है। ''आज नहीं आना चाहिए था !'' यह भाव हम सबके मन में गोपन-गोपन उठा। पर कहकर कौन अपने आपको कायर साबित करे ? अगल-बगल तेज आवर्त से घर्रघर्राते पानी के चक्रोह, ऊँची उठती लहरें और लहरों के माथे पर फेन जो तट पर से देखने पर सुन्दर भले ही लगे इस समय साँप की तरह फुफकार रहा था। माँझी कुशल नाविक की तरह आवर्तों से बचा-बचाकर नाव ले चल रहा है।

''असली खतरनाक बिन्दु अब आ रहा है। इसी के आस-पास दुर्घटनाएँ होती

हैं।'' इन्द्रदेव ने कहा। पतली डोंगी हिचकोले खा रही है। इतनी पतली है कि चौड़ाई में दो मर्द सटकर ठीक से बैठ नहीं सकते। यों हम कहने के लिए नाव में हैं। पर नाव का तल पानी से नीचा लगता है। अगल-बगल की लहरों के बीच लगता है कि हम लहरों में बैठकर जादू के जोर से जा रहे हैं। बिना हिले-डुले भावशून्य चेहरे से चुपचाप, पर भीतर-ही-भीतर इस झड़ तूफान से गरजते आकाश के नीचे ब्रह्मपुत्र की धाराओं पर अपनेआप को धीर और स्थिरचित्त रखने की खूब कोशिश कर रहे हैं। धीरज धरो, महावाराह रक्षक हैं। ''अह, नाव खराब पानी में फँसी !'' माँझी ने कहा। उसका स्वर बदला हुआ था। ''घबराना मत, बाबू !'' वह सँभालकर युद्ध के लिए सन्नद्ध हो रहा है। हमारे तन में बिजली दौड़ गयी। हम बोल नहीं सके, चुप रहे। धरती रहती तो कुछ जौहर दिखाते। धरती जल की अपेक्षा अपने कितने नजदीक है। धरती माँ है। धरती अचल है। पर जल तो सात घाट बहनेवाली नदी है। आज हमारी तो कल उसकी। भस्माचल दूर नहीं है। चीनीचम्पा के पेड़ और बाँस के झाड़ हवा में झूमते साफ पहचाने जाते हैं। पर त्रिपुर भैरवी की इस आरभटी मुद्रा में सौन्दर्य निरखने का अवसर कहाँ ! नाव घिर्नी की तरह एक ही जगह पर घूम रही है। ऊपर आसमान से पानी कम, पर हवा का क्रोध ज्यादा बरस रहा है। भस्माचल कितना नजदीक है। पर साथ ही कितना दूर। यह मृत्यु और जीवन के बीचवाले क्षण लघु क्षण की दूरी है, जो लघु होते हुए भी महाकाल के विस्तार से ज्यादा विस्तृत है।

यह एक अपूर्व क्षण है। एक क्षण के भीतर स्मृतियों और शंकाओं के असंख्य क्षण परत-पर-परत प्रस्फुटित हो रहे हैं। दिमाग बड़ी तेजी से काम कर रहा है। मन का पर्यक-बद्ध आसन डोल उठा है। यह चरम क्षण है। मैं भूल जाता हूँ कि मैं औरों के साथ हूँ। मैं बिलकुल अकेला हूँ। बिलकुल अकेला। मैं भय-कम्पित हृदय से अगल-बगल देख सकने की संज्ञा को कसकर पकड़े रहना चाहता हूँ। मेरे शीश पर दो-दो हाथ ऊँची लहरें उठ रही हैं। और नाव जब हिचकोले खाती है और मेरा किनारा दबता है तो अपूर्व दृश्य बन जाता है। लहरें उठकर मेरे सिर पर ठीक वैसे ही फण तान देती हैं, जैसे शेषशायी विष्णु की प्रतिमा पर शेषनाग का फण-छत्र तना रहता है। ये एक-एक गज ऊँची दस-बीस लहरें मेरे सिर के पीछे मृत्यु का छत्र तान रही हैं, गोया काल की नगरी मेरे बिना ही सूनी हो अतः मेरा स्वागत है। यह अनुभव आजन्म भूलने की चीज नहीं है। सहसा ऊपर बरसते मेघों से वज्र कड़कता है। मेरा ध्यानयोग टूटता है। गोया वज्र आदेश दे गया : 'धीरज और प्रणति, धीरज और प्रणति : आखिरी लड़ाई में जीवन ही जीतता है।' मैं पुनः ठीक हो जाता हूँ। बाबा द्वारा रटाया ''जले वाराहं थले वामनम्''वाला श्लोक स्मरण हो आता है।

सहसा एक बड़ा धक्का लगता है। हम लोग उलटते-उलटते बचते हैं। प्रवाह का कोण कुछ इस ढंग से नाव को धक्का देता है कि नाव आवर्त से बाहर उछलकर आ जाती है : ''ब्रह्मपुत्र बाबा की जय !'' माँझी चीत्कार लगाता है। मन उसमें योग

देता है। विजय मनुष्य की हुई। प्रकृति हारी, पर मनुष्य ने प्रणति दिखायी और प्रकृति की जय का चीत्कार किया ! प्रणति और धीरता ही सूचीभेद्य निराशा के भीतर रास्ता दिखाते हैं। लड़ाई कर्म है, परन्तु प्रणति धर्म है। क्योंकि प्रकृति किसी द्वेषवश हमसे नहीं लड़ती, वह प्रकृति के नियमों के अनुसार धर्म पालन कर रही है। उसके धर्म और हमारे कार्य के बीच टकराहट अनिवार्य है, तो टकराहट होनी चाहिए। पर राग-द्वेष और अभिमान के लिए इस संघर्ष में जगह नहीं।

"ऐसे में बाबू धीरज न रहे, तो नाव मारी जाती है।" माँझी कहता है। हम धीरे-धीरे तट के पास आ रहे हैं। "बरसात के दिन में इधर आना ही ठीक नहीं," माँझी ने कहा। पर निरर्थक मन्तव्य है, जो इस स्थिति में अपना महत्त्व खो चुका है, जो मूल्यवान् और अपूर्व था, मृत्यु से साक्षात्कार का क्षण, उसे हम पा चुके हैं। वह क्षण क्या मिला, मोती मिल गया। हरेक अनुभव, जिसे हम अपने चरम अकेलेपन में करते हैं, मोती है। पर दूसरों के लिए उसका कोई मूल्य नहीं। दूसरों के लिए वह फालतू-फिजूल है, पर हमारे लिए उसका महत्त्व है, क्योंकि उसने हमारे आत्मिक-जीवन में नया रंगीन धागा जोड़ा है। वह लघु क्षण देवता है। देवता का अस्तित्व औरों के लिए नहीं होता है, सिर्फ उसी के लिए होता है जो उसे अकेले-अकेले एकान्त में बुलाता है। हम ठोस अस्तित्ववान् शूकरों की अपेक्षा अनुभव के उन मोतियों को ज्यादा कीमती समझते हैं जिनका औरों की नजर में कोई अस्तित्व नहीं। मुझे रेने शॉर की, जो अलबेयर कामू के अनुसार इस शती का श्रेष्ठतम फ्रेंच कवि है, दो पंक्तियोंवाली एक कविता याद आती है :

"तुम अपने शूकरों को मना करो,
जिनका अस्तित्व है।
मैं उस देवता के प्रति समर्पित हूँ,
जिसका कोई अस्तित्व नहीं।"

हम धीरे-धीरे चट्टानी द्वीप के नजदीक पहुँच रहे हैं। गंगा के बीच जैसे रेती दीख पड़ती है, ठीक वैसे ही यह द्वीप भी देखने में लगता है। अपने गाँव का दियारा ही गंगा की रेती है, पर गंगा की रेती 'नदी का द्वीप' है। यानी मातृका नदी द्वारा उसका जन्म और संस्कार हुआ है। जबकि यह भस्माचल की पहाड़ी, जिस पर भैरव उमानन्द का निवास है, धरती से निकली है। महाबाहु ब्रह्मपुत्र ने इसकी रचना नहीं की है, पर वे इसे चारों ओर से अपनी भुजाओं में समेटकर बहते हैं। ब्रह्मपुत्र की दो धाराओं के बीच बीसों मील लम्बी पट्टी है, जिसमें बस्ती, जंगल और चार-चार वैष्णव 'सात्र' (केन्द्र) हैं, जिनका असम के सांस्कृतिक जीवन पर वही असर है, जो ब्रह्मपुत्र का उसके भौतिक-आर्थिक जीवन पर। इन्द्रदेव बताते हैं : "यह ब्रह्मपुत्र गंगा से भी पुराना नद है। मानसरोवर के पास से निकलता है। मानसरोवर के आसपास से तीन नदियाँ निकलती

हैं : सिन्धु, सतलज और ब्रह्मपुत्र। तिब्बत में जब तक ब्रह्मपुत्र बहता है, 'साङ्पो' कहलाता है। भारत में आकर ब्रह्मपुत्र बन जाता है।''

नाव अब किनारे आ रही है। वही पेड़ और वही वेणु-वन क्षण-प्रति-क्षण दूसरे होते जा रहे हैं, जैसे तेजी से कोई चित्रपट आगे आ रहा हो। जैसे-जैसे नजदीक आते जाते हैं, एक-एक अंग स्पष्ट होता जाता है। पर साथ ही अंगों का कोण बदलता जाता है और लगता है कि ये बाँस, ये पत्तियाँ, ये सफेद फूलों से लदी डालें, ये गुलेचीन के पेड़ और हैं, पूर्ववर्ती क्षण के दृश्य से भिन्न यह और दृश्य है। अंग एक ही होता है, पर उसके रूप हजार होते हैं। अंग एक ही होता है, पर हर बार लगता है कि यह नया रूप है, यह नया सम्मोहन है और इस तरह 'अंग एक परन्तु रूप इतने, रूप अनेक' की माया में हम जनम हारते जाते हैं और नयन तृप्त नहीं होते। इसी से रूप को वैष्णवी शक्ति कहा गया है। इसका खिंचाव दुर्निवार है। इसकी ओर मन्त्रबिद्ध नाग की तरह हम खिंचते जाते हैं। हमारी नाव इतनी तेजी से किनारे पर झपटती हुई आ रही है कि मन के पास इतना भी अवकाश नहीं कि इन दृश्यों को ग्रहण करके संचित कर सकें। रूप की रील बड़ी तेजी से घूम रही है।

''देखो ये गुलेचीन के पेड़ किसी बूढ़े कनफ्यूशियस की तरह झुके-झुके हैं। गोया ब्रह्मपुत्र को सन्तुलन की शिक्षा दे रहे हों।'' मैं कहता हूँ।

मन्दिर ज्यादा पुराना नहीं। 300 वर्ष से कुछ कम ही इसकी आयु है। अहोम राजाओं द्वारा बनाये मुख्य मन्दिर के अगल-बगल दो-तीन जीर्ण मन्दिर हैं। मन्दिर में सिर्फ एक ही स्मरण योग्य तथ्य ज्ञात होता है, वह है इसका शिखर। कामाख्या की तरह इस मन्दिर का शिखर भी बौद्ध 'पगोडे' और हिन्दू मन्दिर शिखर का अद्भुत मिश्रण है।

मन्दिर की चहारदीवारी और प्रवेश-द्वार अब भी पुराने हैं। द्वार तोरण पर सरस्वती की प्रतिमा भी पुरानी है। लक्ष्मी और पार्वती की प्रतिमाएँ तोरण के भीतरी ओर हैं। ये पूजन प्रतिमाएँ नहीं द्वार-सज्जा हैं। मन्दिर के उपगृह में लक्ष्मीनारायण की मूर्ति है तथा गर्भगृह में भी शालिग्राम स्थित हैं। इस प्रसिद्ध भैरवपीठ में शालिग्राम का प्रवेश देखकर आश्चर्य हुआ। भारतीय धर्मसाधना की सहिष्णुता ही ऐसी है। गर्भगृह नीची भूमि पर है। सीढ़ियों से उतरने पर दीपक के प्रकाश में ऊबड़-खाबड़ एक लिंग है, जिस पर पीतल के पाँच मुख जड़े गये हैं। यही मुख्य देवता है। एक हाथ ऊँचा लिंग और गज भर व्यास का 'अरघा'। पीछे पीतल की पंचमुखी शिव की तथा कामाख्या, लक्ष्मी और सरस्वती की प्रतिमाएँ हैं। प्रतिमाएँ एक फुट से अधिक ऊँची नहीं। यह सब असम की सत्रहवीं शती की कला के उत्तम नमूने हैं। पुजारी ने बताया कि इन मूर्तियों को अहोम राजा विश्वसिंह ने बनवाया था।

मन्दिर में दर्शनीय कुछ नहीं मिला। मन्दिर में न मिले, पर चारों ओर दर्शनीय ही दर्शनीय है। 'योगिनी तन्त्र' कहता है कामरूप में आकर प्रत्येक नारी ही कामाख्या

हो जाती है। पर मैं तो इससे भी एक कदम आगे जाता हूँ। जहाँ कहीं रूप में छन्द हो, रंग में गन्ध हो, वहाँ-वहाँ नारी है, वहाँ-वहाँ पार्वती है। नदी एक नारी है, चाँद एक नारी है, चाँदनी एक नारी है। छन्दों के पैटर्न में सजी यह फुहार, यह धूप की हँसी, ये मंजरियाँ, ये टहनियाँ, छन्द में बहता हुआ गन्धवाही समीरण सभी नारी-मुद्राएँ हैं, पर जहाँ-जहाँ छन्द टूटता है, या छन्द स्थिर होकर खड़ा हो जाता है, बहता नहीं, वहाँ-वहाँ पुरुष है। दोपहरी का सूरज, गरजते मेघ, महाबाहु ब्रह्मपुत्र, क्रुद्ध तूफान पुरुष हैं। चारों ओर दरख्तों की पंचायत लगी है। बरगद बैठकर सुरती मल रहा है। आम पुत्रवान् वैष्णव गृहस्थ है। कटहल पहलवान लँगोटा बाँधकर बैठे हैं। पीपल मिरजई-साफा में वृद्ध ब्राह्मण की तरह खड़ा है। मुझे लगता है, चारों ओर वाल्मीकि रामायण बिखरी पड़ी है, पत्ते-पत्ते पर उसके श्लोक लिखे पड़े हैं। मुझे महर्षि भरद्वाज द्वारा किये भरत के अद्भुत आतिथ्य का वर्णन याद आ जाता है। ऋषि ने ऋद्धियों, सिद्धियों, नक्षत्रों, चन्द्रमा और सूर्य आदि समस्त सृष्टि को ही आदेश दे दिया : 'भरत का आतिथ्य करो !' गोया ये सभी ऋषि के गुलाम हों। और भरत का आतिथ्य हुआ खूब। दूध और शहद की नदियाँ बह चलीं, जिनकी कीचड़ 'पायस' की थी। बेला, चमेली, बकुल आदि गुल्म-लताओं ने नारी का रूप धारण कर लिया और कपित्थ, बेल, हर्रे, बहेड़े आदि के पेड़ कुबड़े, बौने और विदूषक बन गये तथा गन्धर्व वेश धारण करके मृदंग और मंजीर बजाते उपस्थित हो गये।

जब कभी मैं किसी तीर्थ-स्थान या पिकनिक पर जाता हूँ तो लगता है मैं ही भरत हूँ और किसी अदृश्य तेजस्वी ने सारी सृष्टि को आदेश दे दिया है कि मेरी सेवा में सारे रूप-रस-गन्ध उपस्थित हो जाएँ। मैं चुपचाप बिना किसी से बताये ही सारी मौज अकेले-अकेले लूटता हूँ। गोया विधाता ने मुझे ही सारी हरियाली चरने के लिए खुला साँड़ छोड़ दिया है। मौज के इस उल्लास का, रूप के इस आस्वादन का साझा नहीं हो सकता है। जिस तरह यातना के चरम बिन्दु पर हम अकेले हैं वैसे ही रस-भोग के चरम पर भी हम अकेले हैं, आस्वादन के आधार-आधेय से परे, कभी-कभी जब मैं निर्लज्जता की हद कर देता हूँ तो मित्र कहते हैं, "यार, बड़े कमीने हो, उस चमेली के झाड़ पर ऐसे आँखें सेंक रहे हो, गोया वह कोई लड़की हो !"

मेरा ध्यान भंग होता है। पुजारी बता रहा है, "प्रति शिवरात्रि को यहाँ शिव को मांस की बलि दी जाती है।" (पता नहीं यह कहाँ तक सही है।)

हम लोग प्रतिवाद करते हैं।

"अरे ये आपके विश्वेश्वर नहीं। ये तान्त्रिकों के अघोर भैरव हैं। अतः मांस बलि तो दी ही जाएगी, पर अब केवल शिवरात्रि को ही पाते हैं।"

हम पूछते हैं, "यदि यह भैरव पीठ है, तो शालिग्राम क्यों रखा हुआ है ?"

"भेद-बुद्धि से ऊपर उठो बाबू ! 'कालिका पुराण' पढ़ो। यह काम-रूप में दसवीं शती में लिखा गया है। महा त्रिपुरसुन्दरी ने ही अपनी एक लीलामूर्ति विष्णु को दी

और एक शिव को, लक्ष्मी और सती के रूप में। त्रिपुरसुन्दरी ही विष्णु की स्वामिनी, उनकी प्रेमिका, उनकी योगमाया हैं। विष्णु भी अघोर भैरव हैं...कामरूप में नृसिंह और बाल-गोपाल दोनों अघोर भैरव बनकर सूक्ष्म रूप से निवास करते हैं,'' पुजारी ने कहा।

अब नाव लौट रही है। दूसरे रास्ते से। भस्माचल से दाहिने हटकर एक दूसरा ही शिलापुंज है, जिसे कर्मनाशा कहते हैं। नाव उसकी आधी परिक्रमा करती हुई जाएगी—पानी का बहाव ही ऐसा है।

''पानी का बहाव ही ऐसा है कि आओ एक रास्ते, तो लौटो दूसरे रास्ते से। नदी का रास्ता तो नदी ही देती है, बाबू ! यह आदमी के मन की बात नहीं। नदी में ब्रह्मपुत्र का हुक्म चलता है !'' माँझी कुछ दार्शनिक की तरह बात कर रहा है। वह असमिया बोल रहा है, जिसका तात्पर्य कमोबेश यही होगा : 'नदी में नदी ही कर्णधार है, नदी ही सारथि है, नदी ही मृत्यु है, नदी ही काल है, जल में नदी ही सब कुछ है।'

पर मैं मन में दोहराता हूँ : 'जले वाराहं थले वामनम् !' नदी में नदी कुछ नहीं। वाराह पुरुष बिष्णु ही कर्णधार है, सारथी है, मृत्यु है, काल है, साथ ही आशीर्वाद और जीवन भी है। यह नदी बेचारी क्या है ? कुछ नहीं।

नाव तेजी से चल रही है, हम लोग ब्रह्मपुत्र की चर्चा कर रहे हैं :

''ब्रह्मपुत्र पुल्लिंग है। यह नद है। उत्तर भारत में शोणभद्र (सोन) और सिन्धु भी नद हैं।''

तिब्बत में लोक-विश्वास है कि ब्रह्मपुत्र घोड़े के मुँह से निकला है, सिन्धु व्याघ्र के और सतलज हाथी के मुँह से, तथा कर्णाली अर्थात् सरयू नदी मयूर के मुँह से निकली है। ये चारों नदियाँ मानसरोवर या उसके पास से निकली हैं।

''मानसरोवर अब अपना कहाँ रहा ?''

''हिन्दुओं की चीज थी, इसी से 'सेक्युलरिज्म' में उसका मूल्य एक कौड़ी भी नहीं आँका गया !''

''लोहिया ने बताया था कि मानसरोवर के पास एक गाँव या इलाका है। जिसकी मालगुजारी तिब्बत सरकार सन् 1947 तक ब्रिटिश भारत को देती थी, क्योंकि दो राजाओं की अति प्राचीन मौखिक सन्धि के फलस्वरूप वह गाँव परम्परा से भारत का गाँव माना जाता था।''

—आदि-आदि दुनिया भर की बातें पता नहीं, कौन बात किसने कही : तीनों कह रहे थे, तीनों सुन रहे थे। नदी की धार में तीनों का व्यक्तित्व संयुक्त-सा हो गया था।

नाव अब कर्मनाशा द्वीप की परिक्रमा कर रही है। 'कीर्तिनाशा काल-प्रवाहिनी' क्रोधी धाराएँ चट्टानों से अविराम द्वन्द्व में लगी हैं। सहसा अपूर्वदृश्य सम्मुख आता है। इसके लिए आँखें तैयार नहीं थीं। आसमान से जैसे कोई आशीर्वाद बरस पड़ा

हो। चट्टानों पर शिव-पार्वती की खड़ी मुद्रा में उरेही गयी प्रतिमाएँ अचानक सामने आती हैं। फिर बगल की चट्टान में गणेश-कार्तिकेय, फिर दूसरी अगली चट्टान में भी शिव-पार्वती उट्टंकित हैं। लगता है, प्रतिमाएँ हाथ उठाकर कुछ पूछ बैठेंगी, "कब आये ?" "कैसे हो ?" ये शिव और पर्वती शताब्दियों से खुले आसमान में धूप-वर्षा के बीच मौज से खड़े हैं। सच पूछिए तो खुले आकाश से छोटा मन्दिर शिव जैसे मनमौजी को पसन्द भी नहीं हो सकता। प्रतिमाओं के पास से अत्यन्त तेज गति से चक्कर काटती नाव निकल जाती है।

हम धीरे-धीरे उस पार पहुँचते हैं। घाट पर उतरकर बायीं ओर कुछ दूर चलकर शुक्लेश्वर घाट पर जाते हैं। और वहाँ पर से अपने लघु और रोमांचक यात्रा-पथ पर नजर दौड़ाते हैं। अब आसमान साफ है। जलकुम्भियों और फेनों की बड़ी-बड़ी बदसूरत ढेरियाँ उसी तरह तैर रही हैं।

शुक्लेश्वर घाट भी मूलतः पहाड़ी ही है। हम लोग पक्की कटी सीढ़ियों पर उतरकर जल के छप-छपाछप के पास बैठ गये। हमारे सिर के ऊपर पेड़ों की डालें झुकी हैं। पृष्ठभूमि में शताब्दियों पुरानी एक बड़ी-सी चट्टान पर 'बुद्ध जनार्दन' विष्णु की विशाल प्रतिमा है।[1] मैं प्रतिमा के पार्श्व में खड़ा-खड़ा ब्रह्मपुत्र की धार की ओर, उमानन्द भैरव की ओर और दूसरी तरफ उस पार की अश्वक्लान्ता पहाड़ियों की ओर देख रहा हूँ। इन्द्रदेव कहते हैं, "भई, देखो पत्थर में भी फूल खिलता है।" मैंने देखा, विष्णु की पाषाण जंघा पर थोड़ा-सा, एक तोले भर, गर्द-गुबार इकट्ठा हो गया है : और उसी में एक नन्हा, जंगली फूल का पौधा खुशी से लहरा रहा है। एक लाल-पीला मिश्रित रंगवाला फूल उसके मस्तक पर झूम रहा है। मुझे लगा कि पिता विष्णु के शान्ति निर्विकार मुख पर वात्सल्य की रेखाएँ खिंच आयी हैं। इस नन्हे छोटे भाई के लिए मन में सहज ही प्यार उमड़ आया।

मेरी नजर फिर उस पार अश्वक्लान्ता की ओर जाती है। कृष्ण का अश्व यहीं क्लान्त हो गया था—उनके घोड़े की टाप यहीं रुक गयी और उन्हें ठहर जाना पड़ा। उस समय वे प्राग्ज्योतिषेश्वर नरकासुर का विनाश करने आ रहे थे। कृष्ण ने नरकासुर का संहार करके उसकी वंश परम्परा को आर्य मण्डल में अन्तर्भुक्त कर लिया। प्राग्ज्योतिषेश्वर भगदत्त की पुत्री कौरव सम्राट् दुर्योधन की पत्नी अर्थात् भारत की साम्राज्ञी थी। किरातादि जातियों के जिम्मे उन्होंने पहाड़ी प्रदेश कर दिये। कुछ लोगों के अनुसार इन जातियों के वंशज ही खासी, मिजो और नागा हैं, जिनका रंग महाभारत

---

1. इस चतुर्भुजा प्रतिमा को कुछ लोग शिव की प्रतिमा कहते हैं। ऊपर उठे दोनों हाथों में विष्णु के लांछन शंखचक्र हैं। पर नीचे के दोनों हाथ योगासन स्थित बुद्ध की तरह हैं। इसी से लोग इसे 'बुद्ध जनार्दन' भी कहते हैं। कामरूप आगमनिगम और बौद्ध साधनाओं की समन्वयभूमि रहा है। अतः प्रतिमा को 'बुद्ध जनार्दन' की संज्ञा देना ही मुझे युक्तिसंगत लगता है।

के अग्निवर्ण किरातों की तरह आज भी सुनहला है। तो, यहीं आकर कृष्ण का घोड़ा थककर चूर हो गया। उसकी गति रुक गयी। वह किरातारण्य के भीतर नहीं जा सका।

मैं सोचता हूँ कि कृष्ण का घोड़ा यहीं नहीं आकर थका है, वह भारत के गाँव-गाँव में थक गया है। हमारे गाँव के दक्षिण भाग में जहाँ डोमों की बस्तियाँ हैं, उसकी टाप आकर रुक गयी है। इन बस्तियों में पलनेवाली डोम-बालिकाओं के गठे श्यामल बदन पर लोलुप नजर रखनेवाला पुरोहित वर्ग इन्हें गाँव में औरों के साथ बसने का विधान नहीं देता। मेरे मन में रोष है। मैं सोचता हूँ कि कृष्ण के घोड़े की चौथी टाँग मनु महाराज ने तोड़ दी है। मैं मन-ही-मन प्रार्थना करता हूँ, 'कृष्ण, कृष्ण, प्रभु, छोड़ो इस तीन टाँगवाले घोड़े को और नयी दिग्विजय के लिए, मनुष्य की नयी जय-यात्रा के लिए, नवीन तुरंग पर अवतरण करो।''

# कजरीबन में जीवहंस

उन्नीस सौ सत्तर का युवा वसन्त अभी कुछ दूर है, पर उसकी नक्सलपन्थी लौहमृदंग की टंकार सुनकर यह वर्ष यानी उनहत्तर का जर्जर-पाण्डुर बूढ़ा हेमन्त और ठण्डा पड़ गया है। ऐसे में दुबककर किसी तरह से वक्त काट लेना चाहिए तो ये जवान लड़के-लड़कियाँ हठ कर रहे हैं कि मैं उनके साथ कल पिकनिक चलूँ ही। इनके साथ 'सर' बन कर चलना कम जोखिम का काम नहीं। विशेषतः जब ये 'पिकनिक मूड' में हों। कहीं ये पुलिसवालों से झगड़ा न कर बैठें, कहीं रास्ते में किसी रेस्त्राँ में कोई सक्रिय साम्यवादी धमकी न दे बैठें, कहीं कोई वारदात न हो जाय, कहीं किसी लोकापवाद या जनरव का सूत्रपात न हो जाय। ये सब तमाम दुनिया भर की बातें हैं पर आखिर क्या किया जाय ? इन्हें डोर में बाँधकर तो सर आशुतोष या मालवीय जी के जमाने में भी पिकनिक के लिए नहीं ले जाया जाता था। और इस दुखी, कर्मफल-बिद्ध, विरस-कुरस-अपरस दार्शनिकता की पुण्यभूमि भारतवर्ष में यदि कोई बेचारा या बेचारी किसी राह भूले मौज के क्षण को अचानक पाकर कहीं थोड़ा कुछ कर दे, यानी किसी को पीट दे, किसी को गाली दे दे, किसी को लूट ले, तो उस सनातन दुखी भारतीय के प्रति मुझे क्रोध नहीं आता, उलटे सहानुभूति ही होती है। आह, बेचारा चौरासी लाख योनियों में भटकता रहा है, दुःख का मारा है, इस बार मनुष्य-तन पाकर भी 'दुःख ही सत्य है' के विश्वासी इस देश में जन्म पाया है। चलो, क्षण भर के लिए तो उसके दुःख की लौह प्राचीर मसकी, अभाव के अनुशासन व्यूह में कोई फाँक या दरार तो पैदा हुई।

इसी से राह भूले मौज के इस क्षण को मैं गैर-कानूनी नहीं मानता क्योंकि एकमात्र ऐसे ही क्षणों के मध्य तो नया भारतीय अपने मानवीय अस्तित्व की अनुभूति प्राप्त करता है। ये ही क्षण तो उसके अस्तित्व की प्रत्यभिज्ञा के दर्पण हैं। मैं नहीं चाहता कि नयी पीढ़ी से ये दर्पण भी, बिना बदले में कोई अन्य दर्पण थमाये, छीन लिये जायँ। शेष सारे दर्पण तो अन्य धृतराष्ट्रों की कैद में हैं। मेरी इस सहानुभूति का ज्ञान मेरे शिष्यों को भी है। वे प्रायः सीनियर अध्यापकों, विप्रों-गोस्वामियों, ऋग्वेदों-सामवेदों को छोड़कर ऐसे मौकों पर मुझे ही पकड़ते हैं। पर इस बार उनके आग्रह के खतरों

को ध्यान में रखते हुए मैंने साथ में एक अन्य वरिष्ठ अध्यापक को भी ले चलने का सुझाव दिया। और कुछ देर बाद जगत् बरुआ आकर कह गया कि 'अमुक' अथर्ववेद तालुकदार भी साथ-साथ चल रहे हैं। सुनकर मैंने निश्चिन्तता की साँस ली। चलो, अच्छा ही हुआ। कहीं कुछ घटित हुआ तो वरिष्ठता के पीढ़े पर बैठाकर सबकी उच्छृंखलता के पाप का भस्म-तिलक इनके ही वयःपूत ललाट पर अंकित किया जाएगा, इनकी ही पकी बुद्धि सब कुछ सँभालेगी। बस, आते ही आते सर, यह बात...सर, वो बात. ..वगैरह कहकर ऐसा वातावरण पैदा कर दूँगा कि सरगना का सिरपेंच-उष्णीश इनके पुरुषोत्तम श्वेत-कर्बुर शीश पर बिना किसी प्रस्ताव-समर्थन के अपनेआप बैठ जाएगा। सारा झमेला इनके सिर पर, और मैं कन्धा झाड़कर मुक्त साँड़ जैसा यहाँ-वहाँ चरता-रौंदता फिरूँगा, जहाँ कहीं भी आनन्द की हरी घास उपटकर लगी होगी। मेरे मन में विद्यार्थी जीवन में बोले गये और सुने गये एक काक-शुक-संवाद की स्मृति उभर आयी। यद्यपि अब तो 'ते हि नो दिवसा गताः' ! फिर भी संवाद कुछ इस प्रकार से है :

"जंगल में बेल पका है : जंगल में बेल पका है !"

"तो पकने दो; कौए को इससे क्या ?"

कौआ ठहरा मर्यादावादी रामायण का वक्ता, अतः बेचारा चुप रहा। पर निरन्तर श्रीमद्भागवत पढ़नेवाला तोता, लीला-शुक, क्यों चुप रहे ?

"क्यों नहीं, महाशय ? कम-से-कम हम चोंच तो मारेंगे !...चोट तो खाएँगे !"

तो दूसरे दिन बिलकुल सवेरे एक लम्बी नीली बस धुन्ध को चीरती हुई, आगे बढ़ी। उस समय सुबह का सूरज तुहिन-धूम के समुद्र में ऊभ-चूभ हो रहा था। भोर के आगमन के पूर्व रोज ही ऐसा होता है कि तम जब हारने लगता है, तो मोह-धूम की सृष्टि करता है, जिसमें संक्रान्तिकालीन शब्दों के सही अर्थ की तरह, सूरज कुछ देर तक रास्ता भटकता रहता है। पर भोर के वन पखेरुओं के गान, अगल-बगल के बाँस वनों से आती झरझराती खड़-खड़ ध्वनियाँ उसे रास्ते का आभास दे देती हैं। ऐसा तो कोई जनमा ही नहीं जो सारे वनपाँखियों का गला घोंट दे, जो सूर्य को पीकर पचा जाय। रास्ते की टोह तो मिल ही जाती है।

ब्रह्मपुत्र का पुल पार करते-करते रोशनी छिटक पड़ी। यह प्रागूज्योतिष देश है, अतः ठेठ हिन्दुस्तान से, अपने बनारस-गाजीपुर से यहाँ पर 'जवाकुसुमसंकाशं काश्यपेयं महाद्युतिम्' सूर्य सत्रह मिनट पहले ही रोज पहुँच जाया करता है। हमारे बगल में अथर्ववेद महाशय टाई-कोट के ऊपर काली 'नेवी'-कट टोपी लगाकर अभी तक मौन चले आ रहे थे। पीछे से आती अविराम हास-परिहास ध्वनि और हुल्लड़ के बीच उन्होंने मुझसे कुछ कहा। मैंने अभिनय किया कि बड़ी गम्भीरतापूर्वक सुन रहा हूँ। पर प्रत्युत्तर न देकर खिड़की से प्रतिक्षण परिवर्तित हिरण्यवर्ण-महाद्युति सूर्य को देखने लगा।

गौहाटी में एकाध घण्टे रुकने की बात थी। अपने भीतर के वैश्वानर पुरुष को प्रातः कुछ गरम-गरम आहुति दे देनी थी और छोटा-मोटा बाजार भी करना था, सवेरे-सवेरे

सट्टी में चीजें ताजी जो मिलती हैं। पर इन लड़के-लड़कियों को फिर इकट्ठा करना ढाई सेर मेढक तौलने के समान कठिन है। कौन किस गली में आँख बचाकर निकल गया। कौन किस रेस्त्राँ या कैण्टीन में घुसा, कौन किस बाजार में, किसके पास इसका लेखा-जोखा मौजूद है ? जैसे-जैसे देर हो रही थी, अथर्ववेद का भीतर-ही-भीतर खून खौल रहा था और मैं इधर इनके अनावश्यक क्रोध और उधर युवा बालखिल्यों की लापरवाही से दोहरा 'बोर' हो रहा था।

खैर, जैसे-तैसे, एक-दो, चार करके सब इकट्ठे हुए। इस बीच में एक रिक्शे पर लदकर कुछ सामान भी आ गया। ताजा दही, नवनीत, कमला नीबू, केले, सन्देश, 'सद्यो मांसः' यानी ताजा 'मीट' और रोहित मछलियाँ। ब्रह्मपुत्र के रक्त अधर-रजतवर्ण ताजे पट्ठे रोहित का स्वाद तो अपूर्व होता ही है, इनके रूप को देखकर माया लगती है। पर मनुष्य सृष्टि का सबसे बड़ा रूप-भक्षी श्वापद है। शेष श्वापदों को भक्ष्य ही चाहिए पर इसे रूप और भक्ष्य दोनों चाहिए। सुरुचि और सौन्दर्य-संस्कार के नाम पर।

ज्यों तो सारे सामान को मेस के चाकरों ने सहेजा। पुनः 'यात्रा होली शुरू !' इस बार गाड़ी शिलाङ् रोड के वक्र-ऊर्ध्व मार्ग पर चल पड़ी। साथ में साक्षात् आर्यसमाज की तरह नीरस श्रीयुक्त अथर्ववेद चल रहे थे। अतः अपने गले से जो करने का साहस छात्र-छात्रागण नहीं कर सके, उन्होंने उसे मशीन के गले से करने का आयोजन किया। एक लोकप्रिय अँगरेजी गान, एक 'ड्यूएट' (द्वन्द्व गान) का रिकार्ड लगाया और ताल देकर सन्तोष करने लगे। इधर यान के चक्के फुरती से चक्कर काटते हुए आँके-बाँके सर्पवत् मार्ग पर आगे बढ़े जा रहे थे। बेंत-वन और बाँस-बन के झोंप पर झोंप, आपाद मस्तक लतागुल्मों-ढँकी शिलाङ् पर्वत-माला दाहिनी ओर; तो हाथ-दो-हाथ चार हाथ के हाशिये के बाद सैकड़ों गज गहरी खाई या खड्ड बायीं ओर; और, इन दोनों के मध्य अपना अविराम मुखरित यान। पर भय की कोई बात नहीं। चालू रास्ता है। प्रायः चालकों को इससे होकर आना-जाना पड़ता है, इंच-इंच जाना-पहचाना है। यों शिलाङ्-पहाड़ियों की असली अपूर्व अप्सरा-छवि तो आगे मिलेगी, हमें इधर ही दूसरा रास्ता पकड़ लेना पड़ेगा। यह सब जो देख रहे हो, वह तो उस छविश्री की झाड़न है। छिछली-उथली, चुल्लू दो चुल्लू भर शोभा-जलवाली! इसमें मन-अवगाहन क्या होगा ! पर अवगाहन-प्रक्षालन भले ही न हो, जीने के लिए तो एक चुल्लू क्या एक बूँद, एक दाना और एक नजर काफी है। और मन के भीतर जाकर बूँद ही समुद्र में रूपान्तरित हो सकती है, तो क्या होगा बोरे भर कर और गाँठ भर कर ? मन आखिर गोदाम तो नहीं। चाहूँ तो एक बूँद ही माणिक मोती में ढाल सकता है। अतः जी भरकर निहार लो आदि सृष्टि की प्रागृज्योतिषा धरित्री को, इसके वेणुकीचककुंजों को, इसकी आरण्यक हरित मेखला को, इसके नील उत्तरीय को।

ये प्रागृज्योतिषा पहाड़ियाँ, जिन्हें आज मेघालय कहा जाता है, आदिम काल में सृजन धुन्ध के धूम्राभ क्षणों में हिमालय के जन्म से बहुत पूर्व सृष्टि की अधीर गर्भगुहा

से निकली थीं। भूगोल-वेत्ताओं का मत है कि ये मेघालय की पहाड़ियाँ, शिलाङ्-पर्वत-माला हिमालय से भी पुरानी हैं और ब्रह्मपुत्र नद गंगा से भी पुराना है। इनकी तुलना में हिमालय तो पट्ठा जवान है, जबकि ये स्वयं आदि रुद्रों की विनाश लीला देख चुकी हैं; ये पंच महाभूतों के साथ अपरा प्रकृति की आदिम मिथुन-लीला की साक्षी हैं, जिसके काम सीत्कार से कामाख्या की प्राग्ज्योतिषा धरती में प्रथम पुष्प फूटा होगा। और इसके बाद तो एक से एक रंग-बिरंगे कुटज-वनज-जलज फूल फूटते गये और आखिर में धरती के पता नहीं किस एकान्त कोने में सृष्टि का सर्वोच्च पुष्प, महा सौगन्धिक 'मनुष्य' प्रस्फुटित हुआ, जिसके चेहरे पर कभी ईश्वर की मुखाकृति झलकती थी।

देखते-देखते घण्टे-पौन घण्टे का माया-पथ पार हो गया। फिर रास्ता बदला। सीधा-सपाट मैदान आया और अपनी बस नवखोला को पार करके खासी पर्वत माला की 'सोना' पहाड़ियों ('सोनापुर हिल्स') को रास्ते में बगल में छोड़ती हुई आगे बढ़ी। अब हम कामरूप पार करके नवगाँव में प्रवेश कर रहे हैं। लम्बी यात्रा है ! पर असम में पिकनिक का अर्थ ही होता है, अस्सी मील-सौ मील, जबकि काशी में इसकी सीमा है राजा-तालाब, रामनगर या सारनाथ और हमारे गाँव में तो बस, खलिहान में बट-पीपल-पाकड़ की 'हर शंकरी'-तले या आँवला-तले। पर अथर्ववेद बड़े चिन्तित से दिखाई दे रहे हैं। बार-बार कह रहे हैं : "गत वर्ष बड़ी हैरानी हुई थी। रास्ता पूछकर चलो।" पर पीठ-पीछे नौजवान बालखिल्यगण अपने एक ग्वालपरिया लोकगीत में मग्न हैं। जगत् बरुआ बेंजो बजा रहा है। बेंजो नये हिन्दुस्तान की वंशी है। मतसा गाँव के आवारों से लेकर महानगर के छैलों तक इसका प्रचार है। रास्ता पूछे तो कौन ? जगत् बरुआ बेशर्मी से किसी कांचन कन्या की रूप-कीर्ति गा रहा है और सब उसी में अपनी टीका-टिप्पणी की चिकोटी-गुदगुदी के साथ मस्त हैं—

> कांचन कन्या, कांचन कन्या रे !
> कौन वा देशेर नारी,
> तोमार कपाल ते सिन्दूर नाँई, ओ !
> कन्या, केमन तूमी नारी ?
> ओ हाय मोर, हाय...कांचन कन्या रे !

इधर अथर्ववेद महाशय का खून खौल रहा है। तीर की तरह उनका स्वर सारे वातावरण को बेध देता है, "अरे ! पहले रास्ता पूछ लो—कहीं गत वर्ष की तरह भटकना न पड़े।"

यों बात सही है। ऐसी अनजान जगहों पर, जहाँ राहगीर भी मुश्किल से मिलते हैं, रास्ता न जानने पर बड़ी हैरानी होती है। गत वर्ष हम लोग सोनापुर की पहाड़ियों में पिकनिक के लिए गये थे, जहाँ नारंगी के जंगल अपनेआप उगे हैं। पर उस मनोरम नारंगी-बन को पाने के लिए क्या घुमाव-चक्कर, आगे-पीछे, दायें-बायें भटकना पड़ा।

गोया वह नारंगी-बन न होकर लोक-कथाओं का कजरीबन हो। श्रीयुत् अथर्ववेद के हुंकारमय धनुष से छूटे तीर द्वारा जगत् बरुआ के भारत-बाङ्ला सीमान्त में उपजी वह हृदय-सम्भवा, वह मानसी कांचन कन्या विद्ध हो चुकी थी। जगत् बरुआ का गाँव ग्वालपारा अंचल में है। वयःसन्धि पर चढ़ी कांचनार-सी कोमल-कच्ची देहवाली कन्या की रूप-कीर्ति वह बचपन से ही गाता आया है। गीत के मृगशावक को बाण-विद्ध देखकर सभी आहत हो गये।

जगत् बरुआ कहता है, "सर चालक को रास्ता ठीक से मालूम है।" पर जमा हुआ रस तो भंग हो गया था और इस छन्द-पतन का यदि किसी को अफसोस नहीं था, तो वे थे तपोनिधि अथर्ववेद महाशय। वे और अधिक बादशाही गम्भीरता से बैठ गये। सब चुप-से हो गये थे। सब धीरे-धीरे बात कर रहे थे। कुछ खिड़की के बाहर निहारने लगे, बेमतलब का निहारना ! मानो इसी बीच में कुछ अप्रत्याशित कुछ बहुत मर्मभेदी घटित हो गया हो। पर गाड़ी का चक्का अपने निश्चित धर्म-मार्ग पर अविराम, अप्रभावित, अनासक्त रूप से चल रहा था। भीतर के रथी-महारथी सुखी-दुखी-उदासीन होते रहें, उससे कोई मतलब नहीं। गाड़ी के चक्के और चालक का हाथ, ये ईश्वर की तरह निरपेक्ष होकर कर्म में लीन थे। अन्त में सड़क के किनारे वह प्रतीक्षित नाम-पट्टिका और निदेश-पट्ट भी मिल गया—'सीता : जखला : 2 मील...' इत्यादि। तीर के दिशानिर्देश को ध्यान में रखकर सघन कान्तार के मध्य एक चौड़े रास्ते पर गाड़ी मत्तगयन्द-छन्द में चलने लगी।

ऊपर-नीचे, खाई-टीला, ऊबड़-खाबड़, ढाल-सपाट के भीतर 'असमा-विषमा-सुषमा' की उक्ति अर्थवान् हो उठी। अन्त में आ गयी वह खुली हुई जगह जिसके बायीं ओर रगड़कर एक पतली चंचल धार नदी बहती है और दायीं ओर मध्यम कद की तीन-चार ऊँची-ऊँची पहाड़ियाँ हैं, जिनमें मध्य पहाड़ी के आपादमस्तक एक ढालुआँ, कठोर, सपाट शिलामार्ग है और इसके शीश तथा दक्षिण वाम स्कन्धों पर जंगली फूलों, गाछ-पात, लता-द्रुमों की अपूर्व बनानी का उत्तरीय पड़ा है। सम्भवतः यह सपाट मार्ग वर्षाकाल में अविराम गिरती जलधारा के द्वारा बन गया है।

सभी उतरे। पहला काम, नयी जगह पर उतरने पर जो स्वभावतः किया जाता है, हमने भी किया, आदिगन्त चक्राकार अवलोकन। पर धत्तेरे की ! इससे अच्छी जगह तो नारिकेल कुंजों से सजी कॉलेज की पुष्करिणी ही थी। होस्टल का लॉन क्या कम था इससे। इससे अच्छा था कि दो मील जाकर 'पगला दिया' नदी की रेती पर पिकनिक कर लौट आते, इसीलिए सौ मील दौड़े आये, किसने चुना है इस ठाँव को, आदि-आदि अनेक कण्ठों से मुखरित होने लगे। हाथ सबके सक्रिय हैं। तिरपाल बिछ रहा है, रेडियो सेट हो रहा है, स्लाइस पर मक्खन लग रहा है, 'रेफ्रेशमेण्ट पैकेट' तैयार हैं।

'पत्थर के तीन टुकड़े सजाकर बड़ी आसानी से चूल्हे तैयार हो जाते हैं। बस, अब एक पर चाय की केटली रख दो, दूसरे पर अण्डे उबाल लो।' श्रीयुत् अथर्ववेद

ने मेस के चाकर को निर्देश दिया। उधर जगत् बरुआ के शीश पर धिक्कार के मेघ बरस रहे थे। अनवरत थू-थू, छीः-छीः की वर्षा से उसकी अपकीर्ति का कम्बल भारी होता जा रहा था। जगह उसी के द्वारा चुनी गयी थी। उत्तर प्रदेश, बिहार के हिसाब से यह जगह कम सुन्दर नहीं थी। पर असम में तो ऐसी जगहें दर-दर हैं। मुझे लगा कि धिक्कार और पश्चात्ताप की नदी बह रही है और अपने प्रति हमारी तिरस्कार-भाषा सुनकर यह धरती भी हमारे चरण-तल के नीचे अति कातर, अति साश्रु हो उठी है।

देखते-देखते, हाथों में प्रातराश और देशीपत्ती की गाढ़ी गरम चाय आ गयी। दस बजे हैं। प्राण विकल हैं। इन्हें आहुति दी। अन्यथा ये और विकल हो जाएँगे। घूँट पर घूँट, आह जीवन ! मेरी तो आँखें नयी होने लगीं। पहले 'रेटिना' (Retina) जागी फिर पुतलियाँ जवान हुईं, फिर दृश्य-स्नायु में प्राण-धारा बहने लगी, फिर मस्तिष्क के पृष्ठभाग और तब समस्त शीश-मण्डल में नये प्राण का संचार हुआ। चेतना घूँट पर घूँट अधिक धारदार और अधिक भास्वर होती गयी। मन साफ निरभ्र हो गया और लगा रूप का आतप अभी-अभी छिटका है, अभी-अभी सवेरा हुआ है, गो कि असलियत में दस बज रहे हैं। मैंने देखा, दस कदम पर ही नदी की झिरझिम धार, उस पार का खड़ा लम्बवत् कगार। कगार के माथे पर सघन हरी घास, यत्र-तत्र सरकण्डे के झोंपे, तथा हरीतिमा के ऊपर यहाँ से वहाँ तक खिंची हुई पीत आभा की वक्ररेखा—पीत रंग नहीं, पीत आभा जो कगार के उस पार की ढाल पर उगे सरसों के फूलों की अग्रिम पाँत की लुपलुपाती अर्धदृश्य पीत फुनगियों के द्वारा निर्मित होती है। जबकि शेष खेत दृष्टि से ओझल पीछे की ढाल भूमि पर स्थित है। दूसरी ओर नजर घूमती है, शिला-सन्तानों की ओर, तो मिलती हैं एकान्त में उनचास मरुतों से परस्पर बाहु-युद्ध करती शिला क्वार्टज की पहाड़ियाँ जो हरीतिमा, फूलों और खगमृगों से भरपूर हैं। दोनों दृश्य खण्डों के बीच हमारी खेमा-भूमि एक सुन्दर एकान्त की सृष्टि करती है। मैंने औरों के चेहरे पर नजर डाली। सबके चेहरे पर से धिक्कार-भाव हट रहा है। शायद भोजन-पान ने सबकी दृष्टि का काया-कल्प कर दिया है। शायद, जगह अब सभी की नजरों में कुछ-कुछ सुन्दर लगने लगी है। तृषित, क्षुधित, श्रमित, वृद्ध और असमर्थ को सृष्टि क्या सुन्दर लगेगी ? सृष्टि तभी तक सुन्दर है, जब तक देह में खून है, प्राण तृप्त हैं और शरीर आस्वादन-समर्थ है।

आस्वादन का अनुभव, चाहे भोजन हो या रतिक्रिया, प्राण स्तर पर ही होता है। क्षुधित और विकल प्राण क्या आस्वादन करेंगे ! मैंने देखा, सबके चेहरे पर हास्य है और सबकी आँखों में चमक आ गयी है। मैंने कोट-पैण्ट का वल्कल उतार फेंका। यह सारा पेशवाज-परिधान आत्मा पर भार-सा लगता है। हलकी पोशाक से आत्मा भी हलकी मालूम हुई, लघिमा प्राप्त हुई और मैंने देखा कि धरती जो अभी-अभी लांछित नतशीश थी, अब मुख उठाकर देख रही है, उसकी आँखों में प्रोषित-पतिका का सब्र है। मेरे दृष्टिस्नायु अब विद्युत्-संचारित हो गये हैं। 'रेटिना' (Retina) जाग्रत् है, हृदय

में कोई प्रतीति का दीपक रख गया है और अब पारस्परिक विश्वास की रोशनी में प्रियतमा का मुख देखना सम्भव है।

श्री अथर्ववेद पुरुष ने ही वार्तालाप प्रारम्भ किया। बातचीत असमिया भाषा में ही हुई।

"आपुनी की भावे ? जायगाय कोन रकम ?"[1]

मैं उत्तर देता हूँ—"खूब भाल, सर। मोर मते तो कीना मुर्गीर ठोंट टाओ स्वीट।"[2]

जादू वह जो सिर चढ़े और बोले। स्वभाव से घोर नीरस श्री अथर्ववेद महाशय ने इस वाक्य पर ही मुझे अपने हृदय के इतना निकट हठात् अनुभव किया कि उम्र का मुखोश उतारकर टूटी-फूटी हिन्दी में अपने हृदय-गर्त से एक 'कप' हृदय मेरे सम्मुख उँड़ेल ही दिया, "आप ठीक कथा (बात) बोलता है, राय साहेब।" और फिर विशेष इंगितमय ध्वनि में आगे बोले, "लोकटा तो 'कीना' (खरीदी) मुरगी का ठोर भी खूब मौज से चबाता है।"

वार्ता अत्यन्त धीमे स्वरों में हो रही थी। मैंने दो-चार इधर-उधर की बातें कीं, फिर उनके हाईब्लड-प्रेशर आदि की चर्चा करते हुए और पचासोत्तर जीवन में आराम की अनिवार्य जरूरत की बात करते हुए एक प्रश्नवाचक प्रस्ताव किया, "सर, पहाड़ पर चलेंगे, या मैं..."

"नहीं, आप जाइए। 'हाम' तो कई बार देखा है। ऊपर तो एकटा भाङा मन्दिर छाँड़ा आरु किछू नेंई।"

मैं तो यही चाहता था। मैं अकेले-अकेले अभिसार करने का पक्षपाती हूँ।

युद्ध, कारबार, खेलकूद और भोजन सामूहिक हो सकता है। पर शृंगार रस और करुण रस में साझा नहीं होता। अभिसार, रति-क्रिया और रुदन में समूह या समाजवाद का दखल नहीं। ऐसा दखल दखलन्दाजी होगा। प्रेम और रुदन सामूहिक स्तर पर जाने पर दूसरा रूप ले लेते हैं। सामूहिक पुरुष-नारी प्रेममुक्त व्यभिचार है और सामूहिक रुदन है क्रोध और आक्रोश। व्यक्ति का रुदन करुणा और लाचारी का प्रतीक है, पर समूह का रुदन शक्ति का आवाहन है। हजार-हजार आँखों से जब एक साथ आँसू निकलेंगे तो शक्ति की वन्या उमड़ पड़ेगी। यह रुदन और तरह की चीज हो जाएगा। इसी से मैं मानता हूँ कि शृंगार रस और करुण रस के लेखन में सामूहिक दृष्टिभंगी की या समाजवादी शिक्षा की बात करना निरर्थक है। समाजवाद और समूह-धर्म का क्षेत्र है राजनीति और अर्थनीति। जैसे राजनीति-अर्थनीति में धर्म-साधना की प्रवेश-चेष्टा अनर्थ है, वैसे ही साहित्य में, विशेषतः शृंगार रस और करुण रस में, प्रेम और मृत्यु के सन्दर्भ में राजनीति की दखलन्दाजी सिर्फ जोर-जबर्दस्ती है।

---

1. आप क्या सोचते हैं ? जगह किस रकम की है।
2. सर, खूब अच्छी है। और मेरे मत से तो खरीदी मुर्गी की चोंच भी मीठी होती है।

साहित्यकार सामाजिक प्राणी है अतः समाज-कल्याण के विरुद्ध उसे विशेषाधिकार नहीं। पर समाज के मैनेजरों का वह प्रचारयन्त्र भी नहीं।...अतः मैंने निश्चय किया कि आज प्रकृति के साथ अभिसार करने अकेले-अकेले जाऊँगा। पर तुरत कैसे जाऊँ, गोया खूँटा तुड़ाकर भाग रहा होऊँ ! दस मिनट और इधर-उधर की हो। तब तक छात्र-छात्राएँ भी अपने-अपने दल के साथ अपनी-अपनी राह, अपना-अपना वंशीवट ढूँढ़ने निकल गये होंगे। निचाट अकेलापन ही अभिसार के लिए सर्वथा उपयुक्त होता है। तब तक झूठमूठ कुछ बात करूँ।

"सर, यह नदी है, या सोता ?"

"नदी ही है। आजकल धारक्षीण है। पर बरसात में यही आ-दिगन्त वन्या बन जाएगी। नाम है 'किलिङ'। 'किलिङ' कम्पिली में मिलती है और दोनों की सम्मिलित धार को 'कलङ' कहते हैं। ये सब अनार्य भाषाओं के शब्द हैं। पर असम की मैदानी नदियों के नाम बड़े सुन्दर-सुन्दर हैं जैसे, लोहित (ब्रह्मपुत्र), सुवर्णश्री, धान्यश्री आदि। पर पहाड़ी नदियों के नाम उनकी प्रतिवेशी अनार्या जातियों की भाषा में हैं।"

बाद में उन्होंने 'कलङ' के बारे में बताया कि "यह एक अद्‌भुत भौगोलिक घटना है। कलङ महाबाहु ब्रह्मपुत्र की सन्तान है। उसी से फूटकर नवगाँव जिले को वक्राकार घेरते हुए कम्पिली आदि अनेक नदियों से कर लेता हुआ लायक बेटे की तरह कामरूप में जाकर पुनः पितृधारा, महानद ब्रह्मपुत्र से मिल जाता है। ब्रह्मपुत्र इसका पिता है, माता नहीं।"

"सो तो है ही ब्रह्मपुत्र पुल्लिङ् नद है, जैसे बिहार का शोणभद्र (सोन) और पंजाब-सिन्धु का महानद सिन्धु।" मैं बिहार का नाम जरा जोर देकर कहता हूँ। वे आगे कहते हैं, "अजीब-सी बात है न ? यह नदी किलिङ है। किलिङ मिलती है कम्पिली में। इन दोनों की धारा को ग्रहण करता है 'कलङ'; और 'कलङ' सबका पानी लेकर ब्रह्मपुत्र तक पहुँचा देता है।"

तब मैं जोड़ता हूँ, "सर, यह कथा आगे जाती है। महानद ब्रह्मपुत्र इन सबका जल पहुँचा देता है, बृहद् भारत की प्रतीक-नदी गंगा में, ग्वालन्दो के पास, जो अब बांग्लादेश में है। और वहाँ से पद्मारूपी गंगा सारा जल अनन्त समुद्र में विसर्जित कर देती है।...और समुद्र भी क्या कम दानी है, सर ? वह भी इस जल को पुनः वाष्पीकृत करके मन्दाकिनीलोक में, आकाशलोक में मेघ-माला बनकर अवतरित होने के लिए भेज देता है। यह सारी कथा देवलोक तक जाकर पूर्ण होती है, सर। कामरूप से असम, असम से भारत, भारत से महासमुद्र और अन्त में देवलोक—इस कथा की तो अपूर्व शोभायात्रा है।"

अथर्ववेद महाशय भी, जिनका हृदय कवियों का श्मशान घाट है, कुछ उत्फुल्ल-से नजर आयें और मेरे काव्य-सोपान की टाँग तोड़ते हुए उन्होंने कह डाला, "और यह मेघमाला फिर जमीन पर गिरती है 'भालोमन्द', मलमूत्र, कीच-गलीच सब पर बरस

जाती है। आखिरी आश्रय धरती ही है।''

ऐसे ही इधर-उधर की कुछ बातें हुईं। बीस मिनट गुजर गये। अन्त में मैंने कहा, ''तो सर, आप यहीं रहें। मैं ऊपर पहाड़ी पर से होता आऊँ।''

मैं जब पहाड़ी की ओर जाने लगा तो चलते-चलते मुझे एक आवाज सुनाई दी। एक आदेश भरा रोबीला स्वर—''ओ ठाकुर, कलेजी अलग से बनाना और एक गिलास चाय के साथ थोड़ी-सी भेजना।'' मैं जानता था कि श्री अथर्ववेद तालुकदार मेरी अनुपस्थिति द्वारा रचित शून्य को कभी तले हुए रोहित के मुण्ड, कभी कलेजी, कभी कुछ और से इसी प्रकार भरते रहेंगे।

अब मेरे पाँव शिलाखण्ड की कठोर भूमि पर थे। नंगे पाँव चलना है। सपाट, विशाल, कहीं साठ अंश, तो कहीं पैंतालीस अंश का कोण बनाती खुरदुरी शिलाएँ हैं, उन पर ही अगल-बगल की उगी बनानी या नोकीले पत्थरों के सहारे ऊपर चढ़ना है। रास्ता खुरदुरा है पर सपाट भी है। जूता फिसल जाएगा। अतः एक हाथ में जूते लेकर नंगे पाँव ऊपर चढ़ रहा हूँ। पगथलियाँ अपनी स्थिति को अँगूठे और उँगलियों के सहारे ठीक कर लेती हैं। थाह, थाहकर चढ़ना है। सचेत मन से चढ़ना है। रास्ता अब भूमि से साठ अंश का कोण बना रहा है। अतः, सावधान रहो। सँभल-सँभलकर पग-चाप दो। पत्थरों की नोक चुभती है। चुभते ही रामायण याद आ जाती है। 'कठिन भूमि कोमल पदगामी।' वे कितने कोमल, नवनीत-जैसे स्निग्ध सुकुमार चरण थे ! और वे ही चरण खर आतप-शीत में कठोर एवं कुश-कंटकित मार्ग को चौदह वर्ष तक लगातार पार करते गये। इसके बाद भी पुनः वियोग, पुनः करुण रस। इस बार रावण से भी प्रचण्ड शक्ति है लोकमत। अतः इस बार राम भी नतमस्तक हैं। बेचारे प्रभु, बेचारे रामचन्द्र। राघवः करुणो रसः। ओह, पुटपाकप्रतीकाशः रामस्य करुणोरसः।

उनकी याद से मेरा मन भर जाता है। उन चरणों में दुःख की बिवाइयाँ फटी होंगी। काटें धँसे होंगे। वे चरण ऐसे ही नोकीले पत्थरों पर लहूलुहान हुए होंगे। तप्त बालू में, और भूँभुर में चलते-चलते उनमें झलझल फफोले उठे होंगे। पर शायद इन्हीं सब कारणों से उन्हें हम आज सरोरुह जैसे सुन्दर और नवनीत जैसे कोमल मानते हैं। दुःख ही राजमुकुट है। दुःख ही वाल्मीकि का प्रायश्चित्त-काष्ठ है, जिसको कन्धे पर लेकर पुरुष व्याकुल-सन्तप्त-तृषित अपने ही आँसू पीता हुआ, अपने ही हृदय का स्वयं भक्षण करता हुआ पन्थ-पन्थ, कोने-कोने, तीनों भुवन घूमता फिरता है कि कभी तो इस मृतदारु से मुक्ति, क्षमा और विश्राम के टूसे फूटेंगे। मनुष्य जन्म धारण करने की सर्वोच्च सिद्धि ही है—कठिन भूमि कोमल पदगामी !

पाँवों में पत्थर चुभते थे और मैं यही सब सोचता-सोचता ऊपर चढ़ता जाता था। दुःख काटने में साहित्य कितना सहायक होता है ! पीठ-पीछे मैदान और आगे हैं शिलाखण्ड; और मैं उद्ग्रीव होकर ऊपर चढ़ता जाता हूँ। दो फर्लांग तो ऊँचा चढ़ गया। पर इसी में अनभ्यास के कारण दम भी बाहर आ गया। चोटी नजदीक है।

अतः मैं थोड़ा दम ले लूँ, तो कोई हर्ज नहीं। यह सोचकर मैं रास्ते से कुछ हटकर किनारे के एक शिलाखण्ड पर एक अनजानी कण्टकित शाखा के नीचे बैठ गया। दो क्षण बाद मैंने जरा साँस लेकर आश्वस्ति से नदी की ओर नजर डाली, जो मार्गारोहण के समय पीठ-पीछे दृश्यातीत थी। पहली नजर में ही मैं मार खा गया। एकदम अभिभूत और स्तब्ध हो गया। वही मैदान और वही नदी की धार। पर अब वे विराटता का अपूर्व पट बन चुके हैं। क्या जादू हो गया ! मैं सम्मुख देख रहा हूँ : अपूर्व दृश्य, अपूर्व क्षण, वधू के चेहरे पर प्रथम शुभ-दृष्टि का क्षण ! और, दूसरे ही क्षण प्राण-समुद्र का आपाद मस्तक देह-तट को तोड़ते बाहर निकल आने का आवेश ! मैं स्तब्ध हूँ, मेरी साँस रुक गयी है। मेरी यह छोटी-सी श्याम पुतली इस छवि के समुद्र को कैसे समेटे ? अपनी 'रेटिना' और दृश्य-स्नायु पर यह अविराम प्राण-विद्युत्-वर्षा मैं कैसे सहन करूँ ? मुझे कभी का रटा हुआ भक्तिसूत्र याद आ गया : "स्तब्धो भवति, मत्तो भवति, प्रीतो भवति" और चरम पर पहुँचकर "आत्मारामो भवति !" और मैं चेष्टा करने लगा कि मैं मत्त न होऊँ, स्तब्ध न होऊँ, अचेत न होऊँ, अन्यथा प्रीति का रस तीता है या मीठा, कैसे जान पाऊँगा ? अभी तो और बहुत कुछ बाकी है, बहुत कुछ शेष है। इस दृष्टि-अभिसार के बाद भी बहुत कुछ है, छवि का अशेष समुद्र है, अशेष स्वाद है, अशेष रतिक्रिया है। अतः इस स्तब्धता-मत्तता को काटते हुए प्रीति की ओर आगे बढ़ो। अन्यथा आगे के अनुभवों, असमाप्त छवि, असमाप्त स्वाद, असमाप्त रतिक्रिया से वंचित रह जाओगे। स्वाद-भोग में मत्तता बाधक है। उसके लिए द्वैत चाहिए, सचेतता चाहिए, प्रीति चाहिए और आंशिक तटस्थता चाहिए। मेरे मस्तिष्क में विचारों का आर्केस्ट्रा बजने लगा। मैं हाँफ रहा था। मैं प्राणपण से सहज और धीर होने की चेष्टा कर रहा था। मेरी दृष्टि सामने के दृश्य-पारावार से निबद्ध थी—'अँखियाँ मधु की मखियाँ भईं मेरी।'

मैंने देखा, नीचे सरसों के पुष्पित पीत खेत हैं, जो अविच्छिन्न आक्षितिज वन्यावत फैले हैं, शान्त, तीव्र और चटक पीत पारावार में सारी धरती डूब गयी है, यत्र-तत्र हरित कुंजों के झोंप-झुरमुट डूबे हुए गाँवों-से ज्ञात होते हैं, नदी की पतली धार हीरक खण्ड-सी झलमला रही है, आसमान शुद्ध नीलवर्ण हो गया है और अगल-बगल धूसर-श्यामहरित बनानी है, जो इन पहाड़ियों को आपादमस्तक ढँके हुए है। पर ये सब तो महाछवि के हाशिये को भरते थे, जिसकी रचना फूली सरसों की आदिगन्त पीत वन्या कर रही थी। फूली सरसों का खेत तो गंगा के कछार में जनम भर से देख रहा हूँ। पर कहाँ जमीन पर खड़ा होकर किसान-खेतिहर की तरह देखना और कहाँ पर्वत-सानु पर खड़े होकर यक्ष-गन्धर्व जैसे छवि के वसन का कर्षण करते हुए रूप-मत्त होकर देखना ! ऐसे में तबीयत होती है कि इस सूर्य-स्नात तेज पीत सुरा को सारा-का-सारा पी जाऊँ। तब भी शायद ये लम्पट-लोलुप नयन तृप्त न हों। मैंने देखा सामने उत्तर दिशा में सीमान्त तक फैला हुआ यह पीत-पारावार, यह नदी की

चमकती रजत मेखला और अगल-बगल 'पूर्वापरौ' सघन, चीड़-हरित, शाल-श्यामल कान्तार तथा पीठ-पीछे श्वेत गुलाबी फूलों, आर्किडों, लताओं, रंगबिरंगे पंख-पखेरुओं और श्वापदों से भरा शैल-वैभव—चारों ओर रूप, चारों ओर प्राण, चारों ओर आवेग और इन तीनों को परस्पर बद्ध करता हुआ चारों ओर प्रशान्त घनीभूत एकान्त और दोपहर की स्तब्ध वेला जबकि शायद जंगल के प्रेत भी आराम कर रहे होंगे। इतना अपूर्व-विराट्-गम्भीर दृश्य है, और तब भी हमने कहा था, 'छिः यहाँ क्यों आये;' यह धरती नयी वधू की तरह नतशीश सारा अपमान और तिरस्कार पी गयी थी। और अब ?

ठीक इसी समय दौड़ते पैरों की छाप और अजाना स्वर कानों में पड़ा, "कादू ! ओ कादू ! एई दिके आय ! एई दिके !"[1]

मेरा ध्यानयोग भंग हुआ और मैंने देखा कि ऊपर से आते रास्ते पर, एक सात-आठ वर्ष का बच्चा है जिसके कन्धे पर आँवले की दो-तीन सफल-सगुच्छ कंछियाँ हैं और उसके साथ एक पन्द्रह वर्ष की साँवली बालिका खड़ी है शाल-भंजिका मुद्रा में। उतरते-उतरते वे दोनों ठमक गये और लड़की, लगा कि कुछ देर से मेरी ओर देख रही है। "आपुनी तो मन्दिर जाबो" (आप तो मन्दिर जाएँगे !) लड़की ने ऐसा कहा गोया पुराना परिचय हो।

"कौन मन्दिर ?" मैंने पूछा।

"एई जे ऊपर आसे। सीतार मन्दिर कय। सब मानुसई तो जाय।"[2] और, बिना उत्तर की प्रतीक्षा किये, 'चंचल ग्रीवा भंगाभिरामः' के साथ "चलून, अलप घूरि आहा जाय।"[3] मैं उसकी इस निश्शंक आत्मीयता पर चकित था। ऐसा वाक्य, ऐसी-ऐसी आग्रहमय भंगी में एक अपरिचिता आधा असमिया, आधा बांग्ला का मेल बोलनेवाली वनकन्या के मुख से सुनकर मुझे सुखद विचित्रता का अनुभव हुआ। मैंने अब उसे ध्यान से देखा। दुबली-पतली देहयष्टि—श्यामाभवर्ण, जिस पर यौवन ने फूटती कच्ची हरीतिमा जैसी लुनाई की आभा पोत दी थी। ढल-ढल सजल नयन-कोये, बंकिम धनुषाकार भौंह और निर्भय परिचय, स्निग्ध-सा पार-दर्शक व्यवहार—यह सब देखकर लगा कि लड़की स्थानीयता की कुलीनता से मुक्त है। अपनी सकूनत, अपनी भूमि हमारे ऊपर एक मर्यादा-बोध और कुलीनता का बोझ लाद देती है, भाषा और व्यवहार पर एक पिंगल शास्त्र आरोपित हो जाता है और हम निरन्तर चेष्टा में रहते हैं कि कहीं छन्द-पतन न हो जाय। पर जब हम बाहर चले जाते हैं तो एक खुलापन का अनुभव होता है। इस लड़की की दीन सज्जा के बावजूद मैंने देखा, इसके केशों में तेल है और मुख

1. ओ कादू, इसी ओर आ, इसी ओर।
2. यही जो ऊपर है। सीता का मन्दिर कहते हैं। सभी लोग तो जाते हैं।
3. चलिए न। थोड़ा घूम आया जाय।

में पान की आभा। अतः बहुत सम्भव है कि यह लड़की पूरबी बंगाल से सम्बन्धित हो; और इसके कानों में चाँदी की बालियाँ हैं, अतः बहुत सम्भव है कि यह मुसलमान बालिका है, मैमनसिंह जिले के यायावर मुसलमानों की वंशजा, जो ब्रिटिश जमाने के सर शहीदुल्ला से लेकर अभी हाल तक, प्रति वर्ष असम में आते रहे हैं और यत्र-तत्र बस्ती बाँधकर असमिया बनते रहे हैं।

"चलो न, आओ।" लड़की की बोली से अधिक आग्रह और आदेश उसकी नजर में था, गोया वह हाथ पकड़कर ले जाएगी। मैं और चकित तब हुआ जब छोरी 'आप' सम्बोधन का त्याग करके समानता का सम्बोधन करने लगी। मैं जवान लड़कियों-लड़कों के मुँह से निरन्तर 'आप' या 'सर' सुनता रहा हूँ। यह व्यवहार मुझे एक झटका तो दे गया पर मुझे एक मौज भी आ रही थी और मैंने उत्सुकतावश आगे के अंकों-दृश्यों को देखने के लोभ में हथियार डाल दिया और उस छोरी का अनुसरण करने लगा। चल ले चल, जहाँ तबीयत हो। इस अयाचित आत्मीयता और भयहीन व्यवहार को एक ईश्वरीय दान के ही रूप में स्वीकार कर लेना अच्छा। मन में एक बार भी आगा-पीछा नहीं हुआ। शंका-सर्प पता नहीं, कहाँ पर सुप्त हो गया। मैं उसके साथ एक जाने-पहचाने हमउम्र बन्धु-सा चल रहा था। वह बिना पूछे ही सब कुछ अपने परिवार, अपने गाँव और इस जंगल के बारे में बक-बक करती जा रही थी। लड़की ऐसी बातूनी निकली कि क्या कहें।

मैंने पूछा : "पहाड़ी के उस तरफ तुम्हारा गाँव है क्या ?"

"हाँ, ओई, ओई दिके !" (उँगली निर्देश) "आरु एई जे कादू, कादिर आसे न ! एई आमार दीदीर छेले।"

लड़की ने ग्राम्य बांग्ला-असमिया की खिचड़ी भाषा में जो कुछ कहा, उसका अर्थ यही निकला कि मेरी धारणा के ही अनुसार वह मुसलमान कृषक बालिका है, कंजड़ या यायावर नहीं। गरीब बंगाली मुसलमान युवतियाँ भी तेल और पान की शौकीन होती हैं। लड़की का नाम है फातिमा बीबी—यों पूरबी भारत में गाँव-गाँव में कई शकीना, सूफिया और फातिमा मिल जाती हैं। ये नाम इधर बड़े ही लोकप्रिय हैं। घरवाले 'माजू' कहकर पुकारते हैं। 'माजू' माने मँझली। लड़की के माँ-बाप नहीं। वह अपनी दीदी 'शिउली' बेगम के यहाँ निर्वाह कर रही है। गरीबी में भी लड़की का मन कुलीनता-सम्पृक्त जान पड़ा। वह 'बीबी' और 'बेगम' शब्दों पर बड़ा जोर देकर कह रही थी।

मैमनसिंह बांग्ला देश का एक जिला है। ये मैमनसिंहिया मुसलमान कहीं भी अच्छी मिट्टीवाली जमीन पाकर खेती करने लगते हैं। कानूनी या गैर-कानूनी दखल द्वारा लावारिस जमीन पर खरपात की एक बस्ती आनन-फानन में तैयार कर डालते हैं—फिर तीन-चार साल बाद या तो नदी में उक्त जमीन के कटकर गिर जाने से या सरकारी दफ्तर की नजर पड़ जाने से इन्हें वहाँ से हटना पड़ता है। पूरबी बंगाल और असम में नदियों का पथ-परिवर्तन अकसर होता है और उसके साथ ही मिट्टी का कटना और साथ

ही दूसरी ओर नयी जमीन का पड़ना। मैमनसिंह के ये मुसलमान ऐसी जमीन के सहारे कमाते-खाते हैं। शायद अन्य जिलों से भी ऐसे यायावर कृषकगण आते रहते हैं, पर सबके लिए 'मैमनसिंहिया' शब्द रूढ़ हो चुका है। तीन वर्ष पूर्व मैंने स्वयं देखा था, तेजपुर नगर के उप-अंचल में ब्रह्मपुत्र द्वारा डाली गयी नयी मिट्टी की जमीन इन्हीं मुसलमानों के हाथ में थी। उन्होंने दो या तीन वर्ष के लिए इसका अस्थायी बन्दोबस्त करा लिया था। पर अगले साल यह जमीन रहेगी या नदी के पेट में चली जाएगी, इसका कोई ठीक नहीं। इसी से बन्दोबस्त सालाना या दो-साला या तीन-साला ही होता है।

असम में जो कई लाख अनुप्रवेशकारी आ गये हैं, उनमें ज्यादा तादाद इन्हीं यायावर मुसलमान कृषकों की ही है। ये फर्जी नाम से या किसी स्थानीय मुसलमान के नाम से जमीन का बन्दोबस्त सरकारी दफ्तर से करा लेते हैं और कभी-कभी यों ही दखल करके पाट, सनई, धान, कलाई, आलू और सरसों की फसल उगा लेते हैं। नयी मिट्टी के कारण फसल भी बड़ी जानदार होती है। इधर असम मन्त्रिमण्डल और सुरक्षा विभाग कुछ कड़ा पड़ा है तो ये धीरे-धीरे यहीं के बाशिन्दे हो रहे हैं और कभी इस राजनीतिक दल की मदद से तो कभी उस दल की मदद से मतदातासूची में आ रहे हैं। भारतीय कम्युनिस्टों की भावना है कि कम्युनिज्म का प्रधान शत्रु है हिन्दूवाद, अतएव भावी लड़ाई में मुसलमान बड़े काम की चीज साबित होगा। उधर कांग्रेस के केन्द्रीय कर्णधारों की धारणा है कि कम्युनिज्म के खिलाफ मोरचा तभी जीता जा सकता है जब मुसलमान हाथ में रहें—हिन्दू तो वामपन्थी होता जा रहा है। पर साधारण मुसलमान किसी प्रतिबद्धता का कायल नहीं। वह अपनी लाभ-हानि ही देखता है और सम्प्रदाय की लाभ-हानि भी कुछ देखता है—इसके आगे और कुछ नहीं। चाहे जो हो, ये यायावर मुसलमान बड़े ही परिश्रमी होते हैं। विशेषतः इनकी औरतें बहुत खटती हैं। एक-एक मुसलमान तीन-चार बीवियाँ रखता है, मौज से तम्बाकू पीता है, पान खाता है, केश सजाता और उनमें जो नयी रहती है, उसके साथ सोता है—शेष को प्राचीनकाल के गुलामों की तरह खटना और खाना है। बिना दाँत का अत्यन्त तेज धारदार हँसिया, बाँस की नुकीली लाठी, चारखाने की लुंगी, लम्बे-लम्बे केश, हँसती दाढ़ी—यही इनका वेश है। ये निरन्तर चौकन्ने और निरन्तर प्रसन्न रहते हैं। फातिमा की दीदी का पति भी ऐसे ही यायावर परिवार से आया है जो अब इस नदी के किनारे दस-बारह साल से बस गये हैं। घर-द्वार बनाकर स्थायी बाशिन्दे हो गये हैं। पुरानी जीवन-पद्धति को इन्होंने छोड़ दिया है। 'किलिङ' के आर-पार लगी सरसों की खेती इन्हीं कृषक परिवारों की है। इस जमीन के ये ही सीरदार हैं।

मैं पूछता हूँ, ''माजू, तोमार गाँय तो अनेक बेशी बड़ ?'' (माजू, तुम्हारा गाँव तो बहुत ज्यादा बड़ा होगा ?

''हाँ, हाँ खूब बड़ो—अनेक बड़ो। बीशटा घर आसे।'' (हाँ, हाँ खूब बड़ा—बहुत

बड़ा। बीस घर हैं।) वह बड़े ही गर्व से कहती है। उसकी दृष्टि में बीस घरों का गाँव बहुत बड़ा गाँव है। मैं पूछता हूँ, ''माजू एकटी कथा आसे। 'शिउली' तो एकटा हिन्दू नाम। तोमार बोनर नाम 'शिउली' केनो—गुलनाँई वा 'नरगिस' बेशी भालो होबो।'' (माजू, एक बात बता। 'शिउली' तो एक हिन्दू नाम है। तुम्हारी बहन का नाम 'शिउली' क्यों ?—गुल या नरगिस ज्यादा अच्छा होता।) यों मैं जानता था कि पूरबी बंगाल में सांस्कृतिक स्तर पर साम्प्रदायिकता उतनी उग्र नहीं है, जितनी उत्तर भारत में उर्दू की बदौलत हो गयी। उर्दू के लेखकों ने यदाकदा समन्वय की बात की तो या तो चालबाजी के रूप में की, या कम्युनिज्म के नाम पर। 'हिन्दुस्तान' उनकी दृष्टि में कभी भी लक्ष्य के रूप में नहीं रहा। भारत के इतिहास में उर्दू का एक अवदान भी है। वह है सांस्कृतिक विघटनवाद। पूरबी भारत में, विशेषतः बांग्लादेश में शिउली अर्थात् शेफाली, झरना, चम्पा आदि नाम मुसलमान घरों में पहले से ही थे। पर मैं सुनना चाहता था कि यह अपढ़-गँवार बालिका क्या कहती है। और तभी फातिमा ने प्रतिप्रश्न की शैली में अपना उत्तर प्रस्तुत किया।

''शिउली तो एकटी फूल। एई हिन्दू नाम केनो ?'' (शिउली या शेफालिका तो एक फूल है। यह हिन्दू नाम क्यों ?)

अब मैं कैसे बताऊँ क्यों ? बहुत पुराना मसला है। इसका जवाब सर सैयद अहमद खाँ, मौलाना आज़ाद और जाकिरहुसैन के भी पास नहीं। इस दशानन प्रश्न से आँख मिलाने की ताब महात्मा गाँधी में भी नहीं थी और महात्मा गाँधी तो जन्मतः बनिया थे। 'जाति स्वभाव न छूटे' सही है। उन्होंने आजीवन ऐसे धारदार बर्छीनुमा प्रश्नों से पीठ दिखायी और वे सत्य के साथ सौदेबाजी करते रहे। सत्य भी क्या मोल-तोल और सौदेबाजी की चीज है ?

मैं चुप रहा। माजू अपनेआप बक रही थी, ''दीदीर 'मनीस' दीदी के खूब मारे। दीदीर नूतन सतीन आसे तो। दीदी काँदे आरु खाली काँदे।'' (दीदी का आदमी दीदी को खूब मारता है। दीदी की नयी सौत आयी है तो। दीदी रोती है।) शेष वह जो न कह सकी, उसकी उदास आकृति, उसके फटे मलिन वस्त्र, कादिर का कच्चे आमलक चबाना आदि बिम्बों ने पूरा किया। मैंने माजू के प्रति एक माया का अनुभव किया। फटेहाल दारिद्र्य के मध्य नीलोत्पल नयनोंवाली इस विधर्मी कन्या के प्रति मेरे अन्दर एक ममता, एक माया जगी। मेरे मन में वह निकट से निकटतर आती गयी। तब तक हम लोग मन्दिर के भग्न द्वार पर पहुँच भी गये। मन्दिर क्या था, पुराने गढ़े पत्थरों के दो-चार टुकड़े थे, जिन पर कल्पवल्ली तथा श्रीकमल की आकृतियाँ गढ़ी गयी थीं। तीन टूटी हुई प्रतिमाएँ थीं। दो पुरुषाकृतियाँ तथा मध्य में नारी मूर्ति। दो के शीश ही गायब थे। आजकल इन्हें राम-लक्ष्मण-सीता कहते हैं। पर उनकी मुद्रा और भंगिमा बोधिसत्त्वों-सी थी। रामत्व का कहीं भी लेश नहीं था—यहाँ तक कि प्रभु का सर्वदा सहचर रामायुध अर्थात् धनुषबाण का भी पता नहीं था। राममन्दिरों में किरीट

और धनुष—ये ही दो मुख्य प्रतीक माने जाते हैं। मन्दिर नाम की कोई चीज नहीं थी। प्रवेशद्वार पर स्तम्भ-तोरण का अवशेष अवश्य था। सफेद फूलोंवाले वृक्षों से घिरी एक चौड़ी खुली जगह थी। उसी में इस त्रिमूर्ति की स्थापना किसी ने कर दी थी। चारों ओर आँवले के पेड़ स्वाभाविक रूप में उगे थे। तथा तरह-तरह के गुल्मों-आर्किडों तथा फूलों-पत्तियों से घिरी जगह देखने में बड़ी मनोरम लगती थी। अन्यथा मन्दिर कहाँ था ? और भारत में कौन ऐसी जगह है, जहाँ दो-चार टूटे पत्थर न हों। समूचे भारत में बाहर से टूटी समाज-व्यवस्था और टूटे पत्थर, यही तो नजर आते हैं। भीतर भले ही ताल-पखावज पर वाल्मीकि के श्लोक बोल रहे हों।

चतुर्दिक् शान्ति, निझूम निचाट दुपहरिया और चारों ओर कुश-कण्टकित लता-गुल्म तथा छोटे-छोटे आँवलों का स्वाभाविक उगा हुआ आमलकी वन। छोटे होने की ही वजह से इन्हें आमलकी कहते हैं। मैं थक गया था। बैठने पर बड़ा आराम मिला। माजू बिना किसी बाधा के मेरे पास बैठ गयी और जंगल, नदी तथा खगमृगों के बारे में मेरा ज्ञान विस्तृत करने लगी। यह बातूनी लड़की अब काफी दिलचस्प लग रही थी। बड़ी-बड़ी पानीदार आँखों से ताकती हुई कह रही थी कि वह निडर है, वह थकती नहीं, भय नहीं खाती, बड़ी ही वीर है, "एई जे आभार कादू, कादिर आसे न ! एई जंगल के खूब भय करे। आमि तो गोट्टेई भय करी ना।"

मैंने देखा, तब तक कादू कहीं चला गया है, वह शायद आमलक कुंजों में आँवले बीन रहा है। लड़की ने प्रस्ताव किया कि मैं यदि चाहूँ तो वह आमलकी के पेड़ों पर चढ़कर मेरे लिए फल तोड़ सकती है, मैं उन्हें घर ले जाऊँ। नमक, हल्दी, तेल, सरसों, मिर्च देकर अचार डाल दूँ क्योंकि आमलकी का अचार खाने में बड़ा स्वादिष्ट होता है, इत्यादि-इत्यादि। उसने मुझे अनेक पेड़ों-लताओं के नाम बता दिये, जिन्हें मैं तत्काल भूलता गया, सिर्फ कपोत-फूल को छोड़कर—कपोतफूल या 'कपोउ फूल' का उद्धरण अकसर असमिया गीतों में आता है। दरअसल, यह एक पुष्प है, दूर से बैठे श्वेत कपोत जैसा लगता है। इससे असमिया कन्याएँ और युवतियाँ अपने जूड़े का शृंगार करती हैं। मेरे लिए इसका ज्ञान एक उपलब्धि हुई। वह बकती जा रही है, "ओई कपोउ फूल ! लागे ना कि आपना( के ? बउ के दी दीबो, खोपाते शुवाबो !"[1]

उस समय मैंने देखा कि छोरी की आँखें भी खेल रही हैं। इस जनशून्य स्थान में वह मेरी गार्जियन और बान्धवी बन गयी है और जोर-जबरदस्ती मेरे व्यक्तिगत जीवन के बारे में सलाह दे रही है। इस घनघोर एकान्त में, वयःसन्धि की देहरी पर चढ़ी किशोरी कन्या के मुख से आधे घण्टे से जो अकेले में आत्मीयता-सम्पृक्त वार्ता चल रही है, वह अब बतरस का रूप ले चुकी है। माया के चरण अब मेरे शीश पर हैं। मैं मोहमूढ़ होता जा रहा हूँ। बतरस मन के भीतर सुप्त भट्ठी पर चढ़कर नशीला

---

1. वह है कपोत फूल ! चाहिए क्या आपको ? बहू को ले जाकर दे दीजिएगा, जूड़े में लगा लेगी।

उन्मादक वार्ता-मधु बनता जा रहा है और यह मदिरा भीतर-भीतर अत्यन्त अजाने रूप में मेरे मस्तिष्क पर छाती जा रही है। अकेलापन और एकान्त अत्यन्त भयावह और नशीले होते ही हैं। इसमें अपनेआप से ही क्षण-प्रति-क्षण ताल ठोंककर कुश्ती लड़ना पड़ता है। सिंह, संन्यासी, कवि, कामी और भुजंग इन पाँच को छोड़कर, इसमें छठे किसी का वास एक अनधिकार चेष्टा है। एकान्त में वास करने के लिए इन पाँच में से एक बनना ही पड़ेगा, उपाय नहीं। कोई अदृश्य सूत्रधार इस स्तब्ध-सुन्दर महामंच पर उतरते ही हम पर पाँचों में से एक की भूमिका जोर-जबरदस्ती आरोपित कर देता है। क्षण-प्रति- क्षण कौन सावधान रह सकता है ? कहीं से न कहीं से एक बाण आता है और बींध जाता है। दर्द नहीं होता—पर खून टपकता है तो ज्ञात होता है, ओह, हम तो शरबिद्ध हो गये !

मुझे क्या पता था कि इस एकान्त में कोई निःशब्द चुपचाप मेरे अन्दर-अन्दर एक मृगजल के स्वयंतृषित सरोवर की रचना कर रहा है। हमारे अन्दर चैतन्य के साथ-साथ एक 'मग्न चैतन्य'[1] है, जो अदृश्य डूबा हुआ, पर चैतन्य के नित्य सहचर के रूप में सदैव अस्तित्ववान् है। मेरी थकी देह अब धीरे-धीरे आराम में आ रही है और प्रति क्षण आराम के अनुभव के साथ-साथ मग्नचैतन्य भी अवचेतन के समुद्र से ऊपर उठता आ रहा है। अद्भुत है यह मग्नचैतन्य, मेरा प्रतिद्वन्द्वी, मेरा प्रतिरूप, मेरा द्वितीय स्वयं, जिसे मैं सचेत नीति-बद्ध स्तर पर खड़ा-खड़ा आजीवन इनकार करता रहा हूँ और करता रहूँगा—चल हट, तू मेरा भाई नहीं, पर है वह मेरा जन्मजात सहोदर और कभी-कभी आकर मुझे जता जाता है कि वह साथ-साथ है, कहीं गया नहीं है। आध घण्टे पूर्व, पहले जब इस छोरी के साथ चला था तो कौतुक लेकर चला था। फिर वह कौतुक एक आत्मीयता में बदल गया, तत्पश्चात् आत्मीयता एक सहानुभूति में, सहानुभूति एक माया में, एक मोह में। परन्तु अब यह कोमल मोह ऊपर ऊर्ध्व मनस की ओर न जाकर नीचे डूबे हुए 'मग्न चैतन्य' के भीतर प्रवेश कर रहा है। इस बात का अनुभव मुझे तब हुआ, जब मग्न चैतन्य के मध्य यह कोमल मोह रतनार जवाकुसुम-सा चटक रंग लेने लगा; मेरा भाई, मेरा द्वितीय मैं, मेरे भीतर का दशानन, मेरा अपना ही प्रतिरूप मेरे मोह के इन फूलों को अपने श्वापद-हाथों से सहलाने लगा।

यह निचाट एकान्त। यह झन्न-झन्न करती श्रान्त थकी हुई दोपहर। यह चारों ओर बनानी से घिरी हुई भूमि। इसमें केवल हम दो। मैं और श्यामली छोरी, (पता नहीं, यह कादू कहाँ गया ? लड़की रह-रहकर चिन्ता भी करती है, पर जैसे आश्वस्त है कि आसपास ही होगा।) यह सब कुछ हमें बदलते जा रहे हैं, उसे और मुझे अन्य

1. मेरी समझ से 'अचेतन' नाम की तो कोई चीज ही नहीं, यह तो अँगरेजी शब्द 'अनकांशस' का एक गुलाम अनुवाद है। इसी से इसका स्वतन्त्र अनुवाद मैंने किया है 'मग्न चैतन्य'—वह चेतना, जो सचेतनता के सावधान स्वर के नीचे अतल में डूबी है।

'कोई' बनाते जा रहे हैं। उसके बड़े-बड़े श्याम नयन अब मुझे असाधारण लग रहे हैं। उसकी एक-एक अंग-रेखा, एक-एक देह-कोण को मैं किताब की तरह पढ़ने की चेष्टा करता हूँ। अब यह छोरी मुझे चौदह-पन्द्रह की नहीं, सत्रह-अठारह की लगने लगती है। उसकी प्रत्येक अंग-रेखा मेरे लिए अर्थवान् हो उठती है। एक सहजिया वैष्णव का लिखा स्मरण हो आता है कि नारी की चौरासी अंगुल की देह ही चौरासी क्रोश का ब्रजमण्डल है और पाँच अंगुल का 'अंग विशेष' ही पाँच क्रोश के वृन्दावन का प्रतीक है। तान्त्रिकों ने भी कहा है कि अघोर सिद्धि के लिए एक श्यामांगी चाहिए और उसका अंग विशेष 'अश्वत्थपत्रोपमः' होना चाहिए। एकान्त में इस लड़की के अंग-विन्यास मेरी दृष्टि के बाणों से निरन्तर विद्ध हो रहे हैं। ओह, एकान्त कितनी नशीली शराब है। मैं अत्यन्त विकल हो उठता हूँ। क्षण-प्रति-क्षण विकल होता जा रहा हूँ। प्रकृति-पुरुष के महान् आकर्षण में मन्त्रबद्ध-सा खिंचता जा रहा हूँ, नीचे-अतिनीचे, गहरे-अतिगहरे। मेरे अंग-अंग में श्वापद घूम रहे हैं। मेरी उँगलियों में बाघ-चीता के लक्षण प्रकट होने को हैं। मेरा दशानन अब किसी भी क्षण लक्ष्मण-रेखा पार कर जाने को उद्यत है। मैं विकल, अतिविकल हो उठता हूँ।

इसी समय मेरे किसी पूर्वार्जित पुण्य की तरह एक पंक्ति मेरे मन में उदित हुई, बिन बुलाये उदित हुई—"सोइ दशशीश श्वान की नाईं !" तीन बार अपनेआप पंक्ति उदित हुई, फिर अस्त होती गयी।...श्वान की नाईं ! धत्तेरे की ! लगा कि 'मग्न चैतन्य' के भीतर कई स्तरों पर संवाद जैसा चल रहा हो, कोई यही उक्ति लगातार दोहरा रहा हो, (श्वान की नाईं !), धत्तेरे की ! मैं कितना हीन और कितना छोटा होता जा रहा हूँ ! (श्वान की नाईं !) मग्न चैतन्य के एक स्तर पर मारकन्या तृषा के वाम चरण पड़े हैं। रति की बड़ी बहन तृषा है। मार की तीन कन्याएँ हैं—तृषा, रति और आर्ति। तृषा रति से भी सुन्दर है। (छिः छि...श्वान की नाईं !) मग्न चैतन्य के अन्य स्तर पर एक और संवाद उठता है, सावधान, सावधान ! फिसल मत जाना, साधो, फिसल मत जाना (...श्वान की नाईं !)।

एक साथ ही विविध स्तरों पर चलनेवाले ये संवाद मुझे रव-विद्ध पुरूरवा बना रहे हैं। मैं इस आगा-पीछा से और विकल हो उठता हूँ। तभी मुझे लगा कि मेरे भीतर अभ्यास द्वारा अर्जित वेदान्त जाग उठा और उसके सामने पढ़ते ही वासना का दशानन वहीं ढहकर ढेर हो गया। सोइ दशशीश श्वान की नाईं ! चेतना के एक स्तर पर यह पंक्ति लगातार पृष्ठभूमि के संगीत-सी अब बजती जा रही थी। मैं धक्का सँभाल गया था। साहित्य मुझे अभय दे गया। (सोइ दशशीश श्वान की नाईं ?) हाँ भाई, साहित्य सचमुच ही बहुत बड़ी सुरक्षा है। मैं धीरे-धीरे विकलता से मुक्त होने लगा। आत्मधिक्कार के इन कुछ क्षणों के बाद लगा कि सारी सृष्टि अपने स्वस्थ बिन्दु पर लौट आयी है। आकाश से पाप कट गया है, हवा का विष कोई खींच लिया है, एकान्त पुनः विरज-पवित्र हो गया है, और चरम क्षण टल गया है। अब कोई बात नहीं। गन्दे

मेघ छँट गये हैं। उस समय मुझे याद आ गया बचपन में देखा एक मटमैला मेघ-दिवस। बाबा के लगाये बाग की घनी तरुपाँत के भीतर बहता, गन्दा, सड़ी पत्तियों से विकृत नाला। नाले में तिरता हुआ एक मटमैला गन्दा मेघ-दिवस; बादलों के मैले पैबन्द से छनकर आता हुआ हलकी-हलकी रोशनीवाला दुर्गन्धमय मेघ-दिवस; गन्दी रजाई ओढ़े मटमैला मेघ-दिवस; बाबा की लगायी सघन अमराई के चारों ओर बाँसबन, बाँसबन से सटा हुआ नाला, नाले में प्रतिबिम्बित गन्दा मेघ-दिवस, ऊपर की धूसर शाखाओं की काली छाया और उनके मध्य बदरंग सफेद मेघ-दिवस। खाई के ऊपर भटवाँस के जंगल और उनके मध्य घूमता हुआ बारह-चौदह वर्ष का एक किशोर। पर डर से वह बाँस वनों की ओर पाँव नहीं बढ़ाता है। उसमें एक से एक विकराल सर्प होंगे। पचपच, कीच-गलीज, केंचुए और जोंक से भरे, गन्दी रजाई ओढ़े मेघ-दिवस की ओर देख-देखकर उस बालक का मन उदास हो जाता है। एक कुश्री मेघ-दिवस। पावस कितनी गन्दी ऋतु है। वह मन-ही-मन कहता है—क्या ही अच्छा होता कि कभी वर्षा नहीं होती, गन्दे मेघ नहीं घेरते और पैरों में कीचड़ नहीं लगती। पर उसी किशोर ने तीस वर्ष की अवस्था में पढ़ा, वह भी एक आयुर्वेद ग्रन्थ में, कि पावस में जब-जब मेघ गर्जन करें तब-तब, रात हो या दिन, सम्भोग-काल है ! वह किशोर खाई पर बड़ी सावधानी से घूम रहा है। बाबा ने कहा था, "तू बड़ा ही चुलचुल है, उन भटवाँस के जंगलों की ओर कभी मत जाना। उसमें साँप-बिच्छू का डर है।" किशोर गन्दे नाले की ओर देखता है और निरुद्देश्य उससे सटी हुई खाई के कगार पर टहल रहा है। ...इतने में, ओह, इतने में एक अद्भुत घटना घटती है। अचानक सूर्य का मेघ-आवरण हटता है। अचानक अवरुद्ध भास्कर की ज्योति चारों ओर छिटक पड़ती है। अचानक उस गन्दे नाले के हृदय में महातेजा सूर्य का बिम्ब उदित होता है। हाथ, दो हाथ क्या, अगल-बगल का सारा जल श्वेत दगदग, तेजस्वी जाज्वल्यमान लरछों से, प्रकाश-सूत्रों से शोभित हो उठता है। पंकिलता का कहीं नाम ही नहीं। मटमैलापन धुलकर धक-धक श्वेत चाँदी हो गया। उस दिन किशोर चकित होकर देखता रहा। उसे बड़ा भला लगा था। पर बाद में कुछ वर्ष बाद वह इस घटना को भूल गया। भूला रहा। भूला रहा। भूला रहा, बीस वर्ष तक। आज न जाने किस प्रतीत्य समुत्पाद के द्वारा, किस कार्य-कारण-परम्परा के माध्यम से इतनी लम्बी अवधि के बाद घटना का स्मरण हो आया। उस समय जबकि कुछ क्षणों पूर्व ही मेरे भीतर के प्रचण्ड वेदान्ती ने मेरे वासना-रतनार नेत्रों में गरजते भैंसे के सींग अचानक पकड़ लिये और उनकी गरदन उमेठकर उसे काबू में कर लिया, और मेरे मन के बहते गन्दे नालों पर आज अचानक रोशनी की तीव्र वर्षा हुई तो पता नहीं क्यों उस घटना की स्मृति कौंध गयी। कुछ क्षण पहले जंगली फूलों के ये झाड़, ये सघन आमलकी के कुंज, चारों ओर से घिरी जगह और प्रगाढ़ एकान्त—ये किसी राजा के प्रमद वन से भी अधिक नशीले हो उठे थे। हवा ही कामनामयी हो उठी थी। मैंने अब मन की सजग अवस्था में माजू की

ओर देखा। छिः, कभी-कभी मन को क्या हो जाता है। यह कितनी तुच्छ-दीन-दयनीय स्थिति है।

छिः, कभी-कभी क्या हो जाता है कि सारी विद्या, सारे महावाक्य, सारे औचित्य-अनौचित्य, सुन्दर-असुन्दर सुरुचि-अरुचि की धुरियाँ टूट जाती हैं और रथ रास्ते की पटरी पर से भ्रष्ट होकर उलट जाता है। वह तो आज भीतर पद्मासन पर बैठा सारथी सावधान था; नहीं तो मैं कितना दीन, तुच्छ, सस्ता और बाजारू व्यवहार कर बैठता और शेष सारा दिवस और सारा सप्ताह अपने को धिक्कारने में जाता, कितने बड़े आत्म-क्षय से अभी-अभी उबर गया हूँ। भीतर के पद्मासन स्थित सारथी ने कितनी बड़ी विगर्हणा, कितने बड़े आत्म-धिक्कार से बचा लिया है। वासना, रति-क्रिया और आस्वादन का मैं विरोधी नहीं, काम और मोक्ष, रति क्रिया और निर्विकल्प समाधि दोनों को मैं समान पुरुषार्थ मानता हूँ, यह मेरी निर्लज्ज स्वीकारोक्ति है। परन्तु "काँकर माथा ना नवै मोती मिलै तो खाय।" जो रतिक्रिया, जो धन-सम्पत्ति, जो गति-मुक्ति आत्मा की रिक्तता को नहीं भरती, जो आत्मा के पूर्णकुम्भ होने या अपने अस्तित्व के लबालब भरित-अरिक्त होने का अनुभव नहीं करा पाती, वह आत्मक्षय है, वह अस्तित्व के पूर्णकुम्भ को खाली करती है, उसमें अनेक छिद्र कर डालती है, वह व्यर्थ परिश्रम-सी मर्मान्तक होती है। ऐसा अनुभव या बोध मोती नहीं, काँकर है जो मुक्ताभक्षी है, ताराभक्षी है, जो स्वभावतः हंस है या सुपर्ण है, वह काँकर की ओर चोंच झुकाये तो इससे बढ़कर आत्म-पराजय और क्या होगी ! अतः सर्वसाधारण-व्यवहार की लीक से हटकर मैं काँकर को अस्वीकृत कर रहा हूँ।

सर्वसाधारण-व्यवहार या नार्मल व्यवहार तो यही था कि मैं युवा, वह किशोरी, घनघोर नशीला एकान्त और मैं क्षुधित, अतः मेरे देह के भीतर का दशानन इस मृग-कन्या को व्याघ्र की तरह दबोच ले। यही जीव-धर्म, प्राण-धर्म, असुर-धर्म, स्वभाव-धर्म के नितान्त अनुकूल होता। साधारण नार्मल सहज व्यवहार तो यही होता। सौ में निन्यानवे तो यही करते। पर सर्वसाधारणता आत्मा की अत्यन्त दयनीय स्थिति है। यह अत्यन्त हीन अवस्था है। इसमें न तो गौरव-बोध है और न ग्लानि की ट्रेजडी। मैं इस 'सर्वसाधारणता, सभी जैसा' के घेरे को धक्का मारकर तोड़ देता हूँ—सर्वसाधारणता की लीक पर मुझे नहीं चलना है।

"माजू, बेशी देर होलो। अब जावा लागे" मैं कहता हूँ। माजू बात करते थक गयी थी, क्योंकि श्रोता बड़ा ही चुप्पा निकला। मैंने पूछा—"माजू, तुम यहाँ अकसर आती हो क्या ?" उसने बाद में बताया कि इस जंगल में वह या उसकी ही तरह अन्य लड़के-लड़कियाँ इस जंगल से लकड़ी, कन्द, फल, मूल, आमलकी, तेजपात आदि तोड़कर या उखाड़कर ले जाते हैं। कुछ बाजारों में बिकती हैं, कुछ ये खाते हैं। साथ ही छोटे बच्चे किसी यात्री या पिकनिक पार्टी को यह मन्दिर भी दिखाते हैं, उनको तरह-तरह की वनलताएँ (जिन्हें हम लोग आर्किड कहते हैं) तोड़कर देते हैं ! 'कपौफूल'

कपोत-फूल तोड़कर देते हैं जिन्हें यात्री महिलाएँ पसन्द करती हैं, बदले में दो-चार आने इनाम पा जाते हैं। यदि मैं चाहूँ तो माजू ने कहा, कुछ अद्‌भुत भूमिजा या वृक्षजा लताएँ ले जा सकता हूँ और माजू के गाँव के जमशेद महाजन की तरह अपने फाटक पर बाँस या लकड़ी के सहारे उन्हें आरोपित कर दूँ, बड़ा ही उत्तम कार्य होगा। पर मैं बड़ा ही उत्साहहीन बुझा हुआ निकला और मैं कहता हूँ, "रहने दो, माजू ! कभी और आएँगे तो ले जाएँगे।" पर लगा कि माजू जैसे पछता रही है। मैंने आमलकी नहीं लिया, भूमिजा वृक्षजा लताएँ भी मुझे पसन्द नहीं और तो और, बहू के जूड़े में खोंसने के लिए दो-चार 'कपोत पुष्प' भी नहीं ले रहा हूँ, अतः उसका सारा परिश्रम, आध घण्टे की सारी चापलूसी व्यर्थ जाएगी और उसे एक पैसे की भी प्राप्ति नहीं होगी। पर उसे ज्यादा देर तक शंका में न रखकर मैंने बिना गिने ही एक मुट्ठी रेजगारी, दो-तीन रुपये के करीब, उसे थमा दी। उसका उल्लसित मुख-मण्डल इस बात का द्योतक था कि यह प्राप्ति आशा से कहीं अधिक थी। मैंने कहा, "अच्छा माजू, तू अब जा। मैं अकेले-अकेले ही उतर जाऊँगा।" जाते-जाते यह दीन-अनाथ बालिका बड़ी ही अनुपम और बड़ी ही पवित्र लगी। मैं अपनेआप को खूब भारमुक्त, हलका और निर्मल अनुभव कर रहा था। मुझे बड़ा अच्छा लग रहा था। मैं बड़ा प्रसन्न था।

धीरे-धीरे नीचे उतरा। उतरते देर नहीं लगी पर मैं मेघों, खुले आसमान और सरसों के पीत पारावार को घमण्डपूर्वक देखता, धीरे-धीरे उतर रहा था। एक विराट् अनुभव के बाद, एक द्वन्द्व युद्ध के बाद मैं मन-अश्व की लगाम पकड़कर, उसे धीरे-धीरे टहलाते हुए उतर रहा था। मुझे अनुभव हुआ, मैं भी कुछ हूँ—औरों से विलग, अनुपम, अद्वितीय नहीं तो अनोखा अवश्य ही हूँ। ऐसा अनुभव तभी होता है जब हम लीक से, सर्वसाधारणता के मार्ग से हटकर अस्वीकृति का वरण करते हैं। बुद्ध ने सुप्त राहुल, यशोधरा को, अष्टम एडवर्ड ने राज्य सिंहासन को और सार्त्र ने नोबुल पुरस्कार को अस्वीकृत किया और अस्वीकृति के मध्य अपने अस्तित्व की सार्थक अनुभूति स्वयं को और गैरों को उपलब्ध करायी।

लीक से हटकर लीक को अस्वीकार कर देना विद्रोह है। तब लीक साँप की तरह, प्रश्न-चिह्न की तरह फण काढ़कर फुफकारती खड़ी हो जाती है और अद्‌भुत दृश्य उपस्थित हो जाता है। एक ओर मैं अस्वीकृति का कर्त्ता, विद्रोही और दूसरी ओर धरती से आकाश तक फण काढ़े खड़ी है लीक या सर्व-साधारण की परिपाटी, जो कुछ पहले निर्जीव पड़ी पथरेखा मात्र थी। असाधारण युद्ध ठन जाता है। और इस प्रक्रिया में जो तुच्छ था, जो एक मामूली व्यक्ति था, महज एक इकाई था, वही एक से दो, दो से चार, चार से आठ, आठ से सोलह, इस भाँति शतयोजन तक तन-विस्तार करता चला जाता है। अस्वीकृति एक महान् महिमामयी सिद्धि है। मैं पहाड़ी से उतर रहा था, शिलाखण्डों पर सँभल-सँभलकर चल रहा था, तो भी लगता था कि मैं महिमा-सम्पन्न होकर उतर रहा हूँ। इस छोटी-सी अस्वीकृति ने मुझे अतुलनीय महिमा

से सम्पन्न बना दिया है, मुझे भीतर-भीतर अति समृद्ध, अति पूर्ण बना दिया है। यदि मैं पराजित हो जाता, यदि मेरे नेत्रों में झाँकते वासना के महिष तृप्त हो जाते तो सारा मद उतर जाने पर मैं अपनेआप को इतना दीन, नीच और तुच्छ अनुभव करता, गोया मैं एक चूहा या घृण्य लिजलिजा सरीसृप होऊँ।

सवाल अनैतिकता और पाप का नहीं। ये सब तो निरर्थक शब्द हैं। सवाल है अपनी आत्म-हीनता, आत्म-पराजय और आत्म-क्षय का। क्या हुआ है, यह तो कोई भी जान नहीं पाता। तो भी भीतर-भीतर इतनी आत्महीनता का अनुभव होता कि छात्र-छात्राओं के चेहरे की ओर ठीक से देख नहीं पाता। आँखों में एक अदृश्य चोर आ बैठता और सारी सृष्टि के सम्मुख खड़ा होने में एक झेंप आती। मैं उस समय भीतर-ही-भीतर अपने आपको कितना रिक्त, कितना दीन और घृण्य मानता ! 'कुमारसम्भव' में शिव ने काम-दहन किया है, पर काम को मनोविकार या पाप मानकर नहीं, एक प्रतिद्वन्द्वी मानकर। जिसने क्षण मात्र के लिए ही सही, उस विराट् सत्ता को पराजित, दीन, कामार्त्त अतः सर्वसाधारण और मामूली की स्थिति में ला पटका था। शिव-जैसी विराट् सत्ता, 'कामार्त्ताः, प्रकृति कृपणाः', की कोटि में चली जाय, यह पाप-ग्लानि की बात नहीं, आत्म-क्षय और आत्म-पराजय की बात है। 'पाप' एक निर्जीव शब्द है। उसका क्या मतलब होता है, हम नहीं जानते ! आज सर्वसाधारण की दृष्टि में लीक पर चलना 'पुण्य' है और लीक से हटना 'पाप', क्योंकि लीक मनु महाराज ने खींची है। यदि पाप यह है, तो हमें पाप के वरण में कोई एतराज नहीं। पर आत्म-क्षय और आत्म-पराजय को अवश्य हम गर्हित मानते हैं। मैं प्रसन्न था कि मेरे भीतर के पद्मासन स्थित सारथि ने आज एक बड़ी आत्म-पराजय और एक गर्हित आत्म-क्षय से मेरी रक्षा की है। आज मैं डूबते-डूबते उबर गया।

सभी लोग मेरी ही प्रतीक्षा कर रहे थे। पाँत बैठ गयी। पात पड़ने लगा। अर्धवृत्ताकार पाँत के बीच सुमेरु मणि की तरह बड़ी खातिर से सब लोगों ने मुझे बैठाया। ठाकुरों[1] ने सारा कला-कौशल लगाकर भोजन बनाया था और दूसरी ओर सबके उदर में क्षुधा ईहा-मृग-सी विकल थी। सभी खूब खा रहे थे, सभी खूब सराह रहे थे, चारों ओर हँसी-खुशी का वातावरण था। पर मैं ? मैं तो प्रथम कुछ अनुभव ही नहीं कर पाया कि क्या खा रहा हूँ। मन उक्त अन्तर्द्वन्द्व के महाअनुभव से एकदम सम्पृक्त था। पर धीरे-धीरे स्वाद और सुगन्धि का अनुभव हुआ, अन्नक्षुधा लौटी और मैं भोजन के माध्यम से क्रमशः सहजता की धरती पर उतर आया ! मुझे लगा कि मैं पुलाव-दही, सब्जी, मिष्टान्न आदि सब कुछ मिलाकर एक किलो से ज्यादा भक्षण कर गया हूँ। मैं अपने इस अप्रत्याशित दीर्घ भोजन पर चकित था। क्या मेरे भीतर का वेदान्ती

---

1. असम-बंगाल-उड़ीसा में 'ठाकुर' शब्द ब्राह्मण के लिए आता है, पर ठेठ हिन्दुस्तान में इसका अर्थ होता है क्षत्रिय।

पुरुष, पद्मासन स्थित सारथि भी आज मेरे साथ भक्षण कर रहा है ? क्या देहरूपी पिप्पल की शाखा पर बैठे 'द्वौ सुपर्णौ' का दूसरा सुपर्ण भी आज अपनी आदत छोड़कर सहभोज का आस्वादन कर रहा है ? पता नहीं। पर मैं अपने दीर्घ भोजन पर आश्चर्य-आहत हो गया था।

धीरे-धीरे सन्ध्या हो चली। हेमन्त की साँझ में नील श्यामल धुएँ के भूत वन के ऊपर उतरने लगे। तब तक 'मेस' के चाकरों ने नदी में बरतन-बासन साफ कर लिये थे। बहुत-सा खाना बचा था। आस-पास के गाँवों के पचासों बच्चों का झुण्ड जुटा था, उन्हें ही पंक्ति में, बैठाकर परोस दिया गया। वे कुछ खाये, कुछ बाँधकर घर ले गये। अच्छा ही हुआ। हम भी खाये, वे भी खाये, साथ यह जो कुछ उच्छिष्ट बचा है, उसे स्यार-कुत्ते-पंख-पखेरू पाएँगे। इसे मैं राष्ट्रीय क्षति नहीं मानता। यह भोज, यह उत्सव, यह मेला ही यदि राष्ट्रीय क्षति है, फुजूलखर्ची है, तो इस लॉजिक की चरम परिणति यही होगी कि हम पचास-बावन करोड़ भारतीयों का जीवन-धारण ही फुजूलखर्ची है। जीवन का लक्ष्य कर्म नहीं। कर्म तो साधन है। लक्ष्य है लीला अर्थात् मौज-रंगबाजी। यही तो वैष्णवता है।

हमारे सिर के ऊपर से 'कॉक् कॉक्' करते हुए वनपाँखियों का एक झुण्ड अभी-अभी गुजर गया है। पेंचों, वन-कपोतों, हारिलों और सुग्गों के जाने-पहचाने झुण्डों के अतिरिक्त अनेक अनजाने अनचीन्हे वन-पखेरुओं के झुण्ड-पर-झुण्ड लौट रहे हैं। रैन-बसेरा जो चाहिए।

यह असम देश ही नानावर्ण श्वापदों, पखेरुओं, जड़ी-बूटियों, पेड़-पौधों और जन-जातियों का गन्धर्व-किन्नर लोक है। चारों ओर चिड़ियों का शोर सुनाई पड़ रहा है। सारी पहाड़ी, नदी का कगार और आसपास के खेत—सभी मुखरित हो उठे हैं। पर शीघ्र ही सारा शोरगुल शान्त हो जाएगा। धुएँ के प्रेत सारे स्वरों को पी जाएँगे। वे मोहाच्छन्न रात्रि के नागपाश में इन कोमल वनपाँखियों को बाँधकर रात भर के लिए इनका गला घोंट देंगे और तब निबिड निस्तब्धता के भीतर इन भूतों के आरण्यक साथी श्वापद-गण खुलकर शिकार करेंगे, खून पीएँगे, दाँतों-नखों को वृक्ष-मूलों पर रगड़कर शान चढ़ाएँगे और बत्ती जैसी टिमटिमाती आँखों और लोलुप जिह्वा के साथ अराजक भाव से सारे जंगल में विचरण करेंगे। इस निस्तब्धता के मध्य हेमन्ती धूम्र की यह चादर पाप के कम्बल की तरह और अधिक भीगती जाएगी। यह प्रेताचार रात भर चलता रहेगा। सवेरे सात रंगों का पिता सूर्य आकर पशु-पक्षियों, मनुष्यों और वनस्पतियों को जगाकर उन्हें धर्माचार के दिवस-पथ पर हाँककर चला देगा।

दिन की रोशनी का खग्रास होते-होते हमारा सामान लद गया। बस का हार्न बजने लगा। साधो, अब बस चल देना है। सारी मोह-माया त्यागकर ! 'निझूम सन्ध्या !' एक आधुनिक गान का रिकार्ड-संगीत सन्ध्या के प्रति विदा का नमस्कार देता है। समवेत कण्ठ से उठता है, तीन-चार बार 'दी चीअर्स फॉर कॉलेज पिकनिक पार्टी।'

और फिर उलटारथ का राजमार्ग और साथ ही नृत्याचार्य विष्णु राभा के गान की रेकार्ड-आवृत्ति। मैं परम आश्चर्य से मन-ही-मन गुनता हूँ, यह गान इतने सही और सटीक सन्दर्भ में कैसे इसी क्षण बज उठा। मेरे मन के भीतर मेरी मृदंगवादिनी गद्यभाषा इस गान के ताल पर संवाद-मुखर हो उठी—

"नाहर फूले नू शुबाई ?
तगर फूल शुवाय।
तगर फूले न शुवाई ?
कपौ फूल शुवाय।
कपौ फूल न शुवाई ?
यदि हिया सौ ताते मोर
हिया फूल पारी दिम
गूजि खोपाते मनोहर !"

(ओ मेरी पर्वतवासिनी प्रिया !) यदि तू नाहर फूल (अपने केश में) नहीं सजाती हो तो तगर फूल सजा ले। यदि तगर फूल नहीं सजाती हो तो कपोत फूल सजा ले। ओ प्रिया, यदि कपोत फूल पसन्द नहीं और तू मेरा हृदय चाहती है, तो हृदय-पुष्प ही तेरे मनोहर जूड़े में मैं स्वयं सजा दूँगा।

विष्णु राभा के इस गान का तीसरा पद बस के स्टार्ट होने की भीम घरघराहट में डूबकर समाप्त हो गया और साथ ही मेरे मन में फूटते कपोत पुष्प भी कहीं खो गये। उलटारथ का प्रत्यावर्तन-घोष मुखर हो उठा। उस समय वन के भूत शायद पेड़ों के शिखर-शिखर पर खड़े होकर इस प्रत्यावर्तन को देख रहे थे। और हरी घास, नदी की धार, सरसों के पीले-पीले खेत तथा पहाड़ी के घने लता-कुंज बार-बार हाथ उठाकर कह रहे थे—'तुम आना ! तुम फिर आना ! ओ भाई, ओ भागिनेय, ओ पाहुन, तुम बार-बार आना। तुम जन्म-प्रति-जन्म आना !'

# आधुनिकता : नयी और पुरानी

आधुनिकता कोई फैशन या मौज-शौक नहीं है। नौकरशाही संस्कृति के गलित रूप को आधुनिकता मानकर ग्रहण करना या संस्कारों का अमेरिकीकरण करना, चाहे वे जीवन के संस्कार हों या साहित्य के, तथा परम्परा अस्वीकार करने के नशे में 'हिन्दुस्तान' को ही अस्वीकार कर देना आदि आधुनिकता नहीं। ये सब सामाजिक और बौद्धिक फैशन हो सकते हैं। आधुनिकता फैशन से कहीं अधिक सूक्ष्म और गहरी चीज है। यह एक दृष्टिक्रम है, एक बोध-प्रक्रिया है, एक संस्कार-प्रवाह है या सीधी शब्दावली में 'एक खास तरह का स्वभाव' है जिसकी उपलब्धि अपनी अस्मिता के माध्यम से होती है और इस 'स्वभाव' की उपलब्धि के लिए आत्मान्वेषण की यन्त्रणा भोगनी पड़ती है। गम्भीर और आत्मसम्पृक्त अध्ययन के माध्यम से भी इस स्वभाव को उपलब्ध किया जा सकता है। आत्मान्वेषण की यन्त्रणा और आत्मसम्पृक्त अध्ययन-मनन—दोनों रास्ते सही और परस्पर पूरक हैं। दोनों में कोई नकली नहीं। हाँ, सर्जनात्मक मन के लिए पहले रास्ते की आंशिक अनिवार्यता स्वीकार करनी ही पड़ेगी। पर विशाल उपभोक्ता समाज के लिए दूसरा रास्ता ही अपेक्षित और सुरक्षित है। इस खास स्वभाव की रचना जिन संस्कारों से हुई है वे बड़े ही उलझे हुए हैं और इस उलझी संस्कार-प्रक्रिया में ये संस्कार मुख्य रूप से उपस्थित पाये जाते हैं : प्रश्नाकुलता, संशयशीलता, जीवन के आस्वादन में विश्वांस, मात्र तात्कालिक या शुद्ध ऐन्द्रिक अनुभूति में ही विश्वास, अतिमा या परम्परा से निरपेक्ष होकर नये मूल्यों का अन्वेषण, इस अन्वेषण की तीव्र यन्त्रणा का बोध, चरम क्षणों (यथा जन्म के समय का क्षण या मृत्यु के समय का क्षण जब हम नितान्त अकेले रहते हैं) को पकड़ने और उनके माध्यम से जिज्ञासा और सिसृक्षा को तुष्ट करने का प्रयास आदि। इन सारे संस्कारों से सम्पृक्त मन को आधुनिक मन कहते हैं। 'आधुनिकता' को आज हम इसी रूढ़ अर्थ में ग्रहण करते हैं। यद्यपि मैं स्पष्टता के लिहाज से इसे 'आधुनिकता' ही न कहकर 'नयी आधुनिकता' कहना चाहूँगा।

हिन्दी में 'असली' और 'नकली' आधुनिकता के प्रश्न को लेकर काफी बहस हुई है और भविष्य में भी होगी। पर मैं समझता हूँ कि मूल प्रश्न असली और नकली

का नहीं, 'नयी आधुनिकता' और 'पुरानी आधुनिकता' का है और अपनी-अपनी जगह पर दोनों ठीक हैं। कम-से-कम हिन्दुस्तान में दोनों का सार्थक अस्तित्व दिखाई पड़ रहा है। 'पुरानी आधुनिकता' एक परस्पर-विरोधी अभिव्यक्ति-जैसा भले ही लगे, पर है यह तथ्य। इससे हमारा तात्पर्य उन्नीसवीं शती के उदारवादी और मानववादी संस्कारों से है जिनके प्रचार का प्रारम्भ राजा राममोहन राय से हुआ और दयानन्द तथा महात्मा गाँधी ने इस कार्य को आगे बढ़ाया। आज के हिन्दुस्तान में जहाँ हरिजन-समस्या, नारी-मुक्ति, वैज्ञानिक दृष्टि, वर्गहीन समाज, और जाति-भेद आदि अब भी ज्वलन्त समस्याएँ हैं, जहाँ अब भी गुरुद्वारों और मसजिदों को चुनाव-प्रचार का मजबूत केन्द्र माना जाता है और गोवध-विरोधी आन्दोलन हो सकता है, तो कैसे कहा जाए कि उन्नीसवीं शती के मानवीय मूल्य समता, न्याय, धर्म-निरपेक्षता, वर्णनिरपेक्षता, वैज्ञानिक दृष्टिकोण आदि के लिए जागरूक रहना 'आधुनिकता' नहीं, और हरिजनोद्धार तथा महिला-शिक्षा-आन्दोलन की चर्चा 'आधुनिकता' नहीं। सच तो यह है कि इस देश में समूहगत जीवन में यह पुरानी उन्नीसवीं शती वाली आधुनिकता ही सार्थक आधुनिकता है। मेरी समझ से यह अब भी 'बासी' नहीं, ऐतिहासिक कालक्रम के अनुसार 'पुरानी' भले ही कहा जाय। इसी से इसे मैं 'पुरानी आधुनिकता' कहकर स्वीकारता हूँ।

दूसरी ओर बीसवीं शती की आधुनिकता है। उन्नीसवीं शती की आधुनिकता अर्थात्, पुरानी आधुनिकता के संस्कारों का जन्म मूल्यों के द्वारा होता है और वे स्वतः भी नये मूल्यों के जनक हैं। पर इस बीसवीं शती की आधुनिकता का जन्म ही सब प्रकार के मूल्यों के प्रति मोह-भंग से हुआ है। इसके मोह-भंग के दर्शन की कसौटी पर पुरानी आधुनिकता खोखली और बासी ज्ञात होती है, जबकि पुरानी वास्तविकता के समर्थकों को अपनी आदर्शवादी कसौटी पर यह नयी आधुनिकता नकली और स्वाँगपूर्ण लगती है। पुरानी आधुनिकता का दर्शन है मानवीय आदर्शवाद, तो नयी आधुनिकता का आधार है मोह-मुक्त (डिसइल्यूजण्ड) यथार्थवाद।

नयी आधुनिकता का जन्म जिन मानवीय परिस्थितियों से हुआ है वे भी कम सत्य नहीं हैं। अन्तर्राष्ट्रीय स्तर पर मार्क्सवाद के 'मुखोश'-नुमा मूल्यों का रहस्योद्घाटन, महायुद्ध और भावी अणुयुद्ध का आतंक तथा मनुष्य की नितान्त लाचार स्थिति, राष्ट्रीय स्तर पर अर्ध सत्यों के सृजन और प्रसारण में होड़, बढ़ती हुई दीनता और भूख, नौकरशाही के बढ़ते हुए जाल और उनमें दिन-पर-दिन खोया जाता हुआ मनुष्य, अस्थिर राजनीतिक आदर्श तथा मूल्यगत सौदेबाजी, संशय और आतंक का वातावरण—आदि मानवीय स्थितियाँ नितान्त सत्य हैं और इनके बीच जन्म लेनेवाले नयी आधुनिकता के संस्कार नितान्त आरोपित और स्वाँगपूर्ण नहीं। परन्तु जहाँ पुरानी आधुनिकता समूह-सत्यों को लेकर चलती है, नयी आधुनिकता समूह-सत्यों से निरपेक्ष व्यक्ति-सत्यों पर ही आधारित है। नयी आधुनिकता की कमो-बेश यह अनिवार्य नियति है कि सदैव संवेदनशील 'अल्पमत' बुद्धिजीवी-वर्ग से ही वह संयुक्त रहेगी। जिस प्रकार वैष्णवता

में या समाजवाद में बुद्धिजीवी-वर्ग को समूहगत स्तर पर अपना दर्शन स्थापित करने की सुविधा है, वह सुविधा नयी आधुनिकता से सम्पृक्त बुद्धिजीवी को नहीं। यही उसकी सीमा है, उसकी कमजोरी है। परन्तु उक्त मानवीय स्थितियों को, जिनसे इसका जन्म होता है, यथार्थ स्वीकार लेने पर इसे भी सही और यथार्थ मानना ही पड़ता है। इसकी भूमिका के बारे में मतभेद हो सकता है, पर इसकी सचाई और सत्ता के बारे में नहीं। यह 'अल्पमत संस्कृति' की उपज है और इसके पास कोई समूहगत यूटोपिया नहीं। यह सही है कि इसमें एक असली नायक है तो सैकड़ों स्वाँगपूर्ण अभिनेता। परन्तु यही बात तो पुरानी आधुनिकता के लिए भी है। आज हरेक कमीना अपना उल्लू सीधा करने के लिए पंचशील और समाजवाद की कसम खाता है, खादी पहनता है और झण्डे बदलता है : तिरंगे से एकरंगा और एकरंगे से तिरंगा। ऊपर से लाल, भीतर से हरा। नयी आधुनिकता में विदूषक ज्यादा हैं तो पुरानी आधुनिकता में पाखण्डी। और पाखण्डी निश्चय ही विदूषक से ज्यादा अवांछनीय और खतरनाक होता है।

आधुनिकता के सम्बन्ध में एक विशिष्ट प्रश्न उठाया जा सकता है : 'क्या आधुनिकता स्वतः कोई तथ्य या मूल्य है ?'

मेरी समझ से आधुनिकता निज में कोई मूल्य या तथ्य नहीं बल्कि एक स्वभाव है, एक संस्कार-प्रवाह है, एक बोध-प्रक्रिया है। चाहे जो इसे मानें पर गुण-धर्म के हिसाब से 'स्वभाव', बोध-प्रक्रिया, संस्कार-प्रवाह आदि एक ही बातें हैं। इसे तथ्य या मूल्य मानने का भ्रम तभी होता है जब लोग संस्कार को ही मूल्य मान बैठते हैं, यथा प्रश्नाकुलता, आस्वादन में विश्वास, या यायावरवृत्ति आदि जो संस्कार हैं या स्वभाव के अंग हैं, चिन्तन की असावधान अवस्था में मूल्य मानकर लोग आधुनिकता की मूल्य के तौर पर चर्चा करने लगते हैं। पर यदि उनसे बात आगे बढ़ाई जाय तो घुमा-फिराकर यही जवाब मिलेगा : 'मूल्यहीनता ही आधुनिकता का मूल्य है।' पर यह भी कोई बात हुई ! अतः शाब्दिक द्रविड़ प्राणायाम को छोड़कर हमें मान लेना चाहिए कि आधुनिकता मूल्य या तथ्य नहीं, स्वभाव या संस्कार-प्रवाह है। हाँ, इतना माना जा सकता है कि इसके जनक कुछ मूल्य हों या इसके द्वारा या इसके माध्यम से कुछ मूल्यों का जन्म हो, जैसे उन्नीसवीं शती की 'पुरानी आधुनिकता' के विषय में; परन्तु स्वतः यह संस्कार-प्रवाह है, मूल्य नहीं। जहाँ तक 'नयी आधुनिकता' का प्रश्न है, यह कोई मूल्य नहीं सृजन करती है और इसका जन्म मूल्यों के प्रति मोह-भंग से हुआ है। अतः इसके मूल्य होने का सवाल ही नहीं उठता। आधुनिकता को समझने के लिए 'संस्कार' और 'मूल्य' का भेद मन में खूब साफ रहना चाहिए। समता, स्वतन्त्रता, सौन्दर्योपासना, रसभोग, आनन्द, आवारागर्दी, गुण्डई, श्रेय, प्रेय आदि मूल्य हैं। परन्तु कोमलता, क्रोध, शोक, रस-लुब्धकता, बेचैनी, कामुकता, उदात्तता, मोह-भंग, विकर्षण, निराशा, संशय, प्रश्नाकुलता आदि संस्कार हैं। मूल्य—यानी उद्देश्य-बिन्दु या पुरुषार्थ। संस्कार—यानी मानसिक वृत्ति। इसी प्रकार संस्कारों को 'तथ्य' (फैक्ट) नहीं माना जा सकता है। मूल्य,

तथ्य और संस्कार परस्पर एक-दूसरे को प्रभावित और संशोधित करते हैं, पर वे एक ही नहीं। कोई नहीं कह सकता : अमुक-अमुक तथ्यों या मूल्यों की चर्चा करो तो आधुनिक कविता या कहानी हो जाएगी। सही सलाह यह होगी : अध्ययन-मनन या आत्मयन्त्रणा के माध्यम से पूर्वोक्त विशेष संस्कारों को पहचानो और अर्जित करो, उन संस्कारों के प्रवाह के भीतर आकर कोई तथ्य या कोई घटना आधुनिकता का रंग ग्रहण कर लेगी। उसमें किसी गहरी संवेदना का समावेश हो जाएगा, उन संस्कारों के स्पर्श के कारण। यहाँ एक उदाहरण देना ठीक होगा। श्रीमती महादेवी वर्मा की अति परिचित कविता ''मधुर-मधुर मेरे दीपक जल, प्रियतम का पथ आलोकित कर ...'' इत्यादि में मूल्य है 'अहं से मुक्ति' और तथ्य है दीपक का समर्पण। ठीक इसी मूल्य और इसी तथ्य पर आधारित 'अज्ञेय' की भी एक कविता है :

> ''यह दीप अकेला, गर्व भरा मदमाता इसको भी पंक्ति को दे दो।
> यह जन है : गाता गीत जिन्हें फिर कौन गाएगा ?
> पनडुब्बा : ये सच्चे मोती फिर कौन कृती लाएगा ?
> यह समिधा : ऐसी आग हठीला कौन सुलगाएगा ?
> यह अद्वितीय, यह मेरा
> यह मैं स्वयं विसर्जित
> यह दीप अकेला, स्नेह भरा
> है गर्व भरा मदमाता
> इसको भी पंक्ति को दे दो।''

मूल्य और तथ्य की एकता होते हुए भी आत्मिक प्रक्रिया रूमानी और आधुनिक संस्कारों के मौलिक स्वभावगत भिन्नता के कारण भिन्न हो गयी है। अज्ञेय में आत्मिक प्रक्रिया का बोध गहरा हो उठा है, जबकि महादेवी में यह भावात्मक स्तर पर समर्पण की बात कहकर समाप्त हो जाता है। यह अहं 'अद्वितीय' है पर साथ ही 'स्वयं-विसर्जित'। और यह तीन भूमिकाओं में आता है जो एक के बाद एक गम्भीर से गम्भीरतर बोध को छूती गयी हैं। पहले यह 'जन' मात्र है जो 'अद्वितीय' गायक है। फिर यह अद्वितीय गोताखोर है, जो अतल तक पैठ जाता है, दृढ़ समाधि के वायुबद्ध तह-पर-तह छेदता हुआ अतल से 'सही' बोध और 'सही' शब्द ढूँढ़ लाता है। फिर अन्त में यह 'अद्वितीय' समिधा है, जो आत्ममेध के द्वारा अपने अस्तित्व को आग में बदलकर पूर्णतः 'मुक्त', अपने अस्तित्व से भी मुक्त हो जाता है। यह पूर्ण 'मुक्ति' कलाकार की अनिवार्यता है। वैष्णव आत्मसमर्पण को आत्ममेध की शाक्त प्रक्रिया के भीतर विकसित करने का प्रयत्न यहाँ एक गहरी आत्मिक प्रक्रिया को जन्म देता है जो महादेवी की पंक्तियों में अनुपस्थित है। अतः तथ्य और मूल्य एक होते हुए भी आधुनिक संस्कारों के सन्दर्भ में पड़कर 'समर्पण' के तथ्य का समूचा बोध ही बदल गया।

कुछ लोगों का खयाल है कि जो कुछ भी ऊट-पटाँग, गड़बड़-सड़बड़, सुनने में औघड़-पन्थी, अश्लील और कुरूप हो वह आधुनिक हो जाता है। इस भ्रम के शिकार 'अकविता और विद्रोही पीढ़ी' वाले तथा 'मुद्राराक्षस' जैसे 'जीव' ज्यादा हैं। गोया अश्लीलता और कुरूपता ही आधुनिकता हो। यह सही है कि श्लीलता और सुरूपता के पुराने मापदण्डों को आधुनिकता ने त्याग दिया है। परन्तु अश्लीलता-रस या कुरूपता-रस की साधना के लिए नहीं, बल्कि सर्जक की आत्मिक आवश्यकता के कारण। कुरूपता, गद्यात्मकता, या अभिव्यक्त-रुक्षता से आधुनिकता का अन्योन्याश्रित सम्बन्ध नहीं। रूमानी सौन्दर्यबोध को अस्वीकृत करने का अर्थ फूहड़ और भद्दापन का वरण नहीं। यहाँ पर लगता है कि कभी-कभी बड़े कवि, यहाँ तक कि अज्ञेय भी, अनगढ़ता के इस आकर्षण की चपेट में आ गये हैं, उक्ति चमत्कार के फेर में पड़कर या 'शॉक' देने के लिए। परन्तु यह आधुनिकता का खास लक्षण या राजमार्ग नहीं माना जाना चाहिए। यहाँ पर दो उद्धरण अँगरेजी से, इसी बिन्दु पर दिये जा रहे हैं। एक है जार्जियन कवि रूपर्ट ब्रुक का और दूसरा है आधुनिक कवि एलियट का। विषय (यानी 'तथ्य') एक ही है। पर एलियट की अभिव्यक्ति में आधुनिकता है, रूपर्ट ब्रुक में नहीं।

(1)

''ऐण्ड यू दैट लव्ड यंग लाइफ़ ऐण्ड क्लीन मस्टैण्ड
ए फ़ाउल सिक फ़मब्लिंग ड्रिब्लिंग बडी ऐण्ड ओल्ड
ह्वेन हिज रेअर लिप्स हैंग फ़्लैबी ऐण्ड काण्ट होल्ड
स्लौबर, ऐण्ड यू आर इनड्योरिंग दैट वर्स्ट थिंग
सेनिलिटीज़ क्वीज़ी फ़र्टिव लवमेकिंग
ऐण्ड सर्चिंग दोज़ डियर आइज़ फ़ॉर ह्यूमन मीनिंग
प्रौपिंग द बॉल्ड ऐण्ड हेल्पलेस हेड ऐण्ड क्लीनिंग
ए स्क्रप दैट लाइफ़ हैज फ्लंग बाई।'' —रूप ब्रुक

(2)

''ऐण्ड दो आइ हैव वैप्ट ऐण्ड फ़ास्टेड, वेप्ट ऐण्ड प्रेड
दो आइ हैव सीन माई हेड
(ग्रोन स्लाइटली बॉल्ड)
ब्रॉट इन अपॉन ए प्लैटर
आइ एम नो प्रौफ़ेट ऐण्ड देअर इज़
नो ग्रेट मैटर।''

—एलियट

दोनों में विषय एक ही है : आते हुए बुढ़ापे का अहसास, प्यार की अक्षमता और उससे उत्पन्न ईर्ष्या-भाव तथा रूमानी प्यार के प्रति मोहभंग (डिसइल्यूजनमेण्ट)। माथे के गंजेपन का उल्लेख दोनों में है। परन्तु एलियट की अभिव्यक्ति में कहीं भी

कुरूप या अनगढ़ वाक्य या बिम्ब नहीं, जबकि ब्रुक ने 'लटकते थुल-थुल मांसल होठ' तथा 'गलितम् पलितम् मुण्डम्' के अनगढ़ बिम्ब पेश किये हैं। एलियट की भाषा सादी और सहज है। फिर भी एलियट में 'आत्मिक संकेत' (स्पिरिचुअल सिगनिफिकेंस) है, जबकि रूपर्ट ब्रुक में रूमानी हताशा। एलियट के प्रूफाक के अन्दर 'प्रायश्चित्त' का भाव जो जुड़ा है वह उसकी ईर्ष्या को गहरा आध्यात्मिक संवेदन देता है। "वह रोता है, प्रायश्चित्त करता है; वह प्रायश्चित्त करता है, प्रार्थना करता है और उसे अहसास होता है कि उसके माथे के बाल गिर रहे हैं...।" यह सादा कथन 'प्यार' की अ-रूमानी असमर्थता और मोह-भंग की मानसिक पृष्ठभूमि को गहरे आत्मिक स्तर पर रचता है, जबकि अपनी अनगढ़ता-कुरूपता के बावजूद वैसे गहरे रूमानरिक्त मोह-भंग को ब्रुक नहीं दे पाता है।

इधर हिन्दी के अनेक 'विद्रोही' कवियों ने अकविता की शैली में 'ऊबड़-खाबड़पन' को ही आधुनिकता मानकर आतंक, मोह-भंग एवं सामूहिक 'आदर्शों' के 'नकाब'-उद्घाटन आदि पर अनेक कविताएँ लिखी हैं। परन्तु इनकी प्रामाणिकता को उन्होंने गहरे आत्मिक स्तर पर नहीं लिया है। अतः वे आधुनिकता का गहरा और शुद्ध निर्विकार बोध पकड़ नहीं पाये हैं, जबकि मुक्तिबोध की अनेक कविताओं में इन्हीं तथ्यों की, शुद्ध बोध और गहरी प्रामाणिकता के साथ, अभिव्यक्ति की गयी है। संस्कारों का आत्मिक संघात (स्पिरिचुअल इण्टर एक्शन) मौजूद न होने से आधुनिकता का फैशन प्राप्त होता है, आधुनिकता नहीं।

हम ऊपर कह आये हैं कि आधुनिकता मूल्य या तथ्य नहीं, संस्कार-प्रवाह या स्वभाव है। नयी आधुनिकता यानी बीसवीं शती की आधुनिकता के बारे में यह और जोर देकर कहा जा सकता है। यह सही है कि हरेक आधुनिकतावादी अस्तित्ववादी (एकेडेमिक अर्थ में, अर्थात् 'सार्त्र-कामूवादी') नहीं, पर वह भी मूलतः 'अस्तित्व' को ही पहले पकड़ता है। धारणा (कनसेप्ट) और प्रत्यय (आइडिया) से उसका प्राथमिक सम्बन्ध नहीं। अन्ततः आधुनिकता-बोध से उत्पन्न समूचा साहित्य ही कमोबेश जिस दर्शन का सबसे नजदीकी रिश्तेदार ठहरता है वह है : 'अस्तित्ववाद।' यह अस्तित्ववाद स्वयं मार्क्सवाद या वेदान्त की तरह कोई संगठित 'मूल्य-पद्धति' (सिस्टम) नहीं। प्रत्येक अस्तित्ववादी के विषय और उपलब्ध फल अलग-अलग हैं। वे 'अस्तित्ववादी' इसलिए नहीं कहलाते कि उनके द्वारा खोजे गये फलों या सिद्धान्तों में समानता है। बल्कि उनको अस्तित्ववादी की संज्ञा सामूहिक रूप से इसी कारण मिली है कि उनका दार्शनिक 'स्वभाव' एक है अर्थात् उनकी चिन्तन-प्रक्रिया एक है; उनका प्रस्थान-बिन्दु (अस्तित्व) एक है और वे मात्र नकारात्मक स्थितियों में एक-दूसरे से सहमत हैं। ऐसे दर्शन से जैविक रूप से सम्बन्धित 'आधुनिकता' में मूल्य या तथ्य कहाँ से आएगा ? यही कारण है कि यह भी एक संस्कार-प्रवाह या एक विशेष 'स्वभाव' है। कोई मूल्य-पद्धति (सिस्टम ऑव वैल्यूज) नहीं। जब इसकी पृष्ठभूमि में कोई

'मूल्य-पद्धति'वाला दर्शन ही नहीं, तो यह कैसे मूल्य-पद्धति हो जाएगी या किसी मूल्य-पद्धति की रचना करेगी ?

क्या आधुनिकता की कोई परिभाषा हो सकती है ? अपने विशेष या रूढ़ अर्थ में जिसे मैंने 'नयी आधुनिकता' कहा है, यह इतनी उलझी प्रक्रिया है कि इसकी परिभाषा नहीं दी जा सकती—बल्कि इसके संस्कारों के माध्यम से जिनका जिक्र प्रारम्भ में किया गया है, इसे पहचाना जा सकता है। 'रूमान' और 'क्लासिसिज्म' की तरह इसकी भी बिलकुल सटीक परिभाषा देना कठिन है। नयी आधुनिकता का दर्शन ही है—'शब्दों' के द्वारा नहीं अस्तित्वगत अनुभूति के द्वारा पहचानने और उपलब्ध करने का प्रयत्न। अतः स्वतः इसको भी शब्दों के माध्यम से नहीं इसके अस्तित्व को पहचानकर इसे उपलब्ध करना चाहिए।

पर आधुनिकता के सामान्य अर्थ में इसकी एक परिभाषा दी जा सकती है जो कम या बेश सब प्रकार की आधुनिकता पर (पुनर्जागरणयुगीन, या उन्नीसवीं शती की या आज की) लागू हो सकती है। वह है : ''संक्रान्ति कालीन 'मिजाज' (मूड) या प्रश्नगर्भी संक्रान्ति के प्रति सचेतता को आधुनिकता कहते हैं।'' मैं यह नहीं कहता कि यह सर्वथा पूर्ण परिभाषा है। पर यह काफी दूर तक काम-चलाऊ है। यह सचेतता क्रान्ति, सुधार (जैसे 'पुरानी आधुनिकता' के सन्दर्भ में) या साहित्य के माध्यम से अभिव्यक्त होती है। उदाहरण के लिए, गत महायुद्ध के बाद संक्रान्ति की (वैचारिक क्षेत्र में) तीन मुख्य दिशाएँ हैं : (1) त्रास और भविष्य का आतंक, (2) पुराने मूल्यों के प्रति सम्पूर्णतः मोहभंग, (3) आत्माभिज्ञान ('आयडेण्टिटी') के लिए छटपटाहट। जो मानस इनके प्रति सचेत और इनसे सम्पृक्त है वह आधुनिक है।

विश्व-इतिहास में आधुनिकता के अनेक दौर आये हैं और दी गयी परिभाषा प्रत्येक दौर को दृष्टिगत रखकर उपस्थित की गयी है। पर हरेक दौर की समूहगत और व्यक्तिगत स्थितियाँ भिन्न थीं और उससे उत्पन्न आधुनिकता बोध भी भिन्न रहा। हम भारतीय चिन्ता की विकासधारा के माध्यम से भी देख सकते हैं कि जिस प्रकार परम्पराप्रियता मनुष्य के मन की स्थायी और सामान्य वृत्ति है वैसे ही आधुनिकता भी। कभी एक प्रबल पड़ती है तो कभी दूसरी।

भारतीय चिन्ता में उक्त परिभाषा द्वारा समर्थित आधुनिकता हमें ईसा पूर्व छठी शती में पहली बार मिलती है। इस समय वैदिक धर्म विकृत अवस्था में था और एक ओर उपनिषदों में वैदिक संहिताओं के संशयात्मक स्थलों को पुनः संस्कार मिल रहा था तो दूसरी ओर आधुनिकता भौतिकवाद के चेहरे से बोल रही थी। संक्रान्तिकालीन प्रश्नों के प्रति सजगता का स्पष्ट उदाहरण हमें पुराण कश्यप, अजित केशकम्बली, पकुध काच्छायन, संजय वेलट्ठिपुत्त, मक्खलि गोशाल और चार्वाक के विद्रोही एवं संशयशील स्वरों में मिलता है। इन्हीं संशयशील स्वरों से सांख्य, बौद्ध और जैन-दर्शनों को उगने और बढ़ने की जमीन मिली। यह सही है कि इनका निकाला हुआ हल मान्य

नहीं हुआ, परन्तु इन्होंने अवरुद्ध स्थिति को समाप्त किया, एक स्थितिशील जड़ स्थिति को समाप्त करके प्रवाह और गति के लिए गुंजायश पैदा की। इनकी प्रतिक्रिया में तीन तरह के हल सामने आये : अनेकान्तवाद (जैन), अनात्मवाद (बौद्ध) और आत्मवाद (वेदान्त, शैव और वैष्णव)।

पुराण कश्यप ने स्पष्ट कहा है कि गुण और अवगुण का, पाप और पुण्य का भेद झूठा है। मक्खलि गोशाल का सिद्धान्त है कि बिना हेतु के अकारण, जीवों का जन्म, अधःपतन या त्राण होता है; प्राणियों की अवनति और दुःख का कोई कारण नहीं। जो कुछ घटित होता है वह आज की भाषा में विसंगत, ऊल-जलूल 'अबसर्ड' है; वह किसी कारण (लॉजिक)-वश घटित नहीं होता है। यह स्थापना आज की भाषा में यों कही जाएगी : "जो कुछ घटित होता है वह 'युक्ति युक्तहीन' (इर्रेशनल) है।" मक्खलि गोशाल ने आगे बढ़कर कहा है : "तुम्हारे दुष्कर्मों, सत्कर्मों का नियति पर कोई प्रभाव नहीं।" नियति का विधान बिना किसी नियम के चल रहा है। "तुम्हारे कर्मों से वह निरपेक्ष है। अतः मानव-पुरुषार्थ की बात करना ही बेवकूफी है।" मक्खलि गोशाल द्वारा स्थापित यह स्थिति गत महायुद्ध के बाद की विकसित विसंगतिपूर्ण मानवीय स्थिति के काफी निकट है। संजय वेलट्ठिपुत्र सन्देहवादी है। पकुध काच्छायन का डायलेक्टिस अजीब है : "चूँकि आत्मा शाश्वत है, अतः उसको कोई मार नहीं सकता, अतः जीवहत्या जैसे कोई पाप का अस्तित्व ही नहीं। इसलिए किसी की जान मारने में कोई दोष नहीं।" इनके अतिरिक्त 'सुखमेव पुरुषार्थम्' की घोषणा करनेवाला जीवन के आस्वादन में विश्वासी, तात्कालिक अनुभूति (प्रत्यक्ष प्रमाण) को प्रमाण माननेवाला चार्वाक का दर्शन तो आधुनिक है ही। ये सारे स्वर ईसापूर्व छठी शती के आसपास निर्जीव-जड़ वैदिक कर्मकाण्ड पद्धति की उपस्थिति के कारण उत्पन्न वैचारिक संक्रान्ति तथा प्रश्नाकुलता को व्यक्त करते हैं। यह 'प्रश्नगर्भी' संक्रान्ति के प्रति सचेतता' (यानी आधुनिकता) का प्रथम उदाहरण है। यह सचेतता न केवल इन जड़वादियों में बल्कि मूल्य-सापेक्ष दर्शनों—यथा बौद्धों, जैनों और वैष्णवों में भी—कुछ-न-कुछ आ गयी है। बौद्धों का अनात्म, जैनों द्वारा सत्य के अनेक पहलू स्वीकार करना (स्याद्वाद) तथा वैष्णवों द्वारा कर्मकाण्ड और कामनाप्रधान यज्ञ का विरोध इसी सजगता के सबूत हैं। परन्तु यह आंशिक सजगता है। पूर्ण सजगता उक्त संशयवादी जड़वादियों में ही है।

दूसरी वैचारिक संक्रान्ति उपस्थित होती है इसलाम के आगमन पर। ऐतिहासिक कारणों से आधुनिकता जनमी अवश्य, पर अवरुद्ध-सी रह गयी। यह अवरुद्ध आधुनिकता सन्तों और गोरख-कबीर इत्यादि में व्यक्त हुई। कबीर अपने जमाने के विद्रोही और 'क्रुद्ध तरुण' (ऐंग्री यंगमैन) थे। उनके विचार प्रखर आधुनिकता से सम्पृक्त हैं। सुनने में आया है कि हिन्दी के कुछ विद्रोही युवा कवि 'कबीर पीढ़ी' के नाम से आगे आ रहे हैं।

वैचारिक संक्रान्ति और आधुनिकता का तीसरा दौर आता है : यंग बंगाल, डिरोज़ियो

और कुछ संयत रूप में राजा राममोहन राय के माध्यम से। इसका जीवन-दर्शन था उन्नीसवीं शती का वैज्ञानिक मानववाद और उदारवाद। इसे ही प्रारम्भ में मैंने 'पुरानी आधुनिकता' कहा है। राममोहन राय से राममनोहर लोहिया तक यह परम्परा चालू हालत में है और भारतीय समूह-जीवन के सन्दर्भ में बासी नहीं हुई है।

आधुनिकता का चौथा दौर महायुद्ध-पूर्व सन् '30 के कवियों-लेखकों के माध्यम से मोह-भंग के दर्शन को लेकर आया। महायुद्ध के बाद की मानवीय स्थिति ने विश्व-स्तर पर तथा देश में बढ़ती यान्त्रिकता एवं भ्रष्टाचार ने राष्ट्रीय स्तर पर इसकी सजगता और बोध को प्रखर और प्रगाढ़ किया है। इसे ही हमने नयी आधुनिकता कहा है। यह सही है कि सन् '50 के बाद की, या सन् '60 के बाद की नयी कहानी और नयी कविता का स्वभाव सन् '30 या सन् '40 की नयी कविता और नयी कहानी से कई अर्थों में अलग है। परन्तु प्रस्थान-बिन्दु सन् '30 के कवि ही हैं। मोह-भंग की प्रक्रिया जो अज्ञेय और मुक्तिबोध में प्रारम्भ हुई, वही आज तक चल रही है। पर आयाम और रंग बदलते रहे हैं। यदि आधुनिकता एक जानदार और गतिशील स्वभाव या संस्कार-प्रवाह है तो ऐसा होना स्वाभाविक ही है।

गत छायावादी युग का रूमानी बोध जटायु था जो एक आदर्श लेकर जूझा। राष्ट्रीयता और क्रान्ति-चेतना रोमैण्टिक युग का एक विशेष आयाम थी। सन् '30 का आधुनिकता-बोध सम्पाती है, जो प्रखर सत्य से साक्षात्कार करने की प्रक्रिया में अपने मूल्यों के पंख गँवा बैठा और उसे पता चला कि वह अकेले हिन्द महासागर तट पर अजनबी-सा जीने के लिए प्रतिबद्ध या विवश है—तो, सन् '50-'60 में यह पता चला कि वह सम्पाती न केवल 'अकेले' है बल्कि सुलगती डाल पर बैठा है और इस भयावह अणुयुगीन आतंकपूर्ण स्थिति में उसके पास पंख नहीं, कोई मुक्ति देनेवाला मूल्य नहीं, कि वह आकाश में उड़कर अपनी रक्षा कर सके। 'मुद्राराक्षस' के शब्दों में :

> "और कब तक, सुलगती डाल पर
> बैठा रहूँ असहाय
> मुझे पंख दो !"

# आधुनिकता : अकर्म से कर्म की ओर

भारत में गलतफहमीवश आधुनिकता पर नकली या दिखावटी होने का आक्षेप लगाया जाता है। इस गलतफहमी के कई मजबूत कारण हैं। सबसे बड़ा कारण है : आधुनिकता के नाम पर नयी पीढ़ी में फैलता हुआ स्वैराचार, जिसका आधुनिकता से कोई तथ्यतः सम्बन्ध ही नहीं है। 'स्वैराचार' एक विलास या मौज-शौक है, जबकि आधुनिकता एक यन्त्रणा है, एक ऐसा स्वभाव है जिसमें अस्मिता निरन्तर प्रश्न के दर्द को भोग रही है। नयी पीढ़ी में काफी लोगों ने आधुनिकता को एक सुविधा के रूप में ग्रहण कर लिया है, जबकि आधुनिकता को एक अभिशप्त लाचारी, एक नियति के रूप में ग्रहण करना ही सही वरण है। असली यायावर के पीछे सुविधावादी नकली यायावरों के कारण आधुनिकता बदनाम हो गयी है। दूसरा कारण कुछ और गहरा है। नयी आधुनिकता जो महायुद्धों के द्वारा उत्पन्न मूल्य-तिरस्कार या मोह-भंग से जन्म लेती है, मूल्यों के प्रति तटस्थता और कभी-कभी अस्वीकृति का दर्शन है। अतः पुराने आधुनिकों की जो विगत सुधारवादी मूल्यों को—जैसे वर्णभेदनाश, नारी-मुक्ति, समाजवाद आदि को—जीवन-दर्शन बनाकर चलते हैं, यह अस्वीकृतिप्रधान नयी आधुनिकता शत्रुवत् खलती है। खलना भी स्वाभाविक ही है, क्योंकि सामूहिक सन्दर्भ में इसके पास कोई पॉजिटिव (स्वीकारात्मक) विश्वदृष्टि नहीं, यह शुद्ध व्यक्तिनिष्ठ चिन्तन है—अलग-अलग, विलग-विलग, खड़े प्रमथ्युओं की जिज्ञासा, यन्त्रणा और विद्रोह भर है। ऐसी हालत में इसे नकली और दिखावटी कहकर दण्डित किया जाता है। यदि इस नयी आधुनिकता को कोई अधूरी कहे तो मुझे कोई एतराज नहीं। यह 'अधूरी' और 'सीमित' दृष्टि है ही। परन्तु यह नकली नहीं—अपने प्रामाणिक रूप में जहाँ यह मिली है वहाँ इसकी सचाई साबित हो गयी है।

आधुनिकता जिसे मैं एक बोध-प्रक्रिया, एक स्वभाव या संस्कार-प्रवाह मानता हूँ, किन कारणों से सम्पूर्ण नहीं, क्यों 'सीमित' है, या अधिक स्थूल भाषा में 'अधूरी' है, एवं उसकी सीमाएँ क्या हैं—यहाँ इन तथ्यों पर हम एक विहंगम दृष्टिपात करेंगे।

भारतीय परिवेश में आधुनिकता कमजोर और सीमित इसलिए लगती है कि इसका बहुत अंशों में 'अकाल-प्रसव' के रूप में जन्म हुआ है; और दूसरी बात यह कि

इसके जन्म के बाद भी इसे बौद्धिक, वैचारिक और सांस्कृतिक पृष्ठभूमि देने की चेष्टा नहीं हुई है, फलतः यह सम्पूर्ण गुम्फ के रूप में प्रकट न होकर सीमित सर्जनात्मक विधाओं के खास अंगों में, यथा नयी कविता और नयी कहानी में, ही समाप्त हो जाती है। जब हम कहते हैं कि यह अकाल प्रसव जैसी लगती है (भले ही न हो, पर लगती वैसी ही है) तो हमारा क्या तात्पर्य है ? विकास की तीन धुरियाँ हैं—औद्योगिक, यान्त्रिक (टेक्नोलॉजिकल) और वैज्ञानिक। यूरोप में जब आधुनिकता का जन्म हुआ तो ये विकास-धुरियाँ अपनी चरम सम्पृक्त अवस्था में थीं। बिना इनकी चरम सम्पृक्ति के आधुनिकता का पुष्ट और नॉर्मल जन्म सम्भव नहीं। परन्तु भारत में आधुनिकता इनके चरम सम्पृक्त स्तर पर नहीं, प्राथमिक स्तर पर ही जन्म लेती है। फलतः सामूहिक स्तर पर इसके वरण और आस्वादन के लिए जो संस्कार चाहिए वे अभी यहाँ पर विकसित ही नहीं हो पाये हैं—वे विकसित होंगे तब, जब यहाँ पर भी औद्योगिक, यान्त्रिक और वैज्ञानिक धुरियों में चरम विकास का सम्पृक्त क्षण उपस्थित हो जाएगा। फलतः यहाँ पर बहुमत को आधुनिकता कोई बोध देने में असमर्थ है, अभी वह 'शॉक' ही मारती है। 'बोध' का सम्प्रेषण 'शॉक' (मानसिक धक्का) के बाद वाला चरण है। इसके लिए साहित्यकार और उपभोक्ता दोनों को 'मुक्त' होना चाहिए—एकतरफा मुक्ति से सम्प्रेषण नहीं होता है—'शॉक' भर मिलता है। अखिल भारतीय लेखक सम्मेलन ('65), उद्योगमण्डल (केरल) में अज्ञेय ने कहा था, "भारतीय साहित्यकार देश के मुक्त होने से पूर्व ही 'मुक्त' हो गया था।" हाँ, यह मुक्ति, अर्थात् पूर्वग्रहों, विधि-निषेधों, अतीतपरक मूल्यों से मुक्ति और मोहभंग नकली नहीं। पर यह अकाल प्रसव जैसा है। फिर भी यह नकली नहीं, क्योंकि ऐसा होना भारतीय सन्दर्भों के हिसाब से भले ही अकाल प्रसव हो, पर विश्वगत सन्दर्भों के हिसाब से एक नॉर्मल घटना है। स्मरण रहे कि आज का बुद्धिजीवी दोहरी जिन्दगी जी रहा है। उसके जीवन के दो समकेन्द्रिक सन्दर्भ वृत्त हैं। एक तो है भारतीय सन्दर्भ और दूसरा है विश्वगत सन्दर्भ। एक किसान के लिए यह दूसरा सन्दर्भ कोई अर्थ नहीं रखता, पर आज के शिक्षित बुद्धिजीवी के लिए इसका भी प्राणवान् और जैविक महत्त्व है। उसके संस्कारों में विश्वचिन्तन के तन्तु जैविक रूप से सक्रिय हैं। इसे अस्वीकार नहीं किया जा सकता—अन्यथा वह नीग्रो-समस्या, वियतनाम और सार्त्र को लेकर कलकत्ता-दिल्ली ही नहीं, गाजीपुर में बैठकर भी चिन्तित क्यों होता ? आज का बुद्धिजीवी विश्वगत संघातों से अपनेआप को मुक्त नहीं रख सकता। और यदि ऐसी बात है तो ठीक ही हुआ है कि विश्व के अन्य बुद्धिजीवियों की तरह हिन्दी, बांग्ला, मराठी का बुद्धिजीवी भी सन् '30 के ठीक बाद वाले वर्षों में ही 'मुक्त' हो गया जबकि उसके आस-पास का सन्दर्भ उस मुक्ति-वरण के लिए तब सर्वथा अक्षम था और आज भी अंशतः है। अतः विश्वगत सन्दर्भों के परिप्रेक्ष्य में यह 'मुक्ति' और इसका विकासमान रूप 'आधुनिकता' एक नॉर्मल घटना है यानी यह नकली नहीं। यह उसकी सीमा है या उसकी बदकिस्मती है या नियति है कि

निकट भारतीय परिवेश के हिसाब से वह अकाल प्रसव-सी लगती है। हरेक सत्य सापेक्ष होता है, और अपने खास सन्दर्भ में ही ठीक होता है। विश्वगत सन्दर्भ में भारतीय साहित्यकार की मुक्ति और आधुनिकता स्वाभाविक घटना है, पर भारतीय सन्दर्भ में 'अकाल वसन्त' है। अकाल प्रसव या 'अकाल वसन्त' को भारतीय मन धूमकेतु-सा अशुभ का प्रतीक मानता आया है। यही प्रतिक्रिया आधुनिकता के बारे में भी हुई है।

आधुनिकता-बोध के भारतीय सन्दर्भ में एक और बड़ी कमी यह रही कि इसका सम्बन्ध रचनात्मक साहित्य से ही रहा। इसके लिए वातावरण और पृष्ठभूमि तैयार करने के लिए इस देश की दार्शनिक चिन्ता आगे नहीं बढ़ी। दरअसल इस देश में दार्शनिक चिन्ता नाम की वस्तु वैष्णव आचार्यों के बाद लुप्त ही हो गयी है। दार्शनिक अध्ययन-अध्यापन बाकी रहा, पर दार्शनिक चिन्तन खत्म हो गया। यहाँ तक कि विवेकानन्द, अरविन्द और राधाकृष्णन् भी चिन्तन का आभास मात्र प्रस्तुत करते हैं या बहुत हुआ तो पुनर्व्याख्या प्रस्तुत करते हैं—पर 'अस्तित्व' और 'स्वयं' के सम्बन्ध में नये प्रश्न और नये सिरे से प्रश्न उनके द्वारा उठाये नहीं गये। ये एकाडेमिक हिन्दू दार्शनिक ही रहे—स्वतन्त्र हिन्दू-दर्शन या अन्य स्वतन्त्र दर्शन का इनके द्वारा जन्म नहीं हो सका। मैं यह नहीं कहता कि यह काम घटिया या कम महत्त्वपूर्ण रहेगा। पर यह विकासमान जीवन-प्रक्रिया से तभी संयुक्त हो सकेगा जबकि इसकी लीक से हटकर कोई चैलेंज या कोई नया स्वतन्त्र आदर्श आए। कहने का तात्पर्य यह कि जो प्रश्नाकुलता यूरोप के साहित्यिक आधुनिकता-बोध में है, वही दार्शनिक बोध में भी, बल्कि उसके प्रखर रूप में, वहाँ विद्यमान है। यूरोप ने न केवल बॉदलेअर, एलियट और सार्त्र तथा कामू को पैदा किया बल्कि 'स्व' और 'अस्तित्व' के प्रश्न पर चिन्तित अनेक दार्शनिकों को भी साथ-साथ उपस्थित किया। कीर्कगार्द, सार्त्र, कार्ल यास्पर्स, बूबर, पाल टिलिच, हसरेल, हीडेग्गर आदि ईसाई, गैर-ईसाई, आस्तिक-नास्तिक विचारकों का जत्था सर्जनात्मक साहित्य के साथ उभरता है। 'मार्क्स बनाम धर्म' के प्रश्न पर (जो मूलतः 'अधिनायक बनाम मानवीय आत्मा' का प्रश्न है) बहुत कुछ सोचा-विचारा गया। 'समाज और व्यक्ति', 'मनुष्य और इतिहास' आदि युग्मों के आधार पर भी दार्शनिक चिन्ता ने 'अस्तित्व' का प्रश्न सामने रखा और उसकी व्याख्या की। ऐसी दार्शनिक हलचल और ऐसा वातवरण भारत में नहीं दिखाई देता। कहीं-कहीं एकाध फुटकर आवाज (यथा, आचार्य रजनीश) इधर-उधर से भले आवे। इस तरह भारत के सर्जनात्मक साहित्य में अभिव्यक्ति आधुनिकता को दार्शनिक चिन्ता के श्मशान में उगना पड़ा, श्मशान में उगी हुई खूबसूरत चम्पा की तरह—भौरे जा नहीं पाते और खूबसूरती के बावजूद साधारण प्रेमी हिचकता है कि यह श्मशान में उगी है। इसे अन्त में यायावर और औघड़ ही प्यार करेंगे।

यूरोप में आधुनिकता सम्पूर्ण गुम्फ के साथ उपस्थित होती है। नैतिक, दार्शनिक,

सामाजिक और ऐतिहासिक चिन्तन साहित्य के साथ-साथ समानान्तर या पृष्ठभूमि में चलता है, इसी से उसका बोध खण्डित या आभासमात्र नहीं होता, जबकि भारत में यह खण्डित बोध ही रहता है क्योंकि इसके अन्य आयाम अनुपस्थित हैं। आधुनिकता के सम्बन्ध में थोड़ा-बहुत चिन्तन सर्जनात्मक लेखकों द्वारा ही उपस्थित किया गया है। सम्पूर्ण जीवन को अर्थवान् बनानेवाले आत्ममन्थन का यहाँ भी अभाव लगता है। आधुनिकता के सन्दर्भ में सम्पूर्ण जीवन को वरण न करके, उसकी वर्तमान परत से ही अपने आपको संयुक्त करके अनेक लेखकों और कवियों ने नमूना पेश किया है, वह दोहरे रूप में खण्डित बोध को देता है। पहले तो इसे दार्शनिक, समाज-शास्त्री और साधक नहीं मिले, केवल कवि और कहानीकार ही मिले, और दूसरी बात यह कि ये कवि और कहानीकार भी वर्तमान की ऊपरी परत को सम्पूर्ण जीवन मानकर अपना आधुनिक बोध पेश करते रहे—फलतः जो चीज हाथ लगी उसमें दोहरा अभाव, दोहरी कमजोरी रही—पृष्ठभूमिगत और स्वयंगत। नतीजा यह हुआ कि आधुनिकता-बोध कोई 'बोध' न होकर 'शॉक' बना रहा—'ज्ञान' नहीं, महज एक 'मानसिक धक्का'।

हम कह चुके हैं कि आधुनिकता एक स्वभाव है, संस्कार-प्रक्रिया है या दृष्टिभंगी है। इसके भीतर सही आत्मान्वेषण तब होगा जब 'सम्पूर्ण जीवन' को इसके भीतर रखकर समझा जाय—सम्पूर्ण जीवन में वर्तमान की ऊपर परत ही नहीं, अतीत भी रहता है। अतः 'अतीत की पुनर्व्याख्या आधुनिकता-बोध के माध्यम से'—यह सर्जनात्मक साहित्य का महत्त्वपूर्ण विषय होना चाहिए। परन्तु केवल डॉ. धर्मवीर भारती का 'अन्धा युग' एक अस्तिपक्ष का सबूत है। इसमें मैथिलीशरण गुप्त की तरह 'स्वर्ण पुरातन' का मोह नहीं, अतीत को आधुनिकता-बोध के माध्यम से समझने का प्रयत्न है, और इस प्रयत्न का उद्देश्य है—वर्तमान की पकड़ को और गहरी और अर्थगर्भी बनाना। पर ऐसी कृतियाँ भारतीय साहित्य में कितनी हैं ? 'अन्धा युग' का महत्त्व इसी में है कि इसमें अतीत के माध्यम से आधुनिकता का सही बोध प्रस्तुत किया गया है। इसका महत्त्व इस सन्दर्भ में वही है जो छायावादी सन्दर्भ में 'कामायनी' का, उत्तर छायावादी मानववाद के सन्दर्भ में 'कुरुक्षेत्र' का है। 'कामायनी', 'कुरुक्षेत्र', 'उर्वशी' और 'अन्धा युग' प्रयोग की दृष्टि से और अतीत की पुनर्व्याख्या की दृष्टि से समान महत्त्व के हैं। परन्तु क्या 'अन्धा युग' पर ही सन्तोष कर लेना ठीक होगा ? यह तो एक उदाहरण भर है। 'महाभारत' की थीम ही ऐसी है कि वह नये अस्तित्व-बोध का उपर्युक्त मिथक बन सकती है और कोई सशक्त उपन्यासकार युधिष्ठिर को नायक बना कर, या दुर्योधन को नायक बनाकर वह सब कुछ कह सकता है, व्यक्त कर सकता है, जिसे सारे आधुनिकतापन्थी दर्शन व्यक्त कर रहे हैं। आधुनिकता-बोध की यन्त्रणा और महाभारत में व्यक्त मानवीय अस्तित्व की यन्त्रणा में बहुत कुछ साम्य है। आत्मान्वेषण, आत्मसंघर्ष, आस्वादन के तात्कालिक बोधदर्शन, कुण्ठा, निराशा, अकेलापन, अभिशप्त स्थिति, मूल्यों की पराजय, क्रोध, विद्रोह आदि के लिए इसकी

'थीम' में अपार अवसर पड़ा है।

यूरोप के आधुनिकता-बोध की एक मुख्य भाव-भूमि है : 'आत्मा' (या 'मूल मानवीय प्रकृति' या 'स्वयं'—चाहे जिस नाम से पुकारें) और 'आत्मिक गिरावट' या 'आत्मिक मूल्य-विकार'। अर्थात् 'मनुष्य की भीतरी मूल प्रकृति एवं उसकी आत्मिक नस्ल खराब हुई है और आत्मा कट-कटकर गिर रही है मानो इसे गैंग्रीन हो गया है'—इस भाव की अभिव्यक्ति यूरोप के आधुनिकता-बोध से उत्पन्न सर्जनात्मक साहित्य में प्रचुर रूप में हुई है। भारतीय साहित्य के सन्दर्भ में इस 'आत्मिक ह्रास' या आत्मिक गिरावट (स्पिरिचुअल डिके) का अहसास आधुनिकता-बोध प्राप्त साहित्यकारों ने बहुत कम या नहीं के बराबर किया है। इसका भी एक बड़ा ही विचित्र कारण है।

यूरोप में आधुनिकता भौतिक समृद्धि और भौतिक शक्ति-सम्पन्नता से उत्पन्न होती है। भौतिक सम्पन्नता के लिए मानवीय और आध्यात्मिक मूल्यों की बलि देनी पड़ी। फलतः भौतिक सम्पन्नता का लक्ष्य रखनेवाले जन-समूह को मानवीय मूल्य खोखले और निरर्थक लगे। उन्होंने उनका तिरस्कार कर दिया। इस प्रकार वहाँ के, उसी जन-समूह के अल्पमत यानी संवेदनशील साहित्यकार-वर्ग को लगा कि वे ऐसे युग में जी रहे हैं जिसमें 'भौतिक सम्पन्नता अर्थात् आत्मिक हानि' का समीकरण ही सही है। यूरोप के कवि और लेखक को लगा कि यह सौदा घाटे का रहा, या उसे लगा 'आत्मा का सिपाही' होने के नाते वह आत्मिक हानि के खिलाफ लड़ाई छेड़े। फलतः वह भौतिक सम्पन्नता को शंका की दृष्टि से देखने लगा (—वर्ड्सवर्थ, रस्किन, कार्लाइल, गेटे, टॉलस्टॉय और एलियट) और यह भौतिक समृद्धि के प्रति शंका विकसित होकर 'कर्म' के प्रति शंका बन गयी। सारा यूरोप घोर 'कर्म' के नशे में मत्त था, उस समय कीर्कगार्द अकेले सोच रहा था। बाद में उस अकेलापन की सार्थकता महसूस हुई और यही कारण है कि यूरोप के अनेक कवि-लेखक 'अकर्म' प्रधान बौद्ध-दर्शन की ओर, 'योग' की ओर, 'ज़ेन' की ओर मुड़े। इस ज्वरग्रस्त कर्मशीलता के बीच में स्थिर शान्त बिन्दु की खोज जारी हुई। 'कर्म' के प्रति शंका और अनास्था का चित्र एलियट और डब्ल्यू. एच. आडेन के अनेक पद्य-नाटकों (यथा 'कॉकटेल पार्टी' और 'ऐसेण्ट ऑफ़ एफ़-6') में मिलता है। सारे अस्तित्ववादी साहित्य में 'अकर्म' का दर्शन कहीं-न-कहीं गौण रूप से ही सही, विद्यमान है।

पर 'कर्म' के प्रति ऐसी शंका करने का अवसर भारतीय आधुनिकतावादी को नहीं मिल सकता है। यूरोप की आधुनिकता का जन्म भौतिक सम्पन्नता से होता है, तो भारत में मोहभंग, विद्रोह, अनास्था आदि आधुनिकता के संस्कार भौतिक विपन्नता और अभावग्रस्तता से उपजते हैं। वे धनी हैं इसलिए आधुनिक हैं; और हम गरीब हैं इसलिए आधुनिक हैं। यह परिवेशगत मौलिक अन्तर आधुनिकता-बोध और मोहभंग के दर्शन को बहुत दूर तक प्रभावित करता है। हम देखते हैं कि मनुष्य भूखों मर रहा है और गैरिकवसन और 'गाँधी-टोपी' मौज मार रहे हैं और वे सारे मूल्य जो गैरिकवसन

और गाँधी-टोपी से जुड़े हैं, हमें कमीने और लुच्चे ज्ञात हुए। इस प्रकार सारे मूल्यों (आध्यात्मिक और राष्ट्रीय आदर्शों) के प्रति हमारा मोहभंग हुआ। अतः यहाँ पर आत्मचिन्तन, आत्मयन्त्रणा नहीं क्रोध और परम्परा-भंजन के लिए ही उपयुक्त अवसर मिला। यूरोप में यह मोह भंग हुआ—क्रोध नहीं, स्वयं पर पश्चात्ताप के रूप से। महायुद्धों में मानवीय मूल्यों की पराजय दिखी—समाज में तथाकथित महापुरुषों का पाखण्डपूर्ण चरित्र सामने आया—'इन सबके लिए दोषी कौन ? स्वयं हम, जो यह सब विश्व-बाजार को दखल करने के लिए या अधिक-से-अधिक भोग के लिए कर रहे हैं।'

यूरोप को लगा कि उसने अपनी आत्मा भौतिकता के शैतान के हाथों बेच दी है—ऊब भरे भोग के लिए। इस प्रकार मोहभंग को पश्चात्ताप और आत्मचिन्तन की जमीन मिली। इस जमीन पर क्रोध से अधिक आत्मयन्त्रणा का अवसर था। इस प्रकार दोनों स्थितियों का मौलिक अन्तर मोहभंग और आधुनिकता-बोध (जिसका एक अंश मोहभंग भी है) को प्रभावित करता रहा।

भारतीय सन्दर्भ में 'कर्म' या 'अतिकर्म' को शंका की नजरों से देखने का सवाल ही नहीं उठता है। यहाँ पर तो हम 'कर्म' के अभाव में पल रहे हैं। जो कुछ हमारा कर्म है, वह हमें एक मुट्ठी अन्न देने में भी समर्थ नहीं—यह 'अकर्म' से भी बदतर है। इस 'कर्म' और 'अकर्म' के बीच निर्जीव जीवन को यत्र-तत्र नयी कविता और नयी कहानी में संकेत रूप से यहाँ व्यक्त किया है। पर यह यूरोप की आत्मिक स्थिति से बिलकुल अलग स्वभाव की आत्मिक स्थिति ज्ञात होती है।

यहाँ न केवल आत्मिक स्तर पर, बल्कि सामाजिक और राजनीतिक स्तर पर भी 'कर्म' और 'अकर्म' के बीच की स्थिति भयानक प्रश्न-चिह्न है। 'कर्म' और 'अकर्म' के बीच जीनेवाला कोई जानदार भारतीय युवक जब 'अकर्म' के घेरे को तोड़ता है, तो वह राजनीति में प्रवेश करता है। पर जैसा कि कहा जा चुका है कि भारतीय राजनीति की ट्रेजडी यह है कि यह 'शब्द'गत है यथार्थगत या 'अस्तित्व'गत नहीं। अस्तित्व से इसका कोई ताल्लुक ही नहीं। पहले यह दोष महज वामपन्थी चिन्तन का था जिसमें 'वाम़', 'दक्षिण', 'वर्ग', 'बुर्जुआ', 'इतिहास', 'जनता', 'समाजवाद' आदि शब्दों का कोई निश्चित अर्थ नहीं और न वे यथार्थ स्थिति को व्यक्त करते हैं। वे अवसरानुकूल पार्टी या डिक्टेटर की 'झक' या 'आकांक्षा' को व्यक्त करते हैं—यथार्थ क्या है, यह व्यर्थ का झमेला है। ठीक यही बात आज 'धर्म-निरपेक्षता', 'प्रगति', 'राजनीति', 'समाजवाद', 'जनता', 'देश', 'मानववाद' आदि शब्दों को लेकर कांग्रेस, सोशलिस्ट, स्वतन्त्र, जनसंघ आदि राजनीतिक दल कर रहे हैं। इनका चिन्तन सगुण स्वीकारात्मक और अस्तित्वपरक नहीं, यथार्थ नहीं—सब कुछ आँकड़ों और शब्दों का खेल है। जब भारतीय युवक 'अकर्म' को तोड़कर 'कर्म' के नाम विद्रोह करता है, बगावत-दंगा-फसाद करता है, जुलूस निकालकर गोली खाता है तो यह महज अराजकता और अस्तित्वनिरपेक्ष विद्रोह भर होकर रह जाता है। 'कर्म' की जगह पर 'केआस'

की स्थापना होती है। और इसके अप्रत्यक्ष प्रभाव के फलस्वरूप साहित्य में दो चीजें आती हैं—खीझ और अवसाद। आधुनिकता-बोध ले-देकर इसी खीझ और अवसाद पर चुक जाता है।

तीन अवस्थाएँ होती हैं : सृष्टि, स्थिति और प्रलय। 'अकर्म' स्थिति है, तो दिशाहीन-नियमहीन 'विद्रोह' प्रलय। दोनों का अन्त अवसाद और खीझ में होता है। क्या आधुनिकता-बोध का उद्देश्य अवसाद और खीझ ही है ? क्या सृष्टि के क्षेत्र में इसकी कोई भूमिका नहीं हो सकती ? इस 'अकर्म' को टूटना है। इसे 'कर्म' की ओर उन्मुख होना है। क्या इस दिशा में आधुनिकता की कोई भूमिका हो सकती है ? यह बड़ा ही हठीला सवाल है, जो शरारतवश बार-बार तंग करता है, क्या इस दिशाहीन, नियमहीन, विद्रोह और खीझ तथा अवसाद के बीच एक स्वीकारात्मक दर्शन, एक दृष्टिकोण, या एक वेल्तानशाउंग (विश्व-दृष्टि) विकसित करने का अवसर मिल सकता है जो 'अकर्म' के घेरे को तोड़े और साथ ही सही कर्म की प्रेरणा दे सके ?

अकर्म से कर्म की ओर प्रस्थान करने की दो दिशाएँ हैं : 'ध्यान' और 'विद्रोह' ! उक्त प्रश्न का उत्तर ध्यान और विद्रोह के भीतर ढूँढ़ना होगा।

अकर्म को तोड़ने के लिए 'ध्यान' और 'विद्रोह' को—और आदर्श स्थिति तो होगी 'ध्यान' और 'विद्रोह' को परस्पर पूरक रूप में—अंगीकार करना होगा।

इस समाधान पर कुछ विस्तार से सोचने की जरूरत है। छिछले, एकांगी शिक्षित (अशिक्षित कहने में संकोच होता है) या अर्धशिक्षित बुद्धिजीवी जो 'देह ही आत्मा है' में विश्वास करते हैं, भले ही ध्यान को कर्म न मानें, पर 'ध्यान' भी निश्चय ही कर्म है। यदि 'मनुष्य = शरीर' ही नहीं, 'मनुष्य = शरीर + मन + मनातीत (आत्मा)' है तो ध्यान भी निश्चय ही कर्म है। यदि 'मनातीत' को छोड़कर 'मन' पर भी विश्वास करें तो भी ध्यान एक कर्म है। यदि कविता लिखना एक कर्म है, कहानी का प्लॉट सोचना एक कर्म है, तो ध्यान भी एक कर्म है। यह कर्म की मानसिक और आत्मिक शैली है। विद्रोह शारीरिक, मानसिक और आत्मिक—तीनों शैलियों में व्यक्त होता है, जबकि ध्यान के लिए शारीरिक का अवसर नहीं। विद्रोह भी अपने भागवत पहलू में ध्यान है। कहने का तात्पर्य यह कि भारतीय सन्दर्भ में आधुनिकता को अस्तित्ववाद का अकर्म-प्रधान दर्शन अस्वीकार करके कर्म-प्रधान दर्शन की खोज (क्वेस्ट) करनी होगी। और यदि कर्म का सतही वरण हुआ तो फिर वही पराजय और दिशाहीनता उत्पन्न होगी जिसके खिलाफ कर्म का वरण किया गया है। कर्म का वरण गहरे में उतरकर करना होगा। अर्जुन ने युद्ध का, हत्या का वरण किया पर मन की उस गहराई में उतरकर जहाँ पाप और कुण्ठा का विष नहीं—अनासक्ति है। यहाँ पर भी कर्म का, 'विद्रोह' का, वरण गहराई में, ध्यान में, उतरकर करना होगा, तभी सही कर्म की प्रेरणा मिलेगी। अन्यथा कर्म 'अतिकर्म' या 'अपकर्म' में या निरर्थक कर्म में भटक जाएगा और फिर यह प्रयोग भी उसी भाँति असफल होगा जैसे मार्क्सवादी मानववाद द्वारा

लायी गयी वर्गक्रान्ति। इससे भी मनुष्य का उदय न होकर नया मोहभंग, नया पाश एवं नयी कैद की सृष्टि होगी। इसीलिए विद्रोह के साथ-साथ 'ध्यान' की भी जरूरत महसूस होती है। ध्यान ही ऐसा कर्म है जिसके द्वारा हम गहराई प्राप्त कर सकते हैं—विद्रोह का वरण सतह पर न करके मूल के गर्भ में उतरकर कर सकते हैं। अर्जुन का ध्यान स्थूल भाषा में 'गीता' की संज्ञा से पुकारते हैं और उस ध्यान से जो बोध मिला वह है अनासक्ति और उससे जिस कर्म का वरण उन्होंने किया वह है युद्ध। हमारे कर्म के बारे में तो हमारा आइडिया साफ है : विद्रोह। पर वह किस 'बोध' के सहारे हो और कौन-सा 'ध्यान' उस बोध को जनम दे सकता है—यही है हमारे लिए 'क्वेस्ट' या 'खोज' की 'थीम', हमारी अनुसन्धान-यात्रा की मंजिल, यह अकर्मप्रधान अस्तित्ववाद के आगे का चरण होगा। तथ्य तो यह है कि अस्तित्ववाद ने भी कामू के माध्यम से अपनी अकर्म की स्थिति को तोड़कर विद्रोह का दर्शन वरण कर लिया है।

यहीं पर 'यायावर बनाम संन्यासी' का प्रश्न आता है। यहीं पर 'गैरिक वसना' वाणी का महत्त्व ज्ञात होता है। आधुनिकता यायावर को, रस के आखेटक को, रस के 'लोफर' को भी, स्वीकृत करने को तैयार है—बल्कि ये ही उसकी सभा के राजगन्धर्व हैं, परन्तु संन्यासी को देखकर वह हिचकती है। सबूत है 'आँगन के पार द्वार' का आधुनिकता-पन्थी आलोचकों के द्वारा तिरस्कारपूर्ण स्वागत। परन्तु मुझे लगता है कि यह तिरस्कार बहुत सही दृष्टिकोण नहीं। सूक्ष्म दृष्टि से देखा जाय तो यायावर और संन्यासी शैली के हिसाब से दोनों एक ही हैं। ये दोनों ही नील आकाश-तले विचरते हैं; गिरती वर्षा, बरसती धूप का पान करते हैं; मुक्त और स्वच्छन्द रहते हैं; मौज लेते हैं। लोफर से यायावर, यायावर से संन्यासी, यह तो शुभ का आरोहण है, एक विकास है, अवरोहण या दुर्गति नहीं। हाँ, देखना यह है यह संन्यासी-भाव ईमानदार है या आरोपित। अर्थात् यह लोफर और यायावर के बोधों की आत्मिक यन्त्रणा से होकर फूटता है या नहीं; यह 'स्व' के द्वारा भोगा गया फर्स्ट हैण्ड है या बाहर से लिया हुआ आरोपित सेकेण्ड हैण्ड है। इस बात की जानकारी के लिए कोई कसौटी नहीं, पाठक या आस्वादक की अनुभव-क्षमता के अतिरिक्त। संन्यासी-भाव आधुनिकता का ही एक आयाम है। संन्यासी-भाव के सारे संस्कार गहरे आत्मिक बोध (डीप स्पिरिचुअल एक्सपीरियंस) के रूप में आते हैं। यहाँ 'आत्मिक' (स्पिरिचुअल) को हम धार्मिक या आध्यात्मिक घेरे के बाहर 'मनातीत' (शरीर और मन के प्रवाहों के आगे) के तटस्थ अर्थ में लेते हैं। 'आत्मा' शब्द पुराना होने से सदैव धर्म या अध्यात्म की ओर संकेत देता है। पर और कोई शब्द भी नहीं हैं जो 'मनातीत' को व्यक्त कर सके। यह कठिनाई है।...धार्मिक अनुभूति भी मनातीत आत्मिक है और वह आधुनिकता-बोध में अपने शुद्ध निर्विकार रूप में (जैसा 'फोर क्वार्टेट्स' में व्यक्त है) उसी तरह स्वीकृत है जिस तरह अन्य तटस्थ (न्यूट्रल) मनातीत अनुभूतियाँ। उदाहरण के लिए अनासक्ति एक

ऐसी 'मनातीत' मनःस्थिति है जो धार्मिक हो भी सकती है, नहीं भी। अपने शुद्ध रूप में यह तटस्थ ही रहेगी।

लोफर-मन उस अवस्था में जाग्रत् रहता है जिसमें चरम लक्ष्य है—ऐहिक आस्वादन, नैतिकता-निरपेक्ष ऐहिक आस्वादन। 'आस्वादन' ही उसका लक्ष्य है। यायावर अवस्था में आस्वादन लक्ष्य नहीं साधन है। आस्वादन के माध्यम से वह शेष मूल्यों से 'मुक्ति' खोजता है। संन्यासी-अवस्था में इस आस्वादन से भी वह मुक्त है। आस्वादन से मुक्ति का अर्थ होता है—अपने से भी मुक्ति। यायावर-अवस्था में वह रस-प्रवाह के आवर्त-चक्र पर घूर्मित है—पर संन्यासी-भावबोध की अवस्था में वह आवर्त-चक्र के छल्लों पर घूमते-घूमते केन्द्र-बिन्दु पर पहुँच गया है जहाँ एक ही बिन्दु पर वह घूमता है और वह शान्त पर गतिहीन बिन्दु है। यहाँ वह क्वेस्ट या खोज का बोध प्राप्त कर लेता है। एलियट के 'फोर क्वार्ट्रेट्स' की अन्तिम कविता में यही बिन्दु व्यक्त है। अतः यह ध्यान-योग नयी कविता में बहिष्कृत नहीं। बहिष्कृत है वह बोध जो महज पुरानी शैली का आरोपण है। जिस बोध के पीछे कोई नयी आत्मिक यन्त्रणा, प्रश्न का दर्द और दर्द से उद्भूत शान्त केन्द्र की अनुभूति हो—जिसमें आत्माभिज्ञान का दर्द और दर्द का शान्तबोध में निर्वाण हो, वह आधुनिक बोध है। 'तेरे घर के द्वार बहुत हैं किससे होकर आऊँ मैं' (गुप्त जी) आधुनिक-बोध नहीं, पुराने टैगोरी-बोध का आरोपण है। परन्तु यह 'दीप अकेला गर्व भरा मदमाता...', 'आज तुम शब्द न दो, न दो ...' या 'मतियाया सागर लहराया...' आदि में व्यक्त 'स्वयं' से मुक्ति, 'अहं' से याचना तथा 'अस्तित्व' का समर्पण आदि अपने पीछे उलझी अर्थगर्भी प्रक्रिया की परत-पर-परत समेटे चलते हैं। संकेत इतने समृद्ध हैं कि इनकी पृष्ठभूमि में गहरी आत्म-यन्त्रणा की अनिवार्य उपस्थिति का स्पष्ट भान हो जाता है। इन्हें कोई नहीं कहेगा कि ये आधुनिक नहीं। 'आँगन के पार द्वार' की टाइटिल-कविता तथा शब्द, मौन और अस्तित्व को लेकर लिखी गयी कविताएँ समृद्ध आत्मिक प्रक्रिया की उपज हैं। 'असाध्य वीणा' का आधुनिकता-बोध कमजोर लगता है। पर इसका कारण बहुत कुछ इतिवृत्तात्मक कथावस्तु है। यदि ध्यान के माध्यम से सिर्फ यही बोध होता है कि मैं वामन हूँ, यतीम हूँ, इस 'अस्तित्व' के क्रूर चक्र के नीचे चूहे जैसा दुबका हूँ तो दरअसल यह एकहरा बोध है। ध्यान के माध्यम से सम्पूर्ण बोध वही है जो ऊपर के बोध के साथ-साथ एक पूरक बोध भी दे कि मैं वामन के साथ-साथ विराट् भी हूँ—मौका पड़ने पर मेरे अन्दर का त्रिविक्रम पुरुष भी सामने आ सकता है; चूहा तो नॉर्मल अवस्था में हूँ पर चरम स्थिति में विनायक भी हूँ। ऐसे बोधवाला ध्यान निश्चय ही 'कर्म' है—कर्म का सही और गहरे में वरण है। ऐसा बोध जो ध्यान प्रदान करे वही श्रेयस्कर है, क्योंकि यह बोध हमें कर्म के मोरचे पर लाकर खड़ा कर देता है।

जिस तरह सही युद्ध अनासक्ति से लड़ा जाता है, वैसे ही सही विद्रोह ध्यान से संयुक्त होता है। यह ध्यान सारे जनसाधारण के अन्दर भी प्रस्फुटित हो, ऐसा मानना

व्यावहारिक नहीं होगा। महाभारत की लड़ाई में प्रत्येक सिपाही अर्जुनवाली अनासक्ति से लड़ रहा था, ऐसा मानना आधारहीन तथ्य होगा। विद्रोह तो जनसाधारण के द्वारा चालू होगा ही—जैसे लड़ाई अकेले सेनापति द्वारा नहीं—सम्पूर्ण सेना द्वारा ही लड़ी जा सकती है। परन्तु वह बुद्धिजीवी अल्पमत, जो विद्रोह का नियमन या वातावरण का सर्जन करेगा, यदि विद्रोह के मूल्यों की गहरी पहचान से सम्पृक्त रहेगा तो विद्रोह के लक्ष्य पर (वह लक्ष्य और कुछ नहीं मनुष्य है) पहुँच पाएगा अन्यथा नहीं। मूल्यों की इस गहरी पहचान के लिए आरोपित किताबी थ्योरियाँ, यूटोपिया नहीं, ध्यान का माध्यम ग्रहण करना होगा। 'ध्यान' का अर्थ यहाँ पर बिलकुल ही तटस्थ किस्म का है। 'ध्यान' का सीधा-सादा अर्थ—'स्व' के और अगल-बगल के सम्पूर्ण 'अस्तित्व'-बोध (यथार्थ मानवीय स्थिति का बोध) से सम्पृक्त मन द्वारा मूल्यों की निजी खोज (क्वेस्ट) और निजी उपलब्धि। सम्पूर्ण अस्तित्व-बोध के अन्दर अतीत और वर्तमान तथा भविष्य तीनों आ जाते हैं। वर्तमान के हरेक क्षण में अतीत 'स्मृति' के रूप में तथा भविष्य 'सम्भावना' के रूप में रहता है। अतः स्मृति, वर्तमान अस्तित्व और सम्भावना—तीनों के गुम्फ को सम्पूर्ण अस्तित्व कहते हैं। 'निजी खोज' से मेरा तात्पर्य है—पूर्व आरोपित थ्योरियों से निरपेक्ष और भिन्न ढंग से आत्मचिन्तन। ऐसे ध्यान के द्वारा सम्पृक्त मन यदि कर्म (जो विद्रोह हो या युद्ध हो) में प्रवृत्त होता है, यदि कर्म वातावरण-सृजन और नियमन करता है तो वह कर्म कभी भी 'अपकर्म' नहीं बनेगा।

विद्रोह को सदैव सगुण रूप में देखना चाहिए। यह मनुष्य की आत्मा का प्रधान गुण है। पर आज तक लोग विद्रोह और क्रान्ति में भेद नहीं करते हैं। परन्तु दोनों में सूक्ष्म भेद है जिसे कामू ने अपने विद्रोह-दर्शन में व्यक्त किया है। क्रान्ति थ्योरियों, निर्गुण (ऐब्स्ट्रैक्ट) सिद्धान्तों और अस्तित्व (तात्कालिक मानवीय स्थिति) से निरपेक्ष निर्गुण शब्दों पर आश्रित रहती है। इस क्षण-क्षण परिवर्तित देश-काल के परिवेश में, जबकि यह जानना मुश्किल है कि अगले क्षण का 'अस्तित्व' कैसा होगा, एक सार्वकालिक यूटोपिया और सार्वकालिक मूल्य-पद्धति का दावा पेश करना और उस दावे के आधार पर क्रान्ति लाना अन्त में जाकर आत्मप्रवंचना ही सिद्ध होता है। सबूत हैं इतिहास में आयी हुई क्रान्तियाँ, जिनका उपसंहार मोहभंग के रूप में हुआ है। अतः हमें इस निर्गुण विधा को छोड़कर विद्रोह की सगुण और तात्कालिक विधा को अपनाना होगा तब मोहभंग या निराशा को कम अवसर मिलेगा। विद्रोह सगुण और तात्कालिक समस्या पर ध्यान देता है तो क्रान्ति भविष्य की निर्गुण यूटोपिया पर। दोनों की कार्य-प्रणाली में इसी से भेद हो जाता है। अन्न के ठीक से वितरण की समस्या, भूमि-समस्या, वेतन और बोनस की समस्या, गोली-काण्ड पर जाँच की समस्या आदि सगुण और तात्कालिक समस्याएँ हैं—इन्हें लेकर 'विद्रोह' किया जाय तो अधिक कामयाबी होगी और इसमें मोहभंग का अवसर नहीं। यही कारण है कि समाजवादी आन्दोलन के इतिहास में मजदूर-वर्ग के लिए जन-क्रान्तियों से अधिक लाभदायक हुआ है ट्रेड-यूनियन-मूवमेण्ट।

क्योंकि ट्रेड-यूनियन-मूवमेण्ट की समस्याएँ सगुण और तात्कालिक रहती हैं। पर इसका तात्पर्य यह नहीं कि विद्रोह-दर्शन में जन-क्रान्ति को स्थान नहीं। जन-क्रान्ति यदि सगुण और यथार्थ स्थितियों को दृष्टिगत रखकर हो तो भी वह बृहत्तर विद्रोह ही है। परन्तु जन-क्रान्ति का आधार सात समुद्र पार उन्नीसवीं शती में लिखी गयी कोई किताब हो तो वह जन-क्रान्ति नहीं, वह धोखे की टट्टी का शिकार है। यह ऊपर से आरोपित क्रान्ति होगी, क्योंकि इसके जन्म की भूमि सगुण और यथार्थ 'अस्तित्व' नहीं। इसलिए यह सफल-असफल दोनों हालतों में जोर-जबरदस्ती और अत्याचार पर ही निर्भर रहेगी। चीन में ऐसा ही हुआ है। इधर भारत में कुछ छोटे-छोटे 'विद्रोह' हुए हैं। परन्तु खेद है कि उनमें अराजकता की भी मिलावट हो गयी थी। विद्रोह और अराजकता में भी अन्तर होता है। अराजकता महज ध्वंस, रस-लोभ के लिए की जाती है, परन्तु विद्रोह 'कुछ' या 'किसी' सगुण तथ्य के लिए ही हो सकता है। यह महज मौज-शौक के लिए, ध्वंस के लिए नहीं होता।

वर्तमान विद्रोही राजनीतिज्ञों में डॉ. राममनोहर लोहिया का विद्रोह-दर्शन बहुत-कुछ सगुण और तात्कालिक स्थितियों पर आश्रित है जैसे—रेलवे का तीसरा-क्लास, अँगरेजी बनाम हिन्दी, सस्ता खाद्य, गरीबी, वगैरह-वगैरह। उनकी आँकड़ा-परस्ती सगुण है, यथार्थ स्थितियों के भीतर आँकड़ों का मूल्यांकन करती है। इसी से मैं उनके चिन्तन को 'अस्तित्व'-परक मानता हूँ शब्दपरक नहीं। परन्तु जितना ही यह सन्तोष की बात है, उतना ही खेद की बात है कि उनके दल में विद्रोह और अराजकता का भेद समझनेवाले बहुत कम हैं। और कभी-कभी तो व्यवहार में उनका दल ठीक उसका उलटा करता है जो डॉ. लोहिया कहते हैं। डॉ. लोहिया जातिवाद के घोर शत्रु हैं, जैसा कि आज का कोई ईमानदार बुद्धिजीवी होगा, पर जिला-स्तर की राजनीति में उनके शिष्य-प्रशिष्य भी इस जाति-भाव का उतना ही उपयोग करते हैं, जितना और लोग। सिद्धान्त के लिए जिस गहरे बोध और ध्यान-योग की जरूरत है उसकी ट्रेनिंग गाँधीजी ने अपने शिष्यों को दी थी। इसी से कहा जाता है कि उन्होंने मिट्टी से जानदार आदमी पैदा किया। गाँधीजी ने व्यक्ति-दर-व्यक्ति सम्पर्क द्वारा अपने 'बोध' का वितरण किया; महज वचन का ही नहीं 'बोध' का भी ! यह वितरण डॉ. लोहिया या आज का कोई विद्रोही विचारक नहीं कर पा रहा है। 'वचन' का वितरण चल रहा है, पर 'बोध' का वितरण 'ध्यान' की ट्रेनिंग, जिसके लिए शायद आज के घोर ज्वरग्रस्त क्षुब्ध राजनीतिक वातावरण में समयाभाव भी है, आज का कोई राजनीतिज्ञ नहीं कर पा रहा है। यह हमारे 'स्थापित' और 'विद्रोही' दोनों चिन्तन-पक्षों की कमजोरी है।

मैं कुण्ठाहीन भाव से स्वीकारता हूँ कि मैं हिन्दू हूँ। मेरी धारणा है कि अपनी पैदाइश को, अपने बाप को, वही इनकार करता है जिसके मन में चोर छिपा होता है, जो भीतर-ही-भीतर किसी हीनता-ग्रन्थि से पीड़ित होता है। हिन्दी साहित्य और भारतीय साहित्य में ऐसे लोग काफी हैं और मैं उनकी नाराजगी की परवा भी नहीं

करता हूँ। पर सवाल उठता है : क्या हिन्दू रहते हुए भी कोई आधुनिक हो सकता है ? मेरा हठ नहीं है कि मुझे आधुनिक माना जाय, पर इस सवाल का मुझे जवाब देना होगा तो कहूँगा : "हाँ, निश्चयपूर्वक हाँ।" यदि ऑडेन, एलियट ईसाई होते हुए भी साथ-ही-साथ आधुनिकताबोध-सम्पन्न हो सकते हैं तो फिर मैं हिन्दू होते हुए भी क्यों नहीं कोई आधुनिकता-बोध अर्जित कर सकता ? हाँ, हिन्दू से मेरा तात्पर्य मनुस्मृति के आचार्यों का चमरौंधा जूता ढोनेवाला हिन्दू नहीं, मेरा तात्पर्य 'नये हिन्दू' से है। राममोहन राय पहले 'नये हिन्दू' थे।

आधुनिकता-बोध की प्रधान शर्त है—'स्व' की एकान्त और निर्विकार स्वीकृति। 'स्व' मनुष्य के आन्तरिक, मानसिक और मनातीत संस्कार-प्रवाहों का समवाय है। इसे हम कामचलाऊ ढंग से 'आत्मा' भी कह सकते हैं। यह स्वीकृति निर्विकार यानी लाभ-हानि आदि स्वार्थपूर्ण चिन्तन से निरपेक्ष होती है। अन्यथा यह स्वीकृति ध्यान और विद्रोह की सहायक न होकर 'लेसे-फेअर' बन जाएगी। 'स्व' की गरिमा को ही राजनीति की भाषा में व्यक्ति की गरिमा कहते हैं, जो प्रजातन्त्र की आधारशिला है और अधिनायकवाद या निर्गुण यूटोपिया-आश्रित क्रान्ति इसी गरिमा का हनन करना चाहती है। विद्रोह-दर्शन इसी गरिमा को स्वीकृत करने के लिए ध्यान का सहयोग वरण करता है। कोई भी ऐसी व्यवस्था, कोई ऐसा बोध, कोई भी ऐसा सिद्धान्त जो 'स्व' के इस निर्विकार रूप को अस्वीकृत करता है, अत्याचार और अमानुषिकता की भूमिका तैयार करता है। 'अस्तित्व' को (सगुण मानवीय स्थिति को) समझने के लिए भी यही 'स्व' का माध्यम आवश्यक है।...जहाँ तक हिन्दू जीवन-दर्शन का सवाल है, इस 'स्व' को वह नये-पुराने किसी भी जीवन-दर्शन से अधिक गहरे में स्वीकृत करता है। उदाहरण के लिए, हिन्दू जीवन-दर्शन में विद्रोह को त्याग की शैली में व्यक्त किया गया है क्योंकि त्याग भोग की परिपाटी से विद्रोह है : अतः त्याग भी एक तरह का विद्रोह ही हुआ। और इस त्याग-दर्शन को एक सामाजिक दायित्व के रूप में 'महाभारत' के एक श्लोक (1,115,36) में बड़ी ही सटीक अभिव्यक्ति दी गयी है :

"त्यजेदेकं कुलस्यार्थे ग्रामस्यार्थे कुलं त्यजेत्।
ग्रामं जनपदस्यार्थे आत्मार्थे पृथिवीं त्यजेत्।"

"परिवार के लिए एक व्यक्ति का त्याग कर देना चाहिए, उसी भाँति ग्राम के लिए परिवार और जनपद के लिए ग्राम का—परन्तु आत्मा के लिए सम्पूर्ण पृथ्वी का त्याग कर देना उचित है।"

यहाँ 'आत्मार्थे पृथिवीं त्यजेत्' में 'स्व' की गरिमा और अस्तित्व की गहरी स्वीकृति है। 'आत्मा के लिए पृथिवी का त्याग कर दो' का अर्थ यह नहीं कि व्यक्ति के क्षुद्र स्वार्थों के लिए दुनिया के स्वार्थों का बलिदान कर देना चाहिए। यदि इसका यह अर्थ निकाला जाय तो श्लोक के शेष अंशों में खप नहीं पाएगा। श्लोक के चारों चरणों

में महान् के लिए लघु का त्याग करना बताया गया है। 'एक से बड़ा है परिवार, परिवार से बड़ा है ग्राम, ग्राम से बड़ा है जनपद, परन्तु आत्मा पृथिवी से भी महान् है।' यह आत्मा विकारग्रस्त व्यक्ति नहीं। बल्कि यह व्यक्ति के अन्दर निहित वह 'स्व' है जो उसके लाभ-हानिवाले पहलू से परे स्थित है, जो उसकी आन्तरिक, मानसिक और मनातीत शक्तियों और संस्कारों का समवाय या समाहार है, जिसके माध्यम से वह दया-माया, प्रेम और सौन्दर्य-बोध को अनुभूत करता है। मैं यह मानने के लिए तैयार नहीं कि हम मन के जिस स्तर पर बैंक बैलेंस या बोनस-वेतन का चिन्तन करते हैं, लोभ-लालच का आस्वादन करते हैं, उसी स्तर पर हम शील, सौजन्य, करुणा आदि का भी बोध करते हैं। ऐसा सोचना असंगत है। 'आत्मा' का यहाँ पर सीधा-सादा अर्थ यही हुआ—व्यक्ति के अन्दर का वह 'स्व' जो उदात्त भावों के परिवेश में ही सक्रिय होता है, जो दर्शन-कला और साहित्य का सृजन तथा उपभोग करने की क्षमता रखता है, जो निर्विकार है। यह 'आत्मा' बिलकुल अकेले रहती है। यह अकेलापन निर्वासन नहीं। यह नित्य अकेलापन है जो कवि या दार्शनिक के बोध की प्राप्ति के लिए आवश्यक है। हिन्दू जीवन-दर्शन इस अकेलेपन को निर्वासन के शाप के रूप में न स्वीकृत करके 'स्व' की नित्य अवस्था या आत्मा के स्वभाव के रूप में स्वीकृत करता है। इसी से वह अकुण्ठित भाव से 'आत्मार्थे पृथिवीं त्यजेत्' का आदर्श उपस्थित करता है। इस आदर्श के परिवेश में जीनेवाले आदमी को आधुनिकता-बोध के अर्जन में इस आदर्श से सहायता ही मिलेगी, कठिनाई नहीं होगी। साथ-ही-साथ वह घोर क्षुद्र व्यक्तिवाद ('लेस फेअर') का भी शिकार नहीं होगा। उक्त श्लोक के मर्म को मैंने इसी रूप में समझा है। मुझे लगता है, ठीक से हिन्दू होना आधुनिक होने में सहायक है, बाधक नहीं।

# शिशु-वेद

किसी-किसी रविवार को देहात घूमने निकल जाता हूँ। आँखें तो सुख पाती ही हैं, इस निरन्तर उत्तेजित मन को भी आराम मिलता है और तब यह विक्षिप्त-प्राण-सरपट की जगह बड़ी मौज से कदम-ताल चलता है। गत रविवार को भी हवा और हरीतिमा के चाक्षुष-यज्ञ का दृष्टि-स्वाद लेने के लिए ही मैं निकला था। परन्तु प्रारम्भ से ही कुछ मिजाज ऐसा रहा कि सारा पथ मैं चिन्तालग्न ही रह गया। मुक्तमन से भर नजर कहीं भी दृष्टि-सुख नहीं ले पाया। मन को जरा भी फुरसत नहीं मिली। मैं चिन्ता करता जा रहा था कि हमारे दशक में या हमारी अर्ध शताब्दी में विश्व का पुनर्जन्म हो रहा है, धरती पुनः शिशुता की ओर लौट रही है। विविध सामूहिक आन्दोलन और नयी राजनीति इस तथ्य का साक्ष्य दे रहे हैं। प्रायः नये साहित्य में पुराने के प्रति मोहभंग (और इस पुराने में क्लासिकल मार्क्सवाद भी आता है) और साथ ही शिशुता-सम्पृक्त उद्दामता और उच्छृंखलता, कभी-कभी सहजता की भी प्रवृत्तियाँ मिलती हैं। नव-मनोविश्लेषण पर आधारित शिशु-सुलभ भय और कौतुक के काव्य-बिम्ब एवं अकृत्रिम शिशुवृत्तियों पर आधारित पॉल बालेरी या अतिवास्तववादी (सुररियालिस्ट) चित्रकारों की कृतियाँ तथा सभ्यता के शिशु-स्तर पर स्थित लोकधर्मी गीतनाट्य और कथा-परम्पराओं पर आधारित ब्रेख्त के नाटक इस बात के प्रमाण हैं कि धरती रोमैण्टिक कैशोर्य और बुद्धिवादी प्रौढ़ता से समान रूप में ऊब गयी है और पुनः उसका मन बचपन के लिए लालायित है। हाँ, कभी-कभी ऐसे भी उदाहरण सामने आते हैं जिनमें शिशुओं की तरह निस्संकोच मलमूत्र-त्याग के समकक्ष चीजें भी मौजूद हैं, जहाँ फूहड़ता के प्रति एक रूमानी आग्रह का भी सन्देह होता है। और तभी मन में सन्देह होता है कि यह शिशुधर्मी व्यवहार असल नहीं है। यह युग के किसी मनोविकार का प्रतीक है। क्या यह सचमुच सम्भव है कि इतनी दूर आकर भी सभ्यता एकाएक आदिम और शिशुधर्मी बन जाय ? क्या ऐसी स्थिति-स्थापकता या रबर-वृत्ति सम्भव है ? एक ओर तो यह शताब्दी गृध्र जैसी शिकार-निबद्ध अपलक दृष्टि से देख रही है, इसका पलक-पात होता ही नहीं। दूसरी ओर आँखें मूँदकर शिशुओं-जैसा बाल-स्वप्न देखने के लिए भी लालायित है। यह कैसे सम्भव है कि शताब्दी की एक आँख तो अपलक चक्षु और

क्रूर रहेगी और दूसरी ओर रहेगी निर्मल निष्पाप और स्वच्छ। यह द्वैत स्वभाव एक ही साथ कैसे सम्भव है ? दोनों आँखों में एक पुरानी पीढ़ी की दृष्टि और दूसरी में नयी पीढ़ी को मान लेना एक सीधा परन्तु भ्रामक और पक्षपातपूर्ण समाधान है। शताब्दी की पुरानी और नयी दोनों पीढ़ियों में यह द्वैत स्वभाव समान रूप से विद्यमान है। बालखिल्यों और नव्य-मार्क्सवादियों के चेहरे पर भी ये दो आँखें साथ-साथ मौजूद हैं। नव्य-मार्क्सवाद एक विकृत फैण्टेसी है। फर्क यही है कि क्लासिकल मार्क्सवादी था शेली का मुक्त प्रमथ्यु तो नव्य-मार्क्सवाद सीधे-सीधे वायरन का डॉन जुआन है। पर ये दोनों रुमानी आवेग मात्र हैं। ये दोनों समान रूप से लोभ-प्रवण तथा स्वार्थी हैं। और लगता है कि इनकी सारी बातें यथा नवजन्म, नया मन्वन्तर, सभ्यता का पुनरारम्भ आदि की घोषणाएँ पुरानी धप्पाबाजी और अवसरवाद के ही बहुरूपी चेहरे हैं। इस तरह ऐसी बहुत-सी आँकी-बाँकी, आड़ी-खड़ी बातें मन में आती रहीं और यह क्रिया तब तक चलती रही जब तक मैं एक बस्ती के प्रतिवेश में नहीं पहुँच गया। और तब मुझे देखकर भैंसें रँभाती हुई भाग खड़ी हुईं, दो कुत्ते अचानक भूँकने लगे, एक बूढ़ा टकरा गया और मेरी आँखों को लक्ष्य कर अग्निदृष्टि से ताकता हुआ कहता चला गया और मैंने सावधान होकर देखा कि अब एक बुढ़िया से भी टकराने ही वाला हूँ और शायद टकराता तो सात पुश्तों का सन्दर्भ देकर उच्चारित की गयी एक दुर्गा-सप्तशती सुनने को मिलती जिसे मैं आज से बीस वर्ष पहले पीछे से कंकड़ फेंककर किसी वृद्धा के मुख से अकसर सुनता था। उस श्रवण-सुख को पाये तो बहुत दिन हो गये। अब तो 'ते हि नो दिवसा गताः'। महिषासुर की दो-तीन बेटियाँ कुछ दूरी पर ऊर्ध्वग्रीव हो खड़ी-खड़ी मेरी तरफ आरक्त चक्षु से देख रही थीं, कुत्ते लगातार भूँके जा रहे थे, बूढ़ा स्वस्ति-वाचन कर ही चुका था। अतः मैंने सोचा कि अब आगे जाना ठीक नहीं है और यहीं इस पीपल के नीचे खड़ा हो जाऊँ और कबड्डी खेलते बच्चों की ओर देखूँ जिससे विकराल सींगवाली दानवपुत्रियाँ एवं क्रुद्ध श्वानों को भी तसल्ली हो जाय कि मैं बुरा आदमी गुप्तचर या पंचमांगी नहीं हूँ बल्कि उनका अपना आदमी ही हूँ और मैं चोर की तरह खड़ा नहीं हो रहा हूँ, बल्कि बेपरवाह, मस्त, 'साँच को आँच क्या' वगैरह की शैली में उनके गाँव के बाहर पीपल के नीचे विश्राम कर रहा हूँ, इस विश्वास के साथ कि अगले ही क्षण मेरी बान्धवी महिष-कन्याएँ एवं मेरे बन्धु श्वानगण अपनी भूल को समझकर मन-ही-मन लज्जित होंगे और अपने दुर्व्यवहार पर पछताएँगे। इस प्रकार मैं भयभीत हृदय होते हुए भी कुत्तों की ओर देख-देखकर मुसकराता हुआ निर्भयता का नाटक करता हुआ बच्चों की कबड्डी देखने लगा। यद्यपि कलेजा धक-धक-धक कर रहा था।

मैंने देखा कि एक द्रुत-पग एवं स्फूर्त-प्राण बच्चा ताल ठोंककर सामने आ रहा है और अपनी दुबली बाँह को अभिनय-मुद्रा में प्रस्तुत करते हुए बढ़ा रहा है और विपक्ष लपक-लपककर रह जाता है।

'बाँस कइनियाँ लचालची
कौन वीर मोर भुजा धरी।' (कइन = कंछी या टहनी)

उसके लौटते ही चील-वेग से प्रतिपक्ष का कोई आता है और अत्यन्त द्रुतलय से पढ़ता निकल जाता है :

'हँड़िया में गरई फड़कल करी
कौन वीर मोर जंघा धरी' (गरई = मछली)

तो तीसरा आकर ललकार रहा है एवं एक अद्भुत रहस्यवादी शिशुवेद की ऋचा बोलकर लौट जाता है :

'पीपल का पत्ता
बरैया का छत्ता
जले आधी रात, जले आधी रात, जले आधी रात'

वह वीर जैसा कि कबड्डी या बरगत्ते का नियम है, बिना साँस तोड़े ही दम बाँधकर बोलता जा रहा है 'जले आधी रात, जले आधी रात...' और जब साँस टूटने को होती है तुरत पीछे मुड़कर लौट आता है। अब चौथा वीर आ रहा है। यह उपर्युक्त तीनों की अपेक्षा कुछ चालाक लगता है। उसने ऐसे बोल का आविष्कार कर लिया जिसके वाचन में ही श्वास-प्रवास दोनों क्रियाएँ आंशिक रूप से अपनेआप घटित होती हैं अतः औरों की अपेक्षा उसे दम बाँधना अधिक आसान है। वह लगातार बोलता जा रहा है, दो शब्द, 'आम छू, आम छू, आम छू, आम छू...' और दस-बीस आवृत्ति के बाद स्वाद परिवर्तन के लिए 'अमवा घवद छू' 'कौड़ी झनक छू' या 'कौड़ी बदाम छू' बोल देता है। इस तरह और लोगों से तिगुने समय तक वह पढ़ता हुआ हाथ-पाँव चलाता हुआ, इस समर-भूमि में विचरण करता हुआ फिर लौट जाता है। यह लड़का जरूर कायस्थ होगा, नहीं तो भूमिहार। इसके बाद एक मोटे-ताजे वीर का आगमन होता है और वह 'अहीर भैरव' घोष में हड़कता हुआ प्रतिपक्ष को भयभीत करता हुआ 'हूँ' की हुंकार के साथ प्रवेश करके बढ़ता है, परन्तु रहता है बिलकुल 'गाँग' के पास ही। प्रतिपक्ष के नजदीक नहीं जाता है—

'कबड्डी लबड्डी, पाताल हहराऊँ
चील कौए हाँक दे बाघ लड़ आऊँ।'

तत्पश्चात् किसी घोड़चढ़वा चौधरी का छरहरा गोरा बेटा नंमी तलवार की तरह बढ़ता निकल जाता है :

'चल भाई चुल्ली चल भाई चाल
घुँघरू घोड़े की नाल
घुँघरू घोड़े की नाल...।' (चुल्ली—शरारती)

यह सब चल ही रहा था कि उधर कन्धे पर लट्ठ लिये एक प्रौढ़ वय का खिलाड़ी गुजरता है और लड़कों के खेल को देखकर उसका मन भी लहरा उठता है और वह युवकों की कबड्डी का एक बोल दूर से ही ललकारता है—

"चल कबड्डी रेता, भगत मोर बेटा
भगताइन मोर जोड़ी, खेलब हम होरी।"

इसके पूर्व की शिशु-वेद की ऋचाएँ तो हास्य, वीर और अद्भुत रस से ही सम्बन्धित थीं। उनके बीच यह आदिरस (शृंगाररस) के बोल का धृष्ट हस्तक्षेप कुछ जमा नहीं। शिशुवेद में आदिरस वर्जित है। यद्यपि बंगाल के शिशुवेद में कबड्डी के विविध बोलों में एक अत्यन्त लोकप्रिय बोल है—

"आता गाछे तोता पाखी
डालिम गाछे मऊ
कथा कओ ना बऊ
—(शरीफे के पेड़ पर तोता
दाड़िम के पेड़ पर मधु
कुछ बात करो ना, वधू।)"

और प्रतिपक्ष का उत्तर होगा—

कथा कइबो कौन छले
कथा कइते गात जले
—(बात करूँ किस छल से
बात करूँ तो अंग जले।)

यह सीधे-सीधे मान-भंजन का काव्य है। आश्चर्य होता है कि कबड्डी और समर-भूमि में भी श्याम, राधिका और चण्डीदास हैं। पूर्वी पाकिस्तान बन गया और वहाँ पर चण्डीदास को फाँसी का हुक्म हुआ तथा रवीन्द्रनाथ को निर्वासन का, तो बंगाली मर-मिटने को तैयार। बंगाल का मन ही कुछ ऐसा है कि चण्डीदास और उज्ज्वल नीलमणि की भाषा वह कहीं भी नहीं भूल पाता है। अन्यथा शिशु-मन और शिशुवेद में शृंगार रस और मान-भंजन को कोई स्थान नहीं। यों शिशु कभी-कभी मचलता भी है और कभी-कभी उसे फुसलाया भी जाता है 'लाल-पीली कन्या' का नाम लेकर। वह भी कहता है—'माँ, मुझे एक लाल-पीली बहू ला दे'। परन्तु यहाँ पर भी कोई शृंगार रस नहीं। 'लाल-पीली बहू' एक शुद्ध 'अद्भुत' रस है उसके लिए जैसे उसकी लाल-पीली पोशाकें या उसकी रंग-बिरंगी दुनिया जिसमें बन्दर, पिल्ले, बिल्ली, सुग्गा आदि एक-से-एक सुन्दर प्राणी हैं। 'सुन्दर' माने ही 'अद्भुत' और रंग-बिरंगी। शिशु के लिए सुन्दर माने चन्द्रमुख एवं पद्म पलाशलोचना नहीं। नारी का तो एक ही रूप वह जानता है और वह उसकी

अपनी माँ और कुछ-कुछ उसकी सयानी बहन जिसका वात्सल्य भी मातृवत् ही रहता है। वास्तव में बहन, काकी, मौसी आदि को इसी माँ के रूपान्तर के रूप में ही वह ग्रहण करता है। माँ चाहे काली-कलूटी हो या नाटी-खोटी हो, उसको ही वह परम सुन्दर मानता है। वही उसकी दृष्टि में सबसे सुन्दर नारी है और वह कल्पना ही नहीं कर सकता कि उसकी माँ से भी अच्छी कोई और माँ हो सकती है। इसी से दार्शनिकों ने परमा-प्रकृति की कल्पना त्रिपुर सुन्दरी के रूप में की है। यह प्रकृति साँप, बिच्छू, गोजर, चेचक, गोबर, कीचड़वाली होते हुए भी जब हम उसके प्रति शिशुवत् खड़े होते हैं तो यह परम सुन्दर लगती है। आदि शंकराचार्य ने परमा-प्रकृति महामाया के अंग-प्रत्यंग की वर्णना अपनी कृति 'सौन्दर्य-लहरी' में की है। यह वर्णना लिबिडो की उपज नहीं। यह कविता शंकराचार्य के मन में विकसित भगवती के प्रति मातृभाव की भूमि से उपजी है। भगवती के सम्मुख़ तीन-चार वर्ष के बालक के रूप में अपने मन को समर्पित कर देने पर जो मनोदशा उपस्थित होगी, उसमें कौन-सा अंग श्लील है, कौन अश्लील, इसका प्रश्न ही नहीं उठेगा। एक बच्चा अपनी माँ के सारे अंगों को नित्य देखता है। वह नाभि पर सवार होकर खेलता है। वह स्तनों को हाथ में लेकर दुग्धफल की भाँति पान करता है। उसे कहीं भी अश्लीलता और पाप-दृष्टि का भय नहीं सताता। उसके लिए सारे अंग समान रूप से पुण्यमय, सुन्दर और श्लील है। इसी से बिना किसी संकोच के भगवती की अनेक मूर्तियाँ नग्न दिखाई गयी हैं।

उस दिन उस क्रीड़ा-साहित्य को सुनते-सुनते मैंने अनुभव किया कि मैं किसी शुद्ध कविता (प्योर पोयट्री) के सम्मेलन में खड़ा हूँ। शुद्ध कविता वह कविता है जिसका महत्त्व और प्रभाव अर्थ पर नहीं बल्कि उसके काव्यत्व पर अर्थात् बिम्बों और लयात्मक सम्बन्धों पर निर्भर हो और जो अर्थ के तकाजे को उपेक्षित करती चले। मुझे लगा कि मैं ऐसी ही कविता के सम्मेलन में खड़ा हूँ। मुझे कवि-सम्मेलनों में प्रायः हाहा, हूहू आदि विशिष्ट मित्रों के साथ खड़ा-खड़ा ही काव्य-सुधा का पान करने का अभ्यास है और कभी-कभी जनसमुद्र के भयंकर तरंगनाद के मध्य किसी कवि की काव्यतरणी को मरणान्तक हिचकोले खिलाने में मेरा भी हाथ रहा है। मुझे लगा कि ये कबड्डी के बोल बच्चों की ऋचाएँ हैं या उनके चर्यापद हैं जो अपनेआप बिना किसी डिंगल-पिंगल के अनुशासन के जन्म लेते हैं। चर्या-पदों जैसी प्रतीक भाषा या सन्ध्या-भाषा इनमें अनजाने उपस्थित हो जाती है। एक ही बोल की प्रथम और द्वितीय पंक्ति के बीच व्याकरण-सम्मत पूर्वापर अर्थ-सम्बन्ध नहीं मिलता है। कभी-कभी ये बिम्ब अरूपशैली में एक मनोदशा (मूड) पैदा करके या अर्थ की दूरागत झंकार देकर रह जाते हैं जैसे चाँदनी रात में दूरागत गीत का अस्पष्ट खण्ड जिसके शब्दों को पहचाना न जा सके पर जिसमें उत्फुल्लता या उदासी सृजन करने की क्षमता हो। इस प्रकार जो अनुभव होगा, वह शब्दों के बँधे-बँधाये अर्थ का अनुभव न होकर श्रोता के मन में एक अस्पष्ट मनोदशा का एवं अर्थ की एक व्यंग्यात्मक झंकार का अनुभव होगा। शिशुवेद के बोल

बहुत कुछ इस शुद्धकाव्य की तकनीक का अनजाने में पालन करते हैं। उदाहरण के लिए पहले बोल को ही लें। 'बाँस कइनिया लचालची, कौन वीर मोर भुजा धरी'। अर्थात् बाँस की टँहनी लचक-लचक; कौन है वह साहसी जो पकड़ेगा मेरी भुजा, जो रोक देगा मेरी राह ? इस अभिव्यक्ति में बाँस की टहनी लचक-लचक का व्याकरण-सम्मत अर्थ-सम्बन्ध आगे की पंक्ति से नहीं। यह वाक्यांश महज 'लचक' की अरूप या ऐब्स्ट्रेक्ट शैली में बिम्बाभिव्यक्ति मात्र करता है और लचक के बिम्ब द्वारा उक्त वीर की बाँस जैसी दृढ़ पर लचकती बाँह को अप्रत्यक्ष अभिव्यक्ति देता है। इसी भाँति 'हँडिया में गरई फड़कल करी, कौन वीर मोर जंघा धरी' हाँडी में रखी मछली निरन्तर फड़कती है। है कोई वीर जो मेरी जाँघ पकड़ सकेगा ? ऊपर से तो प्रथम वाक्यांश का दूसरे से कोई सम्बन्ध नहीं ज्ञात होता है पर फड़कती मछली का बिम्ब खिलाड़ी की अंग-अंग चंचल-देह का अप्रत्यक्ष संकेत देता है। यह अर्थ नहीं पर अर्थ की दूरागत झंकार है। आधुनिक बिम्बवादी कविताएँ भी इसी अर्थ-झंकार की तकनीक का अनुसरण करती हैं। एक अन्य बोल है—'पीपर का पत्ता, बरैया का छत्ता, जले आधी रात।' दूर कहीं पीपल का पेड़ है। उसके पत्ते पर बर्रे या कीड़ों का छत्ता है और वह छत्ता आधी रात को भक-भक करके जल उठता है। इन विविध बिम्बों द्वारा सुदूरता, अद्‌भुतता, रहस्यमयता और कुछ-कुछ भयावहता का सृजन होता है। ये पंक्तियाँ अत्यन्त स्पष्ट ढंग से संकेत करती हैं कि इस बोल का विषय वे वीर हैं जो उस सुदूर, रहस्यमय और अद्‌भुत से चाक्षुष परिचय कर चुके हैं। ऐसा अप्रत्यक्ष संकेत बिम्बवादी काव्य में प्रायः मिलता है। उदाहरण के लिए लुई मेकनीस की एक कविता का एक अंश है जिसमें वह बेचैनी और भय को अभिव्यक्त कर रहा है :

पलकें मूँद लो<br>
पलकों के नीचे दहकते सूरज हैं ] (बेचैनी)

देखो दर्पण में<br>
बन्द मकान में आख़िरी कमरे में<br>
दर्पण में देखो<br>
आँखें, आँखें, आँखें ! ] (भयावहता)

पलकें मूँदने पर भी विराम या क्षमा नहीं, आरामदेह अन्धकार नहीं बल्कि चटक दहकती धूप है। ऐसी भयावह मनःस्थिति—गोया एक बच्चा किसी बड़े मकान के आखिरी छोर पर अकेले-अकेले पहुँच गया हो और वहाँ रखे एक दर्पण में अपना चेहरा देखे और उस सुनसान एकान्त का भय उसके चेहरे पर ऐसा अंकित हो जाय कि दर्पण में उसे आँखें, आँखें ही दिखाई दें मानो एकान्त सहसा आँखें फाड़कर उसकी ओर देख रहा हो। बहुत कुछ इसी तरह की मिलती-जुलती अभिव्यंजना-शैली शिशुवेद के बोलों में भी पायी जाती है। पर उनमें प्रायः भय की अभिव्यक्ति न होकर उत्साह,

आनन्द एवं आश्चर्य की या कभी हास्य की भी अभिव्यक्ति पायी जाती है। कभी-कभी इन शिशुओं की उक्तियों का कोई अर्थ ही नहीं निकल पाता और सामान्य दृष्टि से वे ऊल-जलूल (एबसर्ड) लगती हैं। कबड्डी के ऊपर उद्धृत बोलों में अन्तर्निहित बिम्बों में कम-से-कम एक विशिष्ट भाव की अर्थ-झंकार प्राप्त होती ही है। परन्तु आपसी मनोरंजन के लिए अकेले या समवेत उच्चारित कुछ बोलों में कभी-कभी इस अर्थ-झंकार को भी पाना मुश्किल होता है। अद्भुत, अद्भुत अति अद्भुत ! रंग-बिरंग, आश्चर्यमय, चमत्कारपूर्ण आदि भाव सुनते-सुनते ही मन में उठते हैं। पर वह अद्भुत क्या है ? यह पता नहीं चलता।

(1) तिलक रइया, बन चौरइया
बन का दूध, पिये गौरैया।
(तीतरराय बनचौराई
बन का दूध पीये गौरैया)

(2) तालकाटो तर्कुल काटो, काटो बन का खाजा
हाथी पहने घुँघरू, चमक चढ़े राजा

(3) (बांग्ला देश के चटगाँव जिले में प्रचलित एक ऐसे ही अर्थ-मुक्त शिशु-काव्य का अनुवाद नीचे दिया जा रहा है।)–

आम का पत्ता जोड़ा-जोड़ा
मारूँगा चाबुक चढ़ूँगा घोड़ा
ओरी, बीबी पीछे लौट
आ रहा है पगला घोड़ा
पगला घोड़ा है बिगड़ैल
आल राइट वैरी गुड
पाव रोटी बिस्कुट
मेम खाती कुट-कुट
साहब कहे वेरी गुड !

अँगरेजी साहित्य में नर्सरी रॉइम की तकनीक पर ही विक्टोरिया-युग में एक विशिष्ट प्रकार की कविता चली थी 'नॉनसेंस पोयट्री' अर्थ-मुक्त या 'वि-अर्थ' काव्य। एडवार्ड लियर की कृति 'नॉनसेंस रॉइम' उस युग में अति लोकप्रिय हुई थी। रस्किन जैसे गम्भीर आलोचक ने लिखा था कि यदि उसको अपने एक सौ प्रिय लेखकों की सूची बनानी हो तो एडवार्ड लियर का नाम सबसे ऊपर होगा। उसकी एक अत्यन्त प्रसिद्ध कविता है 'जम्बली'-जम्बली लोगों का चेहरा हरा है, हाथ नीले हैं और वे एक तूफानी दिवस को एक आटा चालने की चलनी पर पाल तानकर अपनी समुद्र-यात्रा शुरू करते हैं

और कविता के अन्त में हम पाते हैं कि वे उस नन्ही-सी चलनी में ही लादकर ला रहे हैं एक उल्लू, एक बैलगाड़ी, एक सेर चावल, एक टीन जाम, सुनहली मक्खियाँ, हरे रंग के कौए और बन्दर तथा दूर देश से विविध बाजारों में खरीदे गये तरह-तरह के सामान। आदि से अन्त तक असम्भव, ऊल-जलूल और अद्भुत का वातावरण चलता है। ऐसी कविताओं का एकमात्र उद्देश्य है अद्भुत रस का शुद्ध, अखण्डित, अविद्ध आनन्द। रवीन्द्रनाथ टैगोर ने बंगाल के शिशु-काव्य की (जिसे बांग्ला में छड़ा कहते हैं)[1] पद्धति पर ऐसी ही अद्भुत रस की कुछ आनन्द-प्रधान नन्ही-नन्ही कविताओं का सृजन किया है। टैगोर की प्रतिभा अत्यन्त जागरूक थी। उन्होंने क्लासिकल साहित्य और लोक-साहित्य—दोनों में से व्याप्त प्रत्येक जीवन्त विधा पर कुछ-न-कुछ प्रयोग अवश्य किया है। जैसे वैष्णव कवियों की पदावली को आदर्श मानकर 'भानुसिंह पदावली' लिखा, वैसे ही शिशुकाव्य की पद्धति पर नये-नये 'छड़ा' काव्य या बोल का सृजन किया। इनकी संख्या ज्यादा नहीं, तो भी रवीन्द्रनाथ की सप्राणता और सजगता की सूचना इससे मिल जाती है।

"ओ पार ते कालो रंग
वृष्टि पड़े झम-झम
ए पार ते लंका गाछ
लाल टुक-टुक करे।
गुनवती भाई आभार केमन करे।"
(लंका = लाल मिर्च)

परन्तु इसका अर्थ यह नहीं कि शिशु-काव्य सदा ही अर्थ-मुक्त या नॉनसेंस ही होता है। ऊपर के उद्धृत कबड्डी के बोलों में एक ढीला-ढाला, बिम्बात्मक या सांकेतिक अर्थ विद्यमान है। इसके अतिरिक्त ऐसा शिशु-काव्य भी प्रचुर मात्रा में प्राप्त होता है जिसमें सीधा अर्थ अपनेआप बिना बौद्धिक प्रयत्न के स्पष्ट हो उठता है। उदाहरण के लिए सान्ध्य-मेघ पर :

"लाल उपरणा
पीली धोती
मेघा साले पानी दे।"

या मयूर पर :

"बिजली चमके
बादल गरजे

1. 'छड़ा' शब्द 'छन्द' से निकला है या 'छड़' से, यह विवादास्पद है। 'छड़' चाहे बाँस का हो या लोहे का, नाप-नापकर काटते हैं। अतः बात का 'छड़ा काटना' भी 'बात खरादना' या 'कानून छाँटना' की तरह मुहावरा बन सकता है।

मोरवा नाचे
चल मोरवा बारात।''

या तोते पर :

''बन में रहे बनाफर खाये
पीये ठण्डा पानी
सोने के पिंजड़वा चित्रकूट !
बोल सुगना चित्रकूट !
सीताराम चित्रकूट।''

या बिल्ली 'मौसी' पर :

''नदी किनारे एक गाँव
बिल्ली मौसी म्याँव-म्याँव,
नदी किनारे गाँव है मौसी चार पाँव है
मौसी खाये छाली, मौसा दे ताली।''

भाभी पर एक बोल :

''वन में घूमे धौरी गाय। पर्वत ऊपर सुरही गाय
नदी में बहता पानी। घर में भाभी कानी
गोद में मुन्ना सोने का। गोद में मुनिया हीरे की।
पर भाभी मेरी कानी
डेढ़ आँख की रानी
बोलो भाई, धामधूम। धामधूम।...''

मामा पर अपेक्षाकृत कम प्रचलित बोल हैं :

''सात समन्दर देवहा पार
नैया आवे बार-बार
कौआ बोले चार बार,
मामा आवे एक बार।''

देवहा गोरखपुर की एक छोटी नदी है। मामा बहुत कम आता है, इसी से शिशु ने शिकायत की है कि आवागमन की सुविधा है, कौआ बार-बार चारा बाँट जाता है तो भी मामा कभी-कभी ही आते हैं।

बंगाल देश में शिशु-बोल या शिशुकाव्य केवल बच्चों तक ही सीमित नहीं है। वय:सन्धि की देहरी पर स्थित लड़कियों तथा विवाहिता युवतियों, विशेषतः नववधुओं में 'छड़ा बोल' रचने का खूब रिवाज है। अशिक्षा के युग में यह मनोरंजन और बौद्धिक

विलास का साधन था। एक तरह से आबालवृद्ध सब छड़ा (बोल) रचते थे और परस्पर कहते थे। अब परम्परा मिट रही है या मिट ही गयी है। तो भी बंगाली विद्वानों ने बड़े यत्न से इस बिखरी रत्नराशि को जिला प्रति जिला सहेज करके संगृहीत किया है। उनका यह कार्य देखकर ईर्ष्या होती है। यों इस कार्य के महत्त्व का प्राथमिक उद्घाटन रवीन्द्रनाथ की पुस्तिका—'लोकसाहित्य ओ संस्कृति' के द्वारा ही हुआ था। इधर श्री भवतारण दत्त की पुस्तक 'बांग्ला देशेर छडा' प्रकाशित हुई है जो बांग्ला-शिशुबोलों का बृहत्तम संकलन है। गुजराती में यही काम वहाँ के प्रसिद्ध कवि एवं लोकसाहित्य मर्मज्ञ झबेरभाई मेघाणी ने किया है। इस दिशा में हिन्दी क्षेत्र में ही अत्यल्प कार्य हुआ है। नीचे हम बंगाल में कुछ सयानी लड़कियों के बीच प्रचलित दो छड़ा या बोल दे रहे हैं जिनमें वहाँ की वैष्णव संस्कृति का प्रभाव स्पष्ट है।

"चाँद उठे छे फुल फुटे छे
कदम तला के रे ?
आमि राधार केष्टो ठाकुर
घोमटा तुले दे रे"
(चाँद उठा है फूल फूटा है,
कदम तले कौन रे ?
मैं तो राधा का कृष्ण हूँ,
जरा घूँघट उठाने दो।)

"ओ ललिते चाम्पकलिते एकटा कथा शुन छे
राधार घरे चोर ढुक छे चूडा बाँधा मिन से।

(ओ ललिते ! ओ चम्पकलता ! एक खबर सुनी है। राधा के घर जूड़ा बाँधे कोई मर्द चोर घुसा था।)

शिशु-वेद में दो अंग अत्यन्त विशिष्ट हैं—लालिका (लोरी) और प्रहेलिका (पहेली)। शिशु लालिका का रसिक एवं सहृदय श्रोता मात्र हैं, काव्य-रचना करती है माँ या बहन। मुन्ना रो रहा है, माँ उसके दरबार में काव्य-पाठ कर रही है। मुन्ना अच्छे मूड में आ गया तो इसका श्रेय शब्दार्थ को नहीं बल्कि बार-बार दोहराये जानेवाली ध्वनियों को है। जो स्वयं एक लय का रूप ले लेती है। 'दुर-दुर, दुर-दुर' जैसी निरर्थक ध्वनि भी शिशु को निद्राविष्ट कर देती है। कुछ भोजपुरी लोरियों का भावार्थ इस प्रकार है।

"मैं बाबू-बाबू कहती हूँ, चन्दन रगड़ती हूँ, चन्दन (मारे शर्म के) थोड़ा हो जाता है क्योंकि मेरे बच्चे का मुँह (उससे) गोरा है।"

"वन की चिड़ियाँ वन में भागी जाती हैं, अमुक (बच्चे का नाम) धनुष तानकर मारता है, अमुक बहन हींग-जीरे से राँधती है और वह अमुक मूँछें फहराकर खाता है और चेरी की लड़की छमाछम घुँघरू बजाती हुई आती है और जूठा उठाती है।"

"मेरी गाय का मोल एक दमड़ी है और वह दूध एक छदाम का देती है (अर्थात् अपने मूल्य से कई गुने का दूध देती है) ओरी गैया ! आ और मुन्ने को दूध पिला जा।"

"आओ रे पंछी ! मन को भाओ रे पंछी ! मुन्ने का मुँह चिढ़ा जा रे पंछी।"

"ओ भाई मुन्ना, तू तो बड़ा चोर है। बाप का घोड़ा चुरा बैठा है। तू तो बड़े पितामह का नाती है। तेरी 'गाँती' नौ सौ कपड़ों से बँधी है। तू जंगल में हाथी पर चढ़कर हाथी दौड़ा रहा है।"

मुन्ना इतनी निन्दास्तुति सुनकर शान्त हो जाता है और माँ उसके मुँह से कटोरे का दूध लगा देती है और मुन्ना पीने लगता है। माता छन्द-पाठ करने लगती है :

"चन्दा मामा, आरे आवऽऽ, पारे आवऽऽ !
नदिया किनारे आवऽऽ !
सोने की कटोरिया में दूधभात ले आवऽऽ !
बचवा के मुँह में घुटुक।"

अब मुन्ने की सोने की बारी है। माँ लोरी गाती है, जिसके अनुसार नींद पटने से या कलकत्ते से आ रही है, मुन्ने को ही विशेष रूप से खोजती आ रही है। मुन्ना नींद देखते ही छिप जाता है और नींद तथा उसके बीच लुकाचोरी चलती है। यदि मुन्ना भलेमानुष की तरह नींद के वश में आ जाय तब तो ठीक अन्यथा सियार या भालू सम्बन्धी किसी भयावह लोरी का सहारा लेकर मुन्ने को सुलाना पड़ता है। परन्तु सियार सम्बन्धी सारी लोरियाँ भयावह नहीं होतीं। सियार एक कान काटनेवाला प्राणी है तो सियार मामा भी है। एक बांग्ला लोरी तो सियार को ही दयापात्र ठहराती है। उसका हिन्दी रूपान्तर इस प्रकार होगा :

"आ रे, आरे बाणा स्यार, आमपकारे
नहीं आऊँगा, बाम्हन पाड़ा पूँछ काटे रे
कितना रक्त बहा रे
कितनी व्यथा हुई रे
'अमुक' औषध दिया रे
पूँछ अच्छी हुई रे"

यहाँ अमुक के स्थान पर उस बच्चे का नाम उच्चारित किया जाएगा जिसे ठोंक-ठोंककर सुलाया जा रहा है। बांग्ला देश के अन्दर विशेषतः पूर्व बंग में कुछ अत्यन्त सुन्दर लोरी-गीत प्रचलित हैं। कुछ के भावार्थ इस प्रकार हैं :

"हमारा खोखा बाबू जा रहा है, लाल-लाल मोजा पहने है और बड़े-बड़े बाघों की बेटियाँ खिड़की से उझक-उझककर देखती हैं पर खोखा धीर-पग जंगल की राह पर चलता जाता है।"

"हमारा नन्हा-मुन्ना गाय चराने जाएगा। उस गाय का नाम है हंसी और मैं अपने

मुन्ने की मोहन-चूड़ावंशी को सोने से मढ़ दूँगी।''

''ओ चन्दामामा, हमारे मुन्ने के माथे पर टीका लगा जाओ। मेरे मुन्ने के माथे पर टीका लगा जाओ, मैं मुन्ने को मछली ला दूँगी, धान कूटकर लाई दूँगी, सोने की थाली में भात परोस दूँगी, राजा की बेटी से ब्याह दूँगी।''

''ओरी नींद, आ जा, सियार खीरा खा रहा है पर वह नमक कहाँ पाये। अलोना खाकर जंगल भाग जाता है या नदी की बालू को नमक मानकर खाता है फिर थू-थू करता है।''

शिशुवेद की पहेलियों का प्रचलन कुछ सयाने बच्चों में ही सम्भव है। दरअसल यह किशोर-साहित्य के अन्तर्गत आता है। यह शिशु-साहित्य नहीं। प्रहेलिका या पहेली कहने और बुझाने की प्रथा अति प्राचीन है। सभ्य और असभ्य दोनों तरह की जातियों में पहेलियाँ पायी जाती हैं। परन्तु शिशुओं की पहेलियों में अद्‌भुत रस की कविता पायी जाती है एवं उसमें अर्थालंकार (यमक आदि का प्रयोग) या दृष्टिकूटों का प्रयोग नहीं होता है।

(1) एक पेड़ मैंने यहाँ देखा, एक पेड़ कलकत्ता
जिसमें फल ऊपर पत्ता (गुम)

(2) बत्तीस टाँगा बत्तीस लोहार
तो भी न कटे कदम की डार। (परछाईं)

(3) नन्हा योगी जटा लपेटी
जटा में आग भवन में पानी। (हुक्का)

(4) इत्ते से में इत्ता हुआ, कभी नहीं पिछवाड़े गया। (पीठ)

इन पहेलियों की अर्थ-शक्ति सहज और अद्‌भुत बिम्बों के विस्तार पर निर्भर है, शाब्दिक या आक्षरिक दाँवपेंच पर नहीं। इन पहेलियों में कहीं भी शृंगारिकता नहीं अथवा शब्दगत या अक्षरगत दाँवपेंच नहीं जैसा कि अमीर खुसरो की पहेलियों में प्रायः पाया जाता है जिन्हें उन्होंने युवकों और प्रौढ़ों के लिए लिखा है। उदाहरण के लिए अमीर खुसरो की एक पहेली है :

''आदि कटे तो सब को भावे। मध्य कटे तो सब को खावे
अन्त कटे तो सब को मीठा।'' (काजल)

शिशु का भाषा-संस्कार इतना समृद्ध नहीं रहता कि यह पहेली उसकी समझ में आ जाय। इसी भाँति नीची कक्षा के कुछ छात्रों में भी कुछ सवाल और उनके जवाब चलते हैं जो भले ही ऊपर से देखने में पहेली लगें पर वे सीधे-सीधे व्याकरण या गणित के प्रश्न रहते हैं। उदाहरण के लिए एक प्रश्न :

(प्रश्न) एक परवल में नौ सौ बीया
नौ सौ वर्ष परवल जिया

नौ सौ परवल टूटे रोज़
पण्डित कर, बीया की खोज
(परवल=पटवल, बीया=बीज)

(उत्तर) ''छब्बीस पर चौबीस धरो, तापर चार सुजान
सात शून्य आगे धरो, यही बीया परिमान।''
(अर्थात् 2,62,44,00,00,000)

छन्दों में ही ऐसे प्रश्न खूब चलते हैं और उनका उत्तर भी दोहा-चौपाई या पद में देना पड़ता है। इसी कारण हम उन्हें शिशुवेद में सम्मिलित कर सकते हैं। गद्य में उत्तर होने पर तो वे अंकगणित हो जाते हैं, साहित्य नहीं रहते।

हमें शिशुकाव्य या शिशुवेद का एक निर्मलतम उदाहरण निम्नलिखित असमिया छड़ा में मिलता है :

''हुली हुली चाका
धान ना खाबी पका
धान पकले चीड़ा दीम
डाल त परी खाबा।
डालडूल भाडी दीम ए !
तेली घर क जाबा
तेलिये दीबौ तेल, गमछा
मालि ए दीबौ फूल
जार जेनी बिया आसे
बूढिए कुब्बो ढोल।
ढुलिआ ओ ढूलिओ
तोर भाइर बिया
मोरो भाइर बिया
तोर चारी पन
मोर चारी पन
घुगरा गाँथी दीआ
घुगरा करे जनर-जूनर
वर आइबारबेला
वर के लागे टेमी कटारी
कइना के लागे फाली
फाली ओ फाली, अधम फाली
कोत पाम में टुपरा फाली

कामरशाली गैलों मँइ'
दूटी डिमा पालौ मँइ
कलर गाछते थइ मँइ'
नाव बाइबा गैलों मँइ'
नावते आसे सोन पायरा
ढोले हेन चूङार बादुली''

एक नन्हा-सा बच्चा अपने धान के खेत में बैठी चाका (नन्ही 'गुद्दी' चिड़िया) से बातचीत प्रारम्भ करता है। पर उसकी बातें किसी तर्कपूर्ण लॉजिक या क्रम का अनुसरण नहीं करती हैं। उसका मन खेल रहा है, इस बात से उस बात पर। वह दूसरी बात पर आकर पहली बात भूल जाता है। वह स्वभाव से खिलाड़ी है और न्याय-अन्याय, सही-गलत सोचने की मेधा का अभी जन्म नहीं हुआ है। नन्हे बच्चे रंग-बिरंगी चिड़ियाँ देखकर मोह से आकर्षित हो जाते हैं और पा जाते हैं तो क्रूरतापूर्वक उसी को घसीटते हैं। उनमें भले-बुरे की बुद्धि अभी पनपी नहीं है। वे निरन्तर शुद्ध, निर्मल, भोलीभाली मनःस्थिति में नहीं रहते हैं। दो-चार बातें उन्हें कौतुकमय और अद्भुत होने के कारण याद रहती हैं। वे उनकी बेतरतीब चर्चा करते हैं। वे माता-पिता, भाई-बहन को पहचानते हैं, उन्हें अपना मानते हैं। शेष सृष्टि को अपने कौतुक का या क्रीड़ा का उपकरण मानकर ही ग्रहण करते हैं। यही बाल-स्वभाव उपर्युक्त असमिया छड़ा में प्रस्फुटित हुआ है। इसका भावार्थ इस प्रकार होगा :

हट-हट चाकापंछी
पका धान मत खाना
धान पकने दे
तुम्हें चिवड़े दूँगा, चिवड़े ही खाना
ऊँची डाल पर बैठकर खाना
और उसी समय डालपात भग्नकर दूँगा।

(बच्चा चाका पक्षी को भुलावा दे रहा है कि क्या धान खाओगी, एक ही बार बढ़िया चीज चिवड़ा खाना। पर इस धोखेबाजी के पीछे भी उसकी एक शरारत भरी योजना है जिसे वह मन में पचा नहीं पाता और बेवकूफ की तरह उसी पक्षी से कहता है—'ज्यों ही चिवड़ा लेकर डाल पर बैठोगी, मार दूँगा। डाल ही टूट जाएगी।' तभी उसको एक और असंलग्न बात याद आती है और वह पक्षी से नीचे कहता है।)

ओ चाका तेली के घर जाना
जिसका जिसका विवाह है
उसे तेली तेल और गमछा देगा
बूढ़ी औरतें ढोल पीटेंगी।

(यह तेली बिना किसी सन्दर्भ के कैसे आ टपका, इस प्रश्न को शिशु-काव्य के अन्दर लाना ही फुजूल है। बच्चा है अपने मन का बादशाह। जो याद आया वही लपेट में आ गया। तब तक चाका पक्षी भी भूल जाता है और अगली पंक्ति में ढोली अर्थात् ढोल-वादक को सम्बोधन है :

ढोलिया रे भाई ढोलिया
तेरे भाई का विवाह
मेरे भाई का भी विवाह
तुम्हारा चारपन (अस्सी) ताम्बूल
मेरा चारपन (अस्सी) ताम्बूल

(फिर अगली पंक्ति घाँघरा-टोपी, पनडब्बा सरौते की बात आ जाती है। पिवाह शिशु के लिए अत्यन्त कौतुकमय लालसा है चाहे अपने भाई का विवाह हो या ढोली, चमार, डोम का ही क्यों न हो—सभी विवाह समान रूप से मनोरंजक हैं।)

घाघरे को गाँथ दे वर के आने पर.
घाघरा करेगा झनर-झनर
वर को चाहिए पानडब्बा और सरौता
कन्या को चाहिए फाली
फाली, धत्तेरे की फाली !
पाऊँगा कहाँ मैं टोपीदार फाली !
(फाली = केशबन्ध या मुकुट)

(भला मैं भाई की बहू के लिए टोपी लगा हुआ मकर-चूड केश-बन्ध कहाँ से ले आऊँ ! पर यह चिन्ता उसे ज्यादा देर नहीं सताती है और पुनः विषय का परिवर्तन होता है और कुछ अत्यन्त 'ऐबसर्ड' बिम्बों में वह शिशु सोचने लगता है, क्योंकि वह विषय-वस्तु से अत्यन्त ऊब गया है।)

ठठेर की दुकान पर गया मैं
दो अण्डे पाया, उन्हें मैं
केले की गाछ के नीचे रोपा, मैं
नौकावाहित करने गया मैं
नौके में स्वर्ण पारावत थे
ढोल जैसी विपुल काय चमगादड़ थी
जो बाँस के चोंगे में बैठी थी।''

ऐसे ही ऊलजलूल बिम्ब चलते जाते हैं और हमें लगता है कि शिशु-जगत् और सुररीयलिस्ट चित्रकारों का चित्र-जगत् परस्पर मिलकर एक हो रहे हैं।

मैंने यहाँ पर शिशु-काव्य या नर्सरी रॉइम के लिए शिशुवेद शब्द का व्यवहार किया है। मेरी समझ से 'शिशु-चर्यापद' या 'शिशुवेद' ही नर्सरी रॉइम का सही प्रतिशब्द है। द्वितीय प्रतिशब्द के मूल प्रस्तावक हैं डॉ. सुकुमार सेन। प्रथम तो वेद की तरह ही यह भी आदिम साहित्य है। द्वितीयतः यह कि जिस तरह वेद अपौरुषेय हैं वैसे ही शिशुवेद के छन्द भी अपौरुषेय हैं अर्थात् ये किसी पुरुष या व्यक्ति विशेष की रचना नहीं बल्कि परम्परा से चले आ रहे हैं। तीसरी बात यह कि जिस प्रकार वेद की ऋचाएँ सुचिन्तित एवं प्रयत्न-अर्जित साहित्य नहीं बल्कि विशिष्ट रहस्य-आकुल एवं ऊर्ध्वमुखी मनोदशा में उपजी सहज उद्गान हैं, ठीक इसी भाँति ये शिशुवेद के बोल या छन्द या छड़ा भी किसी उत्फुल्ल मानसिक स्थिति में फूटे सहज छन्द मात्र हैं। इन्हीं आधारों पर डॉ. सुकुमार सेन ने 'शिशुवेद' शब्द को प्रस्तावित किया है। 'शिशु-चर्यापद' भी समान भाव से उपयुक्त शब्द है। विशेषतः शिशुवेद के इन बोलों का उपयोग चर्यापद के रूप में ही खेलकूद की या खिलाने-पिलाने-सुलाने की या मनोरंजन-प्रशिक्षण की विविध चर्याओं में होता है। और इनकी भाषा में भी चर्यापद की सन्ध्या-भाषा के प्रतीकों-जैसी ही ऊल-जलूल शब्दावली का प्रयोग मिलता है। अतः ये बोल एक अर्थ में शिशुवेद हैं तो उसी के समकक्ष अन्य अर्थ में शिशुचर्यापद भी। चाहे हम इसे शिशुवेद कहें या शिशुचर्यापद, जो स्मरण रखने की बात है वह यह है कि जिस जाति के शिशुवेद और स्त्री-आचार के संगीत (विवाह, व्रतबन्ध एवं पूजा के गान) इन दोनों का उच्छेद हो गया हो, उस जाति की आयुर्दाय समाप्त मान लेनी चाहिए। अत्यन्त खेद की बात है कि उत्तर भारत में स्त्री-आचार के पुराने संगीत की जगह नये सन्दर्भहीन बेसुरे तर्जों की स्थापना हो रही है। रेडियो और सिनेमा के गीतों के वाक्यांशों को घुसेड़कर इतनी भोजपुरी और खड़ी बोली की दुर्गन्धमय खिचड़ी तैयार हो रही है कि हमारे सामने अब संस्कृति की सुरक्षा के लिए खतरा उपस्थित हो गया है। उत्तर भारत में उर्दू कल्चर की सतही चकाचौंध से उत्पन्न गलित, एकरस तथा कुसंस्कार-गत परिवेश में देशी भाषा और देशी संस्कृति का भी अपभाषा और अपसंस्कृति में कुरूप रूपान्तर पहले ही से चालू था। उन्नीसवीं शती में सहज, सप्राण, जन्मजात और सनातन भाव-बिम्बों का निषेध देशी भाषा में भी प्रारम्भ हो गया था। परन्तु इसके विरुद्ध हिन्दी तथा लोक-भाषाओं ने डटकर संघर्ष किया और जब बात कुछ-कुछ सँभली तो आ गया सिनेमा, और दो मास कस्बे में रहकर लौटनेवाली अर्द्ध-शिक्षित लड़कियों ने गलत भाषा-संस्कारों को लेकर स्त्री-आचार के संगीत को ही नया करना शुरू कर दिया। फलतः आज अप-संस्कृति के भयावह लक्षण उपस्थित हो गये हैं। इसका सर्वप्रथम फल होगा कि लोक-कथाओं, लोक-साहित्य- शिशु-वेद तथा स्त्री-आचार-संगीत की मृत्यु। तब हिन्दी भाषा भयावह रूप से दरिद्र हो जाएगी। हम शुद्ध सहज भावबिम्बों और अभिव्यक्ति पैटर्नों को खोकर सदैव अरबी-फारसी या संस्कृत-अँगरेजी की सैकेण्डहैण्ड तथा किताबी पूँजी पर निर्भर हो जाएँगे। तब सूर और तुलसी-जैसी समृद्ध भाषा लिखनेवाले लेखक इस हिन्दी भूखण्ड

में पैदा नहीं हो पाएँगे। इस बात को ध्यान में रखते हुए इस शिशु-वेद की रक्षा इसे अपने हृदय में स्थान देकर करनी है। जो बात मर्म से निकलती है वह आवास के लिए मर्म की ही अपेक्षा करती है। भोजपुरी-मगही-मैथिली-छत्तीसगढ़ी के नाम पर प्रसारित भाषा-आन्दोलनों के तीसमारखाँ लोग एवं विश्वविद्यालयों के आनन्दलीन धुरन्धर सुखासीन महन्तगण धरती के इस बिना मूल्य प्राप्त अमूल्य आशीर्वाद की रक्षा करने की ओर ध्यान दें तो कुछ हो, क्योंकि कुछ करने की सर्वाधिक सुविधा इन्हें ही प्राप्त है।

पुनश्च : बांग्ला और असमिया के उद्धरणों को छोड़कर शेष सारे उद्धरणों का मूलपाठ भोजपुरी है, जिनमें कुछ का अर्थ दिया गया है और कुछ का निकटतम खड़ी बोली-रूपान्तर प्रस्तुत किया गया है। प्रस्तुत लेख भोजपुरी-मगही-मैथिली-छत्तीसगढ़ी-हरियानवी-राजस्थानी आदि उन सभी बोलियों के सन्दर्भ में प्रस्तुत किया जा रहा है जो हिन्दी की उपभाषा हों या न हों परन्तु हिन्दी-क्षेत्र में बोली जाती हैं। मैं एक सांस्कृतिक समस्या की चर्चा कर रहा हूँ और 'उपभाषा-राजनीति' के सन्दर्भ से मुक्त होकर इस लेख का पाठ करने के लिए आग्रह कर रहा हूँ।

# अपनी बात

पाठक जानना चाहेंगे कि इस संग्रह का नाम 'गन्धमादन' क्यों रखा गया। 'गन्धमादन' का अभिधार्थ होगा : जो सुगन्ध द्वारा मादन करे। ये निबन्ध शब्दों के महाकान्तार की रचना करते हैं जिसके भीतर कुसुमित अर्थों की विविधा सुगन्ध प्राप्त करने के लिए जाने-अनजाने मार्ग पर संचरण करने का कष्ट करना होगा। ये निबन्ध वाक्यों के चन्दन-काष्ठ हैं, जिनसे भावों और विचारों की सुगन्ध प्राप्त करने के लिए पाठक को थोड़ा-सा निर्मल-तरल मन देकर इन्हें कष्टपूर्वक घिसना पड़ेगा। साहित्य का आनन्द ही बौद्धिक आनन्द है और प्रत्येक बौद्धिक आनन्द के लिए अल्प चेष्टा या थोड़ा प्रयत्न अपेक्षित है। श्रेष्ठ साहित्य वह साहित्य है जिसके चारों पाये—विस्तार, गहराई, उदात्तता और रोचकता (लालित्य) समान रूप से सबल हों क्योंकि धर्म की ही तरह साहित्य भी चतुष्पाद सत्ता है। फर्क यही है कि धर्म पर नग्न शिव सवार होते हैं तो साहित्य पर त्रिपुरसुन्दरी की सवारी होती है। सम्भवतः यही कारण है कि धर्म और साहित्य उस 'संयुक्त दरबार' के बाहर परस्पर शत्रु हो जाते हैं। कहने का तात्पर्य यह कि साहित्य के चतुर्दिक् मर्म को उपलब्ध करने के लिए थोड़ा कष्ट उठाना अनिवार्य है। केवल रोचकता-प्रधान चालू उर्दू शायरी की या केवल विस्तार-प्रधान यथार्थवादी उपन्यास या फिल्मी गीतों की बात मैं नहीं कर रहा हूँ। क्योंकि मैं उन्हें श्रेष्ठ साहित्य की कौन कहे, पूर्णांग साहित्य भी नहीं मानता हूँ। कोई और मानता हो तो माना करे। परन्तु जिसे सचमुच साहित्य कहते हैं उसके मर्म को समझने के लिए राजा-रंक—सभी को समान रूप से उसके महाकान्तार में पदयात्रा करनी पड़ती है एवं अभिव्यक्ति के चन्दन-काष्ठ को बैठकर घिसना पड़ता है। और मेरी रचनाएँ तो सनातन 'शुष्कं काष्ठं तिष्ठति अग्रे' कहकर बदनाम किये गये गद्य में हैं। अतः उनके विषय में यह बात और लागू होती है। तो भी इन रचनाओं के मर्म में छिपी अर्थ की 'गन्ध' पाठक की आत्म-सत्ता का 'मादन' करेगी, ऐसा मेरा विश्वास है। इसी से इस संग्रह का नाम रखा गया है—'गन्धमादन'।

यों 'गन्धमादन' शब्द पर मैं बचपन से ही मुग्ध हूँ। महाभारत के वनपर्व में महाबाहु भीमसेन गन्धमादन के कुसुमित शैल-कानन में अपनी प्रिया द्रौपदी की प्रसन्नता के

लिए महासौगन्धिक शतदलों का अनुसन्धान करते हुए प्रवेश करते हैं। यहाँ यक्षराज कुबेर का क्रीड़ा-कान्तार है, जिसके मध्य वह सुगन्ध-सम्पृक्त पद्म-वन स्थित है। इसके अन्दर किसी मनुपुत्र का प्रवेश सम्भव नहीं। यहाँ आरक्तनयन यक्षों और किम्पुरुषों का भीषण पहरा है जो गन्धमादिनी माध्वी का पान करके भुजाओं और शीश पर मणि-माणिक धारण करके इस नित्य ज्योत्स्ना से आलोकित भूमि पर शस्त्र लेकर निरन्तर विचरण करते हैं, और इन इच्छाचारी कामरूपी जीवों के लोक में मर्त्य का संचरण असम्भव है। इसी गन्धमादन की तलहटी में कदली वन पार करते समय भीमसेन की भेंट अपने बड़े भाई हनुमानजी से भी हो जाती है। गन्धमादन से सटा हुआ कैलाश शिखर है जिसके क्रोड में अलक्ष्य पुरी अलका है। गन्धमादन का शैल-कान्तार मर्त्य चरणों की दिगन्त भूमि है जिसके आगे सशरीर जाना सम्भव नहीं, जिसके आगे सिद्ध, विद्याधर और देवता ही जा सकते हैं। भीमसेन की यह गन्धमादन-यात्रा नन्हे लघुकाय मनुष्य के भीतर निहित हिमालय से भी उच्चतर साहस और समुद्र से भी अधिक क्षुधित, विस्तृत और अनन्त जिज्ञासा की प्रामाणिकता देती हुई ज्ञात होती है। परन्तु इस दुर्गम पथ पर, साहस और जिज्ञासा की इस विकट यात्रा में मनुष्य का सम्बल या पाथेय है किसी के प्रति या 'कुछ' के प्रति प्रगाढ़ आसक्ति या ममता। बिना ममता और प्रेम के, साहस और जिज्ञासा जड़ हैं। उनमें चैतन्य का स्फुरण होना असम्भव है। इसी से व्यास ने भीम के लिए 'द्रौपदी वाक्य पाथेयो...' लिखकर यह व्यक्त किया है कि इस दुर्गम यात्रा का पाथेय था प्रिया द्रौपदी का अनुरोध-वाक्य। वह भीम को इस बाधा-विपत्ति के मध्य बेपरवाह रूप में चला रहा था। 'गन्धमादन' को मैं मानवीय कल्पना के मध्य उपलब्ध रूप-रस-गन्ध-स्पर्श-शब्द की चरम सीमा या दिगन्त भूमि के रूप में देखता हूँ। इससे आगे निषेध की लक्ष्मण-रेखा है। इसके आगे जाना समाज बाँधकर रहनेवाले मनुष्य के लिए सम्भव नहीं। जब मैं इन निबन्धों को लिख रहा था तो मुझे कभी-कभी ऐसा लगा कि मैं भी भीमसेन की तरह गद्य की भारी-भरकम गदा लगाये कल्पना और अनुभूति के गन्धमादन में प्रवेश कर रहा हूँ और इसके आगे कोई सव्यसाची, कोई धनुर्धर बन्धु, कोई कवि, भले ही चला जाय, परन्तु किसी गदापाणि गद्यकार के लिए इसके आगे जाना निषिद्ध है। इस कारण से भी मैंने इस संग्रह का नाम 'गन्धमादन' देना उचित समझा।

ऊपर के दोनों कारण सुचिन्तित कारण हैं। परन्तु इसे 'गन्धमादन' नाम देने का अयाचित एवं सहज प्राप्त कारण और कुछ है, और वह है एक दिन की एक छोटी-सी घटना जिसके उपसंहार में मैंने निश्चित किया कि मेरे वर्तमान संकलन का नाम होगा 'गन्धमादन।' एक दिन मैंने अपने मित्र प्रोफेसर ईश्वरचन्द्र बरुआ के घर उनकी ही लूचियों और चाय का ध्वंस करते हुए उनके ही साथ 'ताम्बूल' शब्द को लेकर कृतघ्नतापूर्वक घोर मतभेद की सृष्टि की और विवाद के अन्दर अपने स्वभाव के आर्येतर अंशों का पुट देकर उन्हें काफी विरक्त किया। हिन्दी में 'ताम्बूल' माने 'पान' और

असमिया में (यों शुद्ध हिज्जे हैं 'असमीया' पर उच्चारण सदैव 'असमिया' होता है) इसका अर्थ है 'सुपारी'। मैंने जब बहुत तुमुल तर्क-वितर्क मचाया तो उन्होंने चिढ़कर बगल के अध्ययन-क़क्ष में बैठे अपने लड़के पुलक से कहा, 'पुलक, टेबुल पर मोनियर विलियम्स की संस्कृत-इंगलिश डिक्शनरी रखी है। जरा 'ताम्बूल' शब्द का अर्थ तो देखो, अभी फैसला हो जाय।' दूसरे ही क्षण पुलक भारी-भरकम शब्दकोश को हमारे हाथ में थमा गया। इस पर बरुआ साहब ने कुछ विरक्तिपूर्ण ढंग से कहा, "हुँः, कहा एक शब्द का अर्थ देखने के लिए तो गन्धमादन ही उठा लाये।" खैर कोश में 'ताम्बूल' शब्द का मुख्य अर्थ तो पान अर्थात् 'नागवल्ली पत्रम्' ही दिया था, पर यह भी लिखा था कि कहीं-कहीं 'बोलचाल' की 'कोलोकियल' संस्कृत में इसका अर्थ 'सुपारी' भी होता है। सो, बात दोनों की रह गयी। पर एक नयी उपलब्धि हुई असमिया मुहावरा 'गन्धमादन उठा लाना।' जिसका इस भाषा में बहुत दिनों से पर्याप्त प्रचलन है। असमिया-विश्वास के अनुसार लक्ष्मण-शक्ति के अवसर पर हनुमानजी जिन चार औषधियों (मृतसंजीवनी, विशल्यकरणी, सुवर्णाकरणी और सन्धानी) वाले शैल-शिखर को उखाड़कर लाये थे उसका नाम भी 'गन्धमादन' ही है।

अब पुनः दूसरे मतभेद का जन्म हुआ। उत्तर भारत में 'अध्यात्म रामायण' का पठन-पाठन रामावत सम्प्रदाय के केन्द्रों में वाल्मीकि की अपेक्षा अधिक होता है क्योंकि अध्यात्म रामायण के राम परमात्मा परब्रह्म के अवतार हैं। 'अध्यात्म रामायण' में तो इस पर्वत का नाम क्षीरसागर-स्थित 'द्रोणाचल' बताया गया है। यों गोसाईंजी ने 'मानस' में कोई नाम नहीं दिया है। 'कहा नाम गिरि औषधि...' तथा 'देखा शैल, न औषधि चीन्हा। सहसा करि उपारि कपि लीन्हा' कहकर वे प्रसंग समाप्त करते हैं। हम दोनों ने तय किया कि इस सन्दर्भ में वाल्मीकि जो कहें वही ठीक माना जाएगा। वाल्मीकि ने उस शैल का नाम तो नहीं दिया है परन्तु सर्ग 78 के श्लोकों (29-30) में उसकी स्थिति (लोकेशन) को बताया है। हिमालय से उत्तर ऋषभ और कैलाश पर्वत के बीच का शैल शिखर, जिस पर उक्त चारों औषधियाँ रात्रिकाल में भी प्राण और आरोग्य के प्रकाश से रत्नों की तरह प्रकाशित रहती हैं। इस बात को पढ़कर मुझे भी ऐसा लगा कि वाल्मीकि प्रत्यक्ष नाम न देकर भी अप्रत्यक्ष रूप से 'गन्धमादन' को ही उक्त शैल घोषित कर रहे हैं। 'महाभारत' में गन्धमादन की स्थिति जो बतायी गयी है वह हूबहू यही है। वाल्मीकि के अनुसार उक्त औषधि शैल के ठीक परे अर्थात् उत्तर में कैलाश पर्वत और देवभूमि हैं, तथा व्यास के गन्धमादन की भी स्थिति यही है। बाद में यक्षराज कुबेर पाण्डवों का आतिथ्य करके उन्हें इसी दिगन्त भूमि से कैलाश और देवलोक को प्रणाम करके लौट जान को कहते हैं और पाण्डवगण भी उससे आगे नहीं जाते, वहीं से लौट आते हैं। असमिया-भाषी समाज, जिसको आधुनिक आर्यभाषाओं में सर्वप्रथम 14वीं शती में अपनी असमिया भाषा में रामायण का पद्य-रूपान्तर करने का श्रेय प्राप्त है, यदि इस शैल-शिखर को गन्धमादन मानकर ग्रहण करता है तो इसमें

कोई अनौचित्य नहीं। यह मुहावरा मुझे बिलकुल ठीक जँचा और मैंने निश्चय किया कि मेरे इस संग्रह का नाम भी 'गन्धमादन' रहेगा। मेरी अपनी पीढ़ी विविध विकारों से पीड़ित है। इसकी बुद्धि पर 'शब्दों' और नारों के प्रेत सवार हैं, इसके मन में क्षुधित 'लिबिडो' (घोर कामतृषा) का दशमुख-अट्टहास है, इसके इन्द्रिय-द्वारों के रक्षक देवता इसे त्याग गये हैं और यहाँ शैतानों का बहुरूपी वंश आकर स्वामी हो गया है। 'नये' शैतान 'नये' प्रेत उन 'पुराने' प्रेतों-शैतानों से कम मायावी और क्रूर नहीं। आज हम सब मानवीय चरित्र के अमानवीयकरण की प्रक्रिया में पुनर्जन्म लेते हुए ज्ञात होते हैं। ऐसी अवस्था में साहित्य के भीतर कहीं कोई 'गन्धमादन' खोजना जिसके क्रोड में तमसाच्छन्न रात्रि को विदीर्ण करता हुआ चार औषधियों का प्रकाश दहक रहा हो, मेरा आदर्श है, मेरी चेष्टा का लक्ष्य-बिन्दु है और इस बात के साक्षी हैं ये निबन्ध। अतः मैं इस संग्रह को 'गन्धमादन' नाम दे रहा हूँ। मनुष्य की मनुष्यता के प्रति मेरी इस प्रतिबद्धता को कोई गाली देना चाहे तो दे। परन्तु मैं 'मनुष्य' को (और इसकी अपनी ही प्रतिमा के रूप में 'ईश्वर' और 'प्रकृति' को भी) छोड़कर अन्य किसी के प्रति साहित्य को प्रतिबद्ध नहीं मानता। शेष अन्य प्रकार की प्रतिबद्धताएँ अधूरी हैं, चाहे वह प्रतिबद्धता बहुविज्ञापित समाजवाद के प्रति ही क्यों न हो। समाजवाद को मैं अर्थ के पुरुषार्थ से ही संयुक्त मानता हूँ। यह मूलतः आर्थिक सम्बन्धों का दर्शन है और आज की राजनीति अर्थप्रधान है अतः यह राजनीतिक दर्शन भी हो सकता है। परन्तु शेष तीनों पुरुषार्थों—काम, धर्म और मोक्ष—के सन्दर्भ में यह अक्षम और विसंगत है। साहित्य मोक्ष का ही लौकिक रूपान्तर है क्योंकि मोक्ष और साहित्य—दोनों का अनुभव भोक्ता के सांसारिक व्यक्तित्व के लोप की अपेक्षा करते हैं और दोनों का अनुभव शुद्ध आनन्द है। अतः साहित्य के अन्दर समाजवाद के प्रति प्रतिबद्धता बहुत दूर तक स्वीकृत नहीं हो सकती। मैं समाजवाद का समर्थक हूँ परन्तु 'परब्रह्म' की तरह असीम और सर्वव्यापी रूप में नहीं। वह जीवन का आदि और अन्त नहीं। जीवन का आदि है 'काम' अर्थात् प्रकृति और अन्त है 'मोक्ष' अर्थात् ईश्वर। बीच में हैं अर्थ और धर्म, और यहीं पर समाजवाद को खोजा जा सकता है। साहित्य आदि, मध्य और अन्त तीनों का शास्त्र है जबकि राजनीति अर्थशास्त्र, शीलाचारिकी, विधि-विधान केवल मध्य के शास्त्र हैं। साइंस आदि और अन्त का शास्त्र है मध्य का नहीं। साहित्य की तरह यह भी किसी पार्टी या सिद्धान्त के प्रति प्रतिबद्ध नहीं हो सकता। कहने का अर्थ यह है कि साहित्य आदि और अन्त के साथ-साथ मध्य से भी संलग्न है, अतः इसमें 'चर्च', 'पार्टी' और 'वाद' के लिए स्थान है अवश्य परन्तु इसका आदि और अन्त वे नहीं हो सकते। अतः इससे उनके प्रति शतशः प्रतिबद्धता की (जो 'दलाली' और 'स्वामिभक्ति' का ही दूसरा नाम है) आशा नहीं की जा सकती। और इस स्पष्ट कथन के लिए मैं किसी से क्षमा नहीं माँगता। मैं जो ठीक समझता हूँ वह कहूँगा ही। चाहे इसके लिए मुझे जो संज्ञा दी जाय, मुझे इसकी चिन्ता नहीं।

मैं गोसाईं जी की चौपाई 'बुन्द अघात सहैं गिरि कैसे...' को पुनः धन्यवाद देते हुए दोहरा दूँगा।

'रस आखेटक' की भूमिका में मैंने लिखा था कि मेरा अगला संग्रह 'लौहमृदंग' होगा। खेद है कि 'लौहमृदंग' का कुछ मैटर एक नयी पीढ़ी के प्रकाशक के यहाँ कैद हो गया है। अतः 'गन्धमादन' ही अब मेरा तीसरा प्रकाशित संग्रह है, और 'लौहमृदंग' की बारी इसके बाद आएगी। 'प्रियानीलकण्ठी' की भूमिका में मैंने शिकायत की थी कि पश्चिमी उत्तर प्रदेश, दिल्ली और पंजाब के पाठक मेरी रचनाओं को सम्भवतः नहीं पढ़ते हैं, या कम ही पढ़ते हैं। मेरी भ्रान्ति के विरोध में मेरे पास कई पत्र आये और उत्तर प्रदेश सरकार ने उक्त पुस्तक को 1971 में 'आचार्य रामचन्द्र शुक्ल पुरस्कार' प्रदान करके पुरस्कार अवधि के भीतर श्रेष्ठतम निबन्ध साहित्य के रूप में स्वीकृति दी। मेरे मन में अब कोई भ्रम नहीं। मैं सम्पूर्ण भारतवर्ष के पाठकों का समान रूप से स्नेह-आदर पाता रहा हूँ और इसके लिए सबका आभारी हूँ।

अन्त में एक बात और कह दूँ। साहित्य के दायित्व के सम्बन्ध में जिन बड़ी-बड़ी बातों की मैंने चर्चा की है वे सभी मेरे लेखन में मौजूद हैं, ऐसा दावा करना मेरा उद्देश्य नहीं। मेरा तात्पर्य इतना ही है कि ये सब बातें मेरे आदर्श या मेरी चेष्टा के लक्ष्य को व्यक्त करती हैं। चेष्टा में कितनी सफलता मिली है—इसका निर्णय मैं नहीं, मेरे पाठक करेंगे। और अभी तो मैं स्वयं ही अपने को 'अस्ति' नहीं 'भवति' की प्रक्रिया में स्थित मानता हूँ। 'है' नहीं बल्कि नित्य 'हो रहे' की विकासमान प्रक्रिया ही हमारी, हम सबकी, सही व्याख्या है।

**—कुबेरनाथ राय**

**नलबारी (असम)**
**26 जनवरी '72**